MARTIN BIERMANN

DIE LEICHENREDEN
DES AMBROSIUS VON MAILAND

HERMES

ZEITSCHRIFT FÜR KLASSISCHE PHILOLOGIE

EINZELSCHRIFTEN

HERAUSGEGEBEN VON

JÜRGEN BLÄNSDORF
JOCHEN BLEICKEN
WOLFGANG KULLMANN

HEFT 70

FRANZ STEINER VERLAG STUTTGART
1995

MARTIN BIERMANN

DIE LEICHENREDEN DES AMBROSIUS VON MAILAND

RHETORIK, PREDIGT, POLITIK

FRANZ STEINER VERLAG STUTTGART
1995

HERMES-EINZELSCHRIFTEN (ISSN 0341-0064)

Redaktion:
Prof. Dr. JÜRGEN BLÄNSDORF, Am Römerberg 1c, D-55270 Essenheim
(verantwortlich für Latinistik)
Prof. Dr. JOCHEN BLEICKEN, Humboldtalle 21, D-37073 Göttingen
(verantwortlich für Alte Geschichte)
Prof. Dr. WOLFGANG KULLMANN, Bayernstr. 6, D-79100 Freiburg
(verantwortlich für Gräzistik)

Erscheinungsweise:
Jährlich 3–6 Bände verschiedenen Umfanges

Bezugsbedingungen:
Bestellung zur Fortsetzung möglich. Preise der Bände nach Umfang.
Eine Fortsetzungsbestellung gilt, falls nicht befristet, bis auf Widerruf.
Kündigung jederzeit möglich.

Verlag:
Franz Steiner Verlag Wiesbaden GmbH, Sitz Stuttgart.
Birkenwaldstr. 44, D-70191 Stuttgart, Postfach 101061, D-70009 Stuttgart

Die Herausgeber bitten, Manuskripte an die oben genannten Redaktionsadressen zu
senden. Erwünscht sind für alle Manuskripte Schreibmaschinenblätter mit einseitiger
Beschriftung (links 4 cm freier Rand erforderlich).
Der Redaktion angebotene Manuskripte dürfen nicht bereits veröffentlicht sein oder
gleichzeitig veröffentlicht werden; Wiederabdrucke erfordern die Zustimmung des
Verlages.

Textverarbeitung:
Der Verlag begrüßt es, wenn möglichst viele Manuskripte über PC realisiert werden
können. Nähere Auskünfte auf Anforderung

Die Deutsche Bibliothek - CIP-Einheitsaufnahme
[Hermes / Einzelschriften]
Hermes : Zeitschrift für klassische Philologie. Einzelschriften.
- Stuttgart : Steiner.
    Früher Schriftenreihe. - Nebent.: Hermes-Einzelschriften
    Reihe Einzelschriften zu: Hermes
NE: Hermes-Einzelschriften
H. 70. Biermann, Martin: Die Leichenreden des Ambrosius von
    Mailand. - 1995
Biermann, Martin:
Die Leichenreden des Ambrosius von Mailand : Rhetorik,
Predigt, Politik / Martin Biermann. - Stuttgart : Steiner, 1995
    (Hermes : Einzelschriften ; H. 70)
    Zugl.: Göttingen, Univ., Diss., 1993
    ISBN 3-515-06632-2

Meinen Eltern

INHALTSVERZEICHNIS

VORWORT

Bei der vorliegenden Arbeit handelt es sich um meine Dissertation, die dem Fachbereich Historisch-Philologische Wissenschaften der Georg-August-Universität Göttingen im Sommersemester 1993 vorgelegen hat.

Herr Professor C. J. Classen hat die Arbeit angeregt und gefördert; ihm gilt mein besonderer Dank.

Ich danke Herrn Professor U. Schindel für die Übernahme des Zweitgutachtens und den Herausgebern der Hermes-Einzelschriften für die Aufnahme in diese Reihe.

Schließlich danke ich Hilke Behrens, Siegfried Schütz und besonders Wolfgang Böker für zahlreiche stilistische Verbesserungsvorschläge und große Hilfe beim Korrekturlesen.

Göttingen, im August 1994.   M. B.

Hinweis zur Kennzeichnung von Schriftzitaten:
O. Faller hat in seiner Edition der Leichenreden des Ambrosius Bibelzitate, denen wohl nicht der Text der Vulgata zugrunde liegt, durch * gekennzeichnet. Schriftzitate, die dem Textbestand der Septuaginta folgen, sind durch (Sept.) gekennzeichnet (vgl. Faller erläuternd dazu, CSEL 73, S. 4*). Ich übernehme die Informationen, die Faller in seiner Edition bereitstellt. Bibelzitate in anderen, nicht von Faller herausgegebenen Werken des Ambrosius werden in der vorliegenden Arbeit ohne diese Hinweise auf den Schrifttext, den Ambrosius vielleicht benutzt hat, vermerkt. Wenn sich dort weder * noch (Sept.) finden, ist daraus also nicht zu schließen, daß die Zitate dem Text der Vulgata entsprechen.
Die Informationen zum Bibeltext des Ambrosius sind in jedem einzelnen Fall mit Vorsicht zu bewerten. Vgl. für ein Beispiel der komplexen Probleme, die sich bei der angeschnittenen Frage auftun, unten S. 135, Anm. 60.

EINLEITUNG

Gegenstand dieser Arbeit sind die verschiedenen Reden, die Ambrosius von Mailand anläßlich des Todes seines Bruders Satyrus und der römischen Kaiser Valentinian II. und Theodosius gehalten hat.[1]

Ambrosius' familiäre Herkunft und seine traditionelle rhetorische Ausbildung hatten ihn auf eine aussichtsreiche Karriere in der spätrömischen Staatsverwaltung verwiesen. Im Dezember 373 tauschte er im vierten Lebensjahrzehnt das Amt eines Provinzstatthalters in Norditalien gegen das des Bischofs von Mailand ein; bis zu seinem Tod im April 397 stand er als einziger Metropolit der Kirche Norditaliens vor.[2]

Ambrosius hat als Prediger und Seelsorger die christliche Gemeinde in Mailand betreut; Gottesdienst, Predigt und Taufunterricht bestimmten den Alltag seiner dreiundzwanzigjährigen Amtszeit. Gegenüber andersdenkenden christlichen Gruppen hat er als mächtigster Kirchenpolitiker im Westen des römischen Reiches dem nicänischen Glaubensbekenntnis zum endgültigen Durchbruch verholfen. Gegenüber den christlichen römischen Kaisern hat er in teilweise heftigen Auseinandersetzungen energisch die Ansprüche der Kirche durchgesetzt, indem er die weltlichen Herrscher in Glaubensfragen auf ihren Platz innerhalb, nicht über der Kirche verwies. Als Konsequenz daraus hat er sich auch auf die Konfrontation mit der traditionsverbundenen intellektuellen Elite der ehemals staatstragenden heidnisch-römischen Kultur eingelassen; in der geistigen und politischen Auseinandersetzung mit der stadtrömischen Senatsaristokratie hat Ambrosius die Position des Christentums formuliert. Wesentliche Bereiche seines bischöflichen Wirkens spiegeln sich auch in den hier zu behandelnden Reden wieder.

Die beiden Reden zum Tod seines Bruders Satyrus hat Ambrosius in der zweiten Hälfte der siebziger Jahre des vierten Jahrhunderts gehalten, also in der

---

1   Die maßgebliche Textausgabe ist die von O. Faller SJ im CSEL 73, Wien 1955, vgl. dazu etwa H. J. Waszink, in: VChr 14, 1960, S. 56–58.

2   Für eine kurze Vorstellung des Verfassers der zu behandelnden Reden verweise ich nur allgemein auf die grundlegenden Arbeiten von H. von Campenhausen, Ambrosius von Mailand als Kirchenpolitiker, Berlin, Leipzig, 1929; J. R. Palanque, Saint Ambroise et l'empire romain, Paris, 1933 und F. H. Dudden, The life and times of St. Ambrose, 2 Bde., Oxford, 1935. – Das Geburtsjahr des Ambrosius ist nicht mit Sicherheit zu bestimmen; vgl. zu den einzelnen Argumenten für die Jahre 334, 339 oder 340 etwa Dudden, S. 2, Anm. 2. Die Bischofsweihe des Ambrosius ist traditionell auf das Jahr 374 datiert worden; v. Campenhausen, S. 90–92, argumentiert für 373; Palanque, S. 484–87 und Dudden, S. 38, Anm. 5, haben sich ihm angeschlossen. Zur herausragenden Stellung des Bischofssitzes von Mailand in Norditalien vgl. Dudden, S. 64. – Der Wechsel des Ambrosius vom Amt des Provinzstatthalters zum Bischof von Mailand ist nicht so ungewöhnlich und mußte für ihn selbst keinen solchen Bruch mit seiner bisherigen Lebenseinstellung und mit seinem Ehrgeiz bedeuten, wie es auf den ersten Blick scheinen mag (vgl. dazu v. Campenhausen, S. 26–30).

frühen Zeit seines Episkopats in Mailand.[3] Am Tag der Beerdigung hat er im Zusammenhang mit den kirchlichen Bestattungsfeierlichkeiten am Grab gesprochen[4]; sieben Tage nach der Beerdigung hat er – wiederum im Zusammenhang mit kirchlichen Trauerfeierlichkeiten – eine zweite Rede gehalten.[5] Beide Reden gehören in einen privaten Zusammenhang; Ambrosius hatte den Tod eines nahen Verwandten zu beklagen; Satyrus hatte Verwaltungsämter ausgefüllt und zuletzt als rechte Hand seines Bruders in Geschäftsdingen das Leben eines angesehenen römischen Bürgers geführt; er war bei seinem Tod älter als 34 Jahre.[6] Es lassen sich nur ungewisse Aussagen darüber machen, zu welchem Publikum Ambrosius spricht; bei den Trauerfeierlichkeiten werden sich Freunde und Bekannte eingefunden haben, vielleicht vornehmlich Christen; Ambrosius spricht in der ersten Rede die Zuhörer wiederholt als Gemeindemitglieder und Glaubensbrüder an.[7] Ambrosius selbst hat beide Reden zusammen herausgegeben.[8]

Die Rede für Valentinian II. ist im Sommer 392, ungefähr zwei Monate nach dem Tod des Kaisers, anläßlich seiner endgültigen Beisetzung in Mailand gehalten worden.[9] Die konkrete Situation, in der Ambrosius spricht, läßt sich nicht erschließen;[10] er redet in einer abgeschlossenen Passage der Rede direkt die jüngeren Schwestern des Verstorbenen an, aber der größte Teil der Rede erweckt nicht den Eindruck als ob er sich im privaten Rahmen ausschließlich an sie wenden wollte.[11]

Valentinian II. ist als vierjähriges Kind zum Kaiser erhoben worden; er fand mit zwanzig Jahren als Opfer politischer Konkurrenten unter nicht endgültig aufzuklärenden Umständen den Tod.[12] Die politische Situation, in der Ambrosius spricht, war durch Ungewissheit darüber geprägt, ob die neuen Machthaber im Westen des römischen Reiches sich dauerhaft in ihrer Herrschaft etablieren könnten.[13]

Das Verhältnis zwischen dem Bischof Ambrosius und dem mehrere Jahre lang in Mailand residierenden, zunächst dem arianischen Glauben anhängenden Kaiser und seinem Hof war zeitweilig durch heftige Auseinandersetzungen um die Nutzung der Mailänder Kirchen beeinträchtigt gewesen.[14] Ambrosius hat die Rede selbst veröffentlicht.[15]

---

3   Die genaue Datierung ist umstritten. Faller ed. argumentiert für den Februar des Jahres 378. Vgl. die Hinweise auf die Literatur unten S. 57, Anm. 28.
4   Vgl. unten S. 122, Anm. 4–5.
5   Vgl. unten S. 126, Anm. 23 und S. 131, Anm. 51.
6   Vgl. unten S. 57, Anm. 27 und 28.
7   Vgl. exc. Sat., 1, 2, 1–2 (CSEL 73, 209–210): „fratres carissimi"; 28, 1 (CSEL 73, 224): „fratres dilectissimi, plebs sancta".
8   Vgl. Faller ed., S. 88*–89*; vor allem die zweite Rede scheint in der veröffentlichten Form beträchtliche Ergänzungen zu enthalten (ebd.).
9   Vgl. unten S. 156, Anm. 23 und 24.
10 Vgl. einige Überlegungen dazu unten S. 134, Anm. 57.
11 Vgl. unten S. 45, Anm. 121 und 123; und S. 49.
12 Vgl. unten S. 87, Anm. 171 und zu den Umständen seines Todes S. 154–156.
13 Vgl. unten S. 157–159.
14 Vgl. dazu kurz unten S. 176, Anm. 106.
15 Vgl. unten S. 151, Anm. 3; zu möglichen Veränderungen in der veröffentlichten Form S. 44, Anm. 119.

Die Rede für Theodosius ist eine Predigt, die Ambrosius in einem Gedenkgottesdienst 40 Tage nach dem Tod des Kaisers am 25. Februar des Jahres 395 in
Mailand gehalten hat. Bei dem Gottesdienst waren einer der zur Nachfolge
designierten Söhne des Theodosius, Soldaten und wahrscheinlich auch hohe Würdenträger und Teile der Mailänder Bevölkerung anwesend; es läßt sich abschätzen,
daß Ambrosius ungefähr 3000 Zuhörer hatte.[16]

Theodosius war 379 zum Herrscher im Osten des römischen Reiches erhoben
worden. Er förderte die Stellung des Christentums im römischen Staat und suchte
nach einzelnen Auseinandersetzungen immer wieder das grundsätzliche Einvernehmen mit dem einflußreichen Bischof von Mailand.[17] Er starb am 17. Januar 395 in
Mailand nach einem erfolgreichen Feldzug gegen einen Usurpator und gab die
Herrschaft an seine beiden jugendlichen Söhne unter der Obhut seines germanischen
Heerführers Stilicho weiter.[18] Ambrosius hat die Rede selbst veröffentlicht.[19]

Ich untersuche in der vorliegenden Arbeit die Leichenreden des Ambrosius von
Mailand für eine umfassende Interpretation unter verschiedenen Gesichtspunkten:
als Trostreden, als Lobreden, als Predigten und die Kaiserreden als politische
Ansprachen. Welche Absichten verfolgte Ambrosius mit seinen verschiedenen
Reden in jeweils unterschiedlichen Situationen und welche rednerischen Mittel
setzte er für seine Zwecke ein? Inwieweit bediente er sich unter den verschiedenen
Gegebenheiten für seine jeweils unterschiedlichen Zwecke der Hilfen, die ihm die
Schulrhetorik, mit der er aufgrund seiner Ausbildung vertraut war, geben konnte?
Welche Funktion erfüllen vorgegebene Formen der Konsolationsliteratur oder von
Lobreden, derer er sich bediente?[20]

Einen weiteren wesentlichen Aspekt der Untersuchung soll daneben der Blick
auf Ambrosius' Rolle als Bischof und auf seine alltägliche rednerische Praxis
bilden, die durch Predigt und Schriftexegese geprägt war; es ist zu erwarten, daß er,

16 Vgl. unten S. 179–180, Anm. 117; 119–22.
17 Vgl. unten S. 103, Anm. 265–67.
18 Vgl. unten S. 178–179.
19 Vgl. unten S. 151, Anm. 3; zu möglichen Veränderungen in der veröffentlichten Form S. 188,
    Anm. 159.
20 Die Arbeit von F. Rozynski, Die Leichenreden des hl. Ambrosius, insbesondere auf ihr
    Verhältnis zu der antiken Rhetorik und den antiken Trostschriften untersucht, Diss. Breslau
    1910, hat vor allem die Frage in den Vordergrund gestellt, inwieweit Ambrosius formal und
    inhaltlich von den Vorschriften der antiken Schulrhetorik und von der philosophischen Konso-
    lationsliteratur abhängig ist (vgl. zur Einordnung in die Tradition der Konsolationsschriften
    außerdem die Literatur unten S. 21–22, Anm. 3–5). Die Arbeit Rozynskis ist geprägt durch das
    einseitige Bemühen, die erste Rede für den Bruder und die Reden für die Kaiser exakt
    bestimmten Schemata von Leichenreden zuzuschreiben, wie sie die antike rhetorische Theorie
    vorschreibt. Rozynski ist im einzelnen widersprochen worden (vgl. unten S. 30, Anm. 47). S.
    Ruiz, Investigationes historicae et litterariae in Sancti Ambrosii de obitu Valentiniani et de
    obitu Theodosii imperatorum orationes funebres, Diss. München, 1971, hat für die beiden
    Kaiserreden darauf hingewiesen, daß Rozynskis Versuch, die Schemata Menanders bei
    Ambrosius wiederzufinden, den Reden nicht gerecht wird. Der einseitige Versuch, direkte
    formale Abhängigkeiten der Leichenreden des Ambrosius von Vorschriften der antiken Rhetorik
    nachzuweisen, erklärt außerdem nicht, weshalb und mit welcher Wirkung für die Reden
    Ambrosius bestimmte vorgeprägte Formen der Rhetorik übernimmt oder verwirft.

um seine Absichten zu verfolgen, sich nicht allein auf sein Schulwissen, sondern auch auf in jahrelanger Praxis gewonnene Erfahrungen stützte.[21]

Zum Verständnis der Reden für die Kaiser muß schließlich in Betracht gezogen werden, daß der Kirchenpolitiker Ambrosius mit seinen Reden politische und historische Absichten verfolgt haben mag.[22]

Die Betrachtung aller Reden aus jeweils verschiedenem Blickwinkel ist notwendig, um die vorwiegend einseitige Untersuchung unterschiedlicher Aspekte der Reden in der Forschungsliteratur durch eine umfassende Würdigung der rednerischen Leistung des Ambrosius zu ersetzen.

Dazu müssen neben der ausführlichen Interpretation des Textes der Reden selbst in den einzelnen Kapiteln der Arbeit als Fundament für eine sachgerechte Untersuchung weitere Voraussetzungen geklärt werden: rhetorische Vorschriften für Leichenreden und die darin wirkende Tradition der antiken Konsolationsliteratur, rhetorische Vorschriften zum Personen- und Herrscherlob, die Stellung christlicher Autoren zu rhetorischem Personenlob, die Predigtsituation und die historischen und politischen Umstände, in denen Ambrosius spricht.

Ein Blick auf die Entstehungsbedingungen der Werke des Ambrosius und die äußeren Umstände seiner Predigttätigkeit und vor allem eine Untersuchung zum Selbstverständnis des Ambrosius als Redner bzw. als Prediger leiten die Arbeit ein. Die Aussagen zum Selbstverständnis des Predigers sind das Ergebnis ausführlicher Einzelinterpretationen einschlägiger Passagen aus dem gesamten Werk des Ambrosius, die im Anhang vorgestellt werden.

Der Vergleich der Reden läßt ihre spezifischen Merkmale deutlich hervortreten; die bei der Untersuchung der einen Rede gewonnenen Ergebnisse können als Maßstab für die jeweils anderen herangezogen werden. Die systematische Behandlung gemeinsamer Aspekte der verschiedenen Reden in jeweils einem Kapitel erlaubt unmittelbare Vergleiche. Zahlreiche Querverweise berücksichtigen den Zusammenhang der Reden und sollen dem Leser, der sich für einzelne Aspekte interessiert, Hinweise auf die Ganzheit der einzelnen Reden geben. Auch am Schluß wird in einer knappen Zusammenfassung jede der Reden als Ganzes in den Blick genommen.

---

21 Y.-M. Duval, Formes profanes et formes bibliques dans les oraisons funèbres de Saint Ambroise, in: Christianisme et formes littéraires de l'antiquité tardive en occident, Entretiens sur l'antiquité classique (Fondation Hardt) 23, 1976, S. 235–301, hat sich gegen die Schematisierungsversuche Rozynskis gewandt und zurecht die große Bedeutung hervorgehoben, die die Interpretation biblischer Texte in der ersten Rede für Satyrus und vor allem in den Reden für die Kaiser hat. Er beschränkt sich in seinem Aufsatz auf Fragen zur Form der Reden. Es wird nicht deutlich, weshalb Ambrosius auf Schrifttexte zurückgreift oder welche Funktion die Einbeziehung von Elementen der Schriftexegese hat.

22 Vgl. Literatur dazu unten S. 151–152, Anm. 3–4.

I. AMBROSIUS ALS PREDIGER

Der größte Teil der Werke des Ambrosius ist aus für den Vortrag bestimmten Predigten oder Ansprachen entstanden.[1] Sie sind für die Veröffentlichung mehr oder weniger stark bearbeitet und verändert worden: So scheinen, um ein Beispiel zu geben, die neun Predigten des Hexameron ohne gründliche Überarbeitung wohl nur aus stenographischen Mitschriften veröffentlicht worden zu sein, so daß sich im überlieferten Text eine Notiz erhalten hat, die nicht zum Redetext gehören kann und als Bemerkung eines Stenographen interpretiert werden muß.[2] Daß andererseits, um

---

1   Hinweise darauf ergeben sich aus den erhaltenen Texten, etwa aus stereotypen Abschlußformeln („et in saecula saeculorum, Amen"), Verweisen auf Lesungstexte des Gottesdienstes, Anreden an die Zuhörer etc. Die Sicherheit dieser Ergebnisse mag im einzelnen relativierbar sein. Nach F. H. Dudden, The life and times of St. Ambrose, 2 Bde., Oxford, 1935, 679–704 (vgl. 455, Anm. 2) gilt das für: die neun Predigten des Hexameron; zwei Predigten, die zu den zwei Büchern de Abraham zusammengefügt worden sind; zwei Predigten, die zum Buch de bono mortis zusammengefügt worden sind; zwei Predigten, die zu den zwei Büchern de Iacob et vita beata zusammengefügt worden sind; für de Ioseph; de fuga saeculi; de Elia et ieiunio; wahrscheinlich für de Nabuthe Iezraelita; für die zwei Predigten, die zu de Tobia zusammengefügt worden sind; die vier Predigten der vier Bücher de interpellatione Iob et David; zwei Predigten der apologia prophetae David; die nach Ambrosius' Tod für eine gesammelte Herausgabe zusammengestellten enarrationes in 12 psalmos Davidicos mit Ausnahme der unvollständigen Erklärungen zum 43. Psalm und vielleicht der zum 61. Psalm; für die Predigten der umfangreichen expositio psalmi 118; für Teile der expositio evangelii secundum Lucam; für einzelne Ansprachen der Bücher de officiis ministrorum; die drei Predigten der drei Bücher de virginibus; für de viduis; de virginitate; de institutione virginis ad Eusebium; für die exhortatio virginitatis; die Ansprachen de mysteriis; die Bücher 3–5 der de fide libri 5 ad Gratianum Augustum; de incarnationis dominicae sacramento; für den sermo contra Auxentium de basilicis tradendis; de excessu fratris sui Satyri libri 2; de obitu Valentiniani consolatio; de obitu Theodosii oratio. Der Inhalt von Predigten wird nach Dudden mitgeteilt in den Briefen 76 (Maur. 20), 77 (Maur. 22), extra coll. 1 (Maur. 41) und vielleicht 64 (Maur. 74). Sicher nicht aus Predigten oder Ansprachen entstanden sind nach Dudden: das Buch de paradiso; die zwei Bücher de Cain et Abel (weniger sicher Schenkl ed., CSEL 32.1, praef., S. V–VI); ein Buch de Noe (anders Schenkl ed., CSEL 32.1, praef., S. IIII); de Isaac vel anima (anders Schenkl ed., CSEL 32.1, praef., S. IIII); de patriarchis (anders Schenkl ed., CSEL 32.2, praef., S. II); aus der expositio evangelii secundum Lucam Buch 3, Buch 10, 147–84, Buch 6, 93–109; zwei Bücher de poenitentia; die Bücher 1–2 der de fide libri 5 ad Gratianum Augustum (weniger sicher Faller ed., CSEL 78, praef., S. 8*); de spiritu sancto libri 3 ad Gratianum Augustum; der Großteil der Briefe. Die Editoren neigen dazu, häufiger als Dudden anzunehmen, daß die überlieferten Texte aus Predigten entstanden sind. Vgl. zu den angeschnittenen Fragen auch J. R. Palanque, Saint Ambroise et l'empire romain, Paris, 1933, Anhang 2: Recherches sur la genèse des oeuvres de Saint Ambroise, S. 435–79 (zusammengefaßt durch G. Lazzati, L'autenticità del „de sacramentis" e la valutazione letteraria delle opere di S. Ambrogio, S. 34–35, in: Aevum 29, 1955, S. 17–48).

2   Ambr., Hex. 5, 12, 36 (CSEL 32.1, 169): „Et cum paululum conticuisset, iterum sermonem adorsus ait ... " Vgl. zum Problem allgemein H. Hagendahl, Die Bedeutung der Stenographie

auch dafür ein Beispiel zu nennen, ursprünglich mündlich vorgetragene Predigten oder Ansprachen zur Veröffentlichung weitgehend bearbeitet worden sind, läßt sich besonders deutlich an den beiden Schriften de sacramentis und de mysteriis beobachten, die erste eine stenographische Mitschrift von Katechesen für Taufkandidaten, die zweite eine gründlich überarbeitete Version thematisch gleicher Ansprachen, die für die Herausgabe vorbereitet worden sind.[3]

Ungeachtet solcher jeweils mehr oder weniger gründlicher Bearbeitung ist festzuhalten, daß der größte Teil der Schriften des Ambrosius ursprünglich für den mündlichen Vortrag in der Kirche entstanden ist. Ambrosius tritt uns also hier weniger als Schriftsteller für Leser sondern vielmehr als Redner vor Zuhörern entgegen.[4]

Die Leichenreden und Ansprachen des Ambrosius im Zusammenhang kirchenpolitischer Auseinandersetzungen[5] werden in der Regel von anderen „Predigten" des Ambrosius getrennt als eigentliche Reden behandelt;[6] die Unterschiede dieser Reden des Ambrosius etwa zu einer kommentierenden und paraphrasierenden Erklärung eines Psalmes, die ausschließlich dem Text der Heiligen Schrift folgt, sind unübersehbar. Aber die generelle Unterscheidung in „Reden" einerseits und

für die spätlateinische christliche Literatur, in: JbAC 14, 1971, S. 24–38; ergänzt durch Christine Mohrmann, Observations sur le „de Sacramentis" et le „de Mysteriis" de Saint Ambroise, S. 108–112, in: Ambrosius Episcopus, Atti del Congresso internazionale di studi ambrosiani..., Milano, 2–7 dicembre 1974, Vol. 1, 103–123. Milano, 1976 (= Studia Patristica Mediolanensia 6).

3   Vgl. Chr. Mohrmann, ebd., S. 103–107 mit einem Überblick über die Literatur zur Frage.

4   Vgl. als kurzen Überblick über Erkenntnisse zur „Mündlichkeit" in der christlichen Literatur der Spätantike S. Döpp, ‚Mündlichkeit' und Augustinus' „Confessiones", S. 271–73, in: Strukturen der Mündlichkeit in der römischen Literatur, herausgegeben von G. Vogt-Spira, Tübingen 1990 (= Script-Oralia A, 4), S. 271–84.

5   Im Briefkorpus überlieferte oder von Ambrosius in Briefen mitgeteilte Ansprachen sind: der sermo contra Auxentium de basilicis tradendis = ep. 75 a (Maur. 21 a) (CSEL 82.3, 82–107); ep. 76 (Maur. 20), 14–21 (CSEL 82.3, 115–121); ep. 76 (Maur. 20), 25 (CSEL 82.3, 123–124) (= knappe Zusammenfassung einer Ansprache in indirekter Rede durch Ambrosius); ep. 77 (Maur. 22), 3–13 (CSEL 82.3, 128–135); ep. 77 (Maur. 22), 15–23 (CSEL 82.3, 135–140); diese Ansprachen gehören alle in den Zusammenhang der politischen und teilweise militärischen Auseinandersetzungen zwischen Ambrosius und dem arianischen Kaiserhof unter Valentinian II. und seiner Mutter Justina um die Nutzung der Mailänder Kirchen. Ferner wird eine Ansprache des Ambrosius vor Theodosius im Streit um Wiedergutmachung für durch Christen verursachte Verwüstungen an einer Synagoge und einem Heiligtum der religiösen Gruppe der Valentinianer mitgeteilt in Ambr., ep. extr. coll. 1 (Maur. 41), 1–26 (CSEL 82.3, 145–60).

6   G. M. Carpaneto, Le opere oratorie di Sant' Ambrogio, S. 35, in: Didaskaleion 9, 1930, S. 35–156 ist sich des Ursprungs der meisten Schriften in Predigten bewußt, behandelt als „opere oratorie" aber lediglich die „discorsi propriamente detti", wozu er die Leichenreden, den sermo contra Auxentium und die anderen oben S. 16, Anm. 5 genannten Reden, die in Briefen überliefert sind, zählt. J. B. Schneyer, Geschichte der katholischen Predigt, Freiburg, 1969, S. 75 unterscheidet ausdrücklich die „Trauerreden" und die Auxentiusrede von den „Predigten" des Ambrosius. A. Niebergall, Die Geschichte der christlichen Predigt, S. 229, Anm. 119, in: Leiturgia, Handbuch des evangelischen Gottesdienstes 2, Kassel, 1955, S. 182–353, trennt ebenfalls Predigten und Leichenreden. Die Kriterien, nach denen „Predigten" und Reden oder „discorsi propriamente detti" zu unterscheiden wären, werden jeweils nicht deutlich.

„Predigten" andererseits verstellt den Blick für wichtige Gemeinsamkeiten und verbindende Elemente, die zum Verständnis der einzelnen Predigten, Leichenreden oder kirchenpolitisch motivierten Reden beitragen können.

Die wichtigste Gemeinsamkeit aller Reden des Ambrosius ist, daß sie in den meisten Fällen im kirchlichen Raum und anläßlich eines Gottesdienstes gehalten worden sind: Ambrosius spricht in allen seinen veröffentlichten Werken als Bischof. Er bezieht Legitimation und Autorität allein aus seiner Amtswürde. Er ist schon durch seine bescheidene äußere Erscheinung von anderen Rednern auf der Bühne der Politik oder bei öffentlichen Anlässen unterschieden und als Bischof erkennbar.[7] Der Ort, an dem er redet, ist meistens ein kirchlicher Raum[8], und der Anlaß, zu dem er redet, ist fast immer ein Gottesdienst.[9] Diese gemeinsamen

---

7   (Vgl. zum Folgenden Dudden, S. 111–12 und vor allem J. Braun, Die liturgische Gewandung im Occident und Orient nach Ursprung und Entwicklung, Verwendung und Symbolik, Darmstadt 1964 (= Freiburg *1907*), S. 156–60; 239–47; 249–51; 299–301.) Das Gewand eines weltlichen Redners bei öffentlichen und zeremoniellen Anlässen war noch immer die festliche römische Toga. Im Gegensatz dazu unterschied sich die bescheidene Kleidung des predigenden oder den Gottesdienst versehenden Bischofs nicht von der Alltagskleidung standesgleicher Personen; sie bestand aus langer Tunica und darüber getragener paenula (planeta, amphibalus, casula) einem weiten Überwurf aus dickerem Stoff. Ein Mosaik in der Satyruskapelle in Mailand aus dem fünften Jahrhundert (Abbildung etwa bei Braun, S. 158) zeigt Ambrosius zusätzlich mit einer Dalmatika bekleidet, einem besseren Obergewand der römischen Alltagskleidung für die Oberschicht, das im späten vierten Jahrhundert in Rom zur Rangunterscheidung innerhalb der kirchlichen Hierarchie diente. Entscheidend ist, daß kirchliche Redner ohne die zeremonielle Toga und allgemein bescheidener als weltliche Redner auftraten. Vgl. als Gegensatz etwa die Kleidung für öffentliche Anlässe in den Abb. der Konsulardiptychen des 4. und 5. Jahrhs. (eine Abbildung etwa bei Braun, S. 301).

8   Das ist offensichtlich für die Predigten, die den meisten der veröffentlichten Werke zugrunde liegen; die Hinweise, aufgrund derer wir in den Werken einzelne Predigten erkennen, sind ja Hinweise auf die Gottesdienstsituation. – Zu den sog. „eigentlichen Reden": Ambrosius hält den sermo contra Auxentium, als er sich mit Anhängern in einer von Soldaten umstellten Kirche verschanzt hat: cf. etwa Ambr., ep. 75 a (Maur. 21 a), 1 (CSEL 82.3, 82) oder ebd. 4 (CSEL 82.3, 84). Für die Rede in Ambr., ep. 76 (Maur. 20), 14–21 vgl. den Kontext des gesamten Briefes. v. a. ebd., 13 (CSEL 82.3, 114). Für die Rede in Ambr., ep. 76 (Maur. 20), 25 (CSEL 82.3, 123–124) cf. ebd.: „Sequenti die lectus est de more liber Jonae. Quo completo hunc sermonem adorsus sum. ... ". Für die Rede in Ambr., ep. 77 (Maur. 22), 3–13 cf. ebd., 2 (CSEL 82.3, 128): „Sequenti die transtulimus ea (sc. ossa martyrum) in basilicam, quam appellant Ambrosianam. Dum transferimus caecus sanatus est. Talis mihi ad populum fuit sermo.". Für die Rede in Ambr., ep. 77 (Maur. 22), 15–23 cf. ebd., 15 (CSEL 82.3, 135): Die Menge der Zuhörer hatte vom Vortage an bei den Gebeinen der Märtyrer ausgeharrt, die in die basilica Ambrosiana gebracht worden waren (ebd., 2 (CSEL 82.3, 128)). Für die Rede in Ambr., ep. extra coll. 1 (Maur. 41), 2–26 cf. ebd., 1 (CSEL 82.3, 145): Ambrosius will bei Theodosius etwas durchsetzen „Tunc ergo, cum saepius agendo parum proficerem, et epistulam dedi imperatori (sc. Theodosio) quam simul misi et ubi processit ad ecclesiam hunc sermonem habui. ... " – Für die Situation der Leichenreden vgl. jeweils unten S. 122; 126; 134; 180.

9   Für die Predigten, die den meisten der veröffentlichten Werke zugrunde liegen s. die vorangegangene Anm. am Anfang. – Zu den sog. „eigentlichen" Reden: Für den sermo contra Auxentium cf. Ambr., ep. 75 a (Maur. 21 a), 8 (CSEL 82.3, 86): „Audistis quod hodie lectum sit". Für die Rede in Ambr., ep. 76 (Maur. 20), 14–21 cf. ebd., 14 (CSEL 82.3, 115): „Audistis, filii, librum legi Iob, qui sollemni munere est decursus et tempore." Für die Rede in Ambr., ep. 76 (Maur.

Umstände der für uns greifbaren Auftritte des Ambrosius als Redner bzw. als Prediger sind auch bei der Beschreibung seiner Leichenreden zu berücksichtigen: Sie prägen einerseits die Erwartungshaltung der Zuhörer und Leser. Zum anderen bestimmt die Tätigkeit als Prediger rednerische Erfahrung und Routine des Ambrosius, die ihm neben seiner Begabung und technischem Schulwissen eine Stütze auch beim Verfassen einer Leichenrede sein konnten.

Das verbindende Element zwischen den häufig und zu Recht unterschiedenen „Reden" des Ambrosius anläßlich von Trauerfällen oder in der kirchenpolitischen Auseinandersetzung und den „Predigten" tritt auch deutlich vor Augen, wenn man sich bewußt macht, daß Ambrosius von den Reden, die er bis in sein viertes Lebensjahrzent als römischer Verwaltungsbeamter gehalten hat – wenn man seinem Biographen glauben darf mit großem Erfolg[10] –, keine einzige für die Veröffentlichung bestimmt hat, wofür es klassische Vorbilder gegeben hätte und wie es etwa sein Zeitgenosse Symmachus[11] getan hat. Genauso wie Ambrosius keine Glanzstücke seiner rednerischen Produktion als aufsteigender Verwaltungsbeamter veröffentlicht hat, sind die hier zu behandelnden Leichenreden nicht Trauerreden eines bestellten Festredners, sondern Ansprachen des Bischofs an seine Gemeinde.

Die vorausgegangenen Überlegungen werden bestätigt, wenn man näher betrachtet, was Ambrosius selbst zu seiner Tätigkeit als Redner gesagt hat. Bei der Suche nach solchen theoretischen Äußerungen zur Rhetorik in seinem Werk fällt zunächst auf, daß Ambrosius sich nirgendwo ausführlich und ausschließlich mit dem Thema „Rhetorik" auseinandergesetzt hat, beziehungsweise, daß er seine Gedanken dazu nicht explizit an einem Ort gesammelt und niedergelegt hat. In den meisten seiner Werke finden sich Reflexionen darüber, aufgrund welcher Voraussetzungen oder wie man zu reden habe, oft nur als Randbemerkungen, die sich spontan aus dem Zusammenhang ergeben. Sie beziehen sich zudem fast ausschließlich auf die Predigt, nicht auf weltliche Rhetorik. Das steht im Einklang damit, daß seine Schriften im wesentlichen aus der Praxis des Predigens vor der Gemeinde entstanden sind. Auch in der Schrift de officiis ministrorum, in der er einen Leitfaden für das Verhalten von Klerikern vorlegt, finden sich nur knappe Hinweise

---

20), 25 (CSEL 82.3, 123–24) cf. ebd.: „Sequenti die lectus est de more liber Ionae. Quo completo hunc sermonem adorsus sum. ...". Für die Rede in Ambr., ep. 77 (Maur.22), 3–13 cf. ebd., 3 (CSEL 82.3, 128–29): Ambrosius weiß nicht, was er sagen soll. „Sed ubi sanctorum legi coepit series scripturarum, largitus est spiritus sanctus qui locutus est in prophetis, quod dignum aliquid tanto coetu et expectatione vestra martyrumque sanctorum meritis proferamus." und ebd., 7 (CSEL 82.3, 130): „Alius psalmus lectus est dicens ...". Für die Rede in Ambr., ep. 77 (Maur. 22), 15–23 (CSEL 82.3, 135–40) ist die Gottesdienstsituation *nicht* nachzuweisen. Für die Rede in Ambr., ep. extra coll. 1 (Maur. 41), 2–26 cf. ebd., 5 (CSEL 82.3, 147): „Haec de prophetica lectione libata sint. Evangelii quoque lectio quid habeat consideremus." – Für die Leichenreden vgl. unten S. 122; 126; 134; 180.

10   Paul. Med., vita Ambr., 5 (ed. M. Pellegrino, Rom, 1961): „Sed postquam edoctus liberalibus disciplinis ex urbe egressus est professusque in auditorio praefecturae praetorii, ita splendide causas perorabat, ut eligeretur a viro inlustri Probo, tunc praefecto praetorii, ad consilium tribuendum. Post quod consularitatis suscepit insignia, ut regeret Liguriam Aemiliamque provincias, venitque Mediolanum."

11   Vgl. zu Symmachus O. Seeck ed., Berlin, 1866, (MGH, AA, 6, 1), S. V–X.

zur Predigt. Etwas ausführlichere theoretische Erörterungen finden sich ausschließlich in einem beratenden Brief an einen neu gewählten Bischofskollegen.[12] Schließlich hat Ambrosius in einigen Vorreden zu für die Veröffentlichung bestimmten Predigten erläuternde Überlegungen zu ihnen niedergelegt.

Die Untersuchung solcher oft beiläufiger Erörterungen kann nicht den Anspruch erheben, Ambrosius' rhetorische oder homiletische Theorie wiederzugeben, zumal nicht klar ist, ob er selbst eine solche zusammenhängende Theorie hatte. Die einzelnen Äußerungen müssen in ihrem jeweiligen Kontext für sich genommen verstanden werden, bevor zusammenfassend beschrieben werden kann, welche theoretischen Einsichten über die Predigt Ambrosius hatte.[13]

Aus der Interpretation solcher Passagen ergibt sich zunächst wieder mit aller Deutlichkeit, daß die einzelnen theoretischen Äußerungen des Ambrosius zur Predigt keine zusammenhängende rhetorische oder homiletische Theorie darstellen. Ambrosius kennt die rhetorische Theorie; wo er sich zu Aufgaben des Predigers äußert, fließt theoretisches Wissen in seine Ratschläge ein. Er formuliert aber keine technischen Regeln. Er äußert sich überhaupt nur zur Predigt des Bischofs, nicht zu weltlicher Rhetorik oder gar speziell zu Leichenreden oder laudationes. So findet sich bei ihm auch keine polemische Auseinandersetzung mit den sonst von christlichen Autoren gerne herabgewürdigten Gepflogenheiten des rhetorischen Betriebs.[14]

Ambrosius' Haltung zur Aufgabe der Predigt ist von Sendungsbewußtsein und Verantwortungsgefühl im Dienste der Verkündigung göttlicher Offenbarung bestimmt. Der Nutzen seiner Tätigkeit soll, seinen Worten zufolge, ganz auf seiten seiner Zuhörer liegen, für die er sich aus höherem Wissen heraus verantwortlich fühlt.

Ambrosius weist immer wieder auf die Heilige Schrift hin. Als Quelle göttlicher Offenbarung ist sie Ausgangspunkt für den Prediger. Das bedeutet ganz konkret, daß die Schriften vor allem des Alten Testaments ihm die Themen seiner Predigten wie etwa die Tugendexempel der Patriarchen vorgeben. In der Praxis mögen ihm die Lesungstexte des Gottesdienstes entscheidende Anregungen für die Gedanken seiner Predigten gegeben haben.

Wichtigste Aufgabe der Predigt ist die moralische Belehrung und Ermahnung der Zuhörer; Gefallen an den Predigten und Abwechslung in den Themen sind diesem Ziel untergeordnet. Die rhetorischen Kategorien des „Belehrens" und „Erfreuens" trägt Ambrosius auch an die Texte der Heiligen Schrift heran. Er schöpft vor allem den moralisch belehrenden Gehalt der Schriftworte aus. Freude und Erbauung bereiten seinen Worten zufolge vor allem die lyrischen Texte des Alten Testaments, etwa die Psalmen oder das Hohelied.

Der Prediger muß sich an den Bedürfnissen und dem Verständnishorizont seiner Gemeinde orientieren. Es ist sein oberstes Anliegen, verstanden zu werden;

---

12 Ambr., ep. 36 (Maur. 2) (CSEL 82.2, 3–20).

13 Ich fasse im Folgenden die Ergebnisse der Interpretationen verschiedener Passagen aus den Werken des Ambrosius, v. a. des zitierten Briefes an einen Bischofskollegen, zusammen. Die ausführlichen Erörterungen der in Frage kommenden Passagen finden sich im Anhang: Aussagen des Ambrosius zu seiner Tätigkeit als Prediger.

14 Vgl. dazu kurz unten S. 55.

entsprechend sind Klarheit und Einfachheit bis hin zur Aussprache gemäß den theoretischen Aussagen des Ambrosius die wichtigsten sprachlichen Kriterien von Predigten.

Es wird sich zeigen, daß Ambrosius auch in seinen Leichenreden in einigen wesentlichen Punkten diesen grundsätzlichen Überzeugungen über seine eigene Aufgabe als Prediger folgt.

II. DIE REDEN ALS TROSTREDEN

Ambrosius beschreibt in allen seinen Leichenreden explizit die Absicht, durch seine Worte auch Trost zu spenden.[1] Der Trost ist nach den Vorschriften rhetorischer Theorie wesentliches Element von Grabreden; dementsprechend werden dort in knapper Form auch übliche Argumente, die der Redner seinen Zuhörern zum Trost nahelegen kann, vorgeschlagen.[2] Die Theorie der Schule greift dafür auf das antike Genos der Trostschriften zurück; in der Kaiserzeit lagen die üblichen Gedanken solcher Traktate für jedermann in Florilegien und Traktaten der Philosophen- und Rhetorenschulen bereit.[3]

Es hat immer wieder Interesse gefunden, und es ist hinreichend dokumentiert worden, daß Ambrosius in den Leichenreden auf die traditionellen Trostargumente der antiken Konsolationsliteratur zurückgreift.[4] Solche Spuren, wie sie sich auch

---

1 Vgl. in der ersten Rede für Satyrus Exc. Sat., 1, 14, 3–4 (CSEL 73, 216): nach einer Abschweifung: „Sed consolandi hodie, non tractandi partes recepi, ...“; für die zweite Rede auf Satyrus Exc. Sat., 2, 1–3 (CSEL 251–52); vgl. dazu unten S. 31–32, hier etwa nur Exc. Sat. 2, 3, 1–2 (CSEL 73, 252): „Unde proposuimus, fratres carissimi, solari nos communi usu ...“; Ambrosius bezeichnet die beiden Reden anläßlich des Todes des Bruders in seiner Erklärung des 1. Palmes in Ps. 1, 51 (CSEL 64, 43, 13–15) als „libri consolationis et resurrectionis“. Für die Rede auf Valentinian obit. Val., 1 (CSEL 73, 329) (vgl. dazu unten S. 44) und obit. Val., 40, 1–2 (CSEL 73, 349): „Sed ad vestram, sanctae filiae, consolationem revertar, ...“; für die Rede auf Theodosius obit Theod., 35, 4–6 (CSEL 73, 389); vgl. dazu unten S. 50, hier etwa nur obit. Theod., 35, 6 (CSEL 73, 389): „ (dolorem meum) ... prolixiore sermonis prosecutione solandum putavi.“ – Es wird noch zu beurteilen sein, inwieweit Ambrosius diesen explizit formulierten Absichten jeweils nachkommt.

2 Vgl. etwa bei Men. Rhet., 414, 2–27. (Die Zitate aus Menander richten sich wie üblich nach Seiten- und Zeilenzahlen in der Ausgabe der Rhetores Graeci von Spengel, Bd. III, Leipzig, 1856.)

3 R. Kassel, Untersuchungen zur griechischen und römischen Konsolationsliteratur, (= Zetemata 18) München, 1958, S. 50. Für die Entwicklung des Genos der Trostschriften vgl. den ersten Teil der Arbeit von Kassel, S. 3–48. Indem Kassel die Trostschriften und ihre Inhalte auch als Produkte einer weitverbreiteten philosophischen Schultradition begreift, erweist er den zeitbedingten Ansatz der älteren Arbeit von K. Buresch, Consolationum a Graecis Romanisque scriptarum historia critica, (= Leipziger Studien zur klassischen Philologie 9) Leipzig 1887, der sich auf die Suche nach direkten Abhängigkeiten der einzelnen Schriften voneinander gemacht hatte, als überholt, vgl. Kassel, S. 50–51. Vgl. nach Kassel auch H.-Th. Johann, Trauer und Trost. Eine quellen- und strukturanalytische Untersuchung der philosophischen Trostschriften über den Tod, München, 1968.

4 Die einzelnen Nachweise werden durch die ausf. Anmm. bei Faller ed. gut erschlossen; vgl. v.a. die Arbeit von F. Rozynski, Die Leichenreden des hl. Ambrosius, insbesondere auf ihr Verhältnis zu der antiken Rhetorik und den antiken Trostschriften untersucht, Diss. Breslau 1910. Insbesondere haben sich Interpreten um den Nachweis bemüht, daß Ambrosius in den beiden Reden, die er anläßlich des Todes seines Bruders gehalten hat, die verlorene Trostschrift Ciceros benutzt habe: zur Verwendung der verlorenen consolatio Ciceros durch Ambrosius etwa K. Schenkl, Zu Ciceros consolatio, in: WS 16, 1894, 38–46. Zuletzt wieder: Michaela

bei anderen christlichen Autoren finden lassen[5], müssen nicht etwa als Belege
direkter Abhängigkeit des Ambrosius von ihm unmittelbar vorliegenden klassischen Autoren, sondern als Zeugnisse selbstverständlicher Vertrautheit mit dem
Repertoire klassischer Konsolationsargumente gewertet werden.[6] Neben der Kontinuität der Grabreden des Ambrosius zur Tradition der heidnischen Konsolationsschriften sind natürlich auch die spezifisch christlichen Züge der Trostreden untersucht und beschrieben worden.[7]

II. 1. RHETORISCHE VORSCHRIFTEN FÜR LEICHENREDEN

Die rhetorische Theorie weist dem Trost einen bestimmten Platz innerhalb der
Disposition von Leichenreden zu. Spezielle Empfehlungen zu Leichenreden sind
unter den Namen des Dionysios von Halikarnassos und des Rhetors Menander in
Schriften aus der Kaiserzeit zur epideiktischen Beredsamkeit erhalten, als rednerische

---

Zelzer, Ambrosius von Mailand und das Erbe der klassischen Tradition, S. 209–213, in: WS
100, 1987, S. 201–226 mit einschlägiger Literatur. Da wir Ciceros consolatio nicht genau
kennen (vgl. dazu K. Kumanieczki, A propos de la ‚consolatio' perdue de Cicéron, in: AFLA
46, 1969, S. 369–402), dürfte die Frage, ob und in welcher Weise Ambrosius sie benutzt hat,
nicht mit Sicherheit zu klären sein. Für einen komplizierteren Versuch, direkte Abhängigkeiten
nachzuweisen, vgl. J. Doignon, Lactance intermédiaire entre Ambroise de Milan et la Consolation
de Cicéron ?, in: REL 51, 1973, S. 208–19. Vgl. zur Frage der Entlehnungen aus Cicero
vernünftig abwägend G. Madec, Saint Ambroise et la philosophie, Paris, 1974, S. 155–61.
Parallelen zu den Trostschriften Senecas betont Marie-Pierre Labrique, Ambroise de Milan et
Sénèque; à propos de De excessu fratris II, in: Latomus 50, 1991, S. 409–18.

5   Vgl. grundlegend Ch. Favez, La consolation latine chrétienne, Paris, 1937. Als Beipiel für
     Vertrautheit mit der Konsolationsliteratur hier nur aus den Trostbriefen des Hieronymus epist.
     60, 7: „Crantorem legimus, cuius volumen ad confovendum dolorem suum secutus est Cicero,
     Platonis, Diogenis, Clitomachi, Carneadis, Posidonii ad sedandos luctus opuscula percurrimus."
     Für den christlichen griechischen Osten vgl. J. Bauer, Die Trostreden des Gregorios von Nyssa
     in ihrem Verhältnis zur antiken Rhetorik, Diss. Marburg, 1892; X. Hürth, De Gregorii Na-
     zianzeni orationibus funebribus, Diss. Straßburg, 1907; Jane F. Mitchell, Consolatory letters in
     Basil and Gregory Nazianzen, in: Hermes 96, 1968, S. 299–318. Die mittelalterliche Tradition
     untersucht P. von Moos, Consolatio, Studien zur mittelalterlichen Trostliteratur über den Tod
     und zum Problem der christlichen Trauer, 4 Bde., München, 1971–72.
6   Vgl. schon den von Kassel (S. 50–51) wieder aufgenommenen Hinweis von M. Pohlenz (GGA,
     1916, S. 557): „Wer etwa die Trostschriften miteinander vergleicht, wird bald sehen, daß nicht
     bloß die einzelnen Argumente, sondern auch ganze Gedankenverbindungen und die Disposition
     von Gedankenreihen ganz fest geworden sind, und daß Übereinstimmung zweier Autoren in
     solchem Fall nicht auf Abhängigkeit von einer „Vorlage", sondern vom Schulbetrieb weist ..."
7   Ch. Favez, L'inspiration chrétienne dans les consolations de Saint Ambroise, in: REL 8, 1930,
     S. 82–91. Favez behandelt neben den Briefen Ambr., ep. 8 (Maur. 39), (CSEL 82.1, 66–70) und
     51 (Maur. 15) (CSEL 82.2, 60–67) die beiden Reden für Satyrus und die Rede für Valentinian,
     nicht die Rede für Theodosius, in der sich kaum Trostargumente finden (S. 83). Vgl. seine
     zusammenfassende Formulierung S. 83–84: „Les mots peuvent être les mêmes: ils ne rendent
     pas le même son. Les arguments peuvent être les mêmes: ils ne procèdent pas les mêmes
     convictions. La pensée des consolateurs paiens relève de la philosophie gréco romaine; celle
     d'Ambroise y plonge quelques racines, mais le plus pur de sa sève lui vient de l'Evangile."

Praxis in immer stärkerem Maße Bestandteil nicht mehr der Politik im engeren Sinne, sondern überhaupt des öffentlichen Lebens war und die Rhetorik sich einen festen Platz in der höheren Ausbildung erobert hatte.

Die pseudodionysische τέχνη [8] behandelt im sechsten Kapitel die Leichenrede. Hier interessiert nur, daß als Teile der Grabrede das Lob des Toten, die Aufforderung an die Zuhörer, dem Toten nachzueifern, und der Trost der Hinterbliebenen behandelt werden. Klagen um den Verlust des Toten aufzunehmen, wird ausdrücklich abgelehnt. Der Redner soll sich am Schluß dem Trost widmen.[9]

Von größerer Bedeutung für die Interpretation des Ambrosius sind die Vorschriften des unter dem Namen Menanders überlieferten Regelwerks zur epideiktischen Beredsamkeit.[10] In einer Schrift über Reden zu verschiedenen Anlässen behandelt der Autor insgesamt drei Formen von Grabreden: die „Monodie" als reine Klagerede, die „Trostrede" und die „Grabrede".[11] Der Trost hat, jeweils am Ende, seinen Platz in den „Trostreden" und „Grabreden".

Die „Trostrede" besteht im wesentlichen aus zwei Teilen. Am Anfang stehen Elemente einer Klagerede.[12] Menander macht verschiedene Vorschläge, diesen Teil möglichst pathetisch zu gestalten: Das Lob des Verstorbenen und Klage über seinen Verlust sollen sich ständig abwechseln, und zwar derart, daß das Lob immer wieder Anlaß für die Klage ist.[13] Die Gliederung soll sich nicht an übliche Vorgaben, wie etwa die Reihenfolge bestimmter Enkomientopoi halten, weil der Redner so den

---

8 Für das Folgende stütze ich mich auf W. Kierdorf, Laudatio Funebris, Interpretationen und Untersuchungen zur Entwicklung der römischen Leichenrede (= Beiträge zur klassischen Philologie 106), Meisenheim am Glan, 1980, S. 54–56; J. Soffel, Die Regeln Menanders für die Leichenrede (= Beiträge zur klass. Philologie 57), Meisenheim am Glan, 1974, S. 56–60; vgl. Kassel, S. 43. Zur Datierung der τέχνη folgt Kierdorf L. Radermacher ed., Leipzig, 1929 und setzt die hier interessierenden Passagen „frühestens" ins zweite Jahrhundert. Soffel datiert sie auf das dritte Jahrhundert. D. A. Russel & N. G. Wilson, Menander Rhetor, ed. transl. comm., Oxford 1981, Appendix S. 362 stellen zur Person des Autors der τέχνη fest: „The stylistic exuberance and the interest shown by the author in Plato ... make it plausible to regard them as products of a platonist rhetor, a common class of man in the third, fourth, and fifth centuries."

9 Vgl. Ps. Dionys. Halic., τέχνη ῥητορική, 6, 4–5.

10 Ich gehe nicht auf die Frage nach dem oder den Autoren der unter dem Namen Menanders überlieferten Schriften ein. Die Abhandlungen sind wichtig, nicht weil in ihnen ein origineller Beitrag eines individuellen Rhetors zu würdigen ist, sondern weil sie Zeugnis einer breiteren rhetorischen Schultradition sind. Die interessierenden Passagen sind vielleicht unter der Herrschaft Diokletians (Russel & Wilson) oder Aurelians (270–275) (Soffel) entstanden. Autorschaft und Datierung werden diskutiert bei Russel & Wilson, S. XXXIV–XL; Soffel, S. 90–92. Zur Person Menanders scheint nach einem Artikel bei Suidas sicher zu sein, daß er aus Laodikeia in Phrygien stammte und als σοφιστής, d.h. als Grammatiker und Redelehrer, tätig war (Soffel, S. 90).

11 Περὶ μονῳδίας 434, 10–437, 4 (vgl.: „τί τοίνυν ἡ μονῳδία βούλεται; θρηνεῖν καὶ κατοικίζεσθαι." 434, 18–19); Περὶ παραμυθητικοῦ, 413, 5 414, 30; Περὶ ἐπιτάφιου, 418, 5–422, 4). Als besondere Art der Grabrede wird 418, 5–419, 10 die reine Lobrede am Grab eines lange Verstorbenen kurz besprochen.

12 Men. Rhet., 413, 5–21.

13 Men. Rhet., 434, 20–23: „αὐτὸν μόνον θρηνεῖν τὸν ἀπελθόντα, παραμιγνύντα τὰ ἐγκώμια τοῖς θρήνοις, καὶ συνεχῶς τὸν θρῆνον ἐμφανίζειν, ἵνα μὴ ἀπολύτως ἐγκώμιον ᾖ, ἀλλ' ἵνα πρόφασις τοῦ θρήνου ᾖ τὸ ἐγκώμιον." Vgl. 435, 7–9.

Eindruck erwecken könne, sich nicht in der Gewalt zu haben und vom Schmerz
überwältigt zu sein, wie es für den pathetischen Charakter dieser Reden angemessen
ist.[14] Dem Trost der Zuhörer soll sich der Redner nach möglichst emotionaler Klage
dann in einem abgeschlossenen zweiten Teil der Rede widmen;[15] Menander empfiehlt dafür die üblichen Argumente antiker Konsolationstopik.

Die „Grabrede" wird zunächst den Toten nach üblichen Gliederungskriterien
der Rhetorik loben.[16] Dabei soll sich aber mit dem Lob ständig Klage um den
Verlust mischen, was Menander mehrfach einschärft.[17] Es schließt sich ein Abschnitt an, der ausschließlich der Klage vorbehalten ist.[18] Der Trost der Hinterbliebenen folgt danach wiederum am Ende der Rede.[19]

Es erscheint charakteristisch, daß die ideale Disposition der Reden bei Menander
jeweils dem Weg von pathetischer Klage hin zur Überwindung des Schmerzes folgt.
Diese Disposition, die jeweils der Klage ihr Recht gibt, berücksichtigt antike
Vorstellungen über die Trauer, denen zufolge der Schmerz wie eine zu behandelnde
Krankheit nicht frühzeitig unterdrückt werden darf, nach einer Zeit der heftigsten
Infektion aber aktiv bekämpft werden soll.[20]

II. 2. DIE ERSTE REDE FÜR SATYRUS

Ambrosius macht selbst an verschiedenen Stellen knappe Bemerkungen dazu,
weshalb er über seinen Bruder redet und welche Wirkung dies haben soll: So ruft er
sich selbst nach einer Abschweifung zum eigentlichen Zweck seiner Rede zurück;
er habe die Absicht, Trost zu spenden, und zwar nicht derart, daß er gänzlich von
dem Schmerz über den Verlust ablenken wolle; vielmehr wolle er ihn nur mäßigen.
Ambrosius hat nicht die Absicht, sich von der Erinnerung an den verstorbenen
Bruder abzuwenden, sondern im Gegenteil, durch die Rede in Gedanken bei ihm zu

---

14 Men. Rhet., 413, 12–14: „διὰ τὸ μηδ' ἑαυτοῦ δοκεῖν εἶναι τὸν λέγοντα, ἀλλ'
    ἐξεστηκέναι ὑπὸ τοῦ πάθους."
15 Men. Rhet., 413, 23 – 414, 27. Vgl. 413, 21–23: „καὶ τὸν ἐπ' αὐτῷ (τῷ τεθνεῶτι) θρῆνον
    αὐξήσας, ὡς ἐνδέχεται, ἐπὶ δεύτερον ἥξεις μέρος τοῦ λόγου τὸ παραμυθητικόν."
16 Men. Rhet., 419, 11–13; 420, 10–421, 10. Menander empfiehlt die übliche Reihenfolge der
    Enkomientopoi.
17 Men. Rhet., 419, 11–15: „Διαιρήσεται δὲ ..(ὁ λόγος).. τοῖς ἐγκωμιαστικοῖς κεφαλαίοις,
    πανταχοῦ ἐφεξῆς ἑκάστῳ τῶν κεφαλαίων παραμιγνυμένου τοῦ πάθους ἐκ μεταχειρίσεως."
    Vgl. 419, 21–22; 420, 4–9; 420, 26–27.
18 Men. Rhet., 421, 11–14.
19 Men. Rhet., 421, 15–32.
20 Vgl. zu entsprechenden Vorstellungen in der antiken Konsolationsliteratur Johann, 54–67, S.
    36–40 und Kassel, S. 52. Kassel hält S. 43 die Empfehlung von Klagen für inhaltlich unverein-
    bar mit den Erfordernissen einer Trostrede (vgl. Ps. Dionys. Halic., τέχνη ῥητορική, 6, 4) und
    erklärt sie als unüberlegte Übernahme allgemeiner Gepflogenheiten. Die Verbindung der
    menandrischen Disposition für Leichenreden mit antiken Vorstellungen über die Therapie von
    Affekten, die Kassel nicht vornimmt, läßt Menanders Empfehlung sinnvoll erscheinen.

verweilen.[21] So verlängert er die Gegenwart des Bruders.[22] An anderen Stellen beschreibt Ambrosius mit expliziten Worten, wie die Erinnerung an den Bruder – an die Dienste, die er ihm geleistet hat, und an seine Tugenden – dem trauernden Redner Erleichterung verschafft, auch wenn sie gleichzeitig den Schmerz erneuert.[23] Vor allem aus dem Anfang der zweiten Rede für Satyrus wird deutlich, daß die Erinnerung an den Bruder und auch der Schmerz über seinen Verlust ein Teil der Bewältigung des Todes durch die Lebenden ist: Danach dient das Reden über den Bruder in der ersten Rede vor allem dazu, dem Schmerz zunächst freien Lauf zu lassen.[24]

Zunächst ist in einem Überblick festzustellen, wo in der Rede Ambrosius sich dem Trost widmet. Tröstende Argumente oder Mahnungen, den Schmerz über den Verlust des Bruders zu überwinden, begegnen in einem ersten und im letzten Teil der Rede. Im ersten Teil[25] finden sich Trostargumente in haltloser Vermischung mit pathetischen Klagen und lebhaften Erinnerungen an die nun verlorene Gemeinsamkeit mit dem Bruder.[26] Die einzelnen tröstenden Erwägungen verhindern nicht, daß

21 Exc. Sat., 1, 14, 3–14 (CSEL 73, 216–17): „Sed consolandi hodie non tractandi partes recepi, quamquam abducere a maerore animum intentione tractandi consolationis usus sit. Sed temperandus mihi maeror quam alienandus adfectus est, ut mulceantur magis desideria quam sopiantur. Non libet enim abire a fratre longius et occupatione subduci, cum velut comitandi eius gratia hic sermo susceptus sit, ut diutius sensu prosequar proficiscentem, et quem oculis teneo (der Leichnam war im Angesicht der Trauergemeinde aufgebahrt; vgl. unten S. 58, Anm. 32 am Ende) mente conplector. In illo enim totam oculorum aciem figere libet, cum illo totis animorum officiis inmorari, ... Dum stupet animus nec amissum credo, quem adhuc cerno praesentem, nec mortuum puto, cuius adhuc officia non requiro.“

22 Exc. Sat., 1, 51, 3–5 (CSEL 73, 236): „Date, quaeso, veniam et permittite dolori meo, ut de eo mihi paulo uberius liceat loqui, cum quo iam non conceditur conloqui.“ Weil Ambrosius das Reden über den Bruder als eine Verlängerung seiner Gegenwart betrachtet, kann er am Schluß formulieren, daß der Leichnam nun gleichsam zusammen mit der Rede, die ein Ende gefunden hat, begraben werden solle. Exc. Sat., 1, 78, 1–2 (CSEL 73, 249): „Sed quid ego demoror, frater? Quid exspecto, ut nostra tecum commoriatur et quasi consepeliatur oratio?“

23 Exc. Sat., 1, 21, 1–4 (CSEL 73, 221): „Sentio equidem, quod repetendis officiis tuis recensendisque virtutibus adficiatur animus, sed tamen in ipsa mei adfectione requiesco atque hae mihi recordationes, etsi dolorem renovant, tamen voluptatem adferunt.“ Vgl. 63, 1–6 (CSEL 73, 241).

24 Vgl. unten S. 31–32.

25 Exc. Sat., 1, 1–41 (CSEL 73, 209–232).

26 Vgl. dazu ausführlicher unten S. 57–58. Ein Beispiel, wie sich Klage, vergebliche Trostargumente und Erinnerung – in diesem Fall auf besonders engem Raum – mischen, findet sich etwa exc. Sat., 1, 15, 6–16, 8 (CSEL 73, 217–18): „Quid agam mei successor heredis? Quid agam meae vitae superstes? Quid agam exsors huius quod capio luminis? Quas grates, quae munera referam tibi? Nihil a me praeter lacrimas habes. Aut fortasse securus meriti tui quas solas superstites habeo lacrimas non requiris. Nam etiam cum adhuc viveres, flere prohibebas, maeroremque magis nostrum quam tuam mortem tibi esse testabaris dolori. Prohibent ulterius prodire lacrimae fletusque revocant. Prohibent etiam tui gratia, ne dum nostra deflemus, de tuis meritis desperare videamur. At certe tu nobis etiam maeroris istius minuisti acerbitatem: Non habeo, quod timeam, qui timebam tibi. Non habeo, quod mihi iam mundus eripiat. Etsi sancta supersit soror integritate venerabilis, aequalis moribus, non impar officiis, tibi tamen ambo plus timebamus, in te vitae huius iucunditatem repositam putabamus. Propter te vivere delectabat, propter te non pigebat mori; te enim ambo superstitem praecabamur, tibi nos supervivere non iuvabat.“

Ambrosius immer wieder in pathetische Klagen um den Verlust des Bruders ausbricht.

Nachdem Ambrosius in einem zweiten Teil der Rede die Tugenden des Bruders nach dem Schema der Kardinaltugenden gelobt hat, drängen dann im letzten Teil die tröstenden Gedanken und Mahnungen, den Schmerz zu überwinden, die Klage um den Verlust in den Hintergrund. Anders als zu Beginn der Rede hält Ambrosius an diesen tröstenden Gedanken fest. Er wendet sich außerdem von der eigenen Trauer der härter getroffenen Schwester zu[27] und richtet schließlich seinen Blick auf die Zeit nach seinem eigenen Tod; der Bruder hat Ambrosius nicht verlassen, sondern er ist ihm vorausgegangen, wohin auch er folgen wird.[28] Der Gang der Rede führt also von schmerzlicher Erinnerung und damit eng verbundener Klage um den Verlust zu gefaßter Beherrschung und zur Mahnung, den Schmerz zu überwinden. Die Anlage folgt dem Prinzip, der Trauer zunächst freien Ausdruck zu geben, um sie dann zu überwinden, und entspricht üblichen Gedanken der Konsolationsliteratur über die Behandlung großen Schmerzes; Ambrosius beschreibt später die beabsichtigte Wirkung der beiden Reden für Satyrus nach demselben Prinzip.[29]

Auch die einzelnen Trostargumente zeigen deutliche Anklänge an heidnische Konsolationsliteratur.[30] Einige mehrfach wiederkehrende oder breiter behandelte Trostargumente sind zum Beispiel der Gedanke, daß der Bruder den Lebenden in der Erinnerung erhalten bleibt[31], oder die Erwägung, daß angesichts der Not der Zeit – Ambrosius schildert in grellen Farben die Schrecken von Barbareneinfällen in Norditalien – dem Toten viel Unglück erspart geblieben ist.[32]

Die heidnischen Trosttopoi werden natürlich auch christlich interpretiert: Daß es der condicio humana entspricht, sterben zu müssen, kann aus christlicher Perspektive um den Gedanken erweitert werden, daß selbst Gottes Sohn mit seiner Menschwerdung den Tod angenommen hat.[33] Selbstverständlich ist es dem Chri-

---

27 Exc. Sat. 1, 76–77 (CSEL 73, 248–49).

28 Exc. Sat. 1, 78, 7–79, 6 (CSEL 73, 250).

29 Vgl. unten S. 31–32.

30 Dazu für die erste Rede auf Satyrus besonders ausführlich F. Rozynski, S. 23–44, 56–66. Die Anmerkungen bei Faller ed. erschließen die Parallelen zu den üblichen Trostargumenten der heidnischen Bildungstradition.

31 Exc. Sat., 1, 21, 1–4 (CSEL 73, 221); 6, 2–4 (CSEL 73, 212). Für die heidnische Tradition dieses Topos v.a. bei Seneca vgl. Kassel, S. 89–90.

32 Exc. Sat. 1, 30, 3–33, 2 (CSEL 73, 226–28) mit dem zusammenfassenden und zum nächsten Gedanken überleitenden Abschluß: „Felix igitur tam oportuno obitu, quia non es in hunc servatus dolorem, certe felicior quam sancta soror, quae ...“ Für die heidnische Tradition des Topos vgl. Kassel, S. 75.

33 Vgl. z. Bsp. exc. Sat. 1, 4 (CSEL 73, 210–11) mit dem Abschluß: „Quo igitur maius est solacium nostri, quam quod secundum carnem (cf. Rom., 1, 3) et Christus est mortuus? Aut cur ego vehementius fleam fratrem, cum sciam illam mori non potuisse pietatem.“ Für die heidnische Tradition des vielfach variierten Topos von der condicio humana vgl. Kassel, S. 55–56; 63–65. Menander schlägt ausdrücklich vor, daran zu erinnern, daß auch Heroen und Abkömmlinge von Göttern sterben mußten (414, 5–6).

sten ein tröstlicher Gedanke, daß der Tote das ewige Leben gewonnen hat[34], und Ambrosius weist in stolzem Überlegenheitsgefühl in seiner Rede selbst auf den prinzipiellen Unterschied zwischen antiker Konsolationsphilosophie und christlicher Erlösungshoffnung hin.[35]

Vor allem aber bewegt sich Ambrosius in seinen tröstenden Erwägungen und den Mahnungen, sich vom Schmerz abzuwenden, an verschiedenen Stellen und in verschiedenen Zusammenhängen immer wieder in dem Gedankenkreis um den Gegensatz zwischen persönlicher und allgemeiner Trauer.[36] Zu diesem grob umrissenen Thema seines eigenen Schmerzes und der Betroffenheit der Gemeinde finden sich jeweils unterschiedliche Gedankengänge. Das Motiv findet sich gleich am Anfang der Rede: Ambrosius will nicht klagen, sondern sich dankbar zeigen, daß in einer Zeit allgemeiner Not er auch selbst durch den Tod seines Bruders von Unglück betroffen ist. Er habe sich immer gewünscht, durch eigenes Leid allgemeines Unheil abzuwenden, hofft, daß das auch jetzt der Fall sein könne, versichert, daß der Verstorbene selbst so gedacht habe. Diese Opferbereitschaft beschreibt Ambrosius auch dann, wenn er auf das Vorbild Christi verweist, in den sozialen Kategorien von persönlichem und allgemeinem Wohlergehen.[37] Dem entspricht es,

---

34 Vgl. z. Bsp. exc. Sat. 1, 29, 6–30, 2 (CSEL 73, 225). Menander schlägt vor, die Hinterbliebenen damit zu trösten, daß die Verstorbenen in elysischen Gefilden oder bei den Göttern weilen (414, 16–20).

35 Exc. Sat., 1, 70, 3–71, 11 (CSEL 73, 245–46): „Fleant ergo, qui spem resurrectionis habere non possunt, ... Intersit inter Christi servulos idolorumque cultores, ut illi fleant suos, quos in perpetuum existimant interisse, illi nullas habeant lacrimarum ferias, nullam tristitiae requiem consequantur, qui nullam putant requiem mortuorum, nobis vero, quibus mors non naturae, sed vitae istius finis est, quoniam in melius ipsa natura reparatur, fletus omnes casus mortis abstergeat. Certe si illi sibi aliqua solacia reppererunt, qui finem sensus defectumque naturae mortem arbitrati sunt, quanto magis nos, quibus meliora post mortem praemia bonorum factorum conscientia pollicetur! Habent gentiles solacia sua, quia requiem malorum omnium mortem existimant, et, ut vitae fructu carent, ita etiam caruisse se putant omni sensu et dolore poenarum, quas in hac vita graves et adsiduas sustinemus. Nos vero, ut erectiores praemio, ita etiam patentiores solacio esse debemus; non enim amitti, sed praemitti videntur, quos non adsumpta mors, sed aeternitas receptura est.“

36 Vgl. Y.-M. Duval, Formes profanes et formes bibliques dans les oraisons funèbres de Saint Ambroise, S. 244–47 in: Christianisme et formes littéraires de l'antiquité tardive en occident, Entretiens sur l'antiquité classique (Fondation Hardt) 23, 1976, 235–301. Duval spricht S. 247 von einem „Leitmotiv“. Kierdorf bringt S. 129 das Thema von privater Trauer und Betroffenheit der Gemeinde (er verweist auf exc. Sat., 1, 5; 27ff (CSEL 73, 211–12; 224)) in Verbindung mit dem bekannten Bericht des Polybius über eine pompa, in dem als Wirkung der Lobrede auf Vorzüge und Taten des Verstorbenen u. a. beschrieben wird, daß die gesamte Bürgerschaft den Tod als Verlust empfinde (Pol., 6, 53, 3). Dieser Hinweis sollte nicht den Blick darauf verstellen, daß Ambrosius in langen Passagen den gleichen Gedankenkreis um privaten und allgemeinen Schmerz in enger Anlehnung und mit explizitem Bezug auf biblische Texte abschreitet. (Exc. Sat., 1, 28–29 (CSEL 73, 224–25) mit Act., 9, 36ff; exc. Sat., 1, 60–67 (CSEL 73, 240–43) mit 4 Esdr., 9, 38–10, 28).

37 Exc. sat., 1, 1, 5–2, 7 (CSEL 73, 209–10): „... et habeo, in quo deo gratias agam, quia semper optavi, ut, si quae perturbationes vel ecclesiam vel me manerent, in me potius ac meam deciderent domum. Deo igitur gratias, quia in hoc omnium metu, cum omnia motibus sint suspecta barbaricis, communem maerorem privato dolore transegi, et in me conversum est,

daß in der zitierten Passage aus dem Fundus der Bildungstradition das klassische exemplum des Aemilius Paulus nachwirkt, der beim Tod seiner Söhne hoffte, durch sein persönliches Leid Unglück auf sich genommen zu haben, das dem ganzen Staat drohen könnte.[38] Diese von den Interpreten regelmäßig registrierte Reminiszenz darf nicht überbewertet werden; die aufgeführten Parallelen können die allgemeine Verbreitung solcher Gedanken in der antiken Konsolationsliteratur belegen; Ambrosius hat solche Gedanken mit seiner Schulbildung selbstverständlich aufgenommen, sich persönlich angeeignet und unabhängig verwertet.

Wie selbständig und unabhängig von irgendwelchen Vorlagen er auf sie zurückgreift, zeigt sich in der Rede für Satyrus vor allem darin, daß er das mit diesen Gedanken angesprochene Thema von persönlichem und allgemeinem Schicksal nicht nur einmal übernimmt, sondern in der Rede immer wieder unter verschiedenen Aspekten betrachtet, mit unterschiedlicher Akzentuierung für Trostargumente verwendet und vor allem auch in langen Passagen mit Gedanken aus der Heiligen Schrift verbindet.

Neben der zuerst behandelten Passage gehört zu dem grob umrissenen Thema persönlichen und allgemeinen Leids auch das tröstende Argument, daß Ambrosius in seiner persönlichen Trauer um den Bruder Rückhalt in der ebenfalls trauernden Gemeinde findet.[39]

Der gleiche Gedanke findet sich an anderer Stelle wiederholt[40], diesmal mit

---

quidquid timebamus omnibus. Atque utinam hic consummatum sit, ut dolor meus publici doloris redemptio sit! Nihil quidem habui, fratres carissimi, in rebus humanis tanto fratre pretiosius, nihil amabilius, nihil carius, sed praestant privatis publica. Ipsius quoque si quis sententiam sciscitaretur, mallet occidere pro aliis quam sibi vivere. Propterea enim pro omnibus secundum carnem Christus est mortuus, ut nos non solis nobis vivere disceremus." – Faller ed. verweist für den letzten Satz zum Vergleich auf 2 Cor., 5, 15: „et pro omnibus mortuus est, ut et, qui vivunt, iam non sibi vivant, sed ei, qui pro ipsis mortuus est et resurrexit." Die Formulierung bei Ambrosius erinnert aber auch an klassische heidnische Lehrsätze von der Sozialverpflichtung menschlicher Existenz. Vgl. etwa Cic., off., 1, 22: „Sed quoniam, ut praeclare scriptum est a Platone, non nobis solum nati sumus ortusque nostri partem patria vindicat, partem amici, ... in hoc naturam debemus ducem sequi, communes utilitates in medium adferre."

38   Vgl. mit der in der vorangegangenen Anm. zitierten Passage Liv., 45, 41, 8–9 (vgl. Val. Max., 5, 10, 2,; Cicero hatte die Haltung des Aemilius Paulus in seiner Consolatio ebenfalls als exemplum aufgegriffen cf. Tusc., 3, 70): Aemilius Paulus spricht: „... illud optavi, ut cum ex summo retro volvi fortuna consuesset, mutationem eius domus mea potius quam res publica sentiret. Itaque defunctam esse fortunam publicam mea tam insigni calamitate spero, quod triumphus meus, velut ad ludibrium casuum humanorum, duobus funeribus liberorum meorum est interpositus."

39   Exc. Sat., 1, 5, 1–18 (CSEL 73, 211–12): „Cur solus prae ceteris fleam, quem fletis omnes? Privatum dolorem communi dolore digessi, praesertim cum meae lacrimae nihil prosint, vestrae autem lacrimae fidem adstruant, consolationem adferant. ... Itaque licet privatum funus, tamen fletus est publicus. Et ideo non potest fletus esse diuturnus, qui universorum est adfectibus consecratus."

40   Exc. Sat., 1, 28 (CSEL 73, 224–25): „Habeo sane vobis, fratres dilectissimi, plebs sancta, maximam gratiam, quod non alium meum dolorem quam vestrum putatis, quod vobis accidisse hanc nostri creditis solitudinem, quod fletum totius civitatis, aetatum omnium, omnium ordinum nova quadam pietate defertis. Non enim misericordiae privatae dolor, sed quoddam publicae officium et munus est gratiae, aut, si qua vos mei tangit misericordia, quod talem fratrem

explizitem Bezug auf die Heilige Schrift, wo Ambrosius Beispiele für die Anteilnahme der Gemeinde am Tod Tabithas oder des Jünglings in Nain findet.[41]

Schließlich bestimmt dieses Motiv den gesamten letzten Teil der Rede, in dem Ambrosius – nachdem vorher in einem ersten Teil lebhafte Erinnerung an den Bruder zusammen mit Klagen und vergeblichen Trostargumenten und in einem zweiten Teil die Tugenden des Bruders im Vordergrund gestanden hatten – mit explizitem Bezug auf die Heilige Schrift nachdrücklich dazu mahnt, den Schmerz zu überwinden.[42] In enger Anlehnung an eine Episode aus dem vierten Buch Hesdras[43], aus dem er lange Passagen zitiert, fordert er wiederholt von sich selbst, den eigenen Schmerz angesichts der allgemeinen Trauer der Gemeinde zurückzustellen.[44] Die biblische Geschichte behandelt ebenfalls das Thema individuellen und allgemeinen Schmerzes: Dem Propheten Hesdras erscheint eine Frau, deren Sohn, den sie nach dreißigjähriger Unfruchtbarkeit geboren hatte, in der Nacht seiner Hochzeit stirbt. Der Prophet mahnt sie, über ihrem Leid die Not Zions nicht zu vergessen, die ihren Schmerz aufhebe.[45] Das Thema allgemeinen und persönlichen Leids, das Ambrosius immer wieder aufgegriffen hatte, bestimmt so auch das letzte

---

amiserim, habeo fructum uberem, habeo vestri pignus adfectus. Mallem fratrem viventem, sed tamen publicum officium in secundis rebus iucundius est, in adversis gratius."

41 Exc. Sat., 1, 29, 1–8 (CSEL 73, 225): „Neque vero mihi mediocre meritum tanti videtur officii. Neque enim otiose vel in actibus apostolorum Tabitha mortua flentes viduae describuntur (cf. Act., 9, 36ff), vel in evangelio mota lacrimis viduae prosequens turba funus adulescentis inducitur, cui resurrectio debebatur (cf. Luc., 7, 12ff); illam tamen Tabitham viduae, hunc tota civitas flevit. Non ergo dubium est vestris lacrimis apostolorum patrocinium conparari, non, inquam dubium est Christum misericordia motum, cum vos flentes videret."

42 Vgl. etwa Exc. Sat., 1, 68, 1–2 (CSEL 73, 243): „Repeto ergo, sancta scriptura, solacia tua; iuvat enim tuis praeceptis, tuis sententiis inmorari."

43 Vgl. 4 Esdr., 9, 26–10, 60, die vierte Vison des Propheten Hesdras, v. a. 4 Esdr., 9, 38–10, 28. Ambrosius zitiert außer kürzeren Anklängen die langen Passagen 4 Esdr., 10, 6–11 (in 66 (CSEL 73, 242–43)) und 4 Esdr., 10, 20–24 (in 69 (CSEL 73, 244–45)) mehr oder weniger wörtlich.

44 Exc. Sat. 1, 64, 2–5 (CSEL 73, 242): „Suadet enim ipsa oportunitas mortis ut prosequendum magis gratia quam dolendum putemus. Scriptum est enim in communi dolore proprium vacare debere." Exc. Sat., 1, 67, 1–2 (CSEL 73, 243): „Absorbeat igitur nostrum dolorem communis dolor et acerbitatem proprii maeroris excludat!"; Exc. Sat., 1, 67, 10–14 (CSEL 73, 243): „Etsi maeroribus non vacabam, tamen in ipso dolore privato, in ipso tantorum amisso flore meritorum communis quaedam naturae me condicio solabatur defixusque in uno dolor acerbitatem publici funeris domesticae specie pietatis obduxerat."; Exc. Sat., 1, 70, 1 (CSEL 73, 245): „Cessabunt igitur lacrimae ..."; Exc. Sat., 1, 72, 1–3 (CSEL 73, 246): „Cessabunt ergo lacrimae, aut si cessare non poterunt in communibus lamentibus flebo te, frater, et sub dolore publico domesticos gemitus tegam."

45 Vgl. nur 4 Esdr., 10, 11: „Et quis ergo debet lugere magis, nisi quae (= terra) tam magnam multitudinem perdidit, quam tu, qui pro uno doles?" 4 Esdr., 10, 23–24: „Et quod omnium maius, signaculum Sion, quoniam resignata est de gloria sua nunc et tradita est in manibus eorum, qui nos oderunt. Tu ergo excute tuam multam tristitiam et depone abs te multitudinem dolorum, ..." Beide Stellen gehören zu den von Ambrosius zitierten Passagen. Die allegorische Deutung der Vision des Propheten Hesdras, die sich im Text der Heiligen Schrift findet, blendet Ambrosius aus; der Bezug des einfachen Schriftsinnes zum Thema seiner Rede ist offensichtlich.

Drittel der Rede. Ambrosius hat es sich für den Schluß aufgehoben, das Motiv erneut und jetzt anhand eines ausführlich vorgestellten biblischen Beispiels aufzunehmen.[46]

Es sind verschiedene Versuche gemacht worden, die erste Rede für Satyrus exakt einem Schema von Leichenreden, wie sie Menander vorschlägt, zuzuordnen.[47] Gegen solche schematischen Klassifizierungen lassen sich jeweils im einzelnen Einwände geltend machen.[48] Trotz solcher Einwände, die sich gegen das Bemühen wenden, in der Rede für Satyrus exakt ein Schema Menanders wiederzufinden, ist aber festzuhalten, daß sich in der Rede wesentliche Elemente heidnisch-rhetorischer Tradition finden lassen, wie wir sie am Beispiel der Regeln Menanders fassen:

Die konstitutiven Elemente der ersten Rede für Satyrus, Klage, Lob und Trost, entsprechen den Teilen von Grabreden, wie sie Menander kennt. Der emotionale Charakter der Rede, vor allem in ihrem ersten Teil, entspricht allgemein dem pathetischen Charakter, den Menander für Leichenreden fordert. Die Forderung

---

46 Die von ihm herangezogene Schriftpassage gehörte vielleicht zur Liturgie der Begräbnisfeierlichkeiten. Vgl. dazu unten S. 124–25.

47 Zunächst hat F. Rozynski, Die Leichenreden des heiligen Ambrosius, insbesondere auf ihr Verhältnis zu der antiken Rhetorik und den antiken Trostschriften untersucht, Diss. Breslau, 1910, als bewußte Ergänzung (vgl. ebd., S. 13) zu Arbeiten über die Leichenreden Gregors von Nyssa und Gregors von Nazianz (vgl. Bauer und Hürth oben S. 22, Anm. 5) alle Leichenreden des Ambrosius in antike Traditionen einzuordnen versucht. Die Arbeit ist gekennzeichnet durch das Bemühen, Elemente antiker Konsolationsliteratur und für die Disposition die Vorschriften Menanders in den Reden wiederzufinden. Rozynski schematisiert die Rede für Satyrus S. 18–19 als „Trostrede" mit exordium (§§ 1–6), θρῆνος (§§ 7–41), ἔπαινος (§§ 42–62), θρῆνος (§ 63), παραμυθίαι (§§ 64–77) und conclusio (§§ 78–80). Gegen Rozynski hält P. B. Albers, Über die erste Trauerrede des heiligen Ambrosius zum Tode seines Bruders, in: Beiträge zur Geschichte des christlichen Altertums und der byzantinischen Literatur für A. Ehrhard, ed. A. M. Koeniger, Bonn, Leipzig, 1922, S. 24–52 (zur Klassifizierung nach Menanders Regeln S. 25–35) die Rede für eine Monodie. Albers' Versuch, die ganze Rede als reine Klagerede nach den Regeln Menanders zu interpretieren, wird dem zweiten und dritten Teil der Rede, in denen die Tugenden des Bruders beschrieben werden und Ambrosius sich zur Überwindung des persönlichen Schmerzes mahnt, nicht gerecht. So verweist auch G. M. Carpaneto, Le opere oratorie di Sant' Ambrogio, S. 68, in: Didaskaleion 9, 1930, 35–156, auf den abgeschlossenen Block der §§ 42–63, in dem Ambrosius das Lob des Toten nach Tugenden, nicht nach Gegenwart, Vergangenheit und Zukunft, wie Menander es für die emotionale Monodie vorschreibt, gliedert, und auf die §§ 68–77, in denen er παραμυθίαι findet, die in der Monodie nach Menander fehlen sollen; er beschreibt die Rede mit Rozynski als Trostrede.

48 So erscheint es zum Beispiel nicht einfach, mit Rozynski (S. 18) allein im § 63 einen θρῆνος wiederzuerkennen. Die Einteilung Rozynskis, die nach Lob und Klage als zweiten Hauptteil der Trostrede einen Trostteil nach Menanders Vorschrift erkennt (ab exc. Sat., 1, 64 (CSEL 73, 242)), erscheint deshalb als nicht wirklich angemessen, weil Ambrosius die üblichen Trostargumente schon im ersten Teil neben Klagen und Lob gestellt hatte. Was ab § 64 folgt, sind nicht tröstende Gedanken der antiken Konsolationsliteratur, wie sie bei Menander für diesen Teil empfohlen werden, sondern die christlich und biblisch motivierte Mahnung, den Schmerz zu überwinden. Schließlich erwähnt Menander in seinen Vorschriften zur Leichenrede nicht das strukturierende Schema der Kardinaltugenden, das der Rede für Satyrus im Teil über die Tugenden des Bruders Form gibt. Menander schreibt für die Leichenreden vor, das Lob nach Gegenwart, Vergangenheit und Zukunft oder nach der Reihenfolge der Enkomientopoi zu gliedern.

nach emotional wirkungsvoller Mischung von Lob und Klage, die, vielfach wiederholt, charakteristisch für Menanders Theorie ist, findet sich bei Ambrosius verwirklicht und zweimal explizit beschrieben.[49] Daß diese emotionale Mischung auch noch um zunächst wirkungslose Trostargumente erweitert wird, findet allerdings keine Entsprechung in der Theorie Menanders.

Es ist aber dennoch vor allem der Gang der Rede von pathetischer Klage hin zur Überwindung des Schmerzes, der traditionellen Vorstellungen der Trostliteratur über die Behandlung von Trauer und den diesen Vorstellungen sich anschließenden Vorschriften Menanders für Leichenreden entspricht. Ambrosius findet freilich seinen Weg zur Überwindung des Schmerzes, indem er sich von Gedanken der heidnischen Trostphilosophie absetzt und im letzten Teil der Rede bewußt auf die Heilige Schrift zurückgreift.

Die erste Rede für Satyrus entspricht somit – ganz abgesehen davon, daß Ambrosius allenthalben bekannte Trostargumente der Konsolationsliteratur verwertet – nicht exakt, aber in ihrer allgemeinen Konzeption, die von emotionaler Klage zur Überwindung des Schmerzes führt, rhetorischen Vorgaben für Trostreden.

II. 3. DIE ZWEITE REDE FÜR SATYRUS

Ambrosius hat im Rahmen der kirchlichen Feierlichkeiten am siebten Tag nach dem Begräbnis des Bruders eine zweite Rede gehalten.[50] In einer Vorbemerkung nimmt Ambrosius Bezug auf die erste und beschreibt den Zweck beider Reden, die diesen einleitenden Worten zufolge als Einheit zu betrachten sind: Danach hat Ambrosius in der ersten Rede der Trauer über den Verlust des Bruders zunächst freien Lauf gelassen; der Schmerz wird nach üblichen Gedanken der Konsolationsliteratur wie eine zu therapierende Krankheit beschrieben, die nicht radikal bekämpft werden durfte, weil die Gefahr bestand, daß sie sich dann verschlimmern würde. Die große Trauer über den Verlust des Bruders war natürlich; solche Pietät konnte und durfte nicht hart unterdrückt werden.[51] Nachdem nun aber eine gewisse Zeit vergangen ist,

---

49   Vgl. oben S. 25, Anm. 23. Dieser Effekt ist allerdings durch den Gedanken erweitert, daß die Erinnerung gleichzeitig Freude bereitet: Exc. Sat., 1, 21, 1–4 (CSEL 73, 221) „recordationes ... tamen voluptatem adferunt."

50   Exc. Sat., 2, 2, 3 (CSEL 73, 252): „... nunc, quoniam die septimo ad sepulcrum redimus, qui dies symbolum futurae quietis est, ..." Aus exc. Sat., 2, 132, 3–4 (CSEL 73, 323) ergibt sich mit großer Wahrscheinlichkeit, daß bei den Feierlichkeiten auch Lesungen aus der Heiligen Schrift vorgenommen wurden. Vgl. dazu S. 131–32.

51   Exc. Sat., 2, 1 (CSEL 73, 251): „Superiore libro aliquid indulsimus desiderio, ne tamquam ferventi plagae austeriora adhibita medicamenta exasperarent magis quam lenirent dolorem. Simul quia fratrem saepius adlocuti sumus et oculis tenebamus, absurdum non fuit relaxare paulisper adfectum naturae, qui lacrimis magis pascitur, fletibus delinitur, stupore defigitur. Mollis enim et tenera species est et forma pietatis, nil insolens amat, nil inmite nil durum. Ferendo autem probatur patientia quam resistendo. (sic! cf. Faller ed. ad locum)" Die programmatische Äußerungen vom Anfang der zweiten Rede entsprechen expliziten Aussagen der ersten Rede, daß der Schmerz nicht völlig unterdrückt werden dürfe. Vgl. Exc. Sat., 1, 14, 5–7

will Ambrosius sich aus der Befangenheit der Trauer lösen.[52] Eine Hilfe ist es ihm dabei, sich tröstend und aufmunternd auch an seine Mitmenschen zu wenden.[53] Indem er so die zunächst überwiegende persönliche Betroffenheit verallgemeinert, lenkt er sich selbst ab und wahrt gleichzeitig dem Bruder die Treue. Ambrosius formuliert diese Überlegung mit Blick auf den christlichen Auferstehungsglauben: Er will nicht den Tod des Bruders besiegeln, sondern ihn wieder das Leben gewinnen lassen, weil er letzlich im Gedanken an die Auferstehung der Toten Trost und Erbauung findet.[54] Die programmatische Beschreibung beider Reden für den Bruder als einer Einheit weist der zweiten Rede ausschließlich den Zweck des Trostes zu.

Es entspricht der größeren Distanz zum Tod des Bruders und der erklärten Absicht, die große emotionale Betroffenheit durch Reflexion auf allgemeine menschliche Phänomene zu überwinden, daß Ambrosius in der Rede nach dem rationalistischen Vorgehen antiker Trostschriften allgemein an die Vernunft appelliert.[55] Der vernünftig argumentierende Ton der Trostliteratur schlägt sich auch formal etwa darin nieder, daß Ambrosius sich in der Rede wie in einem Dialog Einwände gegen die Mahnung, den Schmerz zu überwinden, vorhält, die er dann selbst zurückweist.[56] Ein Hinweis auf den argumentierenden Charakter liegt vor

(CSEL 73, 216): „Sed temperandus mihi maeror quam alienandus adfectus, ut mulceantur magis desideria quam sopiantur." Für die üblichen Gedanken, wie der Schmerz einer Krankheit gleich zum richtigen Zeitpunkt zu therapieren sei, s. oben S. 24 mit Anm. 20.

52   Bei genauem Hinsehen erweist sich diese Beschreibung der Absichten beider Reden als Stilisierung. Es ist richtig, daß Ambrosius in der ersten Rede für den Bruder seinem Schmerz zunächst freien Lauf gelassen hat: Aber auch dort hatte er im letzten Teil der Rede schon den Weg zur Beschwichtigung der Trauer gefunden. Dieser großen Disposition der ersten Rede liegt der gleiche konventionelle Gedanke über die Bekämpfung der Trauer (vgl. oben S. 24, Anm. 20) zugrunde, wie ihn Ambrosius hier für die Wirkung beider Reden als einer Einheit beschreibt.

53   Dem liegt wiederum ein bekannter Gedanke zugrunde; vgl. exc. Sat. 1, 14, 3–5: Nach einer Abschweifung: „Sed consolandi hodie, non tractandi partes recepi, quamquam abducere a maerore animum intentione tractandi consolationis usus sit." Seneca verweist ad Marc., 1, 6; ad Pol., 8, 1f auf die tröstliche Ablenkung, die wissenschaftliche Beschäftigung mit sich bringe.

54   Exc. Sat., 2, 2, 1–8 (CSEL 73, 251–52): „Ergo quia dudum dies mortis inter lacrimabiles adfectus debuit animum inclinare fraternum, qui totum tenebat, nunc ... a fratre paululum ad communem humani generis cohortationem iuvat derivare mentem intentionemque transfundere, ita ut neque totis sensibus defigamur in fratre, ne obrepat adfectus, neque tantae exules pietatis et gratia eum, quem diligimus, deseramus, ..., si hodie nobis et in sermone moriatur." Vgl. Exc. Sat. 2, 3, 10–14 (CSEL 73, 252): „Erit ergo ... ut in adhortatione communi etiam fratri nostrum pendamus adfectum nec ab eo longius deviasse videamur, si per resurrectionis spem ... etiam in sermone nobis hodie revivescat."

55   Vgl. etwa exc. Sat., 2, 8, 1–4 (CSEL 73, 255): „Aut absorbendus omnis aut premendus est dolor. Cur enim maestitiam tuam non ratio potius quam dies leniat? Nam quod oblitteratura est temporis series, melius prudentia mitigabit."; vgl. auch das vernunftbetonte Rezept der „praemeditatio futurorum malorum": Wer ein Übel erwartet habe, könne es leichter ertragen (exc. Sat., 2, 7–9 (CSEL 73, 253); s. dazu etwa die ausführlichen Überlegungen Ciceros, Tusc., 3, 28–31.

56   Etwa exc. Sat., 2, 9, 1 (CSEL 73, 256); 14 (CSEL 73, 258); 15, 5–6 (CSEL 73, 258); 16, 2 (CSEL 73, 259). Vgl. etwa Sen., ad Marc., 12, 3.

allem darin, daß Ambrosius in den einleitenden Bemerkungen seinen Zuhörern auch vorab zur Orientierung mitteilt, welche einzelnen Themen er in seiner Rede behandeln will[57]; die ankündigende Gliederung ist ein Element einer vernünftig geplanten Darlegung, das sich in der auf emotionale Wirkung bedachten ersten Rede für den Bruder nicht findet.

Gemäß dieser partitio für die zweite Rede will Ambrosius darlegen, daß der Tod nicht Anlaß zum Elend sein dürfe, zunächst, weil alle Menschen ihn erleiden müssen, dann, weil er die Menschen von allen Übeln befreie, schließlich, weil auf den Tod die Auferstehung folge.[58] Die Ankündigung der zu behandelnden Themen läßt erwarten, daß die Rede durch eine thematisch begründete Gliederung unterteilt wird, die sich nach der Absicht des Redners, Trost zu spenden, ausrichtet. Die Rede läßt noch die Disposition einer sinnvoll strukturierten, tröstenden Abhandlung erkennen.[59] Im vorliegenden Kapitel soll zunächst dieser Gliederung nachgegangen werden:

So findet sich zunächst entsprechend der gliedernden Ankündigung tatsächlich der bekannte Konsolationstopos der condicio humana[60] in einigen Varianten: Der Wunsch, der Sterblichkeit menschlicher Existenz zu entgehen, ist absurd und grenzt an Hybris.[61] Die condicio communis erstreckt sich nicht allein auf den Menschen; die Natur und der ganze Kosmos sind erfüllt von Entstehen und Vergehen; auch die Erde trauert nicht um ihre Frucht, die sie hervorbringt und wieder verliert.[62] Der Gedanke antiker Konsolationsliteratur, daß der Tod gemeinsames Schicksal aller Menschen ist, verbindet sich selbstverständlich auch mit der christlichen Lehre der Nachkommenschaft aller Menschen von Adam und der gemeinsamen Schuld der Erbsünde;[63] daneben kann dann in Anlehnung an Formulierungen des Paulus die gemeinsame Erlösung aller Menschen durch Christus treten.[64]

---

57 Exc. Sat., 2, 3, 1–8 (CSEL 73, 252): „Unde proposuimus, fratres carissimi, solari nos communi usu nec durum putare, quidquid universos maneret, et ideo mortem non esse lugendam, primum quia ..., deinde quia ..., postremo quia ...“

58 Ebd.: „Unde proposuimus, fratres carissimi, solari nos communi usu nec durum putare, quidquid universos maneret, et ideo mortem non esse lugendam, primum quia communis sit et cunctis debita, deinde quia nos saeculi huius absolvat aerumnis, postremo quia somni specie, ubi ab istius mundi labore requietum sit, vigor nobis vivacior refundatur. Quem enim non soletur resurrectionis gratia, quem non excludat maerorem, ...“

59 Vgl. aber auch die Elemente der Predigt und Exegese, die diese planvolle Strukturierung immer wieder auflösen; dazu unten S. 126–133.

60 Für die heidnische Tradition des vielfach variierten Topos von der condicio humana vgl. Kassel, S. 55–56; 63–65.

61 Exc. Sat., 2, 4, 2–6 (CSEL 73, 253): „Quid enim absurdius quam ut id, quod scias omnibus esse praescriptum, quasi speciale deplores? Hoc est animum supra condicionem extollere, legem non recipere communem, naturae consortium recusare, mente carnis suae inflari (cf. Col., 2, 18) et carnis ipsius nescire mensuram.“ Cf. etwa Sen., ad Pol., 1, 1–3; ad Marc., 10, 5; 11, 1.

62 Exc. Sat., 2, 9–10 (CSEL 73, 256), daraus etwa: „Nonne haec nobis cum ipso mundo elementisque communia sunt. ... Gemit terra sub aratris, ... ut fructus annuos feta parturiat, et cum se vario flore vestierit, exuitur proprio ... Nec fructum suum quaeritur amissum, quem ideo generavit, ut amitteret. (cf. Sen., ad Pol. 1, 1) ... Quid gratius luce, quid sole iucundius? Quae cottidie occidunt; tamen decessisse nobis haec non moleste ferimus, quia redire praesumimus.“

63 Vgl. zu Ambrosius' Lehre von der Erbsünde Dudden, S. 615–620.

64 Exc. Sat., 2, 6 (CSEL 73, 254): „Non est ergo gravis subeundus maeror secundum naturam, ne

Ambrosius beschränkt sich aber nicht darauf, allein solche Gedanken vor-
zutragen, die zum weiten Feld des Topos der condicio humana gehören, wie er es in
seiner formlosen partitio eingangs angekündigt hatte; unbekümmert um seine
Gliederungsskizze assoziiert er auch andere traditionelle Konsolationsargumente.
Er greift den konventionellen Gedanken auf, daß der Verstorbene selbst von den
Hinterbliebenen fordert, sich in ihrer Haltung nicht von Trauer, sondern von dank-
barer und würdiger Erinnerung bestimmen zu lassen.[65] Oder er wiederholt, daß die
Gewißheit des Todes für die Hinterbliebenen leichter zu ertragen sei, als unablässi-
ge Furcht um den noch Lebenden.[66]

Ausgehend von traditionellen Trostargumenten kommt Ambrosius auch zu
Mahnungen über spezifisch christliche Themen, wie etwa die Haltung zum Frei-
tod[67] oder die Wiederverheiratung von Witwen[68], findet aber immer wieder zu den
üblichen Inhalten der Konsolationsliteratur zurück. Es erscheinen traditionelle
heidnische exempla, aus denen Ambrosius unbekümmert markante Lehren für seine
Zuhörer zieht: Die Lykier trauerten in Frauenkleidern, weil sie es eines Mannes, der
auch den eigenen Tod als Opfer für die Gemeinschaft hinnehmen soll, für unwürdig
erachteten, Schmerz um andere zu empfinden.[69] Weniger rigoros auf das hohe
Allgemeinwohl als auf den Frieden der Verstorbenen bedacht feierten andere
Völker deren Todes- nicht den Geburtstag, weil sie sie glücklich priesen, eine
solche Welt hinter sich zu lassen. Ambrosius findet eine Entsprechung darin, wie
die Christen den Todestag feiern.[70]

Ambrosius hatte in seiner Gliederungsskizze den Topos der condicio humana
angekündigt; in seiner Rede verwertet er am Anfang aber auch zahlreiche andere
bekannte Argumente und Exempla der klassischen Konsolationsliteratur.

Das zuletzt kurz vorgestellte Exemplum illustriert bereits einen Gedanken, den
Ambrosius in seiner partitio als zweites zu behandelndes Thema genannt hatte: Daß
der Tod deshalb nicht zu fürchten sei, weil er die Menschen vom Elend ihrer
Existenz befreie.[71] Ambrosius markiert im Verlauf der Rede nicht deutlich, von
welchem Punkt an er sich diesem eingangs genannten Gedanken widmet; Erörte-

---

aut excellentiorem aliquam naturae exceptionem nobis adrogare videamur aut communem
recusare. Etenim mors aequalis est omnibus, indiscreta pauperibus, inexcepta divitibus. Et ideo,
licet per unius peccatum, in omnes tamen pertransivit, ut, quem generis non refugimus auctorem,
non refugiamus et mortis et sit nobis sicut per unum mors, ita per unum etiam resurrectio (cf.
Rom., 5, 18) ... Lapsus sum in Adam, de paradiso eiectus in Adam, mortuus in Adam: quem
revocat, nisi me in Adam invenerit, ut in illo culpae obnoxium, morti debitum, ita in Christo
iustificatum."

65 Exc. Sat., 2, 8, 5–11 (CSEL 73, 259) cf. etwa Sen., ad Pol., 5, 1–3; Tac., Agric., 46, 1–2. Vgl.
auch unten S. 46, Anm. 129.
66 Exc. Sat., 2, 15, 5–10 (CSEL 73, 258–59). Vgl. exc. Sat., 1, 16, 1–3 (CSEL 73, 219).
67 Exc. Sat., 2, 11 (CSEL 73, 256–57).
68 Exc. Sat., 2, 12–13 (CSEL 73, 257–58).
69 Exc. Sat., 2, 7 (CSEL 73, 254–55); cf. Val. Max., 2, 6, 13; Plut., Cons. ad Apoll., 22 (112 F–113
A).
70 Exc. Sat. 2, 5 (CSEL 73, 253–54), cf. Val. Max., 2, 6, 12.
71 Vgl. exc. Sat., 2, 3, 3–5 (CSEL 73, 252): „ ... mortem non esse lugendam, primum ..., deinde,
quia nos saculi huius absolvat aerumnis, postremo ..."

rungen zum angekündigten Themenkreis finden sich außer in dem behandelten exemplum ab Paragraph 18: Wie vorher auch schon referiert Ambrosius einen bekannten Einwand gegen seine Trostargumente – ,die Toten sind zu bedauern, weil sie die Annehmlichkeiten des Lebens verloren haben'. Ambrosius' ebenfalls konventionelle Entgegnung gegen diesen Einwand – ,In diesem Leben gibt es keine Freude oder Annehmlichkeiten, nur Kummer und Schmerz.' – schafft die Grundlage dafür, daß er tröstend sagen kann, der Tod befreie von allen Übeln.[72] Es folgt dann auch bald ein ähnliches, wiederum traditionelles Trostargument – ,Im Tod ist die Seele wie im Schlaf befreit von den Fesseln des Körpers.' –, zu dem Ambrosius als Fazit formulieren kann, daß der Tod zu begrüßen sei, weil er Unfreiheit und Schmerz aufhebe;[73] der Gedanke wird dann auch explizit als Thema der Rede bezeichnet[74], so daß die Ankündigung dieses Gliederungspunktes eingelöst wird.

Ambrosius behandelt dieses Thema in den folgenden Paragraphen derart, daß er Beispiele aus dem Leben oder den Schriften biblischer Figuren – Jakobs, Josephs, Davids, der besonders ausführlich behandelt wird, Salomons, Hiobs, des Jeremias und des Paulus – heranzieht, die alle belegen sollen, daß das irdische Leben nur Unglück, Schmerz und Elend bedeute und daß es nicht erstrebenswert sei.[75] Genauso hatte etwa Cicero das Schicksal mythischer und historischer Figuren als Argument für Weltpessimismus und Todessehnsucht herangezogen[76]; bei Ambrosius

---

72 Exc. Sat., 2, 18 (CSEL 73, 259–60): „Quid autem de his loquar, qui defunctos putant vitae suavitate privari? – Nulla potest esse iucunditas inter has vitae nostrae amaritudines aut dolores, quae vel ex corporis ipsius infirmitate vel extrinsecus accidentium incommoditate generantur. (cf. Cic., Tusc., 1, 83–85) ... Quibus igitur carent bonis, qui magis eripiuntur incommodis?"

73 Exc. Sat., 2, 20–21 (CSEL 73, 260–61), daraus etwa: „... Quid tamen commodi consequi potest anima in istiusmodi corporis inclusa compagibus et quibusdam membrorum angustiis coartata? Si caro nostra carcerem fugit, ... quanto magis anima nostra corporeum istud evadere gestit ergastulum, ... Scimus tamen, quod corpori supervivat, et ea iam depositis proprii sensus repagulis expedita libero cernat obtutu, quae ante sita in corpore non videbat ... (cf. Sen., ad Pol., 9, 3; ad Marc., 24, 5) Ergo si mors carnis et saeculi nos absolvit aerumnis, utique malum non est, quae libertatem restituit, excludit dolorem."

74 Exc. Sat., 2, 22, 1–3 (CSEL 73, 261): „His igitur nobis adoriendus disputandi locus mortem malum non esse, quia sit aerumnarum omnium malorumque perfugium, fida statio securitatis, portus quietis." Vgl. Ambr., de bono mortis, 4, 15 (CSEL 32.1, 716): „Omnifariam igitur mors bonum est, et quia compugnantia dividit, ne se invicem inpugnent, et quia portus quidam est eorum qui magno vitae istius iactati salo fidae quietis stationem requirunt et qui deteriorem statum non efficit, sed ..."

75 Exc. Sat. 2, 23–35 (CSEL 73, 261–68). Ambrosius formuliert selbst das augenblickliche Thema in 29, 1–4 (CSEL 73, 264): „..., nunc ad proposita revertamur. Praemisimus enim etiam sanctos viros gravia in hoc mundo multa perpessos, sine suffragatione meritorum, cum aerumna laborum." Vgl. auch die Schlußfolgerung gegen Ende des Abschnitts in 34, 4–9 (CSEL 73, 267–68): „Si igitur sancti viri vitam fugiunt, quorum vita, etsi nobis utilis, sibi tamen inutilis aestimatur, quid nos facere oportet, qui nec aliis prodesse possumus et nobis vitam hanc quasi fenebrem pecuniam usurario quodam cumulo gravescentem onerari in dies peccatorum aere sentimus?" Zu Jakob (= Israel) in § 23, zu Joseph in § 24, zu David in §§ 25–29, zu Salomon in §§ 30–32 (mit kurzem Rückgriff auf Hiob), wieder zu David in § 33, zu Jeremias in § 34, zu Paulus in § 35.

76 Vgl. Cic., Tusc., 1, 83–85.

77 Vgl. dazu unten S. 128.

bringt es der Bezug auf die biblischen exempla mit sich, daß nach der Gewohnheit des Predigers die Exegese des Schrifttextes in den Vordergrund rückt.[77]

Was heidnische Philosophen an für Ambrosius verwertbaren Trostargumenten hervorgebracht haben, wird anders als in den vorangehenden Teilen der Rede, wo Ambrosius sich stillschweigend der üblichen Konsolationsargumente heidnischer Tradition bedient hat, im Zusammenhang biblischer Beispiele nach der bekannten Praxis christlicher Apologetik polemisch als epigonale Leistung abgetan, die von der ursprünglichen Weisheit der Heiligen Schrift abhängig sei.[78]

Es geht Ambrosius nach diesen biblischen Belegen für die Glücklosigkeit irdischer Existenz auch im Folgenden darum, immer wieder darzulegen, daß der Tod kein Übel, sondern ein Segen ist: Dazu dient auch die theologische Unterscheidung eines dreifachen Todes: Ambrosius beschreibt mit Gedanken, die er Origenes entlehnt haben mag[79], den Tod als Ende des Lebens, den Tod der Seele durch die Sünde und den Tod als Ende der Sünde und Beginn des wahren Lebens. Seinem Thema und seiner tröstenden Absicht gemäß breitet er natürlich vor allem den zuletzt genannten Aspekt des Todes aus; der Tod wird immer wieder als Ende der Sünde und des irdischen Leids beschrieben.[80] Der Schwerpunkt des Gedankens verschiebt sich gelegentlich: Ambrosius beschreibt nicht mehr nur die Glücklosigkeit irdischer Existenz, formuliert aber immer wieder sein Thema, daß der Tod nicht zu

---

78   Exc. Sat., 2, 30 (CSEL 73, 265): „Non nasci igitur longe optimum (cf. etwa Cic., de cons., fragm. 9 (Lact., Div. inst., 3, 19, 13); Cic., Tusc., 1, 114) secundum sancti Salomonis sententiam. Ipsum enim etiam hi, qui sibi visi sunt in philosophia excellere, secuti sunt. Nam ipse illis anterior, nostris posterior, ita in Ecclesiaste locutus est: ‚Et laudavi ego omnes defunctos, qui iam mortui sunt, magis quam viventes, quicumque vivunt usque adhuc. Et optimus supra hos duos, qui nondum natus est, qui non vidit hoc opus malum, quod factum est sub sole. ...‘ (Eccl., 4, 2–4 (Sept.))“ Vgl. auch 35, 1–6 (CSEL 73, 268): „ ‚Cottidie morior‘ (1 Cor., 15, 31), apostolus dicit, melius quam illi, qui meditationem mortis philosophiam esse dixerunt (vgl. etwa Cic., Tusc., 1, 74–75); illi enim studium praedicarunt, hic usum ipsum mortis exercuit, et illi quidem propter se, Paulus autem ipse perfectus moriebatur non propter suam, sed propter nostram infirmitatem.“ Zur Behauptung von der Ursprünglichkeit biblischer Weisheit vgl. unten S. 62, Anm. 49.

79   Vgl. Orig., dial. c. Heracl. 25–26. H. Ch. Puech, P. Hadot, L'entretien d'Origène avec Héraclide et le commentaire de Saint Ambroise sur l'évangile de Saint Luc, S. 216, in: VChr 13, 1959, S. 204–34, sehen sprachliche Parallelen zur Schrift des Origenes in exc. Sat., 2. Für die Frage nach Parallelen zu Macrobius Madec, S. 31–32 mit Literatur. Madec, ebd. und Anne-Lene Fenger, Tod und Auferstehung des Menschen nach Ambrosius' ‚de excessu fratris II‘, S. 131–32, in: Jenseitsvorstellungen in Antike und Christentum, für A. Stuiber, JbAC, Erg.band 9, 1982, S. 129–139, übernehmen die These von Puech und Hadot. Zu Ambrosius' Lehre eines dreifachen Todes vgl. knapp Dudden, S. 650–51.

80   Exc. Sat., 2, 36–38 (CSEL 73, 270) daraus etwa: 36, 1–5 (CSEL 73, 268): „... secundum scripturas autem triplicem esse mortem accipimus, unam, cum morimur peccato, deo vivimus: beata igitur mors, quae culpae refuga, domino dedita a mortali nos separat, immortalitati nos consecrat.“; 37, 1–4 (CSEL 73, 269): „Una ergo est mors spiritalis, alia naturalis, tertia poenalis; non enim pro poena dominus, sed pro remedio dedit mortem.“; 38, 1–4 (CSEL 73, 269): Nach einem weiteren biblischen Exempel: „Habes poenarum ferias, quia adversum spinas saeculi huius ... mors pro remedio data est quasi finis malorum.“; 38, 9–10 (CSEL 73, 270): „Vides mortem magis metam nostrarum esse poenarum, qua cursus vitae huius inciditur.“

fürchten, sondern von Vorteil sei[81]; er reflektiert darüber in einer längeren Passage in Formulierungen des Paulus[82]; er beschreibt, wieviel Segen der Welt durch den freiwilligen Opfertod einiger Menschen beschieden worden sei und nennt in einer Reihe, ausgehend von römischen exempla und endend bei der Heilsbotschaft des Neuen Testaments, opfermütige Feldherren, christliche Märtyrer und Christus;[83] beiläufig geht er auch theologisch diskutierend und erklärend auf Schriftpassagen ein, die der tröstenden These zu widersprechen scheinen, daß der Tod nur Gutes an sich habe.[84]

Ambrosius behandelt also auch den zweiten Punkt der angekündigten Gliederung, nämlich die These, daß der Tod nicht zu fürchten sei, weil er von Elend und Not irdischer Existenz befreie; seine Ausführungen dazu sind nicht deutlich als ein abgeschlossener Redeteil markiert; die Überlegungen folgen keiner erkennbaren logischen Struktur, sondern kreisen frei mit unterschiedlichen Aussageschwerpunkten um das am Anfang der Rede angekündigte Thema. Ambrosius stützt sich vor allem auf Beispiele und Gedanken aus der Heiligen Schrift, die ihm zu seinem Thema einfallen. So ergibt es sich, daß die Erläuterung von Schriftpassagen viel Raum einnimmt.

Schließlich wendet sich Ambrosius ab Paragraph 50 dem christlichen Auferstehungsglauben zu.[85] Auch die weit ausgebreiteten Gedanken, die der Auferstehung der Toten gewidmet sind, lassen sich der knappen Ankündigung des Gedankengangs der ganzen Rede, die Ambrosius am Anfang gegeben hatte, unterordnen. Ambrosius hatte dort als letztes Argument gegen die Trauer, das er behandeln wollte, aufgeführt, daß der Tod wie der Schlaf eine Zeit der Ruhe sei, der ein um so herrlicheres Leben folge.[86] Die Einordnung des Redeabschnitts über die Auferstehung als letztem Gedanken, aus dem die Trauernden Trost gewinnen können, hindert Ambrosius aber nicht, auch allgemeiner über die Auferstehung zu sprechen, sich etwa apologetisch mit heidnischer Polemik gegen den christlichen Glauben

---

81 Exc. Sat., 2, 39–49 (CSEL 73, 270–75), vgl. immer wieder: 39, 1–2 (CSEL 73, 270): „Ergo mors non solum malum non est, sed etiam bonum est."; 40, 1–2 (CSEL 73, 270): „Videmus itaque, quod et mors haec lucrum (cf. Phil., 1, 21) est et vita poena est."; 43, 1–2 (CSEL 73, 272): „Praestitisti mihi, frater, ne mortem timerem, atque utinam moriatur anima mea in anima tua!"; 44, 1 (CSEL 73, 272): „Non ergo formidabilis mors ..."; 44, 4–5 (CSEL 73, 272): „Quantos vivere puduit, mori profuit!"; 46, 11–13 (CSEL 73, 273): „Non igitur maerenda mors ..."; 49, 1–4 (CSEL 73, 275): „Nihil est igitur, quod in morte timeamus, nihil, quod debeamus dolere, ..."

82 Exc. Sat., 2, 40–42 (CSEL 73, 270–71); vgl. die Anm. bei Faller ed.

83 Exc. Sat., 2, 44, 5–46, 15 (CSEL 73, 272–73), daraus etwa: 44, 5–7: „Morte unius plerumque accipimus maximos populos liberatos, morte imperatoris fugatos exercitus hostium (cf. Cic., Tusc., 1, 116) ..."; 45, 1–2: „Morte martyrum religio defensa, cumulata fides, ecclesia roborata est. ... „; 46, 1–2: „Quid plura? Unius morte mundus redemptus est."; 46, 11–13: „Non igitur maerenda mors, quae causa salutis est publicae, non fugienda mors, quam dei filius non dedignatus est, non refugit."

84 Exc. Sat., 2, 47–48 (CSEL 73, 274–75). Vgl. dazu interpretierend A.-L. Fenger, S. 132–33.

85 Ab exc. Sat., 2, 50 (CSEL 73, 275).

86 Exc. Sat., 2, 3, 3–7 (CSEL 73, 252): „... mortem non esse lugendam, ... postremo quia somni specie, ubi ab istius mundi labore requietum sit, vigor nobis vivacior refundatur. Quem enim non soletur resurrectionis gratia, ..." Vgl. oben S. 33 mit Anm. 58.

auseinanderzusetzen[87] oder christliche Zuhörer über theologische Sonderprobleme der Auferstehung zu belehren. So ist es denn auch nicht verwunderlich, daß sich in diesem Teil der Trostrede Spuren christlicher Schriften finden, die in der Auseinandersetzung mit den Heiden dem Thema der Auferstehung gewidmet sind.[88]

Die Behandlung des Themas in der Rede setzt wiederum, wie es vorher bei anderen Gedanken auch schon zu beobachten war, nicht abrupt ein; Ambrosius findet zu seinem Thema, indem er den heidnischen Trostargumenten nun vergleichend die für ihn mehr als tröstliche Verheißung der Auferstehung gegenüberstellt. Diesen naheliegenden und wohl konventionellen Gedanken hatte Ambrosius auch schon für die erste Rede auf den Bruder fruchtbar gemacht.[89]

Ambrosius schickt dem Redeabschnitt über die Auferstehung eine schulmeisterliche Einteilung von Gründen voraus, aufgrund derer überhaupt eine Sache glaubhaft erscheinen kann, und er unterteilt zusätzlich die Gründe, die die Lehre von der Auferstehung glaubhaft machten: nämlich die Vernunft, das Vorbild des gesamten Kosmos und Zeugnisse konkreter Ereignisse.[90] Die technische Unter-

---

87 Ambrosius geht wie vorher auf Einwände gegen seine Gedanken ein: vgl. etwa exc. Sat. 2, 54, 1 (CSEL 73, 277); exc. Sat. 2, 55, 1 (CSEL 73, 278); exc. Sat. 2, 57, 1 (CSEL 73, 279). Er benennt sie auch konkret als Einwände der Heiden und äußert sich dazu; vgl. etwa exc. Sat. 2, 58, 1–3 (CSEL 73, 280); Exc. Sat. 2, 65 (CSEL 73, 285).

88 Ambrosius bringt keine neuen Argumente für den Glauben an die Auferstehung (vgl. A. L. Fenger, S. 129–30); er formuliert in der vorliegenden Rede wiederholt Gedankengänge, die sich auch in der Schrift des Athenagoras von Athen de resurrectione finden (vgl. die Anmm. bei Faller ed.). Unverständnis und Spott über den christlichen Auferstehungsglauben sind seit der Areopagrede des Paulus bezeugt (Act., 17, 32). Philosophische Kritik ist greifbar etwa in der Person des Celsus und seinem Werk, dessen Inhalt weitgehend aus Origenes' Schrift contra Celsum zu erschließen ist. Zur heidnischen Polemik gegen die christliche Religion in den Schriften eines Celsus, Porphyrios, Hierocles oder des Kaisers Julian und zur, abgesehen von der Schrift des Celsus, weitgehend fragmentarischen Überlieferung vgl. den einleitenden Überblick bei W. Nestle, Die Haupteinwände des antiken Denkens gegen das Christentum S. 599–604, in: ders., Griechische Studien, Stuttgart, 1948, S. 597–660 (= ARW 37, *1941/42*, S. 51–100); zur Polemik am Auferstehungsglauben mit Zeugnissen aus Celsus und Porphyrios ebd., S. 638–39. Auf christlicher Seite entstanden zahlreiche Schriften zum Thema der Auferstehung etwa von Tertullian, Hippolytos von Rom, Petrus von Alexandrien, Methodius von Olympus, Gregor von Nyssa.

89 Exc. Sat., 2, 50 (CSEL 73, 275–76): „Gentiles plerumque se consolantur viri vel de communitate aerumnae vel de iure naturae vel de immortalitate animae. ... Quid igitur facere nos oportet, quorum stipendium resurrectio est? Cuius gratiam quoniam negare plerique non possunt, fidem abnuunt. Et ideo eam non uno argumento aliquo, sed pluribus modis ut possumus, adstruamus." Vgl. exc. Sat., 1, 70–71 (CSEL 73, 245–46) s. S. 27, Anm. 35.

90 Exc. Sat., 2, 51–52, 5 (CSEL 73, 276): „Et quidem omnia aut usu aut ratione aut exemplo aut eo, quia decorum sit esse ea, ideo esse creduntur. Et ad fidem singula suffragantur: usus, quia movemur, ratio, quia, quod movet, virtutis alterius convenit aestimari, exemplum, quia generavit ager fruges et ideo generaturum esse praesumimus, decorum, quia, et ubi fructum non putamus, decere tamen credimus, ut virtutis opera minime deseramus. Singula igitur singulis adstruuntur, tribus tamen evidentius colligitur resurrectionis fides, quibus omnia compraehenduntur: ratione, universitatis exemplo, testimonio, quia plurimi resurrexerunt." Die Reihe der zuerst genannten Kategorien für Argumente – usus, ratio, exemplum, decorum – läßt sich nicht ohne Probleme mit der zweiten Reihe – ratio, universitatis exemplum, testimonium rei gestae – parallelisieren oder in Einklang bringen. Für beide Reihen, die an lehrbuchhafte Einteilungen erinnnern, verzeichnen die Editionen oder Interpreten, soweit ich sehe, keine Vorbilder.

gliederung entspricht dem argumentierenden Charakter der ganzen Rede; Ambrosius nutzt die Einteilung auch – mit den üblichen Freiheiten – als unverbindliche Vorgabe zur Strukturierung des folgenden Redeabschnitts über die Auferstehung.

So folgt er der Einteilung, indem er zunächst über Argumente für die Auferstehung spricht, die sich aus vernünftigen Überlegungen ergeben; gleichzeitig nimmt er sich die Freiheit, diesen Punkt rationaler Spekulation im Vergleich zu den anderen Argumenten unverhältnismäßig kurz zu behandeln, nämlich in nur fünfeinhalb Zeilen der modernen Textedition, in denen er ein bekanntes Argument für die leibliche Auferstehung des Körpers formuliert: Da mit der Auferstehung Lohn oder Strafe für die Lebensführung des Menschen verbunden sei, das Leben des Menschen sich aber im Zusammenspiel von Körper und Seele vollziehe, müßten beide zusammen auferstehen.[91]

Weiter der Einteilung von Argumenten für die Auferstehung folgend befaßt er sich dann mit dem Vorbild des gesamten Kosmos.[92] Ambrosius wiederholt und variiert – immer wieder gestützt auf bekannte Gedanken und Beispiele – zuerst ein auch in heidnischen Schriften gebräuchliches Argument: Weil in der Natur allenthalben aus Abgestorbenem Neues entsteht, erscheint auch die Auferstehung nicht unmöglich.[93] Zunächst sammelt Ambrosius Beispiele aus der Natur, etwa die Wiederbelebung vergrabenen Samens, wie sie zum Beispiel auch Cicero angesichts des Alters und des Todes besprochen hatte[94], oder etwa – wie andere christliche Autoren – die Sage vom Wiedererstehen des Phoenix aus der Asche.[95]

Außerdem zieht er – nach den heidnischen Beispielen – Passagen aus der Heiligen Schrift heran, die die Wiederbelebung dessen, was tot war, beschreiben[96],

---

91 Exc. Sat., 2, 52, 5–10 (CSEL 73, 276): „Ratio evidens, quia, cum omnis vitae nostrae usus in corporis animaeque consortio sit, resurrectio autem aut boni actus praemium habeat aut poenam improbi, necesse sit corpus resurgere, cuius actus expenditur. Quomodo enim in iudicium vocabitur anima sine corpore, cum de suo et corporis contubernio ratio praestanda sit." Vgl. Athenagoras, de resurr., 18–23 (PG 6, 1068ff). Dieser und folgende Gedanken beweisen alle, daß es Ambrosius darum geht, Argumente für die Auferstehung nicht allein der Seele, sondern des Körpers zu sammeln. Das gleiche Argument wiederholt Ambrosius in § 88 (CSEL 73, 297).

92 Exc. Sat. 2, 53, 2–6 (CSEL 73, 277): „Prima igitur resurrectionis fides usus est mundi rerumque status omnium, generationum series, successionum vices, obitus ortusque signorum, diei et noctis occasus eorumque cottidie tamquam rediviva successio." Wie sehr die Einteilung der Argumente für die Auferstehung nur als lockere Vorgabe zur Strukturierung, nicht als verbindliche partitio zu verstehen ist, wird dadurch deutlich, daß Ambrosius das Vorbild des Kosmos, das er dort an zweiter Stelle genannt hatte, hier als „prima resurrectionis fides" bezeichnet.

93 Exc. Sat., 2, 53–64 (CSEL 73, 277–85). Vgl. die Hinweise auf die Schrift des Athenagoras de resurrectione bei Faller ed.

94 Exc. Sat. 2, 55–56 (CSEL 73, 278); vgl. Cic., Cato Mai., 51–53. Für ähnliche Überlegungen bei anderen heidnischen und christlichen Autoren vgl. die Belege bei Elke Ahlborn, Naturvorgänge als Auferstehungsgleichnis bei Seneca, Tertullian und Minucius Felix, in: WS 103, 1990, S. 123–37.

95 Exc. Sat., 2, 59 (CSEL 73, 281). Vgl. die Anm. bei Faller ed. und für den allgemeinen gedanklichen Hintergrund auch G. Ladner, „Erneuerung", in: RAC 6, 1966, Sp. 240–75; zum Phoenix, Sp. 245.

96 In den Paragraphen exc. Sat., 2, 66–76 (CSEL 73, 285–91): Vgl. etwa den Anfang: 66, 1–8 (CSEL 73, 285): „Sed illi dubitent, qui non didicerunt, nos vero, qui legimus legem, prophetas,

besonders ausführlich die Vision des Propheten Ezechiel von der Auferweckung Israels, wo sich in der drastischen Sprache des Alten Testaments eine konkrete Beschreibung findet, wie Gott aus toten Knochen lebendige Körper bildet.[97] Weil die biblischen Zeugnisse die größte Autorität haben, beschließen sie den Abschnitt, in dem Ambrosius – gemäß seiner Ankündigung, Argumente für die Auferstehung „ex universitatis exemplo" zu finden – Beispiele für die Wiederbelebung dessen, was tot war, aus dem gesamten Kosmos gesammelt hat.[98]

apostolos, evangelium dubitare fas non est. Quis enim dubitet, cum legit: 'Et in tempore illo salvabitur omnis plebs tua, ..., et multi dormientium in terrae fossu in adapertionem exurgent ... (etc. cf. Dan., 12, 1–3 (Sept.))"

97   Exc. Sat. 2, 69–76 (CSEL 73, 287–291) mit langen wörtlichen Zitaten aus Ezech. 37, 1–14 in 71 und 75: Daraus etwa die Einleitung, 69, 1–8 (CSEL 73, 287): „Docet etiam sanctus Ezechiel propheta et plena expositione describit, quemadmodum arentibus vigor ossibus refundatur, sensus redeat, motus accedat nervisque redeuntibus conpago corporis rigescat humani, quemadmodum nimis arida renatis visceribus vestiantur, venarumque hiatus et sanguinis rivulus extentae cutis velamen obducat. In ipsis, dum legimus, propheticis sermonibus humanorum videtur seges corporum rediviva consurgere, ..."

98   Ich fasse also die §§ 53–76 zusammen und identifiziere die Passage mit der zweiten Gruppe von Argumenten für den Auferstehungsglauben, die Ambrosius § 52 als „universitatis exemplum" bezeichnet hatte. Andere Interpreten der jüngeren Zeit gliedern – ohne jeweils auf abweichende Vorschläge einzugehen – diesen Abschnitt anders: Madec, S. 32, Anm. 52: § 52 = Argumente aufgrund der ratio; §§ 53–61 = Argumente aufgrund von Analogien in der Natur; §§ 62 ff = Argumente aufgrund biblischer Zeugnisse. T. v. Troan, Saint Ambroise de Milan et la foi en la résurrection, S. 133–44, in: MSR 45, 1988, S. 131–50, faßt das aus Athenagoras entlehnte Argument und die Beispiele von Analogien aus der Natur in den §§ 52–65 als Vernunftargumente zusammen und läßt mit §§ 66ff Argumente aufgrund biblischer Zeugnisse folgen. A. L. Fenger läßt S. 136 den Abschnitt über das Vorbild des gesamten Kosmos vor dem Beispiel der Vision des Propheten Ezechiel enden und rechnet die Passage über Ezechiel ab § 69 schon zu einem neuen Abschnitt, in dem die letzte Gruppe von Gründen für die Auferstehung behandelt würde, die Ambrosius vorher als „testimonium rei gestae" angekündigt hatte. – Die unterschiedlichen Vorschläge machen die Schwierigkeit deutlich, die assoziativ verbundenen Gedankenreihen des Ambrosius einer einsichtigen Gliederung unterzuordnen. Ich sehe folgende Argumente für meinen Gliederungsvorschlag, die Paragraphen 53–76 zusammenzufassen: A) Ambrosius macht erst § 77 deutlich, daß er sich einem neuen Punkt zuwendet: „ut iam ad exempla veniamus" (vgl. die folgende Anm.). Er greift damit die dritte Gruppe von Gründen für den Auferstehungsglauben auf, die er § 52 als „testimonium rei gestae" bezeichnet hatte. B) Viele Schlußfolgerungen, die Ambrosius aus den benutzten Schriftzeugnissen zieht, legen nahe, sie wie die Analogien aus der Natur als Zeugnisse für die Tatsache, daß aus Totem Lebendiges werden kann, zu werten: 68, 10–14 (CSEL 73, 287): „Quid igitur mirum, si fatiscentis quoque corporis nostri cineres ac favillae pinguedine caelestis roris exuberant et accepto umore vitali in conpagem suam membrorum nostrorum habitus reformantur?"; 69, 1–8 (CSEL 73, 287) cf. die vorangegangene Anm; 74, 7–9 (CSEL 73, 289): „Virga in serpentem versa (cf. Exod., 4, 3) quid aliud indicavit, nisi volente deo de insensibilibus sensibilia posse generari?"; 75, 1–3 (CSEL 73, 290): „Sed persequamur cetera, ut et, quemadmodum spiritu vitae animentur defuncti, surgant iacentes, sepulcra reserentur, possimus advertere."; 76, 1–3 (CSEL 73, 291): „Advertimus, quemadmodum vitalis spiritus commercia resumantur, cognovimus, quemadmodum dehiscentibus tumulis mortui suscitentur."

Ambrosius kommt dann zum dritten Komplex der Gründe, die zum Zweck des Trostes die Auferstehung der Toten glaubhaft machen, nämlich zu konkreten Beispielen von Totenerweckungen, die er als „testimonium rei gestae" angekündigt hatte; Quelle für seine Beispiele sind in erster Linie die Erzählungen des Neuen Testaments[99], allen voran die Auferweckung des Lazarus nach Johannes, 11, 17–44[100], dann kürzer die Auferweckung des Jünglings von Nain nach Lukas, 7, 11–17[101], die Auferweckung der Tochter des Synagogenvorstehers nach Matthäus, 9, 18–25 und Lukas, 8, 49–56[102], außerdem Berichte von Totenerweckungen durch den Propheten Elija nach dem dritten Buch der Könige, 17, 17–24 und nach dem vierten Buch der Könige, 13, 20–21[103], sowie die Erweckung Tabithas durch Petrus nach der Apostelgeschichte, 9, 36–43.[104] Als Abschluß greift Ambrosius auf den Bericht des Matthäus über wunderbare Ereignisse und Totenerweckungen beim Tod Jesu zurück. So schließt er die Reihe von Schrifttexten, die Totenerweckungen bezeugen, mit einem Beispiel, das besonders sinnreich nicht nur die Möglichkeit der Auferstehung von Toten bestätigt – dies ist Ambrosius' erklärte Absicht für diesen Redeabschnitt – sondern gleichzeitig auf den Tod Christi als Ursprung christlicher Auferstehungshoffnung verweist.[105]

Damit hat Ambrosius die am Anfang des Redeabschnitts genannten Gründe, die aus seiner Sicht die Auferstehung zur Gewißheit machen, nacheinander behandelt, zunächst sehr kurz vernünftige Erwägungen, dann das Vorbild des gesamten Kosmos, in dem allenthalben aus Totem Lebendiges hervorgeht, schließlich konkrete Zeugnisse für Totenerweckungen. Wie vorher zieht er jeweils zuerst bekannte Argumente der Konsolationsliteratur und danach in langen Passagen Texte aus der Heiligen Schrift als Belege für seine Thesen heran.

Es zeigt sich, daß Ambrosius sich der Unterteilung von Gründen, die die Auferstehung der Toten glaubhaft machen sollen, nicht konsequent unterwirft, sondern sie als eine unverbindliche Hilfe zur Strukturierung von Teilen der Rede benutzt hat, wenn er im Folgenden unabhängig von einer erkennbaren Disposition weitere Gedanken über die Auferstehung und darüber hinaus zu anderen Themen,

---

99 Exc. Sat., 2, 77, 1–2 (CSEL 73, 291): „Ostendit tibi etiam dominus in evangelio – ut iam ad exempla veniamus – quemadmodum resurgas." Vgl. 81, 1–3 (CSEL 73, 293–94): „Nec hoc solum exemplum edidit dominus noster Iesus, sed alios quoque resuscitavit, ut nos vel exemplis uberioribus crederemus."

100 Exc. Sat., 2, 77–80 (CSEL 73, 291–93). Ambrosius befaßt sich im Text der Rede ausführlich exegesierend mit den Versen Ioh., 11, 41; 43–45. Vgl. dazu unten S. 127–128.

101 Exc. Sat., 2, 81, 3–7 (CSEL 73, 294); explizit erklärend zu Luc., 7, 14–15.

102 Exc. Sat., 2, 82 (CSEL 73, 294).

103 Exc. Sat., 2, 83, 1–4 (CSEL 73, 294).

104 Exc. Sat., 2, 83, 4–6 (CSEL 73, 294); die Auferweckung durch Petrus geschah nach Ambrosius „in nomine Christi".

105 Vgl. A. L. Fenger, S. 136–37. Exc. Sat., 2, 83, 9–15 (CSEL 73, 294–95): „Qui (sc. Christus) cum emitteret spriritum, ut ostenderet pro nostra resurrectione se mortuum, seriem ipsam resurrectionis exercuit; simul enim, ut ‚clamans iterum voce magna emisit spriritum, et terra mota est et petrae fissae sunt et monumenta aperta sunt et multa corpora sanctorum dormientium resurrexerunt et exeuntes de monumento post resurrectionem eius venerunt in sanctam civitatem et multis apparuerunt.' (*Mt., 27, 50–53)"

die sich durch Assoziationen anschließen, entwickelt.[106] Die Breite der Ausführungen läßt die Absicht der Rede zu trösten über weite Strecken in den Hintergrund treten; und auch die lockere Gliederung der gesamten Rede – Ambrosius wollte trösten, indem er zunächst auf das gemeinsame Schicksal Aller, sterben zu müssen, hinweist, dann den Tod als Befreiung von Leid und Not schildert, schließlich über die Verheißung der Auferstehung spricht[107] – gerät in Vergessenheit, wenn Ambrosius sich streckenweise ganz anderen Themen zuwendet.

Ein Beispiel dafür sind seine Gedanken über das Leben der Patriarchen; die langen Erinnerungen an die biblischen exempla aus der Väterzeit dienen wie auch sonst in den Predigten des Ambrosius der moralischen Erbauung der Zuhörer, haben aber mit dem Thema der Auferstehung nicht mehr viel zu tun.[108]

Andere Passagen wahren die Nähe zum Thema der Auferstehung, lassen aber den Trost aus dem Blickfeld geraten, beispielsweise Gedanken zu theologischen Sonderproblemen, wie der Reihenfolge, in der die Toten auferstehen werden.[109] Die Gedanken der Rede bekommen in einigen Passagen allenfalls dadurch eine nachvollziehbare Richtung, daß Ambrosius über einen längeren Abschnitt bestimmten Schrifttexten folgt: Ambrosius befaßt sich wie in einer Predigt gegen Ende der Rede ausführlicher mit einem Lesungstext der Trauerfeierlichkeiten; Motive aus der Apokalypse des Johannes, vor allem der Ruf der Posaunen, veranlassen ihn zu längeren Deutungen, für die er auch andere Schrifttexte heranzieht.[110] Die Exegese von Schriftstellen gibt der Rede den Charakter einer Predigt und läßt die tröstende Absicht in den Hintergrund treten.

Erst gegen Ende der Rede wendet Ambrosius sich nach solchen exegetischen Überlegungen wieder Gedanken zu, die sich dem üblichen Repertoire einer Trostrede eingliedern lassen. Den vorher schon beklagten Mühen des irdischen Lebens wird das in Verheißungen der Schrift gepriesene Leben nach dem Tod gegenübergestellt; wer würde sich nicht den Tod wünschen?[111] Noch einmal werden heidnische

---

106 v. Troan, S. 144 stellt fest, daß der gesamte Rest der Rede im Gegensatz zu den vorangegangenen Teilen undeutlich strukturiert ist und faßt ihn grob als „précisions sur la résurrection" zusammen.

107 Vgl. oben S. 33.

108 Exc. Sat., 2, 95–101 (CSEL 73, 301–305). Vgl. dazu unten im Abschnitt über Elemente der Exegese und der Predigt S. °129–31.

109 Exc. Sat., 2, 92–93 (CSEL 73, 299–300), daraus etwa 92, 1–5 (CSEL 73, 299): „Omnes resurgunt, sed nemo desperet neque iustus doleat commune consortium resurgendi, cum praecipuum fructum virtutis expectet. Omnes quidem resurgunt, sed ‚unusquisque', ut ait apostolus, ‚in suo ordine' (*1 Cor., 15, 23). Communis est divinae fructus clementiae, sed distinctus ordo meritorum. ..." Vgl. zum gleichen Problem auch wieder exc. Sat., 2, 115–116 (CSEL 73, 314–16). Hierzu interpretierend v. Troan, S. 147–48. Präzisierungen zu diesem Problem finden sich bei Ambrosius in seiner Erklärung des ersten Psalmes; er nimmt dort in Ps. 1, 51 (CSEL 64, 43, 13–15) auch Bezug auf die „libri consolationis et resurrectionis", womit wohl die beiden veröffentlichten Reden anläßlich des Todes des Satyrus gemeint sind.

110 In den Paragraphen exc. Sat., 105–22 (CSEL 73, 307–318): Vgl. dazu im Kapitel Exegese S. 131–33.

111 Exc. Sat., 2, 123–125 (CSEL 73, 318–320), daraus etwa den Anfang: 123, 1–4 (CSEL 73, 318): „Conpara nunc, si placet, atque contende vitam hanc cum illa et elige, si potes, perpetuam corporis vitam in labore aerumnaque miserabili tantarum commutationum, votorum taedio, fastidio voluptatum. Nonne si deus ista perpetuare vellet illa diligeres?"

Lehren von der Unsterblichkeit der Seele polemisch herabgewürdigt.[112] Und auch der Schluß der Rede, der sich wieder direkt an den verstorbenen Bruder wendet, nimmt noch einmal mit Worten des Paulus Gedanken und Formulierungen auf, die Ambrosius schon vorher verwendet hatte.[113] Ambrosius wünscht sich selbst den Tod als Ende aller Mühen und Verderbnis irdischen Lebens. Nach allen allgemeinen Belehrungen geht er nochmals kurz auf den eigentlichen Anlaß der Rede und auf sein persönliches Schicksal ein: Ambrosius sehnt sich nach der neu zu gewinnenden Gemeinschaft mit seinem Bruder.

Zusammenfassend läßt sich festhalten, daß sich Ambrosius sieben Tage nach dem Begräbnis des Bruders ausschließlich dem Trost, nicht auch der Trauer oder dem Lob des Verstorbenen widmet; nur in der Einleitung und in den letzten Abschnitten erinnert er kurz mit der Person des Bruders und seinem eigenen Schicksal an den eigentlichen Anlaß der zur tröstenden Abhandlung sich ausweitenden Rede.

Im Gegensatz zur emotionalen ersten Rede findet sich eine untergliederte Argumentation, die der Rede den Charakter eines vernünftigen Traktats gibt. Ambrosius will trösten, indem er zunächst auf das gemeinsame Schicksal Aller, sterben zu müssen, hinweist, dann den Tod als Befreiung von Leid und Not schildert, schließlich über die Verheißung der Auferstehung spricht; er unterteilt die Gründe, die ihm die Auferstehung zur Gewißheit machen, in Vernunftargumente, das Beispiel des gesamten Kosmos und konkrete Zeugnisse bereits geschehener Totenerweckungen. Ambrosius unterwirft seine zahlreichen Gedanken allerdings nicht konsequent dieser logischen Strukturierung.

Neben die traditionellen Argumente der Konsolationsliteratur treten überall Zeugnisse der Heiligen Schrift. Es läßt sich beobachten, daß Ambrosius die biblischen Argumente jeweils nach den bekannten Gedanken der philosophischen Tradition ausbreitet. Dem entspricht es, daß der dritte Gliederungspunkt, die Auferstehung der Toten, als wichtigstes Argument für die Überwindung der Trauer den meisten

---

112 Exc. Sat., 2, 126–131 (CSEL 73 320–23), daraus etwa 126, 1–3 (CSEL 73, 320): „Sed esto, huic vitae resurrectio praeferatur: quid philosophi ipsi genus post mortem aliquod reppererunt, quo nos uti magis quam resurgere delectabit?"; 127, 1–3 (CSEL 73, 321): „An vero illorum sententia placet, qui nostras animas, ubi ex hoc corpore emigraverint, in corpora ferarum variarumque animantium transire commemorant?"; 130, 1–5 (CSEL 73, 322–23): „Haec quam incredibilia, quam deformia! Quanto illud convenientius, ut credas secundum naturam, credas secundum usum fructuum ceterorum, credas secundum exempla gestorum, oracula prophetarum Christi caeleste promissum."; 131, 1–4 (CSEL 73, 323): „Sed videro quid vos de vobis, gentes, opinionis habeatis; neque enim mirum debet videri, quod creditis vos in bestias posse mutari, qui bestias adoratis." Ambrosius hatte vorher schon in 50, 1–5 (CSEL 73, 275) und in § 65 (CSEL 73, 285) heidnische Lehren über Metempsychose als Kontrast zur lauteren und natürlichen Wahrheit der leiblichen Auferstehung angegriffen; zur Auseinandersetzung mit philosophischen Lehren in der Rede vgl. Madec, S. 29–36.

113 Exc. Sat., 2, 135 (CSEL 73, 324–325): „Quid enim superest solacii mihi, quam quod me citius ad te, frater, spero venturum nec digressus tui inter nos longa divortia fore ...? Quis enim est, qui non sibi debeat istud optare prae ceteris, ut corruptibile hoc induat incorruptelam et mortale hoc induat inmortalitatem (cf. 1 Cor., 15, 53), ut, qui nunc morti corporis fragilitate subcumbimus, supra naturam siti mortem iam timere nequeamus."

Raum einnimmt, und am Schluß behandelt wird. Was Ambrosius wichtig ist, behandelt er jeweils als letzten Punkt, der Zuhörern und Lesern als Abschluß eines Gedankens oder der ganzen Rede im Gedächtnis bleibt.

So wie die Erläuterungen zu einzelnen biblischen Passagen, die Ambrosius für seine Argumentation heranzieht, sich gelegentlich verselbständigen, fügen sich am Ende auch die zahlreichen Gedanken über die Auferstehung nicht mehr einer einsichtigen Gliederung.

Es wird notwendig sein, in einem weiteren Kapitel Elemente der Exegese und der Predigt in der zweiten Rede für Satyrus zu untersuchen, um die Rede angemessen zu beschreiben. Dabei wird der Zusammenhang mit den kirchlichen Trauerfeierlichkeiten in den Vordergrund rücken.[114]

II. 4. DIE REDE FÜR VALENTINIAN

Ambrosius hat die Rede für Valentinian ungefähr zwei Monate nach dessen Tod im Zusammenhang mit seiner endgültigen Beisetzung im Sommer 392 gehalten.[115] In ihrer Einleitung formuliert er bekannte Gedanken[116]: Über den Toten zu sprechen, bzw. zu schreiben, bedeutet, daß in der Rede der Verstorbene für den Redner und sein Publikum wieder lebendig wird und sie in dieser Erinnerung zur Ruhe kommen.[117] Die Erinnerung verstärkt zwar den Schmerz über den Verlust; gleichzeitig verschafft es aber den Trauernden Erleichterung, indem sie ihrem Schmerz freien Lauf lassen können.[118] Diese gängigen Formulierungen, die der Rede wahrscheinlich erst zur Veröffentlichung vorangestellt wurden[119], dienen dazu, die Rede förmlich einzuleiten; sie nehmen allerdings weder direkten Bezug auf die tröstenden Gedanken, die Ambrosius in der Rede formuliert, noch auf die Adressaten dieser Überlegungen, die Schwestern des verstorbenen Kaisers.[120]

---

114 Vgl. unten S. 126–33.

115 Vgl. zur Datierung unten S. 156, Anmm. 23 und 24, und über die äußeren Umstände S. 143, Anm. 57.

116 Obit. Val., 1 (CSEL 73, 329): „Etsi incrementum doloris sit id, quod doleas, scribere, tamen quoniam plerumque in eius, quem amissum dolemus, commemoratione requiescimus, eo quod in scribendo, dum in eum mentem dirigimus intentionemque defigimus, videtur nobis in sermone revivescere, signare aliquid de Valentiniani iunioris ultimis cordi fuit, ne aut oblitterasse silentio bene meriti de nobis pignoris memoriam videremur atque inhonoratam reliquisse aut refugisse incentivum dolendi, cum doluisse plerumque solatium sit dolentis, simul cum de ipso aut ad ipsum loquor, tamquam de praesente mihi vel ad praesentem sermo sit."

117 Vgl. die ähnlichen Gedanken exc. Sat., 1, 14, 7–15 (CSEL 73, 216–17); exc. Sat., 2, 3, 10–14 (CSEL 73, 252).

118 Vgl. die Gedanken, die der Einleitung zur zweiten Rede für Satyrus zugrunde liegen, oben S. 31–32.

119 Beachte „scribere". (Obit. Val., 1, 1 (CSEL 73, 330). Der erste Paragraph ist wahrscheinlich eine Ergänzung, vielleicht die einzige, die für die veröffentlichte Fassung der Rede vorgenommen wurde (vgl. Faller ed., CSEL 73, 106*). Dafür spricht vor allem auch, daß direkte inhaltliche Bezüge zur eigentlichen Rede fehlen.

120 Valentinian hatte außer seinem älteren Halbbruder Gratian, der vor ihm verstorben war, drei jüngere Schwestern, Iusta, Grata und Galla (vgl. Socr. H.E., 4, 31 (PG 67, 549); W. Enßlin,

Tröstende Gedanken und Mahnungen, den Schmerz zu überwinden, finden sich vor allem mitten in der Rede in einer deutlich abzuteilenden Passage;[121] die Abgrenzung ergibt sich in erster Linie durch die Sprechhaltung des Ambrosius: er wendet sich direkt und fast ausschließlich an die Schwestern des verstorbenen Kaisers.[122] Es läßt sich außerdem beobachten, daß Ambrosius in dieser Passage nach einem wiederkehrenden Gestaltungsprinzip auf mögliche Einwände gegen seine tröstenden Argumente eingeht.[123]

Sehnsucht nach dem Bruder, nicht Schmerz um den Verlust soll die Schwestern bewegen; daß der Bruder sich Ruhm verdient hat, daß er als Held der Tugend gestorben sei, soll Anlaß zur Freude sein, wie es üblichen Gedanken der Trostliteratur teilweise bis in die sprachliche Gestaltung entspricht.[124] So finden sich auch wieder die bekannten Gedanken, daß Tränen und Trauer dazu beitragen, den Schmerz zu überwinden.[125] Genausowenig fehlt der Hinweis auf die condicio

„Valentinianus II", Sp. 2206–2207, in: RE, II, 7, 1948, Sp. 2205–2232. O. Seeck., „Galla", in: RE 7, 1910, Sp. 608. Daß die Schwestern jünger waren, scheint aus der Reihenfolge der Aufzählung bei Socrates geschlossen zu werden.) Die jüngste Schwester, Galla, war seit 387 mit Theodosius verheiratet (Zos., 43, 1; 44, 2–4) und 392 wohl nicht in Mailand anwesend. Ambrosius wendet sich also – zumindest formal – an Iusta und Grata; es muß erschlossen werden, daß sie zwischen 18 und 20 Jahren alt waren; der Vater, Valentinian I., starb 375.

121 Obit. Val., 38 – 51 (CSEL 73, 348–54).

122 Ambrosius wendet sich mehr als vierzigmal mit dem Imperativ, mit Verbformen oder Pronomen der zweiten Pers. Pl. oder mit der Anrede „filiae" an die Schwestern. Valentinian erscheint aus der Perspektive der Schwestern gesehen häufig als „frater", vgl. Ausdrücke wie „fraterna gloria" etc. Die Hinwendung zu den Schwestern beginnt obit. Val., 38, 1 (CSEL 73, 348): „Haec, est vobis, sanctae animae, hereditas pretiosior fraternae laudis et gloriae, ...". Der Abschnitt fügt sich in den Verlauf der Rede ein; Ambrosius hatte vorher das Verhältnis Valentinians zu seinen Schwestern gelobt (36–37 (CSEL 73, 347–48)), vgl. unten S. 94–96. Der Abschluß des Abschnitts ist dadurch markiert, daß Ambrosius dann nicht mehr zu den Schwestern, sondern in einem Gebet zu Gott spricht, vgl. 52, 1, (CSEL 73, 354). – Die Zusammenfassung der Paragraphen 42–57 als tröstende Partie bei Rozynski, S. 74 ignoriert, daß Ambrosius sich schon ab § 38 an die Schwestern wendet und daß er ab § 52 in der Haltung eines Gebets zu Gott spricht. Rozynski ist im übrigen inkonsequent und hält sich selbst nicht an seine – zu sehr der Suche nach einem exakt befolgten rhetorischen Schema verpflichteten – Gliederung, wenn er S. 86 den Trostabschnitt mit § 40 beginnen läßt.

123 Obit. Val., 39, 1 (CSEL 73, 348): „Durum quidem funus videtis, sed ..."; 42, 1 (CSEL 73, 350): „Sed corpus eius tenere desideratis, ... „; 43, 1–2 (CSEL 73, 350): „Quodsi me ad illum revocatis dolorem, quod cito excessit e vita, ..."; 46, 1–2 (CSEL 73, 351): „Esto tamen, dolendum sit, quod primaeva obierit aetate: ..."; 49, 1 (CSEL 73, 353): „Sed esto, fuerit ingemiscendum. ..."; 51, 1 (CSEL 73, 354): „Sed audio vos dolere, quod ..." Das gleiche Prinzip findet sich v.a. auch in der zweiten Rede für Satyrus; vgl. oben S. 32, Anm. 56.

124 Obit. Val., 38, 8–10 (CSEL 73, 348). Für die Ähnlichkeit der Argumente bis in die syntaktische Struktur hinein vgl. etwa obit. Val., 46, 1–3 (CSEL 73, 351): „Esto tamen, dolendum sit, quod primaeva obierit aetate: gratulandum tamen, quod virtutum stipendiis veteranus decesserit." mit exc. Sat., 1, 3, 2–3 (CSEL 73, 210): „Laetandum enim magis est quod talem fratrem habuerim, quam dolendum, quod fratrem amiserim." und mit Hier., epist. 60, 7: „... nec doleas quod talem amiseris sed gaudeas, quod talem habueris."

125 Obit. Val., 38, 10–12 (CSEL 73, 348): „Pascunt frequenter et lacrimae et mentem ablevant, fletus refrigerant pectus et maestum solantur adfectum."; 41, 3–4 (CSEL 73, 349): „Est enim piis adfectibus quaedam etiam flendi voluptas et plerumque gravis lacrimis evaporat dolor." Es

humana.[126] Außerdem lebt der Bruder – so hatte Ambrosius sein klassisches Bildungswissen um die rechten Trostargumente auch sich selbst beim Tod des eigenen Bruders vorgesprochen – in den Herzen und im Sinn der Geschwister weiter, nun freilich anders als im irdischen Leben ohne Zeiten der Trennung, und ohne daß man noch um sein Wohlergehen fürchten müßte.[127] Ebenso wie er beim Tod des eigenen Bruders Trost an dessen Grab finden wollte, soll auch das Grab Valentinians für dessen Schwestern ein Ort tröstlichen Beisammenseins mit dem Verstorbenen sein.[128] Und wiederum verbietet, wie es auch in der ersten Rede für Satyrus angeklungen war, die Sorge, die der Verstorbene im Leben immer um die jetzt Trauernden gezeigt habe, daß diese sich wegen seines Todes allzusehr grämen; sie handeln, indem sie sich quälen, gegen die Wünsche des Verstorbenen, den sie doch ehren wollen.[129]

Wie selbstverständlich Ambrosius sich die klassischen Trostargumente angeeignet hat, zeigt sich auch darin, daß er sie in bunter Mischung und zusammen mit ausdrücklich auf den christlichen Glauben oder biblische Vorbilder sich beziehenden Gedanken vorträgt: Genauso wie in der Rede für Satyrus setzt sich Ambrosius mit dem Trostargument auseinander, daß den Toten kein Schmerz treffe, weil alle Empfindung mit dem Tod vergehe. Wenn Heiden deshalb den Tod nicht fürchten, wie sehr muß nicht erst ein Christ den Tod begrüßen, weil er das Ende der Sünden – das hatte Ambrosius besonders in der zweiten Rede für den Bruder dargelegt – und die Auferstehung bedeutet.[130] Er setzt die christliche Erlösungshoffnung polemisch

kommt aber darauf an, nicht zu kurz und nicht zu lange den Tränen nachzugeben: 40, 1–7 (CSEL 73, 349). Vgl. über die Notwendigkeit, dem Schmerz zunächst freien Lauf zu lassen, oben S. 24, Anm. 20.

126 Obit. Val., 48, 1–4 (CSEL 73, 352): „Nihil ergo habetis, quod gravissime doleatis in fratre: homo natus est, humanae fuit obnoxius fragilitati. Nemo se redimit a morte, non dives, non ipsi reges, immo ipsi gravioribus subiacent." Für die heidnische Tradition des vielfach variierten Topos von der condicio humana vgl. wiederum Kassel, S. 55–56; 63–65.

127 Obit. Val., 41, 7–16 (CSEL 73, 350): „Ille vobis maneat in corde, ille vivat in pectore, ... ille semper in oculis sit, ... semper in mentibus, ille iam talis, ut ei nihil timeatis sicut ante. Obliviscamini eius aerumnam, teneatis gratiam. ... In vobis est, filiae, ut fratrem vobis iam nemo possit auferre." Vgl. etwa exc. Sat., 1, 73, 9–74, 2 (CSEL 73, 247).

128 Obit. Val., 42 (CSEL 73, 350): „Sed corpus eius tenere desideratis, tumulum circumfusae tenetis. Ille tumulus vobis fratris habitatio sit, ille sit aula palatii, in quo cara vobis membra requiescent." Vgl. exc. Sat., 1, 18, 1–5 (CSEL 73, 219).

129 Obit. Val., 50, 6–12 (CSEL 73, 354): „Si fratrem vestro redimere possetis exitio, nollet tamen ille vestra adflictione resuscitari, qui se melius vivere credit in vobis, qui optavit potius se ipsum mori quam vestram videre iniuriam, ... Itaque magis vestram destitutionem quam suam mortem dolebat." Vgl. exc. Sat., 1, 2, 3–5 (CSEL 73, 210) Vgl. für ähnliche Gedanken bei Seneca und Tacitus oben S. 34, Anm. 65.

130 Obit. Val., 45, 1–7 (CSEL 73, 351): „Quod si gentes, quae spem resurrectionis non habent, hoc uno se consolantur, quo dicant, quod nullus remaneat sensus doloris, quanto magis nos consolationem recipere debemus, quia mors metuenda non sit, eo quod sit finis peccatorum, vita autem desperanda non sit, quae resurrectione reparatur?" Cf. für den Gegensatz zwischen christlicher Auferstehungsgewißheit und dem schwachen Trost der Heiden exc. Sat. 1, 71 (CSEL 73, 245–46); exc. Sat., 2, 50 (CSEL 73, 275–76). Vgl. für die heidnische Verbreitung des epikureischen Gedankens, daß der Tod nicht zu fürchten ist, weil er das Ende aller Wahrnehmung bedeute, etwa Cic., Tusc., 1, 82; Sen., ad Pol., 9, 2.

gegen das epikureische Trostargument von der Empfindungslosigkeit im Tod ab; wenn er gleichzeitig den ebenfalls der heidnischen Philosophie entlehnten, komplementären Gedanken, daß die Seele des Toten, falls sie denn Empfindung habe, doch gar nicht als tot anzusehen sei[131], aus dem Arsenal traditioneller Argumente hervorholt, beruft er sich freilich nicht auf die Heiden, sondern verbindet den Gedanken selbstverständlich mit dem christlichen Auferstehungsglauben und explizit mit der Autorität des Apostels Paulus.[132]

Neben tröstende Gedanken treten Beispiele vorbildlichen Verhaltens Trauernder, die die Schwestern zur Standhaftigkeit ermuntern sollen. So, wie exempla Bestandteil antiker Konsolationsschriften waren[133], bleibt die Mahnung, den Schmerz zu überwinden, nicht abstrakt, sondern wird durch konkrete Beispiele anschaulich; Ambrosius entnimmt seine Beispiele für die Schwestern Valentinians der Heiligen Schrift:

Maria habe unter dem Kreuz angesichts der Leiden ihres Sohnes nicht geweint.[134] Wie in der zweiten Rede für Satyrus findet Ambrosius auch hier in den Geschichten Davids ein Vorbild für die richtige Einschätzung des Todes, das offensichtlich zu seinem Bestand handlicher Trostbeispiele gehört: Trauer nach dem Tod sei nicht gerechtfertigt, wenn der Tote ein gerechtes Leben geführt habe, denn er habe das ewige Leben verdient; so habe auch David nur um seine sündigen Söhne getrauert.[135] Schließlich verweist Ambrosius die Schwestern Valentinians auf das biblische Vorbild der Tochter Jiftachs, die, bevor ihr Vater sie gemäß einem Gelübde opfern sollte, für sich selbst zwei Monate der Trauer um ihre Jugend

---

131 Vgl. etwa auch mit der Verbindung der komplementären Gedanken Sen., ad Pol. 9, 2–3. Lact., inst. div., 3, 19, 1ff.

132 Obit. Val., 44 (CSEL 73, 350): „Sed quaero, utrum aliquis sit post mortem sensus an nullus. Si est, vivit; immo quia est, vita iam fruitur aeterna. Quomodo enim non habet sensum, cuius anima et vivit et viget et remeabit ad corpus et faciet illud, cum refusa fuerit, revivescere? Clamat apostolus: ‚Nolumus autem vos ignorare, fratres, de dormientibus, ut non tristes sitis, sicut et ceteri, qui spem non habent. Nam si credimus, quod Iesus mortuus est et resurrexit, ita et deus illos, qui dormierunt, per Iesum adducet cum ipso.‘ (*1 Thess., 4, 13–14) Manet ergo vos vita, quos manet resurrectio.“

133 Vgl. für die consolatio Ciceros dessen Zeugnis Tusc., 3, 70: „... quid qui non putant lugendum viris? Qualis fuit Q. Maximus efferens filium consularem, qualis L. Paulus duobus paucis diebus amissis filiis, qualis M. Cato praetore designato mortuo filio, qualis reliqui quos in Consolatione conlegimus.“

134 Obit. Val., 39, 1–4 (CSEL 73, 348): „Durum quidem funus videtis, sed stabat et sancta Maria iuxta crucem filii et spectabat virgo sui unigeniti passionem. Stantem illam lego, flentem non lego. (cf. Ioh., 19, 25)“

135 Vgl. die biblischen Geschichten 2 Reg., 12, 15–23; 13, 1–37; 18, 32–19, 3. Obit. Val., 47, 1–8 (CSEL 73, 352): „Denique David moriturum filium flebat, mortuum non dolebat. Flebat ne sibi eriperetur, sed flere desivit ereptum, quem sciebat esse cum Christo. Et ut scias verum esse, quod adsero: Incestum Amnon filium flevit occisum, parricidam Abessalon doluit interemptum dicens: ‚Filius meus Abessalon, filius meus Abessalon‘ (*2 Reg., 18, 33), innocentem filium non putavit esse lugendum, quia illos sibi perisse pro scelere, hunc pro innocentia credidit esse victurum.“; 48, 8–11 (CSEL 73, 353): „Etiam David amissis filiis destitutus est. Optasset illos tales obire, qualis vobis frater ereptus est. Ille crimina doluit, non exitum filiorum.“ Cf. exc. Sat., 2, 28 (CSEL 73, 263–64).

erbeten hatte; so sollen auch sie nach nunmehr zwei Monaten der Trauer[136] zur
Ruhe kommen. Die Tochter Jiftachs habe anders als die Schwestern Valentinians
um so größere Tapferkeit gezeigt, weil sie sich mit dem eigenen Tod, nicht dem
eines anderen Menschen abfinden mußte; nur wenige hätten zusammen mit ihr
getrauert, ihr war noch nicht die unmittelbare Auferstehung versprochen.[137] Die
darin liegende Mahnung an die Schwestern, ihren Schmerz nach einer Zeit der
Trauer zu überwinden, ist offensichtlich.

Ambrosius legt den Schwestern einen letzten Einwand gegen seine tröstenden
Argumente in den Mund: Valentinian war ungetauft gestorben. Dagegen versichert
Ambrosius, daß der dringliche Wunsch des Verstorbenen, getauft zu werden, ihm
das Sakrament sichere.[138]

Hier verläßt er die bekannten Wege traditioneller Konsolationsargumente und
entwickelt mit konkretem Bezug auf die Situation Gedanken, die der Nachwelt
versichern sollen, Valentinian sei im gnädigen Zustand der Taufe als Christ gestorben.[139] Das Thema der Taufe ist Anlaß für Ambrosius, sich von den Schwestern, an

136 Dieser Hinweis ist wichtig für die Datierung der Rede: Die Parallelität zu der biblischen
Erzählung sollte davor warnen, die Angabe über die seit dem Tod Valentinians vergangene Zeit
allzu unkritisch zu übernehmen. Vgl. zur Datierung S. 156, Anm. 23 und 24.
137 Für die biblische Geschichte vgl. Iud., 11, 29–40. Obit. Val., 49, 1–50, 6 (CSEL 73, 353–54):
„Sed esto, fuerit ingemiscendum. Quo usque luctus tempora protrahantur? Duorum mensuum
curricula in fraterni funeris cottidiano clausistis amplexu. Sola in scripturis Iephtae filia fletus
sui tempora postulavit, ... Ad deflendum igitur virginitatis suae florem duos sat esse menses
Iephtae filia iudicavit, et adhuc non venerat resurrectio. Et hoc spatio temporis satis putavit a
paucis se esse defletam. Vobiscum omnes populi defleverunt, omnes ingemuerunt provinciae,
et adhuc parva putatis vestri haec esse supplicia?" – Beim Beispiel Davids hatte Ambrosius
kurz vorher vorausgesetzt, daß auch in alttestamentlichen Zeiten David darauf vertrauen
konnte, daß sein gerechter Sohn auferstehen werde, obit. Val., 47, 1–3, s. o. S. 47, Anm. 135
(vgl. auch exc. Sat., 2, 28). Beim Beispiel der Tochter Jiftachs verweist er ausdrücklich darauf,
daß sie noch nicht auf die Auferstehung vertrauen durfte („et adhuc non venerat resurrectio"),
um ihre Tapferkeit angesichts des Todes um so größer scheinen zu lassen und die Schwestern
Valentinians, die auf die Gewißheit der Auferstehung vertrauen dürften, um so nachdrücklicher
zur tapferen Bewältigung der Trauer aufzufordern. Die Trostargumente des Ambrosius sind auf
Wirkung in einer Rede bedacht, nicht auf theologische Genauigkeit, wie man sie von einem
Traktat erwarten würde.
138 Obit. Val., 51, 1–9 (CSEL 73, 354): „Sed audio vos dolere, quod non acceperit sacramenta
baptismatis. Dicite mihi: Quid aliud in nobis est nisi voluntas, nisi petitio? Atqui etiam dudum
hoc voti habuit, ut, antequam in Italiam venisset, initiaretur, et proxime baptizari se a me velle
significavit, et ideo prae ceteris causis me acciendum putavit. Non habet ergo gratiam, quam
desideravit, non habet, quam poposcit? Et quia poposcit, accepit, et ubi illud est: ‚Iustus
quacumque morte praeventus fuerit, anima eius in requie erit.' (*Sap., 7, 4)"
139 Die Taufe ist nach Ambrosius' Lehren sonst unerläßlich, um Verzeihung der Sünden zu
erlangen, vgl. Dudden, S. 644. Eine Ausnahme bildet nach verbreiteter Auffassung christlicher
Autoren der Tod ungetaufter Märtyrer (Tert., de bapt., 16; Cypr., ep. 73, 22; Ambr., in ps. 118,
3, 14; Ambr., de virg., 3, 34; August., de bapt., 4, 22; August., civ. dei, 8, 7; August., de anima,
1, 9; Fulgent., de fide, 71; Gennad., de eccles. dogm., 74; vgl. Dudden S. 420, Anm. 4).
Ambrosius entwickelt anläßlich der Rede für Valentinian Argumente für eine Taufe allein
aufgrund des frommen Wunsches. August., de bapt. 4, 22 übernimmt diese Argumente. In
einem Brief, in dem Ambrosius mit Theodosius über das Begräbnis Valentinians verhandelt,
klingt an, daß der Bischof sich wegen der nicht vollzogenen Taufe Valentinians seine Gedanken

die er sich mit seinen tröstenden Argumenten gerichtet hatte, abzuwenden und im Gebet zu Gott das Sakrament für den ungetauft verstorbenen Kaiser zu erbitten.[140]

Die Art und Weise, wie sich in diesem an die Schwestern gerichteten Trostabschnitt der Rede für Valentinian tradionelle Trostargumente der Philosophen- und Rhetorenschulen mit biblischen Beispielen und spezifisch christlichen Gedanken mischen, entspricht dem Vorgehen des Ambrosius in den beiden Reden für seinen Bruder. Die Tatsache, daß die tröstenden Gedanken hier vergleichsweise wenig Raum einnehmen[141] und – abgesehen von der mit der Rede nur äußerlich verbundenen Einleitung – mitten in der Rede keinen herausgehobenen Platz haben, läßt vermuten, daß das eigentliche Anliegen des Redners sich nicht im Trost der Hinterbliebenen erschöpft.[142]

II. 5. DIE REDE FÜR THEODOSIUS

Die Rede für Theodosius, gehalten 40 Tage nach dem Tod des Kaisers im Februar 395[143], enthält keine explizit tröstenden Partien und es finden sich in ihr weder die üblichen Konsolationsargumente der philosophischen Tradition noch spezifisch christliche Mahnungen, den Schmerz um den Verlust zu überwinden.[144] Dem entspricht es, daß nur die einleitenden Worte von der Trauer um den Kaiser sprechen.[145] Nachdem Ambrosius seiner Predigt auf diese Weise den äußeren

---

gemacht hatte; er teilt sie freilich im Brief an Theodosius nicht mit: Ambr., ep. 25 (Maur. 53), 4 (CSEL 82.1, 177): „... nunc de sepultura eius, quoniam scripsit clementia tua ita hic procurandum. Si exors recessit baptismatis, quid cognoverim, nunc repressi."

140 Obit. Val., 52–55 (CSEL 73, 354–56). Vgl. die häufige Anrede an Gott und die gebetsformelhafte Wiederaufnahme der Bitte in Obit. Val., 52, 1; 52, 3; 52, 8 (CSEL 73, 354–55): „Solve igitur pater sancte, munus servo tuo, ..."; „Solve, inquam, servo tuo Valentiniano, munus, ..."; „Solve ergo servo tuo munus tuae gratiae, ..." und 54, 1 (CSEL 73, 355): „Ne, quaeso, eum, domine a fratre seiungas, ..."

141 Der Abschnitt nimmt CSEL 73, 348–54 sieben von insgesamt 39 Seiten der modernen Textedition ein.

142 Daß die Rede in einigen Handschriften als „consolatio" überschrieben ist (vgl. Faller ed., CSEL 73, 329, app. crit.), mag seinen Grund darin haben, daß sich Abschreiber durch die nur locker mit der eigentlichen Rede verbundene und wahrscheinlich erst zur Edition der Rede vorangestellte Einleitung, die übliche Gedanken der Konsolationsliteratur ausbreitet (vgl. oben S. 44), haben leiten lassen. – Zu den weitergehenden Absichten, die Ambrosius mit seiner Rede für Valentinian verfolgt, s. u. S. 151–178.

143 Vgl. zur Datierung unten S. 179–180, Anmm. 117; 119.

144 Vgl. auch Ch. Favez, L'inspiration chrétienne dans les consolations de Saint Ambroise, S. 83, in: REL 8, 1930, S. 82–91.

145 Obit. Theod. 1, 1–9 (CSEL 73, 371): „Hoc nobis motus terrarum graves, hoc iuges pluviae minabantur, et ultra solitum caligo tenebrosior denuntiabat, quod clementissimus imperator Theodosius recessurus esset e terris. Ipsa igitur excessum eius elementa maerebant: ... Quidni mundus ipse defleret eum principem continuo esse rapiendum, per quem ..." Prodigien weisen auch sonst auf den Tod von Herrschern hin: Franca Ela Consolino, L' optimus princeps secondo S. Ambrogio: Virtù imperatorie e virtù christiane nelle orazioni funebri per Valentiniano e Teodosio, in: RSI 96, 1984, S. 1025–45, verweist S. 1040 auf die Georgika Vergils, denen zufolge der Tod Caesars sich so ankündigte (Verg., Georg., 1, 463ff), und auf das Erdbeben

Rahmen einer Leichenrede gegeben hat, wendet er sich der politischen Situation nach dem Tod des Kaisers zu. Nur an einer einzigen Stelle bezeichnet er es, einem bekannten Gedanken folgend, beiläufig als seine Absicht, durch das Reden über den Verstorbenen den Schmerz über seinen Verlust zu mildern.[146] Die nur floskelhafte Bemerkung, die die Länge der Predigt entschuldigen soll, beschreibt aber keinen wesentlichen Zug der Rede.

Daß der Herrscher nun im Paradies bei Gott weilt[147], mag tröstend auf die Zuhörer wirken. Ambrosius nutzt dieses Motiv in der Rede für Theodosius aber auch um weitgespannte Überlegungen zur heilsgeschichtlichen Einordnung der Herrschaft christlicher Kaiser daran anzuknüpfen.[148]

Deutlicher noch als in der Rede für Valentinian ergibt sich, daß es nicht das eigentliche Anliegen des Redners gewesen ist, mit seiner Rede Trost zu spenden. Der Grund dafür mag einerseits darin liegen, daß die Reden für die beiden Kaiser anders als die Reden für Satyrus erst spät, ungefähr zwei Monate bzw. 40 Tage nach ihrem Tod, gehalten wurden. Es ist aber auch zu vermuten, daß der Kirchenpolitiker Ambrosius in den Reden auf die verstorbenen Herrscher nicht unmittelbar seelsorgerliche Absichten hegte. Gerade durch den Vergleich mit den Reden für den Bruder lassen die Überlegungen zu den Reden als Trostreden es plausibel erscheinen, daß Ambrosius in den Kaiserreden neben dem Trost auch andere Zwecke verfolgte.

beim Tod Christi (Mt., 27, 51). Die Naturerscheinungen, auf die Ambrosius sich zu beziehen scheint, bezeugt Marcellinus in seiner Chronik für die Jahre 393 und 394 (MGH, AA, 11, 1, S. 63; 64); Ambrosius greift für den Eingang seiner Rede vor Hofstaat, Bevölkerung und Soldaten (vgl. unten S. 180, Anmm. 120–22) effektvoll abergläubische Ahnungen auf, die in der Zeit nach dem Tod des Herrschers die Zeitgenossen dunkel beschäftigt haben mögen. Mit einem ersten Apell an die Emotionen aller – nicht nur der christlichen – Zuhörer rückt er die Person des Verstorbenen in den Bereich des Numinosen. Die christliche Wendung des Gedankens, daß Theodosius nun im Paradies weile, folgt unmittelbar danach. Vgl. S. 50, Anm. 147.

146 Obit Theod., 35, 4–6 (CSEL 73, 389): „„Dilexi' (Ps. 114, 1) ergo fateor, et ideo dolorem meum intimo viscere dolui et prolixiore sermonis prosecutione solandum putavi." Vgl. für die zugrunde liegende Auffassung, wie Schmerz zu therapieren sei, oben S. 24.

147 Vgl. obit. Theod., 1, 7–2, 5 (CSEL 73, 371–72): „Quidni mundus ipse defleret eum principem continuo esse rapiendum, ... Et ille quidem abiit sibi regnumque non deposuit, sed mutavit, in tabernacula Christi iure pietatis adscitus, in illam Hierusalem supernam, ubi nunc positus dicit. ,Sicut audivimus, ita et videmus in civitate domini virtutum, in civitate dei nostri, quam deus fundavit in aeternum.' (cf. Ps. 47, 9)" Vgl. auch 28–32 (CSEL 73, 385–88) zu den Psalmworten „Convertere anima mea in requiem tuam, ... (Ps. 114, 7f); 39–40 (CSEL 73, 391–92).

148 Vgl. dazu unten S. 185–89.

III. DIE REDEN ALS LOBREDEN

Die rhetorische Theorie für Leichenreden sieht vor, daß der Verstorbene gelobt wird.[1] Die kaiserzeitliche Schulrhetorik reagiert mit ihren Empfehlungen für Leichenreden auf den Brauch, einzelne Verstorbene durch eine Lobrede zu ehren. Auch die Leichenreden des Ambrosius stehen im weitesten Sinne in der Tradition der römischen laudatio funebris.[2] Über diese ganz allgemeine Feststellung hinaus ergeben sich keine das Verständnis fördernden Vergleiche zwischen den Predigten des Bischofs Ambrosius aus dem späten vierten Jahrhundert christlicher Zeit und der ursprünglich römisch-republikanischen Sitte, Leistungen verstorbener Angehöriger zum Ruhm der eigenen gens bei einem öffentlichen Begräbnis zu preisen.[3]

Die Funktion der republikanischen laudatio funebris ist im Zusammenhang mit Ahnenkult und Repräsentation der gens zu sehen; indem das verstorbene Familienmitglied und die älteren Vorfahren gelobt werden, wird das Prestige der gens erhöht; die Nachfahren werden gleichzeitig auf einen bestimmten Verhaltenskodex verpflichtet. Die Identifikation mit der gens enthält eine Botschaft an die Mitbürger und eine moralische Verpflichtung der Nachfahren.[4]

---

1 Vgl. oben S. 22–24.

2 Außer den fragmentarisch erhaltenen Texten ist das wichtigste Zeugnis für die Bedeutung der republikanischen laudatio funebris der bekannte Bericht des Polybius über eine pompa im Zusammenhang seiner Darstellung der römischen Verfassung im sechsten Buch (Pol., 6, 53, 1–54, 3). Die grundlegenden Informationen zur laudatio funebris sind gesammelt bei F. Vollmer, Laudationum funebrium romanorum historia et reliquiarum editio, S. 429–78, in: Jahrbücher für classische Philologie, Suppl. 18, 1892, S. 445–528°, Leipzig, 1892. Die Arbeit von W. Kierdorf, Laudatio Funebris, Interpretationen und Untersuchungen zur Entwicklung der römischen Leichenrede (= Beiträge zur klassischen Philologie 106), Meisenheim am Glan, 1980, widmet ihr Interesse vor allem der Frage, inwieweit die laudationes dem wachsenden Einfluß der Rhetorik unterliegen (mit einem hilfreichen Verzeichnis aller erhaltenen Fragmente und Nachrichten über römische laudationes funebres, Anhang 1, S. 137–49). Vgl. zur Arbeit von Kierdorf: C. J. Classen in JbAC 27–28, 1984–85, S. 228–31. – Vgl. als Überblick zum heidnischen griechischen Epitaphios von der archaischen Zeit bis in das sechste nachchristliche Jahrhundert die ältere Arbeit von H. Caffiaux, De l'oraison funèbre dans la Grèce paienne, Valenciennes, 1861.

3 F. Rozynski, Die Leichenreden des Heiligen Ambrosius, Diss. Breslau, 1910, S. 97; 106; 112 erblickt in der Rede für Theodosius am Ende das „Lob der Vorfahren" des Kaisers; vgl. dazu unten S. 187, Anm. 152. Kierdorf behandelt S. 126f nur die erste Rede für Satyrus und die Rede für Valentinian, nicht die Rede für Theodosius, als laudationes. S. 129 bringt er wenig überzeugend das Thema v. a. der ersten Rede für Satyrus von privater Trauer und Betroffenheit der Gemeinde in Verbindung mit dem Bericht des Polybius über eine pompa, in dem als Wirkung der Lobrede auf Vorzüge und Taten des Verstorbenen u. a. beschrieben wird, daß die gesamte Bürgerschaft den Tod als Verlust empfinde (Pol., 6, 53, 3); vgl. dazu S. 27, Anm. 36.

4 M. Bellini, Familie und Verwandschaft im antiken Rom, (= Historische Studien 8), Frankfurt 1992, (aus dem italienischen Original: Antropologia e cultura romana. Parentela, tempo immagini dell'anima, Rom, 1986, übers. v. Diemut Zittel) kurz zur laudatio funebris S. 147; 149–52

Die Reden des Bischofs Ambrosius für seinen Bruder und für die verstorbenen Kaiser stehen in einem Zusammenhang, der sich mit den gesellschaftlichen und politischen Bedingungen der laudatio funebris nicht vergleichen läßt. Aussagen über das Verhältnis der Leichenreden des Ambrosius zur laudatio funebris sind auch deshalb nicht möglich, weil unsere Kenntnisse über römische Leichenreden lückenhaft sind, und die Entwicklung der republikanischen Sitte in der Zeit römischer Kaiserherrschaft unklar bleiben muß.[5] Es erscheint nicht sinnvoll, den Blick auf die römische laudatio funebris zu lenken, um das Totenlob in den Reden des Ambrosius zu verstehen.

III. 1. RHETORISCHE VORSCHRIFTEN ZUM PERSONENLOB

Im Gegensatz dazu ist es ergiebig, die Schultradition des rhetorischen Personenlobs ins Auge zu fassen, um zu beurteilen, auf welche Weise Ambrosius in den unterschiedlichen Situationen, in denen er seine Reden hält, vorgegebene Formen und damit verbundene Inhalte nutzt und für seine Zwecke selbständig umgestaltet.

Die rhetorische Theorie stellt breit entwickelte Empfehlungen zur Verfügung, auf die Redner, wenn sie Personen loben – egal in welchem Zusammenhang und mit welcher Absicht – zurückgreifen können.[6] Wesentliche Elemente der Lobrede sind seit dem fünften Jahrhundert vor Christus durch die griechische Sophistik vorgeprägt worden. Seit Isokrates liegen dann die beiden prinzipiellen Möglichkeiten, das Lob des Geehrten zu gliedern, vor, nämlich entweder biographisch nach den Taten des Gepriesenen im Verlauf seines Lebens oder nach bestimmten Tugenden, die sich in Taten manifestieren.[7]

In theoretischen rhetorischen Schriften findet sich eine solche prinzipielle Unterscheidung etwa unter den Vorschlägen Quintilians zu Lob und Tadel in einer

---

zu Vorfahrenstammbäumen. Den gentilizischen Charakter der römischen laudatio funebris im Gegensatz zum kollektiven athenischen Epitaphios unterstreicht auch Nicole Loraux, L'invention d'Athènes (= Civilisations et Sociétés 65), Paris, 1981, S. 42f. Zu Polybios' Interpretation der Funktion von römischen laudationes vgl. unten S. 55, Anm. 19.

5 Die letzte Nachricht über eine römische Leichenrede vor Ambrosius' erster Rede für seinen Bruder – ein Satz in der Epitome aus Cassius Dio (75, 5, 1) – bezieht sich auf eine Rede des Kaisers Septimius Severus auf P. Helvius Pertinax im Jahr 193, ungefähr 180 Jahre vor der Satyrusrede. In zeitlicher Nähe zu Ambrosius wissen wir von drei lateinischen Leichenreden des Augustinus auf Bischöfe nur aus dem unkommentierten Schriftenverzeichnis des Augustinus, das dessen Biograph Possidius angelegt hat. Er verrät uns die Namen der geehrten Bischöfe; vgl. das Verzeichnis bei Kierdorf, S. 148–49. Soviel scheint klar zu sein, daß der Trost, der ein Element der Reden des Ambrosius für Satyrus und für Valentinian ist, in der römischen laudatio funebris überhaupt keinen Platz hatte; vgl. Kierdorf, S. 128–29.

6 Vgl. zum folgenden allgemein Theresia Payr, „Enkomion", in: RAC 5, 1962, Sp. 332–43. Einen Überblick über die rhetorischen Vorschriften zum genus demonstrativum bietet W. Kroll, „Rhetorik", Sp. 1128–35, in: RE, Suppl. 7, 1940, Sp. 1039–1138.

7 Th. Payr, verweist Sp. 336 für die biographische Gliederung etwa auf Isokrates' Euagoras, für die nach Tugenden auf die Würdigung des Timotheos in Isokrates' Antidosis (101ff).

Rede.[8] In der Praxis mag diese trennende Unterscheidung weniger streng beachtet worden sein. In den Bemerkungen Ciceros zur Lobrede im zweiten Buch de oratore wird deutlich eine Unterscheidung zwischen körperlichen oder äußerlichen Vorzügen und solchen, die der Tugend zu verdanken sind, nahegelegt; diesen wird der Vorzug gegeben.[9] Unter den Tugenden erscheint die Vierergruppe der platonisch-stoischen Kardinaltugenden auch in rhetorischen Handbüchern als abgeschlossene kanonische Gruppe.[10]

Neben den Gliederungsmöglichkeiten nach Lebensalter oder Tugenden, etwa nach den vier Kardinaltugenden, gehört ein bestimmtes Arsenal von Argumenten, die eine hervorragende Stellung des Gelobten begründen können, zum Bestand der Lobrede. Von diesen Lobtopoi werden in unterschiedlichen rhetorischen Werken verschiedene Zusammenstellungen aufgeführt.[11] Zu ihnen gehören Argumente, die sich von der Abstammung, dem Vaterland, den Eltern, der Erziehung, der Begabung, dem Aussehen oder der Körperkraft und den Taten des Gelobten, beziehungsweise den in diesen Taten sich manifestierenden Tugenden, herleiten lassen.

Es liegt auf der Hand, daß die Vorgaben der heidnischen Rhetorik – etwa die Empfehlung bestimmter Tugenden – nicht allein formale Bedeutung haben, sondern weitgehende inhaltliche Implikationen über ethische Vorstellungen nach sich ziehen. Das vor allem macht die Beschäftigung mit Lobreden interessant. Folglich rückt der ethische Hintergrund der vorgestellten Ideale in das Blickfeld des Interpreten.[12] Aber die Reden enthalten in ihren lobrednerischen Passagen keine

---

8   Zum Lob der intellektuellen Begabung eines Menschen vgl. Quint., inst., 3, 7, 15: „... animi semper vera laus, sed non una per hoc opus via ducitur. Namque alias aetatis gradus gestarumque rerum ordinem sequi speciosius fuit, ut in primis annis laudaretur indoles, tum disciplinae, post hoc operum id est factorum dictorumque contextus, alias in species virtutum dividere laudem, fortitudinis, iustitiae, continentiae ceterarumque, ac singulis designare, quae secundum quamque eorum gestae erunt."

9   Die Hochschätzung der Tugenden besonders deutlich in den freieren Reflexionen über die Lobrede in de orat. 2, 341ff im Vortrag des Antonius: Cic. de orat. 2, 342–43: „Perspicuum est igitur alia esse in homine optanda, alia laudanda. Genus, forma, vires opes, divitiae ceteraque, quae fortuna det aut extrinsecus aut corpori, non habent in se veram laudem, quae deberi virtuti uni putatur. ... Virtus autem, quae est per se ipsa laudabilis ..." Vgl. die schulmäßige Unterscheidung in laus rerum externarum, corporis, animi: Auct. Her., 3, 10; Cic., inv., 2, 177, wo das Lob intellektueller Fähigkeiten mit dem Lob der Tugenden gleichgesetzt wird. Für ein Beipsiel aus der Praxis vgl. etwa Tac., Agric., 46, 3.

10   Z. Bsp. Auct. Her., 3, 3–6; Cic., inv., 2, 159–65. Ohne die „prudentia" bei Quint., inst., 3, 7, 15. Für Menander Rhetor vgl. unten S. 83, Anm. 145.

11   Mit großer Ausführlichkeit macht Quintilian in einem Abschnitt zur Lobrede auf Menschen Vorschläge zur unterschiedlichen Verwendung folgender Topoi: patria, parentes, maiores, pulchritudo/robur corporis, dignitas, gloria, divitiae, potentia, gratia, indoles, disciplinae, factorum dictorumque contextus, virtutes, ingeniorum monumenta (Quint., inst. orat., 3, 7, 10–17). Eine ausführliche Reihe findet sich bei Men. Rhet. unter seinen Anweisungen zum βασιλικὸς λόγος (368, 3–377, 30) mit πατρίς, πόλις, ἔθνος, γένος, τὰ περὶ τῆς φύσεως, ἀνατροφή, παιδεία, ἐπιτηδεύματα, πράξεις, τὰ τῆς τύχης.

12   Vgl. zu Ambrosius' ethischen Lehren etwa die Arbeiten von D. Löpfe OSB , Die Tugendlehre des heiligen Ambrosius, Diss. Freiburg, Schweiz, 1947 (= Beilagen zum Jahresbericht der kantonalen Lehranstalt Sarnen 1950/51, Sarnen, 1951 und zum Jahresbericht 1951/52, Sarnen, 1952) und E. Dassmann, Die Frömmigkeit des Kirchenvaters Ambrosius von Mailand (=

systematisch vorgetragene Anweisung zu lobwürdiger Lebensführung oder er-
strebenswerten Herrschertugenden. Allgemeine Fragen frühchristlicher Ethik oder
christlichen Herrschaftsverständnisses interessieren in dieser Arbeit insoweit, als
sie als Kontrast, Ergänzung oder Hintergrund zum Verständnis der jeweils besonderen Darstellung lobwürdiger Lebensführung oder christlicher Herrschaft beitragen
und so die inhaltliche Eigenart der einzelnen Reden deutlich hervortreten lassen.

III. 2. DIE STELLUNG CHRISTLICHER AUTOREN ZU LOBREDEN

Es wird, wie es scheint, auch heute für angemessen gehalten, daß Verstorbene in
Leichenreden gelobt werden. Die Forderung „de mortuis nil nisi bene" entspricht
derselben Erwartung, liefert dafür aber keine Erklärung.[13] Andererseits scheint es
christlichem Demutsideal und Wahrheitsstreben zuwiderzulaufen, daß Verstorbene
vor der Gesellschaft der Mitbürger gepriesen werden und ihr Leben in verklärender
oder heuchlerischer Rückschau womöglich leuchtender erscheint, als es tatsächlich
gewesen ist. Die christlichen Kirchen haben sich immer wieder gegen Lobreden im
Rahmen von kirchlichen Leichenfeiern ausgesprochen, warnen auch heute davor,
daß eine Begräbnispredigt zur Lobrede geraten könne, und dulden eher einen
Nekrolog als Teil der Leichenpredigt, als daß sie ihn empfehlen.[14]

Münstersche Beiträge zur Theologie 29), Münster 1965. Zur Schrift de officiis ministrorum vgl.
R. Sauer, Studien zur Pflichtenlehre des Ambrosius von Mailand, Diss. Würzburg, 1981. Einen
– wenn auch stark schematisierten – Überblick gibt Dudden, S. 502–54 „Ambrose as teacher of
Ethics" und S. 750–55, Index II; „Ethical and theological teaching of Ambrose". Löpfes
Systematik mit den Kategorien der neutestamentlichen Tugenden des Glaubens, der Hoffnung
und der Liebe und der klassischen Kardinaltugenden trägt von Außen eine Schematisierung an
Ambrosius heran, die sich in seinem Werk selbst so nicht findet. Das Buch von Dassmann
berücksichtigt den Entwicklungsaspekt der Lehren des Ambrosius. Im Gegensatz zur großen
Synthese von Dassmann kann Sauer mit seiner Einzelstudie zu de officiis ministrorum im
stärkeren Maße auf die konkrete Situation der Schrift und den Einfluß der von Ambrosius
benutzten Vorlage eingehen, findet aber nicht zu allgemeinen Aussagen.

13   Der Ursprung des lateinischen Sprichworts wird nicht im Zusammenhang von Leichenreden,
auch nicht in Rom, sondern im archaischen Griechenland gesehen. Diog. Laert., 1, 3, 70 spricht
es Chilon zu. Der Zusammenhang bei Plutarch, der ein ähnliches Wort Solon zuspricht (cap.
21), läßt vermuten, daß die Mahnung, Tote nicht zu schmähen – nicht etwa, nur Gutes über sie
zu reden – in den politischen Kontext von Konfliktvermeidung in einer agonalen Adels-
gesellschaft gehört. Der Ursprung der verbreiteten lateinischen Version scheint unbekannt zu
sein, vgl. Büchmann, Geflügelte Worte, Berlin, 1952.

14   Ich habe mich darüber nur kurz informiert bei E. Schmitt, „Trauerrede", in: LThK, 10, 1965,
Sp. 325–26 mit Berufung auf Verlautbarungen des II. Vaticanum; Sp. 326: „Als echte Verkündigung darf die Trauerrede weder Lob- noch reine Trostrede sein. Sie wird wie jede Predigt
ausgehen von der Hl. Schrift und der Liturgie und vor allem den ‚österlichen Charakter des
christlichen Todes deutlicher ausdrücken'. Seelsorglich bedeutsam ist, daß die Trauerrede auch
sonst unerreichbare Zuhörer anspricht." Daß die Leichenpredigt in erster Linie Verkündigung
des Wortes Gottes zu sein habe, betonen mit Berufung auf Verlautbarungen der VELKD auch
B. Klaus und K. Winkler in ihrem an Pastoren sich wendenden Ratgeber „Begräbnishomiletik",
München, 1975, S. 50–71. Ein Nekrolog soll deutlich von der eigentlichen Predigt getrennt
sein. Die Predigt soll Schriftauslegung sein, dabei aber auf den Toten und die Situation der

Für eine angemessene Beurteilung der Leichenreden des Ambrosius ist es wichtiger, ins Auge zu fassen, daß christliche Autoren seiner Zeit immer wieder polemische Vorbehalte gegen die Praxis antiker Panegyrik geäußert haben. Offene Invektive gegen rhetorische Empfehlungen geht dabei allerdings häufig einher mit stillschweigender Befolgung der heidnischen Schulregeln.[15] So finden sich zum Beispiel in den Briefen des Hieronymus oder in den Lob- und Totenreden Gregors von Nyssa und Gregors von Nazianz allenthalben Passagen, in denen sie sich mit den nach christlicher Überzeugung Unwesentliches betreffenden Forderungen der heidnischen Lobtopik explizit auseinandersetzen.[16]

Diese Zurückweisung von Elementen der heidnischen Rhetorik betrifft regelmäßig die Topoi der äußerlichen Vorzüge, wie Aussehen, Abstammung und Vaterland. Gregor von Nazianz etwa gedenkt in einer seiner Leichenreden nur deshalb der Eltern des Toten, weil diese das Vorbild für die Tugendhaftigkeit des Gelobten waren.[17] Teilweise werden auch heidnische Topoi umgedeutet: Das Vaterland einer Christin befindet sich im himmlischen Jerusalem.[18] Neben solcher Distanzierung und Umwertung ist aber festzuhalten, daß vor allem die Kappadokier die Verbindlichkeit der heidnischen Topik für groß genug halten, ihr abweichendes Vorgehen jeweils zu begründen oder rhetorischen Forderungen in Form einer praeteritio Genüge zu tun.

Die Polemik christlicher Autoren gegen die Rhetorik läßt erwarten, daß sie besondere Gründe haben, wenn sie sich dennoch auf eine Lobrede einlassen: Ein Überblick ergibt zunächst allgemein, daß die christlichen Autoren stärker als heidnische Autoren die Tendenz haben, in Lobreden durch Aufzählung vorbildlicher Taten zur moralischen Erbauung der Zuhörer beizutragen.[19] Über solche

Hinterbliebenen bezogen sein. Der Rückblick auf das Leben des Toten soll vor allem zur Dankbarkeit gegenüber Gott auffordern. Problematisch erscheint am Nekrolog vor allem die Neigung des Leichenredners zu nicht wahrheitsgemäßem Lob. Für eine psychologische Erklärung des Grundsatzes „de mortuis nil nisi bene" vgl. ebd. S. 60. Die Bemerkung der Autoren über ein unkirchliches Publikum, daß die Hinterbliebenen in einem solchen Fall erfahrungsgemäß „ein Totenlob und eine bemerkenswerte Anhebung ihres eigenen Sozialprestiges durch die kirchliche Rede" wünschten, deutet aber auch auf soziologische Hintergründe einer öffentlichen Lobrede auf einen Toten hin. – Die jeweils offiziellen Ratschläge der modernen Kirchen für Leichenpredigten entsprechen teilweise dem Vorgehen des Ambrosius in seinen Leichenreden.

15 Vgl. Th. Payr, Sp. 339; dies. verweist Sp. 339–40 auf einige typische Strategien, die als verbindlich empfundenen antiken Topoi im christlichen Sinne zu verwerten.

16 Vgl. z. Bsp. Hier., ep. 127, 1 de vita sanctae Marcellae; ep. 60, 8 im epitaphium Nepotiani; ep. 77, 2 de morte Fabiolae; ep. 108, 2 im epitaphium sanctae Paulae. Greg. Naz., or. 7 in laud. Caes., § 5 (PG 35, 760); or. 8 in laud. Gorg., § 3 (PG 35, 792–93); or. 18 funebr. in patr., § 5 (PG 35, 989–92); or. 43 in laud. Bas., §§ 3–4 (PG 36, 497–500); Greg. Nyss., or. funebr. in laud. Bas., (PG 46, 813–16).

17 Greg. Naz., or. 7 in laud. Caes., § 5 (PG 35, 760); or. 8 in laud. Gorg., § 6 (PG 35, 796).

18 Greg. Naz., or. 8 in laud. Gorg., § 6 (PG 35, 796).

19 Th. Payr, Sp. 338. Diese Tendenz, die bei den christlichen Autoren deutlicher hervortritt als in heidnischen Lobreden, entspricht insofern der antiken Praxis epideiktischer Beredsamkeit, als auch bei Heiden Lobreden parainetische Aspekte haben können. Kierdorf verweist dafür S. 82, Anm. 112 schon auf Isokr., Euag., 5; 76f. In der Interpretation des Polybios haben das

allgemeinen Beobachtungen hinaus kann auch auf explizite Bemerkungen christlicher Autoren in Lobreden zurückgegriffen werden, die eine Reihe von Gründen nennen, weshalb Tote gelobt werden:

So erscheint die Lobrede bei Gregor von Nazianz regelmäßig als eine dem Toten geschuldete Gabe der Lebenden;[20] sie wird als Geschenk an den Verstorbenen empfunden, weil er selbst Freude an Reden hatte[21], oder weil sie ein ewiges Gedächtnis des Toten garantiert.[22] Bei Gregor von Nyssa und Gregor von Nazianz findet sich der Gedanke, daß die lobende Erinnerung an den Toten den Lebenden ein Vorbild vor Augen stellen soll; die Lobreden stehen im Dienst der Parainese.[23] Ähnliche Motive formuliert auch Hieronymus in seinen Trostbriefen und Lebensbeschreibungen. Das Lob der Toten ist in einigen Briefen exemplum für die Lebenden.[24] In anderen Briefen, in denen der Trost im Vordergrund steht, wird das Lob des Toten zum Trost für die Hinterbliebenen gewendet: Nicht der Schmerz über den Verlust, sondern die Freude, daß der Tote so tugendsam gelebt hat, soll im Vordergrund stehen.[25] Auch bei Hieronymus findet sich – teilweise im Rahmen von

---

Begräbnisritual der Römer und die laudatio funebris erzieherischen Charakter für die Jugend Roms (vgl. Einleitung und Abschluß seines Berichts über eine pompa Polyb., 6, 52, 10–11; 54, 2–3). Vgl. auch Tacitus in der Schrift über seinen verstorbenen Schwiegervater Tac., Agric., 46, 2–3: „Admiratione te potius et laudibus et, si natura suppeditet, similitudine colamus: is verus honos, ea coniunctissimi cuiusque pietas. Id filiae quoque uxorique praeceperim, sic patris, sic mariti memoriam venerari, ut omnia facta dictaque eius secum revolvant, formamque ac figuram animi magis quam corporis complectantur, ... quia ... forma mentis aeterna (sc. est), quam tenere et exprimere non per alienam materiam et artem, sed tuis ipsis moribus possis." Dieser parainetische Aspekt ergänzt den eigenständigen Wert des „clarorum virorum facta moresque posteris tradere" (ebd., 1, 1).

20 Etwa in der Rede auf Basilios § 1 (PG 36, 496), auf Gorgonia § 3 (PG 35, 591), auf Caesarius § 1, (PG 35, 756f), auf den Vater § 40 (PG 35, 1038f).

21 In der Rede auf Basilios § 1 (PG 36, 496), auf den Bruder § 1 (PG 35, 756f).

22 In der Rede auf Gorgonia § 1 (PG 35, 591).

23 Gregor von Nyssa verspricht sich aus seiner Lebensbeschreibung der Macrina einen Gewinn für die Zukunft der Lebenden; ein solches Leben dürfe nicht im Verborgenen bleiben (PG 46, 960 B–C); ders. deutet mit programmatischem Anspruch Prov., 10, 7: „μνήμη δικαίων μετ᾽ ἐγκωμίων" in seiner Lobrede auf Basilios dahingehend, daß durch die Erinnerung an den Toten die Lebenden gebessert würden und dies gebesserte Leben das wahre Totenlob darstelle (PG 46, 816 C–D). Ähnlich Gregor von Nazianz in der Rede auf Basilios § 1 (PG 36, 496) und v. a. § 80 (PG 36, 604): Das Leben des Verstorbenen ist „ἀρετῆς πίναξ" und „πρόγραμμα σωτήριον πρὸς ὃν βλέποντες ἀπευθυνοῦμεν τὸν βίον ὡς νόμον ἔμψυχον"; in der Rede auf Gorgonia § 3 (PG 35, 591), in der Rede auf den Vater § 3 (PG 35, 988).

24 Hier., ep. 24, 1: „Nemo reprehendat quod in epistulis aliquos aut laudamus aut carpimus, cum et in arguendis malis sit correptio ceterorum et in optimis praedicandis bonorum ad virtutem studia concitentur." Zur Leserschaft ebd.: „... his potius, quae adulescentulae sunt legere dignare, ut ad exemplum eius se instituentes conversationem illius perfectae vitae normam arbitrentur."; vgl. ep. 127, 1 de vita sanctae Marcellae, geschrieben zwei Jahre nach deren Tod.

25 Hier., ep. 60, 7: „Sed obsecro ut modum adhibeas in dolore, memor illius sententiae ‚ne quid nimis', obligatoque parumper vulnere audias laudes eius, cuius semper virtute laetatus es, nec doleas, quod talem amiseris, sed gaudeas quod talem habueris."; ep. 108, 1: „Non maeremus, quod talem amisimus, sed gratias agimus, quod habuimus, immo habemus: Deo enim vivunt omnia."

Konsolationsargumenten – der stolze Gedanke, daß sein Totenlob den Verstorbenen ewiges Gedächtnis garantiert.[256]

Ambrosius formuliert in seinen Leichenreden keine Vorbehalte gegen die Gepflogenheiten traditioneller Lobreden; er äußert sich auch nicht programmatisch dazu, weshalb er über Leistungen und Tugenden der Verstorbenen spricht. Eine genauere Untersuchung der einzelnen Reden kann aufklären, ob und wie er sich auf die Vorgaben der Rhetorik für Lobreden stützt und welche Absichten er mit dem Lob der Verstorbenen verbindet.

III. 3. DIE ERSTE REDE FÜR SATYRUS

Über das Leben des Satyrus wissen wir nur, was Ambrosius in seinen Reden für den Bruder erzählt.[27] Daraus ergibt sich, daß Satyrus als angesehener römischer Bürger gelebt hat; er scheint neben Aufgaben in der Staatsverwaltung vor allem als rechte Hand des Bischofs die Verwaltung des Familienbesitzes übernommen zu haben. Jünger als die gemeinsame Schwester und älter als Ambrosius war er zur Zeit seines Todes über 34 Jahre alt.[28]

III. 3. a. §§ 1-41

In der ersten Hälfte der Rede, die sich nur schwer nach einer verbindlichen Gliederung ordnen läßt, finden sich in haltloser Vermischung mit bewegenden Klagen und tröstenden Gedanken immer wieder lebhafte Erinnerungen an den Bruder.[29] Die Erinnerungen folgen nicht etwa Satyrus' Leben, angefangen bei Abstammung, Vaterstadt und Eltern über Veranlagung und Erziehung bis hin zu seinem Wirken und seinen hervorstechenden Tugenden; was Zuhörer und Leser in diesem Teil der Rede über Satyrus' Leben und Charakter erfahren, steht im Zusammenhang mit

---

26 Hier., ep. 39, 8; 108, 33: „ ‚Exegi monumentum aere perennius' (Hor., od., 3, 30, 1), quod nulla destruere possit vetustas. Incidi elogium sepulcro tuo, quod huic volumini subdidi, ut quocumque noster sermo pervenit, te laudatam, te in Bethleem conditam lector agnoscat."

27 Ambrosius' Reden über den Tod des Bruders sind die einzigen Quellen zu Satyrus' Leben. Die biographischen Fakten, die wir daraus gewinnen, sind zusammengestellt in der Einleitung bei G. Banterle, Sant' Ambrogio, Le orazioni funebri, introduzione, traduzione, note e indici, Milano, Roma, 1985., S. 10. Die einzelnen Informationen aus den Reden sind wohl nicht mit endgültiger Sicherheit in einen zu rekonstruierenden Lebenslauf einzuordnen; vgl. ebd. S. 55, Anm. 67. Aus den disparaten Informationen gestaltet A. Paredi, Sant' Ambrogio, Mailand, 1985, S. 138–40 eine schöne Erzählung.

28 Satyrus war älter als Ambrosius (Exc. Sat., 1, 54, 1–2 (CSEL 73, 238); vgl. Banterle, Einl., S. 10, Dudden, S. 3), der selbst beim Tod des Bruders mindestens 34 Jahre alt war – wenn man von den jeweils umstrittenen Daten das späteste für Ambrosius' Geburt, also 340 anstelle von 339 oder 334, und das früheste für die Abfassung der Rede annimmt, also 375 anstelle von 377, 378 oder 379. (Vgl. zu Ambrosius' Geburtsdatum Dudden, S. 2, Anm. 2; zur Datierung der Rede für Satyrus ein Überblick über verschiedene Meinungen bei Faller ed. CSEL 73, S. 81*, Anm. 124. Dudden, S. 176, Anm. 2 argumentiert für 375, Faller in: WS 44, 1924/25 S. 86–102 für 378.)

29 V.a. in den Paragraphen exc. Sat., 1, 7–8 (CSEL 73, 212–13); 14–28 (CSEL 73, 216–24); 34–41 (CSEL 73, 228–32).

der besonders engen Beziehung zwischen Satyrus und Ambrosius; Ambrosius redet nicht nur über den Bruder, sondern vor allem über das, was ihn und seinen Bruder verband.[30]

Diese Hinweise ergeben sich häufig aus der schmerzlichen Vergegenwärtigung des Verlustes, den der Tod für Ambrosius bedeutet[31], und das Lob des Bruders ist oft nicht von pathetischen Klagerufen zu trennen. In diesen Passagen häufen sich Ausrufe, Anaphern, Anreden an den vor Redner und Trauergemeinde aufgebahrten Toten, pathetische Fragen und unverbundene Antithesen.[32] Das Lob des Satyrus ist hier Teil einer besonders emotionalen, das Publikum bewegenden Mischung aus Klage, vergeblichen Trostargumenten und lebhafter Erinnerung nicht allein an das Leben des Satyrus, sondern vor allem an das gemeinsame Leben der Brüder. Das bringt es mit sich, daß Ambrosius nicht so sehr einzelne Tugenden des Bruders lobt, sondern vielmehr die Zeit der Gemeinsamkeit verherrlicht und ihren Verlust beklagt. Dabei wird natürlich nur Gutes über den Bruder mitgeteilt; aber Tugenden werden in diesem Redeteil nur selten und am Rande konkret benannt; sie beziehen sich alle auf das Verhältnis der beiden Brüder.[33]

---

30 So etwa exc. Sat., 1, 20, 3–15 (CSEL 73, 220): „Tu enim mihi unus eras domi solacio, foris decori, tu inquam, in consiliis arbiter, curae particeps, depraecator sollicitudinis, depulsor maeroris, tu meorum adsertor actuum cogitationumque defensor, tu postremo unus, in quo domestica sollicitudo resideret, publica cura requiesceret. ... haec enim laudis tuae portio est, quia sine offensa ulla et gubernasti fratris domum et commendasti sacerdotium."; 22, 1–11 (CSEL 73, 221–22): Die beiden seien nur ungern allein ausgegangen; 38, 1–8 (CSEL 73, 230): „(Die beiden seien oft von anderen verwechselt worden) ... Quae mihi hinc gaudia, quanta frequenter oborta laetitia, quod eos errare in nobis cernerem! Quam gratus error, quam iucunda prolapsio, quam religiosa fallacia, quam suavis calumnia! Neque enim de te tuis erat aliquid aut factis aut sermonibus, quod timerem, qui mihi tua laetabar adscribi."; 39, 4–13 (CSEL 73, 230–31): Sie hätten sich in großem Vertrauen aufeinander beraten und trotzdem jeder seine Verpflichtung zu Vertraulichkeit gegenüber Dritten bewahren können; 25, 1–6 (CSEL 73, 223): Ehrenvolle Ämter und Aufgaben seien beiden unwillkommen gewesen, weil sie sie voneinander getrennt hätten; etc.

31 Exc. Sat., 1, 1, 8 (CSEL 73, 213); 15 (CSEL 73, 217); 17 (CSEL 73, 218); 20–27 (CSEL 73, 220–224); 37–39 (CSEL 73, 229–231).

32 Als Beispiel zitiere ich nur exc. Sat., 1, 15, 1–9 (CSEL 73, 217): „Quid enim referrem tantae gratiae, tanto labori? Ego te, frater, heredem feceram, tu me heredem reliquisti, ego te superstitem optabam, tu me superstitem dimisisti. Ego pro muneribus tuis, ut conpensarem beneficia, vota referebam, nunc et vota perdidi, sed tamen tua beneficia non amisi. Quid agam mei successor heredis? Quid agam meae vitae superstes? Quid agam exsors huius quod capio luminis? Quas grates, quae munera referam tibi? Nihil a me praeter lacrimas habes." Vgl. auch 19, 4–6 (CSEL 73, 219); 27, 1–9 (CSEL 73, 224); 34, 1–35, 3 (CSEL 73, 228–29); 36, 5–37, 6 (CSEL 73, 229); etc. – Daß die Leiche im Angesicht des Redners aufgebahrt war, ergibt sich z. Bsp. aus 37, 5 (CSEL 73, 229): „Qualem te nunc ego, frater, aspicio ..." Vgl. 14, 10 (CSEL 73, 217); 78, 3–5 (CSEL 73, 249).

33 Exc. Sat., 1, 8, 7 (CSEL 73, 213): „patientia" gegenüber Ambrosius; 23, 7–24, 7 (CSEL 73, 222–23): „efficacia" des Satyrus in seinen Diensten für Ambrosius trotz „innocentia", „pudor", „moderatio", „modestia"; 31, 5 (CSEL 73, 226): „misericordia in suos", wiederaufgenommen durch 32, 11 (CSEL 73, 227): „pietas in suos"; 39, 5–13 (CSEL 73, 231) „fides" des Ambrosius und des Satyrus.

III. 3. b. §§ 42-63

Nachdem Ambrosius in der ersten Hälfte der Rede unter bewegten Klagen die Erinnerung an das gemeinsame Leben mit Satyrus beschworen hat, lobt er die Tugenden des Bruders.[34] Dieser Redeabschnitt bildet einen deutlicher in sich abgeschlossenen und im Vergleich zur ersten Hälfte der Rede klar untergliederten Block. Die größere Klarheit in der Gliederung ergibt sich vor allem daraus, daß Ambrosius, um den Bruder zu loben, dem bekannten platonisch-stoischen Kanon der Kardinaltugenden folgt. Ein deutlicher gliedernder Hinweis findet sich, wenn Ambrosius ankündigt, daß er, „um die Behandlung der Kardinaltugenden abzuschließen", nun als letzte Tugend noch die Rechtschaffenheit des Bruders loben will.[35] Aber auch die Abschnitte, in denen die ersten drei Tugenden besprochen werden, sind durch die stichwortartige Nennung der jeweiligen Tugend am Beginn der Abschnitte deutlich markiert; Die klare Gliederung wird dadurch etwas aufgelöst, daß Ambrosius einen Aspekt der „fortitudo" des Bruders in die Ausführungen zu dessen „prudentia" einschiebt.[36] Der Abschluß des gesamten Blockes über die Tugenden des Bruders ist ebenfalls deutlich markiert.[37]

Der Redeabschnitt über die Kardinaltugenden hebt sich auch durch seine Sprache von der ersten Hälfte der Rede ab. Gleich zu Beginn schlägt die Definition der „prudentia" einen reflektierenden Ton an. Es folgen ähnliche Erklärungen, erneut zur „prudentia", zum Wesen der „gratia", zum Verhältnis von Einzeltugend und der Gesamtheit der Tugenden und zu verschiedenen Ausprägungen der „iustitia". Denken und Sprache sind an diesen Stellen von Einteilungen, Definitionen und Unterscheidungen geprägt.[38]

Die im ersten Teil der Rede so häufige pathetische Ansprache an den Bruder fehlt in dieser Passage völlig. Ambrosius redet von ihm nur in der dritten Person. Wenn auch Satyrus' Handeln in verschiedenen Situationen, in denen sich seine Tugenden bewährten, im Vordergrund steht, kann trotzdem das Lob seiner vorbildlichen Tugendhaftigkeit in allgemeinen Äußerungen über die Tugenden auch mehr oder weniger deutlich zur Aufforderung an das Publikum gewendet werden, die

---

34 In den Paragraphen exc. Sat., 1, 42–63 (CSEL 73, 232–42).

35 Exc. Sat., 1, 57, 1–2 (CSEL 73, 239): „Superest ut ad conclusionem cardinalium virtutum etiam iustitiae partes in eo debeamus advertere."

36 Exc. Sat., 1, 42, 1–2 (CSEL 73, 232): „Non mediocris igitur prudentiae testimonium, quae ita a sapientibus definitur: ..."; 44, 1 (CSEL 73, 233): „Simul fortitudinem eius spectare licet ..."; 45, 1–3 (CSEL 73, 234): Wiederaufnahme des Themas „prudentia": „Est ergo prudentis, agnoscere se ipsum, et ..."; 50, 1–2 (CSEL 73, 236): Wiederaufnahme des Themas „fortitudo": „Fortitudinem quoque eius si quis plenius spectare volet ..."; 51, 1–3 (CSEL 73, 236): „Qua vero prosecutione simplicitatem eius edisseram? Ea est enim quaedam morum temperantia, mentisque sobrietas."

37 Exc. Sat., 1, 64, 1–2 (CSEL 73, 242): „Talibus igitur perfunctum virtutibus ... flebo."

38 Als besonders auffällig für den Stilwechsel am Beginn des Abschnittes zitiere ich hier nur exc. Sat., 1, 42, 1–6 (CSEL 73, 232): „(prudentia), quae ita a sapientibus definitur: bonorum primum esse deum scire et verum illud atque divinum pia mente venerari, illam amabilem et concupiscendam aeternae pulchritudinem veritatis tota mentis caritate diligere, secundum autem in proximos a divino illo atque caelesti naturae derivare pietatem." Vgl. 45, 1–3 (CSEL 73, 234); 46, 5–6 (CSEL 73, 234); 51, 1–3 (CSEL 73, 236); 57, 2–5 (CSEL 73, 239); 58, 1–3 (CSEL 73, 239); 60, 5–7 (CSEL 73, 240).

vorgestellten Verhaltensweisen als Empfehlung für das eigene Handeln zu beherzigen.[39]

Der Blick auf andere Passagen aus Schriften des Ambrosius, in denen er auf das Schema der Kardinaltugenden zurückgreift, kann dazu beitragen, die Bedeutung des Schemas für die Interpretation der ersten Satyrusrede richtig einzuschätzen.

III. 3. c. Das Schema der Kardinaltugenden bei Ambrosius

Das Schema der Kardinaltugenden gehört zum Allgemeingut antiker Bildungstradition. Die breite Überlieferung manifestiert sich zunächst darin, daß das Schema unter den Vorschriften zum genus demonstrativum auch in rhetorische Handbücher übernommen wurde, wodurch es vielen, die eine höhere Ausbildung beim Rhetor genossen hatten, vertraut gewesen sein dürfte.[40] Auch die Christen haben das Schema gekannt und benutzt.

Einzelne Beispiele können die allgemeine Bekanntheit belegen: Bei zeitgenössischen christlichen Autoren finden sich die vier Tugenden im griechischen Osten zum Beispiel in Leichenreden Gregors von Nazianz in eher beiläufigen Bemerkungen in der Rede auf Basilius[41], aber auch als das die gesamte Gliederung bestimmende Prinzip in der Rede auf Gregors Schwester Gorgonia.[42] In der lateinischen christlichen Literatur findet es sich zum Beispiel im Brief des Hieronymus an Pammachius de dormitione Paulinae: Hieronymus beschreibt die einzelnen Familienmitglieder als Repräsentanten der vier Tugenden. Die ganze Familie bietet das Bild einer „quadriga sanctitatis" mit Christus als Wagenlenker.[43] Auch Augustinus kennt die Tugendgruppe; mit größerer Systematik als Ambrosius beschreibt er die christliche Liebe zu Gott als Grundlage der klassischen Kardinaltugenden.[44]

---

39 Am deutlichsten die Aufforderung, dem Schöpfer zu danken exc. Sat., 1, 45, 3–9 (CSEL 73, 234): „Quid est enim tam secundum naturam, quam referre auctori gratiam? Aspice caelum hoc! Nonne auctori refert gratiam, cum videtur? ... Nonne omnes dei gratiam iure miramur?" Vgl. 44, 10–12 (CSEL 73, 233); 52, 1–2 (CSEL 73, 237). Aus den allgemeineren Mahnungen des Ambrosius ergibt sich aber kein geschlossenes Bild einer christlichen Ethik.

40 Vgl. oben S. 53, Anm. 10.

41 Greg. Naz., or. 43 in laud. Basil., 64, (PG 36, 581).

42 Greg. Naz., or. 7 in laud. Gorg., 8–14 (PG 35, 797–805): §§ 8–10 σωφροσύνη; §§ 11–12 φρόνησις, εὐσέβεια; § 13 μεγαλοψυχία; § 14 weibl. Tugenden anstelle der ἀνδρεία; vgl. etwa § 14, 21: „Ὢ γυναικεία φύσις τὴν ἀνδρείαν νικήσασα." (PG 35, 805).

43 Hier., ep. 66, 2–3. Vgl. dazu J. Préaux, Les quatre vertus paiennes et chrétiennes, Apothéose et Ascension, in: Hommages à M. Renard I, ed. Jacqueline Bibauw (= Collection Latomus 101), Brüssel, 1969, S. 639–57. Die Bedeutung des heidnischen Schemas für Hieronymus wird unterschiedlich bewertet; gegen H. Hagendahl, Latin fathers and the classics (= Studia graeca et latina Gothoburgenses 6), Göteborg, 1958, S. 378, schätzt Sibylle Mähl, Quadriga Virtutum, Köln, Wien, 1969, S. 17, die Bedeutung für das ethische Denken des Hieronymus höher ein. – In den Trostbriefen des Hieronymus stehen nach meinem Eindruck andere Tugenden, v. a. die christliche humilitas, ganz deutlich im Vordergrund.

44 August., de mor. eccl. 1, 15, 25 (PL 32, 1321). Die vier Tugenden bestimmen den Aufbau der Schrift, vgl. ebd., 19, 35 (PL 32, 1326); 42, 40 (PL 32, 1328); 44, 44 (PL 32, 1330); 44, 45 (PL 32, 1330) und als Abschluß 45, 46 (PL 32, 1330–31). Inhaltlich entsprechend: August., epist. 155, 3, 12–4, 13 (CSEL 44, 441–44). Die Kardinaltugenden in klassischer Prägung etwa August., de lib. arbitr., 1, 13, 27–79 (PL 32, 1235–37); kurz etwa August., sermo 151, 8 (PL 38,

Zusätzlich zu diesen wenigen Beipielen, die zunächst nur die allgemeine Bekanntheit des Schemas der Kardinaltugenden illustrieren[45], muß hier besonders auf Ambrosius verwiesen werden: Er greift an verschiedenen Stellen in seinen Werken im Kontext christlicher Schriftexegese auf die Vierergruppe zurück.[46] Vor allem aber durch seine Bearbeitung der ciceronischen Pflichtenlehre, die die Kardinaltugenden in den Mittelpunkt stellt, hat Ambrosius die Bedeutung des klassischen Schemas anerkannt und in christlicher Interpretation an das Mittelalter weitergegeben.[47]

---

812); August., retract, 1, 7, 3 (CSEL 36, 29) im Anschluß an Sap., 8, 7 (Sept.) (vgl. de mor. eccl. 1, 16, 27 (PL 32, 1322–23) im Anschluß an Sap., 8, 7 (Vulg.)). Zur Verwendung des Schemas in der Exegese vgl. S. Mähl, S. 18–19. Allgemein zu den Kardinaltugenden bei Augustinus: J. Mausbach, Die Ethik des heiligen Augustinus, Bd. 1, S. 207ff, Freiburg, [2]1929.

45 Für einen Überblick zur Geschichte des Kanons bis in die Karolingerzeit vgl. als knappen und übersichtlichen historischen Abriß bei S. Mähl, S. 8–45. Vgl. auch H. Hagendahl, Latin fathers and the classics, Göteborg, 1958 (= Studia graeca et latina Gothoburgenses 6), S. 347–381; J. Stelzenberger, Die Beziehungen der frühchristlichen Sittenlehre zur Ethik der Stoa, Hildesheim, 1989, S. 355–78 (= München, *1933*). Für die Bedeutung der Kardinaltugenden im Mittelalter vgl. etwa F. M. Utz, De connexione virtutum inter se secundum doctrinam St. Thomae Aquinatis, Diss. Theol., Fribourg, 1937. Für ihre Bedeutung in der bildenden Kunst etwa A. Katzenellenbogen, Allegories of the virtues and vices in medieval art from early christian times to the thirteenth century, London, 1939. Als Beispiel für eine detaillierte Einzelstudie zur gelegentlichen Übernahme des Schemas durch frühe griechische christliche Schriftsteller C. J. Classen, Der platonisch-stoische Kanon der Kardinaltugenden bei Philon, Clemens Alexandrinus und Origenes, in: Kerygma und Logos, für C. Andresen, ed. A. M. Ritter, Göttingen, 1979, S. 68–88. Classen betont abschließend S. 87–88 die größere Wichtigkeit lateinischer christlicher Autoren, v. a. des Ambrosius, für die Aneignung des Schemas durch die Christen.

46 Darauf macht S. Mähl, S. 7–15 aufmerksam. Die Bedeutung der kanonischen Gruppe für die moralische Belehrung, die Ambrosius mit seinen exegetischen Predigten beabsichtigt, ist allerdings gering im Vergleich zum prägenden Einfluß, den die biblische Begrifflichkeit auf das ethische Denken des Ambrosius ausübt. – Beispiele für die vollständige Vierergruppe finden sich bei Ambrosius außer in der Schrift de officiis ministrorum etwa: de paradiso, 3, 12–4, 23 (CSEL 32.1, 272–80) als Interpretation der vier Paradiesflüsse und der vier Weltzeitalter; Ambr., de Cain, 2, 21 (CSEL 32.1, 396–97) (vgl. für den Zusammenhang ebd., 6, 18–9, 26 (CSEL 32.1, 394–401)); äußerer Anlaß, über die „Einteilung" der Tugend in vier Kardinaltugenden zu reden, ist das rechte „Aufteilen" der Opferstücke); Ambr., de Abr., 2, 8, 53–54 (CSEL 32.1, 606–608) im Rahmen einer Interpretation des von vier Tieren gezogenen Himmelswagens bei Ezech., 1, 4–28 mit Unterscheidung verschiedener Seelenteile und entsprechender Tugenden in Anlehnung an klassische Philosophie (vgl. für den großen Zusammenhang ab 8, 49, (CSEL 32.1, 602)); Ambr., de Abr., 2, 10, 68–70 (CSEL 32.1, 623–25) ohne äußeren Anlaß im Zusammenhang einer abwägenden Bewertung verschiedener Tugenden und Güter; Ambr., de Isaac 8, 65–66 (CSEL 32.1, 687–89): der Wagen der Seele wird von vier guten Pferden – den Kardinaltugenden – und vier schlechten – „iracundia", „concupiscentia", „timor" und „iniquitas" – gezogen; Ambr., in Luc., 5, 49–68 (CSEL 32.4, 201–208) im Zusammenhang der Erklärung der vier Seligpreisungen bei Lukas (vgl. in dieser Arbeit S. 64–67); Ambr., de virginitate, 18, 114 (PL 16, 295–96) im Rahmen einer Interpretation des Himmelswagens bei Ezechiel wie in de Abraham.

47 Ambrosius übernimmt zum Beispiel die große Strukturierung des ersten Buches de officiis nach den vier Kardinaltugenden. Allgemein ist die Schrift de officiis ministrorum – aufgrund der klassischen Vorlage, die Ambrosius benutzt – stärker durch die Begrifflichkeit der Philosophie geprägt als die exegetischen Predigten, in denen sich Ambrosius vom Bibeltext leiten läßt. Zur

Die klassischen Tugenden der Weisheit, Gerechtigkeit, Tapferkeit und Mäßigung erscheinen bei Ambrosius in den unterschiedlichsten Zusammenhängen und
in wenig festgelegter Bedeutung. Die Namen der Kardinaltugenden und ihre jeweils
unterschiedliche Bedeutung sind keine Konstanten in einem festgelegten ethischen
System, sondern sie dienen als strukturierende und in der Erinnerung gut faßbare
Anhaltspunkte, um die sich andere Tugenden gruppieren.

Versuche, die ethischen Lehren des Ambrosius systematisch zu erfassen, können eine Orientierung bieten, welcher Inhalt den klassischen Tugenden in der
christlichen Umdeutung durch Ambrosius zukommt: So erweist sich Klugheit als
Wissen über Gott, Gerechtigkeit als soziale Tugend der Selbstlosigkeit, Tapferkeit
wird zur Duldsamkeit und ermöglicht den Sieg über körperliche Schwächen und
irrationale Begierden, Mäßigung erscheint unter anderem als zurückhaltende Bescheidenheit.[48] Aber diese Orientierung bietet nur einen sehr weiten Rahmen,
innerhalb dessen Ambrosius in jeweils verschiedenen Zusammenhängen nach den
Bedürfnissen der Situation die klassischen Kardinaltugenden mit großer Beweglichkeit interpretiert.

Zwei Beispiele können illustrieren, wie Ambrosius in der Praxis der Predigt
jeweils durch oberflächliche Assoziation einzelner Stichworte die Namen der
Kardinaltugenden mit einzelnen Tugenden und Taten verbindet.

In der Schrift de officiis ministrorum geht die gedankliche Durchdringung des
Tugendschemas aufgrund der Auseinandersetzung mit der direkten Vorlage Ciceros
weiter als in anderen Werken des Ambrosius; aber auch hier finden sich Passagen,
in denen Ambrosius nicht die inhaltliche Beschreibung der Tugenden am Herzen
liegt, sondern die bloß oberflächlich begründete Erfüllung des griffigen klassischen
Schemas:

So will Ambrosius etwa, nachdem er die Kardinaltugenden kurz vorgestellt hat,
nach seinem üblichen Vorgehen in dieser Schrift nachweisen, daß biblische Vorbilder diese Tugenden bereits gekannt und vor den Philosophen der griechischen und
römischen Welt verwirklicht hätten.[49]

Schrift de officiis ministrorum detailliert R. Sauer, Studien zur Pflichtenlehre des Ambrosius
von Mailand, Diss. Würzburg, 1981. – Ambrosius hat auch den Namen der „Kardinaltugenden"
für die spätere Zeit geprägt. Die Bezeichnung in exc. sat., 1, 57, 1 (CSEL 73, 239) als „virtutes
cardinales" ist der früheste Beleg für diesen Namen. (Vgl. zum Beispiel Michaela Zelzer,
Ambrosius von Mailand und das Erbe der klassischen Tradition, S. 209, Anm. 19 in: Wiener
Studien, 100, 1987, S. 201–226). „Virtutes cardinales" formuliert Ambrosius auch: Ambr., in
Luc., 5, 62, (CSEL 32.4, 207, 7). Er bezeichnet sie als „virtutes principales": Ambr., offm., 1,
115 (Testard ed., S. 150); de Cain, 2, 21 (CSEL 32.1, 396, 16). Auch die sieben Gaben des
Heiligen Geistes bezeichnet Ambrosius als virtutes „quasi cardinales, ... quasi principales"
(Ambr., de sacr., 3, 2, 9 (CSEL 73, 42, 7)).

48 Zur Umwertung der Kardinaltugenden formuliert Dudden in seinem Überblick zur ethischen
Unterweisung des Ambrosius S. 530 zusammenfassend: „The ancient names survive; but the
content in each case has been radically altered. Prudence is now the knowledge of God
expressing itself in practical piety; justice is transfigured into selfless altruism; courage becomes
patience of soul; temperance takes the form of mild and gracious modesty."

49 Ambr., offm., 1, 119–121 (Testard ed., S. 152–53)) Vgl. für den skizzierten Zusammenhang der
Passage: offm., 1, 115 (Testard ed., S. 150): „Quod his viris (= bibl. Vorbilder) virtutum

Abraham, Jakob und Noah hätten jeweils alle vier Tugenden gepflegt: Es sei Ausweis der Weisheit Abrahams, daß er glaubend Gott vertraut habe und den Gehorsam gegen ihn der Gunst seines Sohnes vorgezogen habe, als er bereit war, ihn zu opfern. Jakob muß weise gewesen sein, weil er Gott von Angesicht zu Angesicht geschaut hat, Noah, weil er das Wunderwerk der Arche konstruiert hat.[50]

Abraham ist gerecht, weil er den von Gott geschenkten Sohn zurückzugeben bereit war[51], Jakob, weil er den bei Laban erworbenen Besitz mit seinem Bruder geteilt hat[52], Noah, weil er, der das Menschengeschlecht nach der Sintflut wiederbegründet hat, für die ganze Welt, nicht nur für sich gelebt hat.[53]

Abraham ist tapfer, weil er die Liebe zu seinem Sohn zugunsten des Gehorsams gegenüber Gott besiegte, Jakob, weil er mit Gott gerungen hat, Noah, weil er die Sintflut besiegt hat.[54]

---

principalium officium defuit?" und ebd. 1, 118 (Testard ed., S. 152): „Primi igitur nostri definierunt prudentiam in veri consistere cognitione ..." – Der Gedanke, daß die biblische Weisheit auch zeitlichen Vorrang habe und Quelle für die heidnischen Philosophen gewesen sei, bestimmt die ganze Schrift; er gehört zum Arsenal christlicher Argumentation in der Auseinandersetzung mit den Heiden, z. Bsp. bei Tert., Apol., 47, 1–5; Min. Fel., 34, 5; August., doctr. christ., 2, 43; civ. dei, 1, 36; 8, 11; vgl. M. Testard, Saint Ambroise, Les devoirs I, texte établi, traduit et annoté, Paris, 1984, S. 229, Anm. 6. Dieselbe Argumentation findet sich auch bei frühen griechischen christlichen Schriftstellern, etwa bei Justin, der es den Griechen als Verdienst auslegt, aus der Weisheit der Bibel geschöpft zu haben, oder bei Tatian und Clemens von Alex., die den griechischen Philosophen geistigen Diebstahl vorwerfen, außerdem bei jüdischen Autoren wie Josephus und Philon; vgl. H. Chadwick, Early christian thought and the classical tradition, Oxford, 1966, S. 13–15. Philon erklärte die Weisheit weltlicher Philosophen einerseits durch Übernahme aus der älteren biblischen Tradition und außerdem durch besondere Begnadung durch Gott oder durch die Kraft der menschlichen Vernunft. Ambrosius vertritt immer wieder nur den ersten Gedanken (Madec, S. 29, Anm. 26). Vgl. auch in der ersten und zweiten Rede für Satyrus (unten S. 69, Anm. 85; oben S. 36, Anm. 78).

50 Ambr., offm., 1, 119–21 (Testard ed., S. 152–53): „Fuit sapientiae deo credere nec filii gratiam anteferre auctoris praecepto. ... Quid sapientius sancto Iacob, qui deum vidit ‚facie ad faciem.' (Gen., 32, 30) ... Noe quam sapiens, qui tantam fabricavit arcam."

51 Ambr., offm., 1, 119 (Testard ed., S. 152): „Fuit iustitiae acceptum reddere." Stichwort für die oberflächliche Assoziation dieser Tat mit der Tugend der Gerechtigkeit ist allein „acceptum reddere". Vgl. etwa Cic., rep., 3, 24: „Iustitia autem praecipit parcere omnibus, consulere generi hominum, suum cuique reddere, sacra publica aliena non tangere."

52 Ambr., offm., 1, 120 (Testard ed., S. 153): „Quid iustius, qui ea, quae acquisierat, oblatis muneribus cum fratre divisit?" Vgl. Jakobs Versöhnung mit Esau Gen., 32, 4–33, 11.

53 Ambr., offm., 1, 121 (Testard ed., S. 153): „Quam iustus, qui ad semen omnium reservatus solus ex omnibus et praeteritae generationis superstes est factus et auctor futurae, mundo potius et universis magis quam sibi natus!" Die Assoziation mit der sozialen Tugend der Gerechtigkeit ist möglich aufgrund der Formulierung „mundo potius et universis magis quam sibi natus". Vgl. etwa Cic., off., 1, 22 über den Sozialtrieb als Grundlage der Gerechtigkeit: „Sed quoniam, ut praeclare scriptum est a Platone, non nobis solum nati sumus ... homines autem hominum causa esse generatos, ut ipsi inter se aliis alii prodesse possent, in hoc naturam debemus sequi, communes utilitates in medium adferre, ... devincire hominum inter homines societatem." (Die grammatische Konstruktion bei Cicero ist nicht konsequent.)

54 Ambr., offm., 1, 119–21 (Testard ed., S. 152–53): „(Abraham:) Fuit fortitudinis appetitum ratione cohibere. ... Temptabatur adfectus patrius sed non vincebatur. ... (Iacob:) Quid fortius, qui cum deo luctatus est? ... (Noah:) Quam fortis, ut diluvium vicerit!" Stichworte, die die oberflächliche Assoziation dieser Taten mit der Tugend der Tapferkeit ermöglichen sind „cohibere", „luctari", „vincere".

Abraham ist maßvoll, weil er das Maß der Liebe zwischen Vater und Sohn angesichts der Forderung Gottes geziemend bewahrt hat und die rituelle Ordnung des Opfers beachtet hat[55], Jakob ist bescheiden und handelt angemessen, weil er seine Tochter, die vergewaltigt worden war, um des Friedens willen unter Fremden zu verheiraten bereit war[56], Noah weiß sich zu beherrschen, weil er die Sintflut ertragen hat; dadurch, daß er mit richtigem Urteil den rechten Zeitpunkt gefunden hat, die Arche zu verlassen, hat er nach Ambrosius' Interpretation bewiesen, daß er die Kardinaltugend der Mäßigung und Besonnenheit geübt habe, bevor die Philosophen der griechischen und römischen Welt darüber nachgedacht haben.[57]

Die kurze Passage aus der Schrift de officiis ministrorum, die zwar nicht zu den wichtigsten Stücken ethischer Reflexion bei Ambrosius zu zählen ist, wohl aber einen Eindruck von der Denk- und Arbeitsweise des Predigers gibt, macht deutlich, daß aufgrund verbaler Anklänge einzelne Taten mit den Namen der Kardinaltugenden verbunden werden. Ambrosius' Vorgehen ist durch Assoziation einzelner Begriffe, nicht durch systematische ethische Reflexion geprägt und erinnert an das Verfahren der Exegese, Textstellen der Bibel mit gleichen oder ähnlichen zentralen Begriffen aufeinander zu beziehen.

Für die Auslegung der Seligpreisungen in der Erklärung des Lukasevangeliums[58] war Ambrosius die Vierergruppe der Kardinaltugenden nicht wie bei der Verarbeitung der Pflichtenlehre Ciceros unmittelbar vorgegeben. Ambrosius bringt aber auch die Seligpreisungen mit den klassischen Tugenden in Verbindung; ihn interessieren weniger die inhaltlichen Implikationen als allein der klangvolle Name des vollständigen Schemas: Die Vierzahl der Seligpreisungen bei Lukas ist Anlaß genug, gleich zu Beginn ihrer Erläuterung an die Kardinaltugenden zu erinnern;[59]

---

55 Ambr., offm., 1, 119 (Testard ed., S. 152–53): „Tenebat iustus et pietatis modum et exsecutionis ordinem. Denique dum sacrificio necessaria vehit ... hoc immolandi ordine meruit ut filium reservaret." Die entscheidenden Stichworte, die die lockere Zuordnung zum Bereich der Mäßigung erlauben, sind die von Maß und Ordnung. Vgl. etwa Cic., off., 1, 14 über die Grundlage der Tugend: „Nec vero illa parva vis naturae est rationisque, quod unum hoc animal sentit, quid sit ordo, quid sit quod deceat, in factis dictisque qui modus."

56 Ambr., offm., 1, 120 (Testard ed., S. 153): „Quid modestius eo, qui modestiam ita et locis et temporibus deferebat ut filiae iniuriam mallet praetexere coniugio quam vindicare eo quod inter alienos positus amori potius consulendum quam odia colligenda censebat?" (Vgl. Gen., 34, 1–31.) Ambrosius greift hier assoziierend auf die Aufgabe der vierten Kardinaltugend zurück, die Angemessenheit des Handelns zu bewahren: „modestiam ita et locis et temporibus deferebat". Vgl. Cic., off., 1, 142 (s. die folgende Anmerkung).

57 Ambr., offm., 1, 121 (Testard ed., S. 153): „Quam temperans ut diluvium toleravit, quando introiret, qua moderatione degeret, quando corvum, quando columbam dimitteret, quando reciperet revertentes, quando exeundi opportunitatem captaret, agnosceret." Vgl. „quando exeundi opportunitatem captaret" mit Ciceros Ausführungen über das Wesen der vierten Tugend, den Kairos zu erkennen Cic., off., 1, 142: „Deinceps de ordine rerum et de opportunitate temporum dicendum est. ... Itaque ... sic definitur a Stoicis, ut modestia sit scientia rerum earum, quae agentur aut dicentur, loco suo collocandarum. ... Locum autem actionis opportunitatem temporis esse dicunt; tempus autem actionis opportunum Graece εὐκαιρία, Latine appellatur occasio."

58 Vgl. für den ganzen Zusammenhang Ambr., in Luc., 5, 49–68 (CSEL 32.4, 201–208).

59 Ambr., in Luc., 5, 49–50 (CSEL 32.4, 201, 3–10): „ ,Beati pauperes, quia vestrum est regnum

Ambrosius beschließt auch den gesamten Abschnitt, den er den vier Seligpreisungen widmet, indem er erneut die klassische Tugendgruppe aufgreift.[60] Aber seine Erklärungen zur inhaltlichen Parallelisierung sind nur kurz; wie er hier nur im Vorübergehen auf den stoischen Grundsatz von der Antakoluthie der Tugenden zurückgreift, um durch eine ganz allgemein gehaltene Bemerkung, daß eine Tugend die anderen nach sich ziehe, die Übereinstimmung der Seligpreisungen bei Lukas und Matthäus zusätzlich plausibel zu machen[61], so verraten auch seine Parallelisierungen einzelner Seligpreisungen mit den Kardinaltugenden nicht ein systematisches Interesse an ethischer Reflexion, sondern das Bemühen, zusätzlich zur Erklärung des Evangelientextes eine – wenn auch lockere – Verbindung zu allgemein bekannten und unbezweifelten Schulweisheiten herzustellen:

Armut im Geiste wird ohne weitere Erklärungen gleichgesetzt mit der Tugend der Mäßigung.[62] Ambrosius interpretiert „Armut im Geiste"[63] als Bescheidenheit, Freiheit von Boshaftigkeit und schlichte Offenheit[64], sie schließt Habgier aus[65], sie entspricht einer demütigen Haltung.[66] Die Gleichsetzung mit der Tugend der Mäßigung wird nur unbefriedigend gestützt durch die assoziative Verbindung des Begriffs der „Armut" mit den Begriffen der „Enthaltsamkeit" und der „Verachtung

dei. Beati, qui nunc esuriunt et sitiunt, quia saturabuntur. Beati, qui nunc fletis, quia ridebitis. Beati eritis, cum vos oderint homines.' (cf. Luc., 6, 20–22) Quattuor tantum beatitudines sanctus Lucas dominicas posuit, octo vero sanctus Matthaeus. Sed in istis octo illae quattuor sunt et in illis quattuor illae octo. Hic enim quattuor velut virtutes amplexus est cardinales, ille in illis octo mysticum numerum reservavit." – Ich betrachte im folgenden nur die Parallelisierung der Kardinaltugenden mit den vier Seligpreisungen des Lukas und gehe nicht auf Ambrosius' Überlegungen zur Parallelisierung der vier bzw. acht Seligpreisungen bei Lukas bzw. Matthäus ein.

60 Ambr., in Luc., 5, 68 (CSEL 32.4, 208, 22–24): „Ergo temperantia cordis habet animique munditiam, iustitia misericordiam, pacem prudentia, mansuetudinem fortitudo."

61 Ambr., in Luc., 5, 62–63 (CSEL 32.4, 207, 5–14): „Nunc dicamus quemadmodum in quattuor benedictionibus sanctus Lucas benedictiones sit octo conplexus. Et quidem scimus virtutes quattuor esse cardinales, temperantiam iustitiam prudentiam fortitudinem. Qui pauper est spiritu avarus non est, qui flet non superbit, sed mitis est et pacatus, qui luget humiliatur, qui iustus est non negat quod scit ad usum omnibus communiter datum, qui miseretur largitur de suo, qui suum donat non quaerit alienum nec dolum proximo struit. Conexae igitur sibi sunt concatenataeque virtutes, ut qui unam habet plures habere videatur, ...". Vgl. ähnliche Formulierungen über die Antakoluthie der Tugenden bei Ambrosius unten S. 68, Anm. 78.

62 Ambr., in Luc., 5, 64 (CSEL 32.4, 207, 21–23): „ ‚Beati ergo pauperes spiritu'. Habes temperantiam, quae a peccato abstinet, saeculum calcat, inlecebrosa non quaerit."

63 Es ist festzuhalten, daß Ambrosius zur Gleichsetzung der vier Kardinaltugenden mit den Seligpreisungen von der Vierzahl der Seligpreisungen bei Lukas ausgeht, gegebenenfalls aber wie hier auf den Wortlaut der acht Seligpreisungen des Matthäus („pauperes spiritu" !) zurückgreift.

64 Ambr., in Luc., 5, 53–54 (CSEL 32.4, 202, 25–203, 2): „ ‚Beati pauperes spiritu;' pauper enim spiritu non inflatur, non extollitur mente carnis suae. Prima ergo ista benedictio est, cum deposuero omne peccatum et exuero omnem malitiam et simplicitate contentus fuero, inops malorum."

65 Ambr., in Luc., 5, 62 (CSEL 32.4, 207, 8): „Qui pauper est spiritu avarus non est, ... "

66 Ambr., in Luc., 5, 60 (CSEL 32.4, 205, 16–17): „Oportet te pauperem fieri spiritu; humilitas enim spiritus divitiae virtutum sunt."

weltlicher Verführungen", die der klassischen Tugend der Mäßigung zuzuordnen sind.[67]

Die Seligpreisung der Hungernden und Dürstenden wird mit der Tugend der Gerechtigkeit parallelisiert.[68] Wer selbst Not leide, empfinde Mitgefühl und sei zur barmherzigen Unterstützung anderer Notleidender bereit. Solche karitative Barmherzigkeit wird bei Ambrosius regelmäßig mit Gerechtigkeit gleichgesetzt.[69] Die Assoziation der Tugend der Gerechtigkeit mit der Seligpreisung der Hungernden und Dürstenden bei Lukas ist deshalb besonders naheliegend, weil in der entsprechenden Passage des Evangeliums bei Matthäus die Gerechtigkeit schon genannt ist; dort werden diejenigen gepriesen, die nach Gerechtigkeit hungern und dürsten.[70]

Die Seligpreisung der Weinenden wird mit der Kardinaltugend der Klugheit parallelisiert.[71] Ambrosius stellt wiederum nur unbefriedigend eine gedankliche Verbindung her, indem er es als Ausweis von Klugheit bezeichnet, das Vergängliche zu beweinen und lieber nach dem Ewigen – also nach Gott – zu suchen. Das entspricht seiner Umdeutung der Tugend der Klugheit zur Suche nach dem ewig Wahren.[72]

Schließlich parallelisiert Ambrosius die Seligpreisung derjenigen, die als verhaßt gelten, mit der Kardinaltugend der Tapferkeit.[73] Indem Ambrosius den Haß der Menschen als Verfolgung deutet, kann er die Gedanken seiner Zuhörer zur Tapferkeit der Märtyrer lenken; die Tapferkeit erscheint bei ihm öfter im Zusammenhang des Martyriums, und er beschreibt sie gelegentlich im paulinischen Bild des christlichen Wettkämpfers.[74] Die Beherrschung von Leidenschaften, die hier ebenfalls zu

---

67 Ambr., in Luc., 5, 64 (CSEL 32.4, 207, 21–23): „(Temperantia) ..., quae a peccato abstinet, saeculum calcat, inlecebrosa non quaerit."

68 Ambr., in Luc., 5, 65 (CSEL 32.4, 207, 23 – 208, 2): „ ‚Beati qui esuriunt et sitiunt'; qui enim esurit, esurienti conpatitur, conpatiendo largitur, largiendo fit iustus, quia ‚iustitia eius manet in aeternum.' (cf. Ps. 111, 9)"

69 Der 9. Vers des 111. Psalmes („Dispersit, dedit pauperibus, iustitia eius manet in aeternum."), den Ambrosius in der zitierten Passage nur zur Hälfte aufgreift, steht bei ihm häufig im Zusammenhang mit der Tugend der Gerechtigkeit, die sich in Barmherzigkeit mit Notleidenden äußert: Vgl. Ambr., offm. 1, 118 (Testard ed., S. 152); obit. Theod., 26, 1–4 (CSEL 73, 284); exc. Sat., 1, 60, 8 (CSEL 73, 240); etc.

70 Mt., 5, 23: „Beati qui esuriunt et sitiunt iustitiam, quoniam ipsorum est regnum caelorum." Ambrosius' Erörterungen dazu erhellen nicht den Zusammenhang zwischen den Seligpreisungen und der Kardinaltugend: Ambr., in Luc., 5, 65, (CSEL 32.4, 208, 2–6).

71 Ambr., in Luc., 5, 66 (CSEL 32.4, 208, 6–11): „ ‚Beati qui nunc fletis, quia ridebitis.' Habes prudentiam, cuius est flere occidua et ea quae aeterna sunt quaerere, lugere saecularia, quae se ipsa conpugnent, deum pacis inquirere, ‚qui stulta mundi elegit, ut confundat sapientes et qui ea quae non sunt destruat, ut quae sunt possit adipisci.' (1 Cor., 1, 27–28)"

72 Vgl. etwa die Definition der „prudentia" S. 67, Anm. 77.

73 Ambr., in Luc., 5, 67 (CSEL 32.4, 208, 11–22): „ ‚Beati eritis, cum vos oderint homines.' Habes fortitudinem, sed eam quae non odium mereatur ex crimine, sed persecutionem patiatur ex fide; sic enim ad passionis pervenitur coronam, si gratiam hominum neclegas, divinam sequaris. ... est etiam fortitudinis iram vincere indignationemque cohibere, ac per hoc fortitudo animum iuxta corpusque confirmat ne perturbari sinit timore aliquo vel dolore, quibus velut pravis interpretibus plerumque percellimur."

74 Vgl. etwa Ambr., offm. 1, 183 (Testard ed., S. 184): „Haec vera fortitudo est, quam habet Christi athleta, qui ‚nisi legitime certaverit non coronatur' (2 Tim., 2, 5)". Ebd. 1, 202ff (Testard

den Werken der Tapferkeit gezählt wird, läßt sich nur schwer aus der vierten Seligpreisung der Weinenden ableiten.

Der kurze Überblick über die Parallelisierung der vier Seligpreisungen des Lukas mit den Kardinaltugenden hat erneut exemplarisch deutlich gemacht, daß Ambrosius nicht um eine systematisch befriedigende Beschreibung der Kardinaltugenden im Rahmen einer christlichen Ethik bemüht ist. Die Tugenden werden hier, wie es scheint, weniger wegen ihrer grundsätzlichen Bedeutung für ein ethisches System herangezogen, sondern vielmehr als zusätzlicher exegetischer Einfall der Erklärung der Seligpreisungen hinzugefügt; es kommt dem Exegeten in erster Linie darauf an, dem als unermeßlich tiefsinnig empfundenen Text der Heiligen Schrift durch den Verweis auf die klassischen Tugenden der philosophischen Tradition einen weiteren Verständnisaspekt abzugewinnen. Ausgangspunkt dafür ist allein die Vierzahl der Seligpreisungen bei Lukas; die Parallelisierung erfolgt nach dem üblichen Vorgehen der Exegese durch assoziative Verknüpfung einzelner Begriffe. Ambrosius zeigt große Beweglichkeit, wenn es darum geht, die Namen der Tugenden nach den Erfordernissen der exegetischen Situation mit Inhalt zu füllen. Die Kardinaltugenden sind keine Konstanten in einem festgefügten ethischen System des Ambrosius.

Die vorausgegangenen Überlegungen tragen dazu bei, die Bedeutung der Kardinaltugenden für die Interpretation der Rede auf Satyrus richtig einzuschätzen: Die Tatsache, daß Ambrosius durch seine Adaption der Schrift Ciceros de officiis in höherem Maße als andere christliche Autoren vor ihm die klassischen Tugenden anerkannt und christlichem ethischen Denken nahegebracht hat, schließt es nicht aus, daß er die Gruppe als Versatzstück antiker Bildungstradition in anderen Zusammenhängen nur oberflächlich assimiliert.

III. 3. d. Das Tugendschema in der Rede für Satyrus

In der Rede für Satyrus benutzt Ambrosius die Kardinaltugenden als bekanntes Gliederungsprinzip für Lobreden: Die Tugendgruppe ist nicht nur Schulgut der philosophischen Tradition, sondern auch der rhetorischen Handbücher, in denen sie unter den Vorschriften zur epideiktischen Beredsamkeit als Gliederungsprinzip für die Aufzählung von Tugenden in Lobreden erscheint.[75] Ambrosius greift darauf wie auf ein den Zuhörern selbstverständlich bekanntes Einteilungsmuster zurück.[76]

Zur „prudentia" und zur „iustitia" macht Ambrosius allgemein belehrende Bemerkungen, worin jeweils ihr Wesen bestehe, bevor er Taten des Bruders beschreibt, in denen sich diese Tugenden gezeigt hätten.[77] Neben diese „Definitionen"

---

ed., S. 194): „Habes fortitudinem bellicam, in qua non mediocris honesti ac decori forma est, quod mortem servituti praeferat ac turpitudini. Quid autem de martyrum dicam passionibus?"

75 Vgl. oben S. 53, Anm. 10.

76 Das ergibt sich daraus, wie er, ohne daß er vorher die Tugenden als kanonische Gruppe eingeführt hätte, und nachdem er schon über drei Tugenden geredet hat, unvermittelt den Namen der „Kardinaltugenden" benutzt: exc. Sat., 1, 57, 1–2 (CSEL 73, 239): „Superest, ut ad conclusionem cardinalium virtutum etiam iustitiae partes in eo debeamus advertere."

77 Exc. Sat., 1, 42, 1–6, (CSEL 73, 232): „Non mediocris igitur prudentiae testimonium, quae ita a sapientibus definitur: bonorum primum esse deum scire et verum illud atque divinum pia mente

der „prudentia" und der „iustitia" treten andere Bemerkungen, in denen Ambrosius
allgemeine Weisheiten philosophischer Schulethik aufgreift, so etwa, wenn er an
den stoischen Grundsatz von der Antakoluthie der Tugenden erinnert[78] oder im
Abschnitt über die prudentia zusätzlich – und ohne einen begründeten Zusammenhang herzustellen – die klassische stoische Homologieformel vom naturgemäßen
Leben und das alte delphische Gebot der Selbsterkenntnis zitiert.[79] In ähnlicher
Weise streut er Sentenzen über das Wesen der Dankbarkeit[80] oder Sprichwörter
über aller Laster oder Tugenden Anfang ein.[81]

venerari, illam amabilem et concupiscendam aeternae pulchritudinem veritatis tota mentis
caritate diligere, secundum autem in proximos a divino illo atque caelesti naturae derivare
pietatem."; 57, 5–58, 3 (CSEL 73, 239): „Ea (i.e. iustitia) enim sibi parcior, foris tota est, et
quidquid habet, quadam inclementia sui, dum rapitur amore communi, transfundit in proximos.
Sed huius multiplex species, alia erga propinquos, alia erga universos, alia erga dei cultum vel
adiumentum inopum."

78   Exc. Sat., 1, 57, 2–5 (CSEL 73, 239): „Nam etsi cognatae sint inter se concretaeque virtutes,
tamen singularum quaedam forma et expressio desideratur maximeque iustitiae." Ambrosius
geht häufig mit ähnlichen Formulierungen beiläufig auf die Antakoluthie der Tugenden ein, wie
auf eine allgemein bekannte Weisheit; vgl. Ambr., de paradiso, 3, 22 (CSEL 32.1, 279, 9–12):
„..., quamvis in quo aliqua harum quas diximus principalis est virtus, in eo etiam ceterae praesto
sint, quia ipsae sibi sunt conexae concretaeque virtutes."; Ambr., in Luc., 5, 63, (CSEL 32.4,
207, 12–14): „Conexae igitur sibi sunt concatenataeque virtutes, ut qui unam habet plures
habere videatur, ..." H. J. Horn, Antakoluthie der Tugenden und Einheit Gottes, in: JbAC, 13,
1970, 5–28, beschreibt S. 8–16 die Entwicklung dieser „platonisch-peripatetisch-stoischen"
Lehre. Er zitiert S. 16–18 zahlreiche Belege für die Verbreitung des Lehrsatzes bei heidnischen
und christlichen Autoren. Sein Aufsatz beschreibt, wie die Formel von christlichen Autoren für
eine systematische theologische Begründung der Einheit Gottes genutzt wird, die in der
Trinitätstheologie Augustins abgeschlossen erscheint. Es ist bezeichnend, daß sich bei Ambrosius
davon kein Gedanke findet. Er benutzt den Lehrsatz als bloße Formel des Bildungsgutes.

79   Exc. Sat., 1, 45, 1–4 (CSEL 73, 234): „Est ergo prudentis agnosere se ipsum, et, quemadmodum
a sapientibus definitum est, secundum naturam vivere. Quid est enim tam secundum naturam
quam referre auctori gratiam?" Ambrosius findet mit dem letzten Satz der zitierten Passage
schnell von den beiläufig eingeschobenen philosophischen Grundsätzen zu seinem Thema – der
Verpflichtung zur Dankbarkeit gegenüber dem Schöpfer – zurück, das er schon vorher behandelt hatte.

80   Exc. Sat., 1, 45, 5–6 (CSEL 73, 234): „Est enim huiuscemodi gratiae vis, ut et cum refertur
habeatur et habendo referatur." Vgl. Cic., Planc., 68: „Gratiam autem et qui refert habet, et qui
habet in eo ipso quod habet refert." (zitiert bei Gellius, 1, 4, 3); man darf annehmen, daß die
Sentenz Ciceros Allgemeingut geworden war.

81   Exc. Sat., 1, 54, 5–9 (CSEL 73, 238): „Ergo si libido atque iracundia reliquorum vitiorum
educatrices sunt, iure castitatem atque clementiam dixerim quasdam virtutum parentes, quamquam
pietas quoque ut omnium principatus bonorum, ita etiam seminarium virtutum est ceterarum."
Die Bemerkungen über verschiedene Tugenden als Ausgangspunkt für andere sind nicht als
durchdachte Einordnung in ein System von Tugenden zu verstehen. Ambrosius spricht je nach
den Bedürfnissen des Kontexts an verschiedenen Stellen der einen oder anderen Tugend den
Vorrang zu, so etwa dem Glauben (Ambr., in Ps. 39, 4 (CSEL 64, 231)); de Abr., 1, 3 (CSEL
32.1, 503)) oder der Gerechtigkeit (Ambr., in Luc., 5, 65, (CSEL 32.4, 208)); de Abr., 2, 68
(CSEL 32.1, 624)). Es ließen sich noch viele Beispiele anführen; vgl. Löpfe, S. 29–30. Ein
untauglicher Versuch, die jeweils verschiedenen Tugenden, die Ambrosius beliebig als „grundlegend" bezeichnet, durch den Begriff der „Gotteskindschaft" zusammenzufassen und so
nachträglich systematisierend einzugreifen ebd. S. 81–82.

Dazu treten einige christliche Weisheiten, die auf ähnliche Weise als unangefochtene Grundsätze dem Redner das Material für das Lob der Tugenden des
Bruders liefern, wie etwa biblische Zitate, die zur Unterstützung der Armen mahnen[82], die Habgier als Wurzel allen Übels anprangern[83] oder ein allein durch das
Stichwort der Armut motivierter Verweis auf die Seligpreisung bei Matthäus.[84]
Unter den christlichen Grundsätzen ethischer Belehrung finden die Zuhörer auch in
der Lobrede für Satyrus Ambrosius' apologetisches Credo zum Verhältnis zwischen christlicher Ethik und heidnischer Philosophie, daß nämlich die biblische
Weisheit des Alten Testaments ursprünglicher sei als die Gedanken der griechischen und römischen Philosophen.[85]

Die aufgeführten Beispiele von Passagen, in denen sich Ambrosius zum Lob
der Tugenden des Bruders auf spezifisch christliche Weisheiten beruft, sind ebenso
zu bewerten, wie die zuerst besprochenen Textstellen, in denen Ambrosius philosophische Schulweisheiten aufgreift: der Lobredner formuliert unangefochtene und
allseits bekannte Grundsätze richtiger Lebensführung; nicht etwa, um diese Grundsätze systematisch abzuleiten oder zu begründen; vielmehr dienen sie ihm als
Material für das Lob des Toten. Die Schulweisheiten ethischer Reflexion und auch
die markanten Zitate christlicher Texte, auf die Ambrosius zurückgreift, erfüllen so
zunächst ganz einfach die Funktion von Topoi, wie sie rhetorische Lehrbücher für
den Arbeitsschritt der Inventio bereitstellen oder wie sie im ethischen Denken des
Redners und des Publikums ihren festen Platz haben mögen. Die unbestrittene
Verbindlichkeit dieser Weisheiten eignet sich auch dazu, mit dem Lob des Toten die
Belehrung der Zuhörer zu verbinden. Unter diesen Grundsätzen kommt dem Schema der Kardinaltugenden besondere Bedeutung zu, weil es nicht nur die einzelnen
Tugenden als Material für den Redner bereitstellt, sondern darüber hinaus ein
ordnendes Gliederungsprinzip für Lobreden vorgibt. Weil das Schema in breitem
Traditionsstrom überliefert worden ist, hat die Frage, ob Ambrosius zur Beschrei-

---

82 Exc. Sat., 1, 60, 3–7 (CSEL 73, 240): „Nam quod pauperibus contulit (sc. Satyrus), deo detulit,
    quoniam ‚qui largitur pauperi, deo feneret‘ (*Prov., 19, 17), ... Haec enim summa iustitiae:
    Vendere quae habeas, et conferre pauperibus (cf. Mt., 19, 21); qui enim ‚dispersit, dedit
    pauperibus, iustitia eius manet in aeternum.‘ (*Ps. 111, 9)“ Vor allem Ps. 111, 9 gehört zu den
    Standardzitaten zur Barmherzigkeit als Ausweis von Gerechtigkeit. Vgl. oben S. 66, Anm. 69.

83 Exc. Sat., 1, 55, 5–6 (CSEL 73, 238–39): „Nam eos, qui aliena quaererent, recte accipitres
    pecuniae nominabat (sc. Satyrus) – quodsi ‚radix malorum omnium avaritia est‘ (*1 Tim., 6,
    10), utique vitia exuit, qui pecuniam non requirit.“ Für „accipitres pecuniae“ vgl. Plaut., Pers.,
    409.

84 Exc. Sat., 1, 56, 4–5 (CSEL 73, 239): „Et certe erat non pauper opibus, sed tamen pauper spiritu,
    ‚quoniam ipsorum est regnum caelorum.‘ (Mt., 5, 3)“ Es ist aufschlußreich, wie Ambrosius das
    Zitat einfügt: Er zitiert die Seligpreisung nur unvollständig und paßt das Zitat nicht der
    Grammatik seines eigenen Satzes an. So erscheint der zitierte Nebensatz wie ein Stichwort, das
    bei den Zuhörern die Assoziation einer offensichtlich ganz allgemein bekannten Sentenz
    hervorrufen soll.

85 Exc. Sat., 1, 42, 6–9 (CSEL 73, 232), direkt nach der philosophischen Defintion der „prudentia“:
    „Quod etiam mundi sapientes nostris hausere de legibus; neque enim derivare ista in hominum
    disciplinas nisi de caelesti illo divinae legis fonte potuissent.“ Der Gedanke gehört bei Ambrosius
    und anderen Autoren zum üblichen Arsenal christlicher Auseinandersetzung mit der heidnischen
    Philosophie. Vgl. S. 62, Anm. 49.

bung der Tugenden des Bruders nach dem Schema der Kardinaltugenden eine direkte Vorlage benutzt hat, untergeordnete Bedeutung.[86]

Die Kardinaltugenden erscheinen in der Rede für den Bruder als Allgemeingut antiker Bildungstradition. Es läßt sich festhalten, daß Ambrosius zum Lob des Toten wie auf andere allgemeine Grundsätze, Sentenzen oder Sprüche der philosophischen Tradition, spezifisch christlicher ethischer Belehrung oder der Heiligen Schrift, so auch auf die Kardinaltugenden als unbezweifeltes und weit verbreitetes Schema zurückgreift, das ihm Material für das Lob der Tugenden des Bruders und gleichzeitig eine Vorgabe zur Gliederung dieses Redeabschnitts liefert.

---

86 P. Courcelle, De Platon à Saint Ambroise par Apulée, in: RPH III., 35, 1961, S. 15–28, weist auf Parallelen im Text der beiden Reden zum Tode des Satyrus zu Apuleius' Schrift de Platone et eius dogmate hin (zu exc. Sat., 1 s. S. 15–21). Ich verweise hier nur auf drei Passagen, die – neben weniger aussagekräftigen Stellen – nach Courcelles Meinung beweisen, daß Ambrosius das Schema der Kardinaltugenden exakt aus der Schrift des Apuleius übernommen habe: Vgl. Apul., de Plat., 2, 2, 231: „Bonum primum est verum et divinum illud, optimum et amabile et concupiscendum, cuius pulchritudinem rationabiles adpetunt mentes natura duce instinctae ad eius ardorem." mit exc. Sat., 1, 42, 1–5 (CSEL 73, 232): „Non mediocris igitur prudentiae testimonium, quae ita a sapientibus definitur: bonorum primum esse deum scire et verum illud atque divinum pia mente venerari, illam ambilem et concupiscendam aeternae pulchritudinem veritatis tota mentis caritate diligere, ..." – vgl. weiterhin Apul., de Plat., 2, 4, 225: „Malitiam vero deterrimi ... hominis ducebat esse; quod accidere censebat, cum optima et rationabilis portio et quae etiam imperitare ceteris debet, servit aliis, illae vero vitiorum ducatrices (Codd./ Erdmann ed.: educatrices), iracundia et libido, ratione sub iugum missa dominantur." mit exc. Sat., 1, 54, 5–8 (CSEL 73, 238): Ergo si libido atque iracundia reliquorum vitiorum educatrices sunt, iure castitatem atque clementiam dixerim quasdam virtutum parentes, ..." – und vgl. schließlich Apul., de Plat., 2, 15, 241: „Hunc talem (es ist die Rede von einem avarus) Plato lucricupidinem atque accipitrem pecuniae nominavit." mit exc. Sat., 1, 55, 5–6 (CSEL 73, 238– 39): „Nam eos qui aliena quaererent, recte accipitres pecuniae (vgl. Plaut., Pers., 409) nominabat (sc. Satyrus)." – Nach meiner Meinung beweisen die Stellen nicht zwingend eine „dépendance littéraire" oder „lecture de l'un par l'autre". Die Ähnlichkeit der Formulierung zur Definition der prudentia in beiden Schriften macht aber soviel deutlich, daß Ambrosius hier auf vorgeprägte Formeln, die er aufgrund seiner Bildung kannte, zurückgreift. Es erscheint mir nicht sinnvoll, den Versuch zu unternehmen, exakte Quellenangaben für einzelne Formulierungen zu machen, zumal, wenn es sich bei diesen Formulierungen um Sentenzen oder Definitionen einer Schultradition handelt, die weiter verbreitet gewesen sein mögen, als der Blick auf eine einzige durch irgendwelche Überlieferungsgeschicke erhaltene Schrift nahezulegen scheint. Die Nähe der Formulierung des Ambrosius in der Definition der „prudentia" zum neuplatonischen Werk des Apuleius scheint zunächst dadurch zusätzlich bedeutungsvoll zu sein, weil in einer Reihe von Arbeiten Parallelen zwischen Schriften des Ambrosius und Texten neuplatonischer Philosophie aufgezeigt werden, vgl. A. Solignac, Nouveaux parallèles entre Plotin et Saint Ambroise, in: ArchPhilos, 20, 1956, S. 148–56; P. Hadot, Platon et Plotin dans trois sermons de Saint Ambroise, in: REL 34, 1956, S. 202–20; und verschiedene Aufsätze von P. Courcelle, zusammengefasst durch: Aspects variés du platonisme ambrosien = Appendice IV, in: ders., Recherches sur les confessions de Saint Augustin, Paris, 1968, S. 311–82. – Aber die mit dem Aufzeigen solcher Parallelen einhergehende Betonung philosophischer Interessen des Ambrosius wird relativiert durch G. Madec, Saint Ambroise et la philosophie, Paris, 1974, mit Zsf. S. 339– 47. „Le problème de la philosophie est marginal dans l'oeuvre et dans l'esprit d'Ambroise." (S. 339). Dies zusammen mit der breiteren Überlieferung des Schemas der Kardinaltugenden legt es nahe, die Bedeutung der Schrift des Apuleius für die Konzeption der Rede für Satyrus nicht zu hoch zu veranschlagen.

III. 3. e. Die Ausgestaltung des Schemas

Die Feststellung, daß Ambrosius dem Schema der Kardinaltugenden folgt, bedarf der Ergänzung: Es muß darüber hinaus berücksichtigt werden, was er aus den Vorgaben des Schemas macht, um seine Rede dem Bild des verstorbenen Bruders und der Situation im Rahmen der Trauerfeierlichkeiten anzupassen.

Unter dem gliedernden Stichwort der „prudentia" lobt Ambrosius die anhängliche und gehorsame Verehrung des Bruders für Gott;[87] er greift dazu auf eine Episode aus dem Leben des Bruders zurück: Als dieser noch ungetauft in Seenot geriet, war er um nichts anderes besorgt, als daß er durch eine Hostie, die er am Hals trug, am Sakrament der Kommunion teilhabe und dadurch Rettung fände.[88] So versucht Ambrosius, der abstrakten und lehrbuchhaften Definition der Klugheit, die er aufgegriffen hatte, ein konkretes Beispiel aus dem Leben des Bruders hinzuzufügen. Die Tat des Bruders und sein darin sich äußerndes Vertrauen auf Gott sollen seine anhängliche und ehrfurchtsvolle Liebe zu Gott als der ewigen Wahrheit, in der sich die Kardinaltugend der Klugheit zeige, veranschaulichen.

Die gleiche Begebenheit aus dem Leben des Bruders bietet ein weiteres Beispiel für seine Klugheit, die sich nach seiner Rettung außer in der Sehnsucht nach der Taufe auch in seiner Dankbarkeit gezeigt habe. Ambrosius stellt einen lockeren Bezug zwischen der Dankbarkeit und der Tugend der Klugheit her, indem er die Dankbarkeit gegenüber Gott als naturgemäßes Verhalten darstellt und ohne Begründung den stoischen Satz vom naturgemäßen Verhalten mit der ersten Kardinaltugend verbindet.[89]

Außerdem zeigte sich die Klugheit des Bruders darin, daß er die Taufe nicht bedenkenlos vollziehen ließ, sondern sich zunächst nach der Rechtgläubigkeit des örtlichen Bischofs erkundigt habe. Der Bezug zur Tugend der Klugheit ergibt sich durch die Stichworte der Vorsicht und der Wahrheit des rechten Glaubens.[90]

---

87 Vgl. zur „prudentia" exc. Sat., 1, 42–49 (CSEL 73, 232–36).

88 Exc. Sat., 1, 43, 1–13 (CSEL 73, 232–33): „Quid igitur observantiam eius erga dei cultum praedicem? ..." Ambrosius führt das Stichwort der „observantia erga dei cultum" – wie auch sonst häufig – in einer rhetorischen Frage ein, die dem Ungenügen der Rede im Verhältnis zu den tatsächlichen Leistungen des Toten Ausdruck geben soll. (Vgl. für ähnliche Topoi im Prooimion einer Lobrede etwa Men. Rhet., 368, 8–11) Beispiele für eine derartige Eröffnung eines neuen Redeabschnitts etwa exc. Sat., 1, 49, 1–2 (CSEL 73, 236): „Nam quid spectatam stipendiis forensibus eius facundiam loquar?"; exc. Sat., 1, 55, 1–2 (CSEL 73, 238): „Nam de parsimonia quid loquar et quadam habendi castitate?"; exc. Sat., 1, 62, 1–2 (CSEL 73, 241): „Quid vero illud recenseam, quod supra ipsam iustitiam pietate progressus, ..."; obit. Val., 18, 1 (CSEL 73, 339): „Quid de pietate eius loquar, qui ..."; obit. Val., 21, 1 (CSEL 73, 340): „Quid de amore provincialium loquar, ... „

89 Exc. Sat., 1, 44, 4–45, 4 (CSEL 73, 233–34): „Denique primus servatus ex undis ... dei ecclesiam requisivit, ut ageret gratias liberatus et mysteria aeterna cognosceret, pronuntians nullum referenda gratia maius esse officium. Quodsi homini non referre simile homicidio iudicatum est (cf. Cic., off., 1, 47), non referre deo quantum crimen est! Est ergo prudentis agnoscere se ipsum, et, quemadmodum a sapientibus definitum est, secundum naturam vivere. Quid est enim tam secundum naturam quam referre auctori gratiam?"

90 Exc. Sat., 1, 47, 1–5 (CSEL 73, 235): „Sed non ita avidus, ut esset incautus; scimus enim plerosque aviditate studii praetermittere cautionem. Advocavit ad se episcopum nec ullam veram putavit nisi verae fidei gratiam percontatusque ex eo est, utrumnam cum episcopis

Schließlich erwähnt Ambrosius zum Lob der Klugheit des Bruders nur kurz in einer praeteritio dessen Beredsamkeit, wendet sich dann aber explizit solchen Tugenden zu, die ihm wichtiger erscheinen.[91]

An den besprochenen Passagen ist zunächst auffällig, daß Ambrosius seinen Zuhörern vor allem solche Beispiele für die Klugheit des Bruders erzählt, die sich aus einer religiösen Interpretation der Kardinaltugend als Wissen um und Liebe zu Gott ergeben; er ignoriert dabei auch den zweiten Teil der am Anfang mechanisch vorgestellten Lehrbuchdefinition der „prudentia", dergemäß die Tugend sich außer in der Liebe zur ewigen Wahrheit Gottes auch in der Liebe zu den Nächsten manifestiere.[92] Die vornehmlich religiöse Interpretation entspricht der Tendenz, mit der Ambrosius auch sonst die heidnischen Tugenden vorstellt; aber die spezifische Umschreibung der „prudentia" als „observantia erga dei cultum"[93] oder ihre Erfüllung durch „referre auctori gratiam"[94] findet sich, soweit ich sehe, bei Ambrosius sonst nicht zur Beschreibung der Klugheit.[95]

Die Beispiele, die Ambrosius in der Rede für seinen Bruder für dessen Klugheit gibt, ergeben aber trotzdem kein individuelles Bild eines persönlichen Charakterzuges des Satyrus; der Bezug zur Person des Bruders wird nur äußerlich durch die Geschichte des Schiffbruchs hergestellt.[96] Das Lob des Bruders, gegründet auf die frommen Gedanken über sein Gottvertrauen, seine ehrfürchtige Behandlung der

catholicis, hoc est cum Romana ecclesia conveniret." Ambrosius greift die Gelegenheit auf, mit dem Lob der Sorge des Bruders um Rechtgläubigkeit polemische Bemerkungen gegen bestimmte Lehren eines Bischofskollegen zu verbinden. Vgl. dazu unten S. 123, Anm. 13.

91   Exc. Sat., 1, 49, 1–4 (CSEL 73, 236): „Nam quid spectatam stipendiis forensibus eius facundiam loquar? Quam incredibili admiratione in auditorio praefecturae sublimis emicuit! Sed malo illa laudare, quae perceptis mysteriis dei duxit humanis esse potiora."

92   Exc. Sat., 1, 42, 1–6 (CSEL 73, 232): „... prudentiae testimonium, quae ita a sapientibus definitur: bonorum primum esse deum scire et ..., secundum autem in proximos a divino illo atque caelesti naturae derivare pietatem." – Die Tatsache, daß Ambrosius diesen Teil der Definition später ignoriert, ist ein zusätzlicher Hinweis dafür, daß er die Kardinaltugenden vor allem als ordnendes Schema benutzt und dabei systematisch-ethische Gesichtspunkte zurückstellt. Diese Beobachtung kann auch davor warnen, den Einfluß neuplatonischer Philosophie, die den Wortlaut der Definition geprägt hat, zu hoch zu veranschlagen. Vgl. oben S. 70, Anm. 86.

93   Exc. Sat., 1, 43, 1–2 (CSEL 73, 232).

94   Exc. Sat., 1, 45, 3–4 (CSEL 73, 234).

95   Meistens stehen zur Umschreibung der „prudentia" solche Begriffe im Vordergrund, die die Assoziation von „Wissen" oder „Erforschen" ermöglichen; vgl. etwa „prudenter dei nomen scire" (Ambr., de paradiso, 3, 23 (CSEL 32.1, 279, 21)), „quae aeterna sunt quaerere" (Ambr., in Luc. 5, 66 (CSEL 32.4, 208, 8)) und die Umschreibung durch Dudden wie oben S. 62, Anm. 48. Der Interpretation der „prudentia" in der Satyrusrede durch „observantia erga dei cultum" und „auctori referre gratiam" kommt allenfalls Ambr., offm., 1, 126, (Testard ed., S. 156) nahe: „Primus igitur officii fons prudentia est. Quid enim tam plenum officii quam deferre auctori studium atque reverentiam."

96   Ich gehe in meiner Arbeit nicht auf die Biographie des Satyrus ein. An dieser Stelle muß immerhin erwähnt werden, daß die geschilderte Episode nicht ohne Probleme in eine zu rekonstruierende Chronologie der Biographie des Bruders einzuordnen ist. Vgl. oben S. 57, Anm. 27.

Hostie, seine Ehrfurcht vor der Arkandisziplin[97], sein Wunsch, getauft zu werden, seine Dankbarkeit gegenüber dem Schöpfer oder seine rechtgläubige Vorsicht im Umgang mit Häretikern, erfüllt in dieser Passage vielmehr die Funktion, den Zuhörern ein Muster vorbildlichen Verhaltens vorzuführen. Dieser parainetischen Tendenz entsprechen auch die polemischen Bemerkungen gegen einen andersdenkenden Bischofskollegen.

Über die Tapferkeit des Bruders macht Ambrosius nur kurze Bemerkungen.[98] Die Tatsache, daß Satyrus in Seenot allein auf eine Hostie vertraute, was Ambrosius als Ausweis des Gottvertrauens und damit der Klugheit des Bruders gedeutet hatte, soll auch als Ausweis der Tapferkeit desjenigen dienen, der ohne fremde Hilfe auf seine eigene Tugend vertraut. Ambrosius deutet außerdem die Bereitschaft des Satyrus, sich nach dem erlebten Schiffbruch immer wieder auf Seereisen zu begeben, als mutiges Ertragen von Gefahren und tapfere Bereitschaft zu Entbehrungen; so kann er das im Zusammenhang mit der Tapferkeit geläufige Stichwort der Todesverachtung, die er sonst etwa den Märtyrern als Ausweis der Kardinaltugend zuspricht[99], auf den Bruder beziehen.

Ambrosius bemüht sich, die übliche Deutung von Tapferkeit als Verachtung irdischen Leids und körperlicher Schwäche durch ein Beispiel aus dem Leben des Bruders zu illustrieren, auch wenn er dazu nur auf dessen Reisen verweisen kann; das Bild, das er in seiner Rede von Satyrus als rechter Hand des Bischofs in Geschäftsdingen und als bescheidenem Christen zeichnet, – und wohl auch tatsächlich das Leben des Bruders – schließen es aus, daß außerdem Szenen heldenhafter Tapferkeit oder opfermütigen Märtyrertums breit ausgemalt werden. Die Tatsache, daß Ambrosius, obwohl er über die Tapferkeit des Bruders offensichtlich nicht viel zu sagen hat, dennoch einige Gedanken dazu aufnimmt, verrät, daß er sich hier stark vom vorgegebenen Schema der vier Kardinaltugenden leiten läßt.

---

97 Exc. Sat., 1, 43, 7–9, (CSEL 73, 232–33): Satyrus hatte sich in Seenot von getauften Christen eine Hostie erbeten, „non ut curiosos oculos insereret arcanis, sed ut fidei suae consequeretur auxilium." Als allgemeine Information vgl. D. Powell, „Arkandisziplin", in: TRE 4, 1979, S. 1– 8; zur christlichen Praxis im 4. Jahrhundert s. S. 6–7. In der Regel waren wohl Katechumenen vom Abendmahl ausgeschlossen. Die Wahrung der Arkandisziplin erscheint in ihren verschiedenen Ausprägungen nicht als kanonische Vorschrift, sondern als eine besonders im vierten Jahrhundert beachtete Frömmigkeitsregel.

98 Die wenigen Sätze können hier vollständig zitiert werden; exc. Sat., 1, 44, 1–3 (CSEL 73, 233): Im Zusammenhang der Geschichte des Schifbruchs: „Simul fortitudinem eius spectare licet, qui fatiscente remigio non quasi naufragus tabulam sumpserit, sed quasi fortis ex se ipso adminiculum suae virtutis adsumpserit."; 50, 1–9 (CSEL 73, 236): „Fortitudinem quoque eius si quis plenius spectare volet, consideret, quotiens post naufragium invicto quodam contemptu vitae huius maria transfretaverit diffusasque regiones obeundo peragrarit, postremo quod hoc ipso tempore periculum non refugerit, sed ad periculum venerit patiens inuriae, neglegens frigoris atque utinam sollicitus cautioni, sed hoc ipso beatus, quod dum licuit vigore uti corporis, inoffenso ad exequenda, quae vellet, functus iuventutis officio vitam vixit, debilitatem ignoravit."

99 Vgl. im Zusammenhang der Kardinaltugenden etwa: Ambr., in Luc., 5, 67 (CSEL 32.4, 208, 12–19).

Ambrosius äußert sich ausführlicher zur Kardinaltugend der Mäßigung.[100] Der Abschnitt läßt sich zur Interpretation in drei Teile gliedern, in denen Ambrosius über verschiedene Aspekte der unter dem Begriff der „temperantia" zusammenfassend zu bezeichnenden Tugend spricht; er befasst sich zunächst[101] mit der offenen, arglosen und einfachen Gesinnung des Bruders[102] und mit seinem bescheidenen Auftreten.[103]

Stichworte, die diesen Charakterzug umreißen, sind kindliche Einfalt und Unschuld sowie keusche Zurückhaltung;[104] Ambrosius beschreibt häufiger die Tugend der „simplicitas", verbindet sie aber sonst, soweit ich sehe, nicht ausdrücklich mit der Kardinaltugend der „temperantia".[105] Verbunden mit der kindlichen Arglosigkeit, die Ambrosius zum Lob des Bruders in Anlehnung an neutestamentliche Gedanken[106] beschreibt, stellt er unter dem Gliederungspunkt der „temperantia" gleich zu Anfang einen Charakterzug des Bruders vor, der sich von standardisierten Beschreibungen und Definitionen der Kardinaltugend abhebt. Die „simplicitas" des Bruders bekommt auch dadurch einen besonderen Stellenwert, daß Ambrosius sie zur Eröffnung des ganzen Abschnittes stichwortartig mit der Kardinaltugend der Mäßigung gleichsetzt.[107] Die keusche, fast scheue Zurückhaltung, die Ambrosius

---

100 Exc. Sat., 1, 51–56 (CSEL 73, 236–39). Die Studie zur Tugend der Mäßigung von Helen North, Sophrosyne (= Cornell Studies in Classical Philology 35), Itahca, New York, 1966, widmet der patristischen Literatur ein eigenes Kapitel, S. 312–79, zu Ambrosius vgl. S. 360–70, zur „temperantia" in den Leichenreden kurz S. 366–68.

101 Exc. Sat., 1, 51, 1–52, 7 (CSEL 73, 236–37).

102 Vgl. etwa exc. Sat., 1, 51, 12–15 (CSEL 73, 237): „... quoniam sicut puer artem reppulit adulandi, iniuriae dolorem clementer absorbuit quam inclementius vindicavit, querelae quam dolo promptior, satisfactioni facilis, difficilis ambitioni, sanctus pudori, ..."

103 Es ist bemerkenswert, welche Art des Auftretens Ambrosius an seinem als geschäftstüchtig beschriebenen Bruder lobt: In Gesellschaft habe er bescheiden Haupt und Blick gesenkt und wenig gesprochen; exc. Sat., 1, 52, 6–7 (CSEL 73, 237): „... licet in ipso nequaquam dissimilis coetu virorum, rarus adtollere os, elevare oculos, referre sermonem."

104 Vgl. im Abschnitt exc. Sat., 1, 51, 1–52, 7 (CSEL 73, 236–37): „simplicitas", „puerum simplicitas", „illius aetatis innoxia", „innocentes mores", „sicut puer"; „pudor", „verecundia", „quaedam virginalis verecundia", „pudicus quaedam mentis pudor". – „Virginalis verecundia" zur Charakterisierung des bescheidenen Auftretens ist keine christliche Besonderheit und muß nicht mit dem verbreiteten Verständis von Jungfräulichkeit als Unversehrtheit, die Ambrosius etwa in seinen Schriften de virginitate und de virginibus vehement propagiert, assoziiert werden; Cicero beschreibt – allerdings ironisch und spöttisch übertreibend – einen dreisten Prozeßgegner so: „homo timidus virginali verecundia subito ipse te retinebas; excidebat repente oratio; cum cuperes appellare, non audebas, ne invitus audiret." (Quinct., 39).

105 Auch in Sauers Register (S. 346 ff) zur Pflichtenlehre des Ambrosius taucht der Begriff überhaupt nicht auf. Ohne expliziten Bezug zur Kardinaltugend – aber als Erläuterung zur „Armut im Geiste", die Ambrosius mit der Tugend der Mäßigung parallelisiert (s. S. 65, Anm. 62) – erscheint „simplicitas" mit ähnlichem Sinn wie in der Rede für Satyrus in einer kurzen Bemerkung Ambr., in Luc. 5, 53–54 (CSEL 32.1, 202, 25–203, 3): „ ‚Beati pauperes spiritu' (Mt., 5, 3); pauper enim spiritu non inflatur, non extollitur mente carnis suae: Prima ergo ista benedictio est, cum deposuero omne peccatum et exuero omnem malitiam et simplicitate contentus fuero, inops malorum. Superest ut mores meos temperem. Quid enim mihi prodest carere saecularibus, nisi fuero mitis atque mansuetus?" „Simplicitas" steht ähnlich wie in der Rede für Satyrus zusammen mit Arglosigkeit und Keuschheit Ambr., de fuga saec., 7, 44

zur Charakterisierung des bescheidenen Auftretens des Bruders als „verecundia" beschreibt, entspricht dem Verhalten, das Ambrosius in seiner Schrift de officiis ministrorum in langen Passagen jungen Klerikern als eine Tugend empfiehlt, die besonders jungen Männern ansteht.[108] In der Rede für den Bruder fehlt allerdings der Aspekt der Demut, den Ambrosius den Klerikern immer wieder zusammen mit der „verecundia" ans Herz legt.[109]

Nachdem Ambrosius im Abschnitt über die Kardinaltugend der „temperantia" zunächst Wesen und Auftreten des Bruders beschrieben hat, wendet er sich mit weiteren Gedanken in einem zweiten Abschnitt konkret der körperlichen Keuschheit und sexuellen Enthaltsamkeit des Bruders zu.[110]

(CSEL 32.2, 198, 22–24): „Non ergo iam nostram illam vitam sed Christi vitam vivimus, vitam innocentiae, vitam castimoniae, vitam simplicitatis omniumque virtutum." Zusammen mit „castitas" auch Ambr., in ps. 118, prol., 2, 1–2 (CSEL 62, 1–11). Ein davon leicht abweichender Aspekt der „simplicitas" ist, daß sie Gegenbegriff zu „fraus" oder „malitia" ist (vgl. etwa Ambr., in Luc., 7, 109 (CSEL 32.4, 327–28) oder den Kontext von Ambr., de fuga saec., 7, 44 (CSEL 32.2, 198)). Die Begriffe von Offenheit, Ehrlichkeit und Reinheit erscheinen vereinigt Ambr., de Cain 2, 21 (CSEL 32.1, 396, 10–14): Über die rechte Ausrichtung von Opfern: „..., ut sine admixtione et operimento atque nudum sacrificium sit, eo quod nuda atque omnibus exuta involucris debeat fides nostra fervere, ne vagis et fallacibus opinionibus induatur, sed pura atque sincera simplicitas mentis appareat." Für einen weiteren Aspekt der „simplicitas", der sich bei Satyrus auch findet, nämlich den eines friedliebenden und versöhnlichen Wesens, vgl. die Verbindung mit „mansuetudo" Ambr., in ps. 36, 2, 3–4 (CSEL 64, 71, 24–26): „Quae maiora fomenta sunt cordis humani quam mansuetudo atque simplicitas, quibus et dolor omnis acceptae levatur iniuriae et labes criminis omnis excluditur."

106 Daß Ambrosius an das Lob kindlichen Wesens durch Christus denkt, zeigt deutlich exc. Sat., 1, 51, 11 (CSEL 73, 237): „Intravit igitur in regnum caelorum ..." in Anlehnung an Mt. 18, 1–5: „Nisi conversi fueritis et efficiamini sicut parvuli, non intrabitis in regnum caelorum."

107 Exc. Sat., 1, 51, 1–3 (CSEL 73, 236): „Qua vero prosecutione simplicitatem eius edisseram? Ea est enim quaedam morum temperantia mentisque sobrietas." „Sobrietas" oder „sobria mens" sind bei christlichen Schriftstellern vor Ambrosius übliche Umschreibungen für die „temperantia". Sie finden sich etwa auch in lateinischen Übersetzungen des Buchs der Weisheit und des Neuen Testaments (vgl. H. North, S. 354).

108 Zum Alter des Bruders läßt sich mit Sicherheit nur festhalten, daß er älter als 34 Jahre war. (Zur Begründung siehe oben S. 57, Anm. 28.) Es muß keinen Anstoß erregen, daß Ambrosius ihm solche Tugenden zuschreibt, die er besonders jüngeren Männern ans Herz legt; der römische Begriff des „adulescens" ist als Gegenbegriff zu „senex" sehr weit definiert. – Zur „verecundia" etwa Ambr., offm., 1, 65 (Testard ed., S. 127): „Est igitur bonorum adulescentium timorem dei habere, deferre parentibus, honorem habere senioribus, castitatem tueri, non aspernari humilitatem, diligere clementiam ac verecundiam quae ornamento sunt minori aetati. Ut enim in senioribus gravitas, in iuvenibus alacritas, ita in adulescentibus verecundia velut quadam dote commendatur naturae." (Vgl. Cic., off., 1, 122 und zur Umdeutung des ciceronischen Begriffs der „verecundia" bei Ambrosius Sauer, S. 135–37). Biblisches Vorbild ist Joseph: Ambr., offm., 1, 66 (Testard ed., S. 127): „Castus ita ut ne sermonem quidem audire vellet nisi pudicum, humilis usque ad servitutem, verecundus usque ad fugam, patiens usque ad carcerem, remissor iniuriae usque ad remunerationem."

109 Zur „humilitas" bei Ambrosius in offm. als einer der Pflichtenlehre Ciceros gänzlich fremde Tugend vgl. Sauer, S. 140–142.

110 Exc. Sat., 1, 52, 7–54, 9 (CSEL 73, 237–238): „Quod pudico quodam mentis pudore faciebat,

Mit Stichworten wie Reinheit und Unversehrtheit, die sowohl konkret körperlich als auch im übertragenen Sinn zu verstehen sind[111], rückt er die Lebensweise des Bruders in die Nähe geistlicher oder jungfräulicher Enthaltsamkeit. Seine Ehelosigkeit stilisiert er zu einem unausgesprochenen Keuschheitsgelübde, wie es die Schwester als konsekrierte Jungfrau geleistet hatte, und wie ihm Ambrosius sich aufgrund seines Bischofsamtes verpflichtet fühlte.

Ambrosius verbindet auch sonst ähnlich wie hier und mit den gleichen Begriffen sexuelle Enthaltsamkeit und „Reinheit" stereotyp mit der „verecundia" oder der Kardinaltugend der „temperantia".[112] Aber durch den Vergleich mit sich selbst und der Schwester schafft er für die Redesituation einen Bezug zur Person des Bruders; außerdem erscheint so dessen freiwillige Enthaltsamkeit durch den Vergleich mit der gleichsam erzwungenen Keuschheitsverpflichtung der Geschwister als besondere Leistung.[113]

Schließlich lobt Ambrosius unter dem Gliederungspunkt der Mäßigung die Sparsamkeit des Bruders.[114] Ambrosius versammelt hier eine ganze Reihe von heidnischen und christlichen Allgemeinplätzen über Habgier, Verschwendungssucht, Besitz und Armut, für die sich Quellen oder Parallelstellen von Platon über Plautus bis zu Paulus und Matthäus anführen lassen.[115] Ein einziger kurzer Satz, mit dem er

---

cum quo castimonia quoque corporis congruebat: Etenim ..." Bei christlichen Autoren vor Ambrosius wird die „temperantia" vornehmlich in diesem Sinne als Tugend sexueller Zurückhaltung verstanden, vgl. H. North, S. 353–60.

111 Exc. Sat., 1, 52, 9–13 (CSEL 73, 237–38): „Etenim, intemerata sacri baptismatis dona servavit, mundo corpore, purior corde, non minus adulterini sermonis obprobrium quam corporis perhorrescens, non minorem ratus pudicitiae reverentiam deferendam integritate verborum quam corporis castitate." Vgl. für ähnliche Abstufungen von Keuschheit der Gedanken, der Worte und der Sinne Ambr., offm., 1, 76–77 (Testard ed., S. 132–33).

112 Vgl. etwa die oben S. 75, Anm. 108 aufgeführten Stellen zur verecundia; und zur temperantia etwa Ambr., in Luc. 5, 68 (CSEL 32.4, 208, 22–23): „Ergo temperantia cordis habet animique munditiam, ..."; vgl. Ambr., de paradiso, 3, 16 (CSEL 32.1, 275, 11–276, 4) mit den Begriffen: „castus", „castitas" im Gegensatz zu „corporis passiones"; ebd., 3, 20 (CSEL 32.1, 278, 2–3): „casta et pura quaedam temperantia religionis". Sauer, S. 138–39 diskutiert die wenig festgelegte Begrifflichkeit von „castitas", „castimonia", „integritas", „abstinentia", „pudor", „pudicitia". Eine griffige Interpretation der von Ambrosius mit besonderem Nachdruck vertretenen Lehren zur Keuschheit und Jungfräulichkeit bietet P. Brown, The Body and Society (= Lectures on the History of Religions N.S. 13), New York, 1988, chap. 17, „Aula Pudoris: Ambrose", S. 341–65. Begriffsuntersuchungen zur verecundia aus der Zeit der Republik bis zu Augustin (nicht zu Ambrosius) bietet E. Vaubel, Pudor, Verecundia, Reverentia, Diss. Münster, 1969. Vgl. Renate Stahl, Verecundia und verwandte politisch-moralische Begriffe in der Zeit der ausgehenden Republik, Diss. Freiburg, 1967.

113 Exc. Sat., 1, 54, 1–5 (CSEL 73, 238): „Quis igitur non miretur virum inter fratres duos, alteram virginem, alterum sacerdotem, aetate medium, magnanimitate non inparem ita inter duo maxima munera praestitisse, ut alterius virginitati castitatem, alterius sanctitatem referret, non professionis vinculo, sed virtutis officio?"

114 Exc. Sat., 1, 55, 1 – (56), 8 (CSEL 73, 238–39): „Nam de parsimonia quid loquar et quadam habendi castitate?..."; ich fasse die Zeilen für die Interpretation als dritten Abschnitt der Ausführungen zur Tugend der Mäßigung zusammen. Vgl. zur Art der Einführung eines neuen Gedankens in der Lobrede oben S. 71, Anm. 88.

115 Vgl. nur die Bemerkungen in der Ausgabe von Faller.

sich auf die Geschäfte des Bruders zu beziehen scheint[116], stellt einen dürftigen Bezug der stereotypen Aussagen zur Redesituation her.

In anderen Schriften des Ambrosius wird das Thema der Habgier und des Luxus häufig im Zusammenhang mit der Forderung nach Gerechtigkeit und Barmherzigkeit mit den Armen als negatives Gegenbeispiel besprochen.[117] Die aneinandergereihten Sentenzen in der besprochenen Passage aus der Rede für Satyrus lassen soviel gedankliche Verbindung nicht erkennen. Sie erscheinen wie eine oberflächlich motivierte[118] Anfüllung des Redeabschnitts über die Kardinaltugend der Mäßigung des Bruders durch Gedanken, die traditionell im Zusammenhang dieser Tugend aus dem Arsenal moralischer Belehrung hervorgeholt werden.

Als letzter der Kardinaltugenden wendet sich Ambrosius der Gerechtigkeit zu.[119] Aus dem Fundus allgemeiner Weisheiten ethischer Belehrung greift er zunächst noch eine Erinnerung an den stoischen Satz vom Zusammenhang aller Tugenden auf, die gleichzeitig zur Beschreibung der Gerechtigkeit überleitet[120], und beginnt dann ordentlich mit einer Definition und einer Einteilung verschiedener Lebensbereiche, in denen sich die soziale Tugend der Gerechtigkeit zeige;[121] die schulmäßige Einteilung[122] in Allgemeinheit, Verwandtschaft und – als christliche Ergänzung – Gott, denen gegenüber sich Gerechtigkeit zeige, benutzt Ambrosius zunächst auch als vorgegebenes Ordnungsprinzip seiner Gedanken zur Gerechtigkeit des Bruders; er markiert diese Untergliederung durch Stichworte für die Zuhörer.[123]

Unabhängig von dieser Gliederung ergänzt er das Lob der Gerechtigkeit des Bruders durch kurze Zitate aus Psalmen, die während der Trauerfeierlichkeiten

---

116 Exc. Sat., 1, 55, 3–5 (CSEL 73, 238): „Nihil ergo aliud nisi proprium recuperare voluit, magis ne fraudaretur, quam ut ditaretur." Die exakte Einordnung in die Biographie des Bruders ist problematisch; vgl. S. 57, Anm. 27.

117 Vgl. z. Bsp. Ambr., offm., 1, 136–37 (Testard ed., S. 160); Ambr., offm., 2, 128–32 (Pl 16, 137–38); Ambr., in Ps. 118, 8, 22 (CSEL 62, 163, 17–164, 3).

118 Die gedankliche Verbindung zu den vorangegangenen Bemerkungen über die Keuschheit des Bruders ergibt sich nur künstlich durch die Bezeichnung von „parsimonia" als „quaedam habendi castitas" am Anfang. Vgl. oben S. 76, Anm. 114.

119 Exc. Sat., 1, 57–62 (CSEL 73, 239–241).

120 Exc. Sat., 1, 57, 2–5 (CSEL 73, 239): „Nam etsi cognatae sint inter se concretaeque virtutes, tamen singularum quaedam forma et expressio desideratur maximeque iustitiae." Vgl. ähnliche Formulierungen bei Ambrosius oben S. 68, Anm. 78.

121 Exc. Sat., 1, 57, 5–58, 3 (CSEL 73, 239): „Ea enim sibi parcior, foris tota est, et quidquid habet, quadam inclementia sui, dum rapitur amore communi, transfundit in proximos. Sed huius multiplex species, alia ergo propinquos, alia erga universos, alia erga dei cultum vel adiumentum inopum."

122 Vgl. etwa ähnliche Einteilungen in Cic., off., 1, 53–58.

123 Exc. Sat., 1, 58, 1–7 (CSEL 73, 239–40) zur Gerechtigkeit gegenüber der Allgemeinheit: „Itaque qualis in universos fuerit, ..."; 59, 1–11 (CSEL 73, 240): zur Gerechtigkeit gegenüber der Verwandtschaft: „Inter fratres autem qualis fuerit, ..." 60, 1–9 (CSEL 73, 240): weniger deutlich markiert zur Gerechtigkeit gegenüber Gott, die sich in Barmherzigkeit gegenüber den Armen manifestiert: „Quo uno satis et divini timoris expressit indicium et humanae edidit religionis exemplum."

vorgelesen worden waren.[124] Diese Zitate aus der Liturgie stellen einen oberflächli-
chen Bezug zur Situation der Rede im Rahmen der Beisetzungsfeier her; da
Ambrosius die übernommenen Phrasen aus den Psalmen aber nicht mit dem vorher
Gesagten verbindet, bleibt die Passage nur eine fromme Ergänzung des nach
schulmäßigen Definitionen geordneten Lobes der Gerechtigkeit des Bruders.
Ambrosius läßt sich hier nicht auf die Situation einer Predigt ein.

Ein Beispiel aus der uneigennützigen Geschäftstätigkeit des Bruders, durch das
Ambrosius auch noch einmal die treue Bindung zwischen sich und seinem Bruder
preist[125], steht am Schluß des gesamten Abschnittes über die Tugenden. Der Bezug
auf das Leben des Bruders und gleichzeitig auf die persönliche Situation des
Redners ist offensichtlich.

Den vorgegebenen Gliederungspunkt der „Gerechtigkeit gegenüber der Allgemeinheit" hatte Ambrosius durch kurze und allgemeine Bemerkungen über die
gerechte Amtsführung des Bruders als Provinzialverwalter abgegolten.[126] Die Kürze und Allgemeinheit, mit der die weltliche Karriere des Bruders behandelt wird,
entspricht der Geringschätzung seiner Beredsamkeit, die Ambrosius im Abschnitt
über die Klugheit nur in Form einer praeteritio erwähnt hatte. Aber zum Preis der
Gerechtigkeit des Bruders gegenüber seinen Geschwistern, greift Ambrosius auf
ein erlebtes Beispiel zurück, das außerdem im Bezug zum Tod des Bruders und zur
Situation des Redners steht: Satyrus habe seinen Anteil am väterlichen Erbe un-
versehrt den Geschwistern bewahrt und kein Testament hinterlassen, damit es
vollständig an sie falle.[127]

An diesen Umstand knüpft Ambrosius auch an, um gemäß der abstrakten
Einteilung der Gerechtigkeit nach verschiedenen Gruppen, denen gegenüber sie
sich zu bewähren habe, auch die Gerechtigkeit des Bruders gegenüber Gott anhand
eines konkreten Beispiels zu loben.[128] Die Gerechtigkeit gegenüber Gott hatte
Ambrosius von vornherein mit Unterstützung für die Armen gleichgesetzt;[129] der
Wunsch des Bruders, daß die Geschwister nicht aufgrund eines Testaments, sondern nach eigenem Gutdünken aus seinem Vermögen die Armen unterstützen

---

124 Exc. Sat., 1, 61, 1–10 (CSEL 73, 240–41); daß Ambrosius hier aus vorher vorgetragenen
     Psalmen zitiert, ergibt sich aus Anfang und Abschluß der kurzen Passage; vgl. unten S. 123–24.
125 Exc. Sat., 1, 62, 1–5 (CSEL 73, 241): „Quid vero illud recenseam, quod supra ipsam iustitiam
     pietate progressus, cum quaedam incubatori communium fructuum mei contemplatione muneris
     putasset esse tribuenda, largitatis me iactabat auctorem, portionis suae lucrum ad commune
     consortium conferebat." Die exakte Einordnung in die Biographie des Bruders ist problema-
     tisch; vgl. S. 57, Anm 27. Vgl. zur Art der Einführung eines neuen Gedankens in die Lobrede
     oben S. 71, Anm. 88.
126 Exc. Sat., 1, 58, 3–7 (CSEL 239–240): „Itaque qualis in universos fuerit, provincialium, quibus
     praefuit, studia docent, qui parentem magis fuisse quam iudicem loquebantur, gratum piae
     necessitudinis arbitrum, constantem aequi iuris disceptatorem." Das entspricht üblichen Vorga-
     ben zum Lob eines Herrschers oder Statthalters; vgl. etwa Men. Rhet., 375, 8–9: „καὶ ἐν μὲν
     τῇ δικαιοσύνῃ τὸ ἥμερον τὸ πρὸς τοὺς ὑπηκόους ἐπαινέσεις", und in der Rede für
     Theodosius (vgl. unten S. 106, Anm. 275).
127 Exc. Sat., 1, 59, 1–8 (CSEL 73, 240).
128 Exc. Sat., 1, 59, 8–60, 9 (CSEL 73, 240).
129 Exc. Sat., 1, 58, 2–3 (CSEL 73, 239): „erga dei cultum vel adiumentum inopum".

sollten, illustriert so seine treue Bindung an die Geschwister und auch seine Gerechtigkeit gegenüber den Armen.

Die Merkmale von Gerechtigkeit, die Ambrosius zum Lob des Bruders aufgreift, entsprechen anderen Beschreibungen der Kardinaltugend bei Ambrosius: Wie auch sonst wird die Gerechtigkeit nach der Vorgabe heidnischer Philosophie als soziale Tugend vorgestellt. Und auch der traditionelle Gedanke, daß die Gerechtigkeit sich gegenüber unterschiedlichen Gruppen von Menschen, unter anderem auch gegenüber der Familie, zeige, findet sich bei Ambrosius sonst gelegentlich;[130] dies Stück klassischen Bildungsgutes läßt sich für die Leichenrede auf den Bruder besonders sinnvoll verwerten, zunächst als übersichtliche Gliederungsvorgabe für die gesprochene Rede, und dann vor allem, weil es Anlaß gibt, durch den Aspekt der familiären Bindungen des Toten einen ganz persönlichen Bezug zur Situation des Redners herzustellen. Die genannten Gründe lassen es naheliegend erscheinen, die bekannte Untergliederung von Gerechtigkeit in der Rede für den Bruder zu nutzen.

Ein Vergleich mit Passagen über die Kardinaltugend der Gerechtigkeit aus anderen Schriften des Ambrosius zeigt ferner, daß er in der Rede für den Bruder, wie auch sonst, unter Rückgriff auf biblische Zitate Unterstützung für die Armen als Ausweis von Gerechtigkeit beschreibt.[131] Es ist allerdings auffällig, daß in der Rede für Satyrus nicht der Begriff der „misericordia" zur Bezeichnung der Gerechtigkeit gegenüber den Armen steht.[132] Das entspricht der Beobachtung, daß Ambrosius bei der Beschreibung des bescheidenen Auftretens seines Bruders nicht den ihm sonst in diesem Zusammenhang geläufigen Begriff der „humilitas" aufgegriffen hatte. Unter den Tugenden des Bruders fehlen die prononciert christlichen Begriffe der Demut und der Barmherzigkeit.

Nachdem Ambrosius mit der Tugend der Gerechtigkeit „die Kardinaltugenden abgeschlossen hat"[133], widmet sich der Rest der Rede vor allem Gedanken, die zur Überwindung des Schmerzes mahnen.[134] Ambrosius sagt natürlich auch dabei nur Gutes über den Bruder; das Lob seiner Vorzüge hat aber keine wesentliche Bedeutung für diesen Redeteil.

---

130 Vgl. etwa Ambr., offm., 1, 127 (Testard ed., S. 156): „Iustitiae autem pietas est: prima in deum, secunda in patriam, tertia in parentes, item in omnes; quae et ipsa secundum naturae est magisterium siquidem ab ineunte aetate, ubi primum sensus infundi coeperit, vitam amamus tamquam dei munus, patriam parentesque diligimus, deinde aequales quibus sociari cupimus. Hinc caritas nascitur quae alios sibi praefert non quaerens quae sua sunt in quibus est principatus iustitiae."

131 Exc. Sat., 1, 60, 3–7 (CSEL 73, 240): „Nam quod pauperibus contulit, deo detulit, quoniam ,qui largitur pauperi, deo fenerat' (*Prov., 19, 17), et postulando, quod iustum est, non exiguum, sed totum reliquit. Haec enim summa iustitiae: vendere quae habeas, et conferre pauperibus (cf. Mt., 19, 21); qui enim ,dispersit, dedit pauperibus, iustitia eius manet in aeternum.' (*Ps. 111, 9)" Vor allem den neunten Vers des 111. Psalmes zitiert Ambrosius regelmäßig zur Beschreibung der Gerechtigkeit. Vgl. oben S. 66, Anm. 69.

132 Nicht im Sinne von „Barmherzigkeit" steht exc. Sat., 1, 31, 5 (CSEL 73, 226): „misericordia in suos".

133 Exc. Sat., 1, 57, 1–2 (CSEL 73, 239); vgl. oben S. 59, Anm. 35.

134 Ab exc. Sat., 1, 64 (CSEL 73, 242); vgl. dazu S. 29–30.

Um die Überlegungen zum Lob des verstorbenen Bruders zusammenzufassen, läßt sich festhalten, daß Ambrosius, nachdem in einem ersten Teil der Rede weniger das Lob des Bruders als vielmehr lebendige Erinnerungen an die verlorene Zeit der Gemeinsamkeit im Vordergrund gestanden haben, in einem mittleren Teil die Tugenden des Bruders lobt. Dieser Redeabschnitt ist durch die Strukturierung nach dem Schema der Kardinaltugenden in sich abgeschlossen. Ambrosius redet mit größerer Distanz über den Bruder, und zur Erinnerung an seine Vorzüge tritt das Element der Belehrung für die Zuhörer. Diesem Wechsel entspricht es, daß Ambrosius hier in stärkerem Maße auf verbindliche Grundsätze ethischer Belehrung und auf rhetorische Vorgaben zur Strukturierung seiner Rede zurückgreift.

Ambrosius ignoriert schematische Vorgaben, wenn sie nicht seiner christlichen Überzeugung entsprechen: Er beschränkt sich etwa auf das Lob der Tugenden; die anderen Lobtopoi der rhetorischen Tradition finden keine Berücksichtigung.[135] Er bedient sich andererseits auch unbefangen vorgegebener Elemente. Dazu gehört vor allem das Schema der vier Kardinaltugenden als Gliederungshilfe, ebenso einzelne

---

135 Vgl. zu den rhetorischen Topoi oben S. 53. Wir erfahren nichts über Abstammung, Vaterland oder die Eltern des Satyrus. Der mögliche Einwand, daß Ambrosius, hätte er den Bruder so loben wollen, auch allzuviel Gutes über sich selbst gesagt hätte, wird dadurch relativiert, daß Gregor von Nazianz in den Leichenrede für seine Schwester Gorgonia und seinen Bruder Caesarius in ähnlicher Situation die Verbindlichkeit des Topos, der die Erwähnung der Eltern fordert, für gewichtiger hält als das Gebot, die damit verbundene Unbescheidenheit zu meiden; vgl. Greg. Naz., or. 8 in laud. Gorg., § 1; §§ 4–6 (PG 35, 789–792; 793–796), wo die Eltern mit Abraham und Sara verglichen werden; or. 7 in laud. Caes., § 2 (PG 35, 757). – Auch die Ausbildung des Bruders wird mit keinem Wort erwähnt, und daß Satyrus ein erfolgreicher Redner war, greift Ambrosius im Abschnitt über dessen „prudentia", wie erwähnt, nur in Form einer praeteritio auf, um sich dann ausdrücklich wesentlicheren Vorzügen des Bruders zu widmen. (Vgl. oben S. 72, Anm. 91) – Wo wir überhaupt erfahren, daß Satyrus ehrenvolle Ämter übernommen hatte, geschieht das nicht, um die Auszeichnung durch das Amt zum Lob des Toten zu wenden, sondern um die Anhänglichkeit der Brüder zu beschreiben, die sich durch Verpflichtungen solcher Ämter gezwungenermaßen trennen mußten (Exc. Sat., 1, 25, 1–6), oder um im Abschnitt über die Gerechtigkeit nur beiläufig die tugendhafte Amtsführung des Bruders zu preisen. (Vgl. o. S. 78, Anm. 126.) Ambrosius streitet ausdrücklich ab, daß weltliche Ehren erstrebenswert seien, vgl. Exc. Sat., 1, 1, 25, 1–4 (CSEL 73, 223): „Quam nec ipsi nos, frater carissime, saeculi huius delectabant honores, quod nos a nobis invicem dividebant! Quos ideo adepti sumus, non quia eorum fuit expetenda perceptio, sed ne vilis dissimulatio videretur." – Nach Rozynski, S. 63–64, lobt Ambrosius exc. Sat., 1, 78, 1–5 (CSEL 73, 249–50) die Schönheit des Satyrus: „Sed quid ego demoror, frater? Quid expecto, ut nostra tecum commoriatur et quasi consepeliatur oratio? Licet ipsa species et exanimis corporis forma soletur oculosque manens gratia et permanens figura demulceat, nihil, inquam, moror. Procedamus ad tumulum." Es erscheint nicht angemessen, in den marginalen Bemerkungen kurz vor Ende der Rede ein „Lob der Schönheit des Körpers" (Rozynski, S. 64) nach Forderungen heidnischer Enko-mientopik zu erkennen, wie es etwa Menander Rhetor (in den Vorschriften zur Monodie 436, 15ff) vorschlägt. Ambrosius kennt das Motiv aus Menander natürlich; es hat in der Rede für Valentinian seine Spuren hinterlassen, vgl. dazu unten S. 96–99. Der Vergleich mit den langen daran sich anschließenden Ausführungen in der Rede für Valentinian gibt den richtigen Maßstab für die Einschätzung der von Rozynski überbewerteten marginalen Bemerkungen in der Satyrusrede. Abgesehen von den Tugenden haben die Topoi des Personenlobs kein Gewicht für das Lob des Bruders.

Definitionen und hilfreiche Unterteilungen der philosophischen Tradition. Er verwertet diese Vorgaben in der Rede für den Bruder mit unterschiedlich großem Geschick: So erscheint es zum Beispiel unüberlegt, eine bekannte Definition der Klugheit vollständig zu zitieren, wenn nur ein Teil der Definition für das Folgende Bedeutung hat; andererseits nutzt er die traditionelle Einteilung der Gerechtigkeit nach unterschiedlichen Lebensbereichen sinnvoll für die Redesituation.

Es hat sich als hilfreiches Kriterium erwiesen, nach dem Bezug der vorgestellten Tugenden zur konkreten Situation der Rede zu fragen. Die Lobrede kann sich zwischen den Extremen allgemeiner Belehrung über systematisch erfaßte ideale Tugenden einerseits und konkreten Beispielen guten Verhaltens aus dem Leben eines individuellen Menschen andererseits bewegen.

Ambrosius versucht immer wieder, eine nur allgemeine Beschreibung richtigen Verhaltens durch Beispiele aus dem Leben des Bruders zu konkretisieren. Dabei fühlt er sich dem idealen Schema der Kardinaltugenden verpflichtet – etwa, wenn er versucht, Belege für die Tapferkeit des Bruders herbeizuziehen, dessen Biographie dafür keine Beispiele bieten konnte. Obwohl er beweglich genug ist, gelegentlich schematische Vorgaben mit einer gewissen Freiheit zu interpretieren – so, wenn er breit das offene, arglose Wesen des Bruders unter dem Gliederungspunkt der Mäßigung beschreibt – finden sich neben allgemeiner und bisweilen schulmeisterlicher moralischer Belehrung nur wenige überzeugend wirkende Bezüge auf erlebte Beispiele vorbildlichen Verhaltens. Die Rede bekommt im Abschnitt über die Kardinaltugenden allenfalls durch den Bezug auf die hinterbliebenen Geschwister des Toten, und somit auf den Redner selbst, ein individuelles Gepräge.

Die christliche Interpretation der einzelnen Tugenden in der Rede für Satyrus entspricht weitgehend der Art, wie Ambrosius sie auch sonst in seinen Schriften beschreibt. Die unterschiedliche Akzentuierung bei der Beschreibung der einen oder anderen Tugend erklärt sich daraus, daß Ambrosius mit konkretem Bezug auf die spezielle Situation redet, und geht nicht über das ohnehin weite Maß an Freiheit hinaus, mit der Ambrosius systematische Rücksichten zugunsten der jeweiligen Redeabsicht und Situation zurückstellt.

Die Zuordnung einzelner Taten des Bruders zu den verschiedenen Namen der Tugenden ergibt sich oft nach dem üblichen Vorgehen der Exegese aufgrund von Assoziationen einzelner Stichworte. Die inhaltliche Auseinandersetzung mit den klassischen Tugenden und ihre Assimilation an christliche ethische Vorstellungen erscheint dadurch oberflächlich. Bemerkenswert ist, daß ausgesprochen christliche Begriffe wie Demut und Barmherzigkeit, wie sie sich vor allem in den exegetischen Werken des Ambrosius finden, in denen er eng einem biblischen Text folgt, in der Leichenrede für den Bruder fehlen. Dieser Tatsache entspricht es auch, daß Ambrosius zwar viele Phrasen aus der Heiligen Schrift aufnimmt und auch aus Lesungstexten der Trauerfeierlichkeiten zitiert, sich aber im Abschnitt über die Tugenden des Bruders nicht auf längere Interpretationen der christlichen Texte einläßt; so gewinnt biblische Begrifflichkeit keinen prägenden Einfluß auf die Lobrede. Ausgangspunkt, Strukturierungsvorgabe und Materialsammlung für den Redner sind hier vor allem die Schulweisheiten philosophischer Ethik mit ihren Schemata, Definitionen, Einteilungen und Sentenzen.

III. 4. FORMALE UND INHALTLICHE TRADITIONEN
DES HERRSCHERLOBS

Um auch die Reden für die verstorbenen Kaiser Valentinian und Theodosius als
Lobreden vor dem Hintergrund üblicher Formen und Inhalte, mit denen Ambrosius
vertraut war, sinnvoll zu würdigen, müssen zunächst zusätzlich zu den bisher
behandelten Formen des Personenlobs weitere Aspekte berücksichtigt werden; es
sind dies formale und inhaltliche Traditionen des Herrscherlobs.

Panegyrische Beredsamkeit gehörte zum Alltag öffentlichen Lebens in der
Spätantike. Regelmäßige Anlässe, den Herrscher zu loben, ergaben sich zum Bei-
spiel beim Amtsantritt der Konsuln in Dankreden an den Kaiser, wenn der Kaiser
selbst Konsulate antrat, an Jahrestagen des kaiserlichen Herrschaftsantritts oder zur
Feier kaiserlicher Siege.[136] Außerdem werden allgemein Reden bei öffentlichen
Anlässen Gelegenheit gegeben haben, den Herrscher zu loben.[137]

Aus panegyrischen Texten selbst ergibt sich, daß ganz selbstverständlich eine
Lobrede auf den Kaiser zu einem Festtag gehörte.[138] Vor allem natürlich auch
Leichenreden auf verstorbene Kaiser boten die Möglichkeit, das Herrscherlob zu
singen.[139] Hohe Beamte wurden ebenfalls mit Lobreden bedacht, die den Formen
des Herrscherlobs entsprechen.[140] Panegyrische Beredsamkeit hatte eine wichtige
Funktion in der politischen Kommunikation zwischen Kaiser und Untertanen[141]
und war allgegenwärtig im öffentlichen Leben der Spätantike.

Rhetorische Schulvorschriften für das Herrscherlob sind für uns in detaillierter
Form unter den Anweisungen Menanders zur epideiktischen Beredsamkeit exem-

---

136 Vgl. Sabine MacCormack, Latin prose panegyrics, S. 154–55, in: T. A. Dorey ed., Empire and
Aftermath, Silver Latin II (Greek and Latin Studies, Classical literature and it's influence)
London, Boston, 1975, S. 143–205, im wesentlichen wiederholt durch: Dies., Latin prose
panegyrics: Continuity and discontinuity in the later roman empire, in: REAug 22, 1976, S. 29–
77. (Alle folgenden Zitate beziehen sich auf die zweite Arbeit.)

137 Nach Menander enthält zum Beispiel eine Rede zum Lob eines höheren Beamten auch Passagen, die den Herrscher loben (Men. Rhet., 415, 5–11). Wenn er außerdem für eine Begrüßungs-
rede z. Bsp. an einen höheren Beamten in einer Stadt empfiehlt, das Lob des Kaisers möglichst
kurz zu halten (379, 2–4), macht das deutlich, daß es selbstverständlich war, in öffentlichen
Reden den Herrscher zu loben.

138 Paneg. Lat., 2, 1, 1; 3, 1, 1; 9, 1, 1. (Zählung nach Mynors), vgl. S. MacCormack, S. 38.

139 Vgl. nur das Verzeichis von Nachrichten über lateinische laudationes funebres bei Kierdorf, S.
137–49, für den griechischen Osten z. Bsp. Libanios' Monodie und Epitaphios auf Julian.

140 Solche Reden sind zum Beispiel der ἐπιβατήριος λόγος zur Begrüßung eines hohen Beamten
(Men. Rhet., 377, 31–388, 15) oder eine allgemeine Ansprache (προσφωνητικὸς λόγος) vor
einem hohen Beamten (Men. Rhet., 414, 31–418, 4).

141 Es erscheint plausibel, wie S. MacCormack die Panegyrici als ein Element der Kommunikation
der Kaiser mit den Untertanen, wenn man so will der imperialen Propaganda, zusammen mit
öffentlicher Architektur, Kunst und Münzprägung der Herrscher behandelt (v.a. S. 41–53). Die
Aufgabe des Redners bezeichnet sie S. 36 so: „... to announce a programme and interpret
Imperial policies for a local audience." Im politischen Charakter der Reden sieht sie ein Erbe
römischer laudationes. (S. 33–37) Die antike rhetorische Theorie reflektiert nicht über diesen
Aspekt des Herrscherlobs. Im Schulbuch Menanders findet sich kein Wort zur Funktion, die
panegyrische Beredsamkeit im öffentlichen Leben hat (S. 33).

plarisch greifbar, vor allem im Abschnitt über den βασιλικὸς λόγος. [142] Danach richtet sich das Herrscherlob zunächst nach den bekannten und bereits behandelten Enkomientopoi wie Abstammung, Vaterland, Eltern, Geburt, Erziehung.[143] Der Vergleich mit anderen Herrschern oder mythologischen Figuren gehört ebenfalls zum Repertoire der Lobreden.[144] Im Vordergrund stehen aber vor allem die Taten und Tugenden des Herrschers.

Übersichtlichkeit und Verständlichkeit sind wichtige Anforderungen an solche Reden, die auch der Verkündung kaiserlicher Ideologie dienen sollen. Zur Strukturierung schreibt Menander an verschiedenen Stellen vor, das Lob nach Taten in Krieg und Frieden und genauer nach den vier Kardinaltugenden zu ordnen.[145]

Die grob umrissene formale Tradition des Herrscherlobs, die am Beispiel der Vorschriften Menanders zu fassen ist, mag im Einzelfall einer bestimmten panegyrischen Rede mehr oder weniger deutliche Spuren hinterlassen haben.[146] An der allgemeinen Verbreitung der wesentlichen Elemente – der verschiedenen Topoi, der Methode des Vergleichs, der strukturierenden Kategorien wie Krieg und Frieden oder bestimmter Tugenden – kann kein Zweifel bestehen. Im vierten Jahrhundert findet sich etwa das Schema der vier Kardinaltugenden als besonders auffälliges Element panegyrischer Tradition in der Geschichtsschreibung im Nachruf des Ammianus Marcellinus auf Kaiser Julian.[147] Weitere Beispiele aus der

---

142 Men. Rhet., 368, 3–377, 30.

143 Men. Rhet., 369, 18–372, 12.

144 Men. Rhet., 376, 31–377, 9.

145 Krieg – Frieden: im ausführlichen βασιλικός λόγος (372, 25–27); in dem Teil des προσφωνητι- κὸς λόγος, der das Herrscherlob enthält (415, 5–9); im στεφανωτικὸς λόγος zur Tapferkeit des Kaisers im Krieg und zu seinen Taten im Frieden (422, 27–29). Kardinaltugenden: im ausführli- chen βασιλικὸς λόγος: als allgemeine Anweisung (373, 5–8); als Tugenden im Krieg Tapfer- keit und Weisheit (373, 14–17); als Tugenden im Frieden Mäßigung, Gerechtigkeit und Weisheit (375, 5–8), mit genauen Anweisungen zu den jeweiligen Tugenden Gerechtigkeit (375, 8–376, 1), Mäßigung (376, 1–15), Weisheit (376, 15–23); im ἐπιβατήριος λόγος zur Gerechtigkeit (379, 30–380, 1), Tapferkeit (379, 24–29), Mäßigung (379, 30–380, 1) und zur Weisheit (380, 1–6) des gepriesenen Beamten; im προσφωνητικὸς λόγος zur Weisheit (415, 26–416, 4), Gerechtigkeit (416, 5–17), Mäßigung (416, 17–23) und Tapferkeit (416, 23–28) des gepriesenen Beamten.

146 Eine ganze Reihe von Arbeiten bemüht sich, das Schema Menanders etwa in den lateinischen Panegyrici wiederzufinden; E. Vereecke, Le corpus des panégyriques latins de l'époque tardive: Problèmes d'imitation, in: AC 44, 1975, S. 141–60 sichtet die einschlägige Literatur und weist S. 144–50 zu Recht darauf hin, daß aus brav gesammelten Parallelen zwischen den Vorschriften Menanders und dem Vorgehen einzelner Redner nicht naiv geschlosen werden darf, daß die Redner genau den Vorgaben Menanders folgten. Die Möglichkeiten der Vermittlung rhetori- scher Techniken durch Theorie und Praxis in einer auf rhetorischer Schulbildung basierenden und sich allenthalben praktisch rhetorisch betätigenden Kultur sind unüberschaubar und erlau- ben keine Rückschlüsse auf direkte Abhängigkeiten. Die Regeln Menanders sind, betrachtet als Beispiel einer verbreiteten Schultradition, für den modernen Interpreten dennoch eine sinnvolle Orientierung, weil sie die Möglichkeiten, derer ein Redner sich je nach den Anforderungen seiner konkreten Situation bedienen konnte, exemplarisch zusammenfassen.

147 Amm., 25, 4, 1–27. Nach H. Gärtner, Einige Überlegungen zur kaiserzeitlichen Panegyrik und zu Ammians Charakteristik des Kaisers Julian, AAWM, 1968, S. 499–529, entlehnt Ammian bewußt ein Element der Panegyrik für die Historiographie, um in der zeitgenössischen Auseinan- dersetzung um die Figur Julians Stellung zu beziehen.

panegyrischen Literatur finden sich im späten Lobpreis des Prokopios v. Gaza auf
Kaiser Anastasios, in Julians Enkomien auf Constantius II. und in Libanios' zwölf-
ter und neunundfünfzigster Rede, die sich alle eng an das Schema der Untergliederung nach den Kardinaltugenden halten.[148] Die vier Kardinaltugenden als
Herrschertugenden finden sich auch in der panegyrischen Dichtung Claudians[149]
und vor allem in Reden auf den umstrittenen „Kaiserphilosophen" und Feind der
Christen Julian.[150]

Neben der rhetorischen Theorie hat die Praxis, zumal die Praxis klassischer
Vorbilder, die Form traditionellen Herrscherlobs geprägt. Ciceros Rede de lege
Manilia und seine Reden unter der Herrschaft Caesars waren den Verfassern der
lateinischen Panegyrici eine vertraute Lektüre.[151]

Die Tradition des Herrscherlobs machte Ambrosius nicht nur formale, sondern vor
allem auch inhaltliche Vorgaben, die ein bestimmtes Herrscherideal beschreiben,
das den Zuhörern einer Rede vertraut war. Wenn auch einzelne panegyrische Reden
mit Bezug auf jeweils aktuelle Gegebenheiten konzipiert wurden und in ihrer
inhaltlichen Ausgestaltung aktuelle politische und propagandistische Ziele verfolgten[152], so ergibt sich aus einem Überblick über verschiedene panegyrische Texte,
die den Herrscher loben oder seine idealen Qualitäten empfehlen, dennoch in
groben Zügen das Bild eines idealen Kaisers mit bestimmten Herrschertugenden.[153]

---

148 Vgl. Gärtner, S. 510, Anm. 1.

149 cons. Stilich., 2, 100ff, Vgl. Gärtner, S. 511, Anm. 5.

150 Claud. Mamert., Paneg. Lat., 3, 5, 4; 21, 4; Libanios, or. 1, 120; 16, 28; dem speziellen Anlaß
    entsprechend erscheinen jeweils nur drei Tugenden or. 16, 28; 24, 37 (Vgl. Gärtner, S. 511,
    Anm. 6).

151 A. Klotz, Studien zu den panegyrici latini, RhM N.F. 66, 1911, S. 513–72, v.a. Abschn. III:
    „Die Studien der einzelnen Redner", S. 531–68. Vgl. wiederum Vereecke, S. 151–54 als
    Warnung, allzu weitgehende Schlußfolgerungen aus den von Klotz beobachteten sprachlichen
    Parallelen zwischen Ciceros Reden und den Panegyrici zu ziehen. Es ist nicht anzunehmen, daß
    die spätantiken Redner für die eine oder andere Formulierung exakt die direkte Vorlage Ciceros
    imitiert hätten. Andererseits erscheint es plausibel, daß sich die Redner am Vorbild Ciceros
    geschult haben und daß sie aufgrund intensiver Auseinandersetzung damit einzelne Elemente
    sich als selbstverständlichen Besitz angeeignet haben.

152 Diesen jeweils aktuellen Bezug panegyrischer Texte betont S. MacCormack, v. a. S. 54–60.

153 Vgl. allgemein zu Herrschertugenden P. Hadot, „Fürstenspiegel", in: RAC 8, 1972, Sp. 555–
    631, der auch die orientalischen Traditionen zum Herrscherideal berücksichtigt; L. Wickert,
    „Princeps" in: RE 22, 1954, Sp. 1998–2296, v.a. IX: „Der princeps als der vollkommene
    Staatsmann und Herrscher", Sp. 2222–69 mit Berücksichtigung programmatischer Inschriften
    und Münzprägung einzelner Kaiser; L. K. Born, The perfect prince according to the latin
    panegyrists, in: AJPh 55, 1934, S. 20–35; J. A. Straub, Vom Herrscherideal in der Spätantike,
    Stuttgart, 1939; F. Burdeau, L'empereur d'après les panégyriques latins, in: Aspects de l'empire
    romain, edd. F. Burdeau, Nicole Charbonel, M. Humbert, Paris 1964. Für Arbeiten zu einzelnen
    Herrschertugenden sowie kunstgeschichtlichen und numismatischen Fragen verweise ich auf
    den Literaturbericht bei R. Fears, The cult of virtues, S. 939–46, in: ANRW II, 17, 2, 1981, 827–
    948 und ebd., Anm. 67, S. 841–45. Direkt zu den Reden des Ambrosius auf Valentinian und
    Theodosius vgl. Franca Ela Consolino, L' optimus princeps secondo S. Ambrogio: Virtù
    imperatorie e virtù christiane nelle orazioni funebri per Valentiniano e Teodosio, in: RSI 96,
    1984, S. 1025–45; die Arbeit weist auf einzelne Übereinstimmungen und Unterschiede der
    Reden des Ambrosius mit der Tradition hin.

Zunächst hat schon das strukturierende Schema der Kardinaltugenden auch inhaltliche Implikationen. Andere Tugendgruppen gehören zum Bild eines idealen Herrschers, wie zum Beipiel die vier Qualitäten, die Cicero in seiner Rede de lege Manilia dem Pompeius als idealem Feldherrn zuschreibt: „virtus", „scientia rei militaris" „auctoritas" und „felicitas".[154] Ein Reflex der ciceronischen Gruppe in Kombination mit den Kardinaltugenden scheint sich im vierten Jahrhundert etwa im Nachruf Ammians auf Julian zu finden, wo „scientia rei militaris", „auctoritas" und „felicitas" zu den vier Kardinaltugenden hinzutreten.[155] Eine wichtige Gruppe stellen am Ausgangspunkt römischer Kaiserherrschaft die Tugenden dar, derer Augustus sich öffentlich rühmen ließ: Er berichtet über sich selbst, daß ihm aufgrund seiner „virtus", „clementia", „iustitia" und „pietas" ein Ehrenschild dargebracht worden war.[156]

Die den Herrschern öffentlich zugeschriebenen Eigenschaften und Tugenden unterscheiden sich von Fall zu Fall und je nach Absicht und Programmatik einzelner Kaiser. Sie bilden als Ganzes betrachtet aber eine relativ konstante Gruppe.[157] Im vierten Jahrhundert finden sich in Inschriften etwa „virtus", „gloria", „pietas", „iustitia", zusätzlich „clementia" bei Constantius II.[158], oder in Inschriften für Theodosius „clementia", „sanctitudo", „munificentia"[159] und „virtus", „felicitas", „iustitia".[160]

Inhaltliche Interpretation kann Licht auf die Funktion der Propagierung solcher Herrschertugenden im Rahmen von Herrschaftsideologie und politischer Selbstvergewisserung werfen.[161] In der Spätantike erscheint etwa die „pietas erga deos" –

154 Cic., Manil., 28; 29; 43; 47. Die Verbreitung der ciceronischen Feldherrntugenden wird durch eine Illustration der notitia dignitatum (ed. Seeck, S. 101) sinnfällig, die durch Beischriften eindeutig identifizierbare Personifikationen der vier Tugenden aufweist, vgl. S. MacCormack, S. 35. – Der Bildschmuck der notitia dignitatum ist nach A. Lippold „wohl letztlich" auf die erste Hälfte des fünften Jahrhunderts zu datieren (für Verweise auf die Literatur vgl. Lippolds kurzen Artikel „Notitia dignitatum", in: Der kleine Pauly 4, 1972, Sp. 166–168).

155 Amm., 25, 4, 1: über Iulian: „Cum enim sint, ut sapientes definiunt, virtutes quattuor praecipuae, temperantia, prudentia, iustitia, fortitudo eisque accedentes extrinsecus aliae, scientia rei militaris, auctoritas, felicitas atque liberalitas, intento studio coluit omnes ut singulas." Abgesehen von der „liberalitas", die für die im Schema der Feldherrntugenden pauschal genannte, von Ammian durch die Kardinaltugenden schon spezifizierte „virtus" stehen mag, entsprechen die hinzutretenden Tugenden den von Cicero für die Pompeiusrede zur Vierergruppe zusammengestellten Feldherrnqualitäten. Die einleitende Passage aus Ammians Nachruf auf Julian kann als Beispiel dafür dienen, welche klassischen Herrschertugenden Ambrosius dem verstorbenen Theodosius hätte zuweisen können.

156 Aug., Res gestae, cap. 34. Für die selbstverständliche Vertrautheit des Publikums mit solchen programmatischen Eigenschaften spricht etwa, daß der Ehrenschild anläßlich von Weihungen an Augustus nachgebildet wurde; eine Kopie ist etwa in Arles gefunden worden (vgl. F. Benoit, Le sanctuaire d'Auguste et les cryptoportiques d'Arles, S. 48–49, in: RA 39, 1952, S. 31–67).

157 Vgl. Wickert Sp. 2231. Ders. nennt ebd. eine ausgewählte Reihe immer wieder aufgegriffener Eigenschaften und Tugenden.

158 Dessau, Nr. 733, vgl. Wickert Sp. 2233.

159 Dessau, Nr. 2945, vgl. Wickert Sp. 2233.

160 Dessau, Nr. 780, vgl. Wickert Sp. 2233.

161 Vgl. als nicht nur aufzählende Arbeit etwa Straub und den Interpretationsansatz von Burdeau (vgl. oben S. 84, Anm 153).

die Eintracht der Kaiser mit göttlichen Instanzen – als direkte Quelle für die „felicitas" der Kaiser und des Reiches. Die dem göttlichen Bereich angehörende „felicitas" des Kaisers garantiert zusammen mit seiner „virtus", die sein persönliches Verdienst ist, „victoria". Die „victoria" ist untrennbar mit der kaiserlichen Macht verbunden.[162]

Deutlicher stellt sich die Funktion der Tugenden, die den Kaisern zugeschrieben werden, als Legitimation ihrer außerordentlichen Macht dar: Vor allem „clementia" und „iustitia"[163], zusammen mit stoischer „moderatio", garantieren eine Kontrolle der scheinbar unbeschränkten Gewalt der Herrscher. Indem der Kaiser sich im Unterschied zum Tyrannen durch diese Tugenden auszeichnet, qualifiziert und legitimiert er sich für die Ausübung von Macht.[164] In diesem Zusammenhang scheinen auch die Kardinaltugenden der philosophischen Tradition, die den Herrschern in panegyrischen Texten zugeschrieben werden und auf die sie verpflichtet werden, ihre besondere Funktion als immanente Kontrolle der kaiserlichen Macht zu haben.

Unter den Herrschertugenden kommt in Rom der „clementia", der Milde des Herrschers im ausgleichenden Spannungsverhältnis zur „iustitia", seiner gerechten Strenge, besondere Bedeutung zu.[165] Sie nimmt breiten Raum schon in der öffentlichen Darstellung Caesars und in Ciceros Reden unter dessen Herrschaft, dann ganz besonders in Senecas Schrift für Nero ein.[166]

In panegyrischen Texten christlicher Autoren finden sich im wesentlichen die gleichen Formen des Herrscherlobs wie bei heidnischen Rednern.[167] Das gilt auch für ihrem Inhalt nach ausgesprochen christliche Schriften, wie zum Beispiel für den großen, als vita Constantini bezeichneten Panegyricus des Eusebius auf Constantin, dessen christlicher Gehalt sich durch die Auswahl der Themen ergibt.[168]

Das Beispiel der Rede des Pacatus auf Theodosius, die der Redner, möglicherweise selbst ein Christ, vor dem heidnischen Publikum der stadtrömischen Senatsaristokratie vorgetragen hat, macht deutlich, daß panegyrische Reden auf christliche Herrscher sowohl der Form nach als auch nach dem Inhalt ganz in heidnischen Traditionen des Herrscherlobs stehen konnten; das christliche Bekenntnis des Theodosius wird mit keinem Wort erwähnt, wie überhaupt die Religion in den lateinischen Panegyrici auf christliche Kaiser – anders als in den Reden der Tetrarchenzeit – kaum ein Rolle spielt.[169]

---

162 Burdeau, S. 25–33.
163 Vgl. Wickert zur „clementia" Sp. 2237–48, zur „iustitia" Sp. 2248–53.
164 Burdeau, S. 51–55.
165 Vgl. dazu neben den S. 86, Anm. 163 zitierten Abschnitten des RE-Artikels von Wickert, auch Helen North, Sophrosyne (= Cornell Studies in Classical Philology 35), Ithaca, New York, 1966, S. 300–311.
166 Vgl. dazu ausführlich Miriam Griffin, Seneca, a philosopher in politics, Oxford 1976, S. 129–71, v. a. 149–71.
167 Vgl. dazu S. MacCormack, S. 60–67; Hadot, Fürstenspiegel Sp. 610–24.
168 Vgl. J. A. Heikel ed., 1902, Einl. S. 45ff; Hadot, Fürstenspiegel, Sp. 615.
169 S. MacCormack, S. 61–62. Es handelt sich dabei um die Reden von 307 auf Konstantin, die des Nazarius auf Konstantin und die des Pacatus auf Theodosius.

III. 5. DIE REDE FÜR VALENTINIAN

Die historischen Umstände der Herrschaft Valentinians II. können zunächst unberücksichtigt bleiben, wenn es darum geht, nachzuzeichnen, welches Bild Ambrosius von dem verstorbenen Herrscher vermittelt. Die Tatsache etwa, daß Ambrosius und Valentinian nicht immer Freunde waren, und die Auseinandersetzungen, die Ambrosius um die Nutzung der Mailänder Kirchen mit der arianischen Mutter Valentinians und seinem Hof – bis zum Einsatz von Militär durch den Kaiser – durchgefochten hat[170], werden in der Leichenrede natürlich unterdrückt. Zum Verständnis der Eigenschaften, die Ambrosius an Valentinian hervorhebt, ist es vorerst allein notwendig, ins Auge zu fassen, daß Valentinian II. als Kind zum Kaiser erhoben wurde und im einundzwanzigsten Lebensjahr den Tod fand.[171]

Nach einer förmlichen Einleitung mit konventionellen Gedanken, die vermutlich erst für die Veröffentlichung entstand[172], ist der Anfang der Rede für Valentinian von pathetischen Wehklagen über den Tod des Kaisers bestimmt. Ambrosius läßt dabei Valentinian als opfermütigen Herrscher erscheinen, der im selbstlosen Einsatz für das imperium Romanum als „bonus princeps" den Tod gefunden habe.[173] Dieses Motiv des Herrscherlobs bestimmt den ersten Eindruck, den Ambrosius von Valentinian vermittelt, wird aber nicht weiter ausgemalt; vielmehr prägen weiterhin Klagerufe den Charakter der Rede.

So läßt Ambrosius auch die personifizierte Kirche nach Versen aus den Klageliedern Jeremias über den Tod Valentinians trauern.[174] Dabei erscheint der Herrscher als treuer Freund der Kirche und frommer Christ.[175]

Die Person Valentinians selbst tritt im Verlauf der Rede dadurch in den Vordergrund, daß der Redner dem verstorbenen Herrscher Worte aus der Heiligen Schrift in den Mund legt. Nachdem er vorher schon seine Gedanken ausgehend von

---

170 Vgl. dazu nur kurz unten S. 176, Anm. 106.

171 Zur Berufung des vierjährigen Valentinian II. nach dem Tod seines Vaters Valentinian I. vgl. etwa Amm., 30, 10, 4. Zur Errechnung des Geburtsjahres und des Alters im Todesjahr 392 Philostorg., 11, 1 (PG 65, 593). Eine Diskussion der sich widersprechenden Informationen zum Geburtsjahr bei W. Enßlin, „Valentinianus II", Sp. 2206–2207, in RE, II, 7, 1948, Sp. 2205–2232.

172 Obit. Val., 1 (CSEL 73, 329). Vgl. dazu S. 44 und Anm. 119.

173 Vgl. obit. Val., 2–4 (CSEL 73, 329–31); für das Bild Valentinians: 2, 6–13 (CSEL 73, 330): „Utinam adhuc nobis abesset, ut sibi viveret! Sed ille non passus, cum audiret Alpes Italiae hoste infestari barbaro, maluit periclitari se, si Gallias derelinqueret, quam nostro deesse periculo. Magnum crimen agnoscimus imperatoris, quod Romano subvenire voluit imperio! Haec causa mortis, quae plena laudis! Solvamus bono principi stipendiarias lacrimas, quia ille nobis solvit etiam mortis suae stipendium." Vgl. 4, 4–10 (CSEL 73, 331). Vgl. zum Opfergeist des Herrschers auch F. E. Consolino, S. 1028–29; vgl. zu den Absichten des Ambrosius ausführlicher unten S. 151–78.

174 Obit. Val., 5–8 (CSEL 73, 331–34). Zur Einbindung in den Verlauf der Rede und zu den Absichten, die Ambrosius damit verfolgt, vgl. in dieser Arbeit S. 169–70.

175 Obit. Val., 5, 3–4 (CSEL 73, 331): „... qui eam splendidiorem fide sua et devotione faciebat, ..."; Valentinian ist (zusammen mit seinem Bruder Gratian; vgl. dazu v.a. S. 166–69) „fidelis imperator" und „pius princeps" (6, 14–16 (CSEL 73, 333)).

einzelnen Klageversen aus den Liedern Jeremias entwickelt hatte, läßt er nun Valentinian auf die Klagen mit Gedanken der Zuversicht und des ungebrochenen Vertrauens auf Gott aus denselben Liedern Jeremias antworten.[176] Zu dieser Zuversicht sei Valentinian aufgrund seiner Tugendhaftigkeit und aufgrund seines Vorsatzes, sich zu bessern, berechtigt.[177]

Ambrosius holt an dieser Stelle unvermittelt zu längeren Überlegungen über die Einsicht in eigene Fehler und die Umkehr auf den richtigen Weg aus. Der Bezug zur Person des Herrschers geht angesichts der Breite der Überlegungen teilweise verloren.[178]

Daß die Gedanken über frühe Einsicht und Umkehr auf Valentinian gemünzt sind, macht Ambrosius aber erneut deutlich, wenn er den Kaiser mit David vergleicht und ihm dessen Worte[179] über seine jugendlichen Verfehlungen in den Mund legt, um dann an Valentinians „correctio" zu erinnern.[180] Ambrosius verliert kein Wort darüber, welcher Art die jugendlichen Verfehlungen des Kaisers gewesen sein mögen[181], sondern rückt stattdessen die besondere Leistung solcher Umkehrbereitschaft, wenn sie sich schon im jungen Alter zeigt, in den Vordergrund; die breiten exegetischen Überlegungen, die über die Person des Kaisers hinaus allgemeinere Bedeutung haben, dienen diesem Zweck: Sie haben eine apologetische Tendenz.

---

176 Ab Obit. Val., 9, 1–9 (CSEL 73, 334–35) Vgl. dazu auch S. 144–47.
177 Obit. Val., 9, 9–13 (CSEL 73, 335): „Et ille quidem se suarum virtutum remuneratione solatur, eo quod in iuventute sua labores absorbuit, pericula multa toleravit, iugum maluit grave emendatioris propositi quam molle illud ac plenum deliciarum vivida mentis cervice portare."
178 Vgl. dazu, wie sich Elemente der Exegese und Predigt verselbständigen, unten S. 134–38.
179 Autor der Psalmen ist nach Ambrosius' Verständnis David.
180 Obit. Val., 13, 7–14, 6 (CSEL 73, 337–38): „David autem ait: ‚Delictum iuventutis meae et ignorantiae meae ne memineris.' (*Ps. 24, 7) Iuvenis enim non solum fragilitate lubricae aetatis prolabitur, verum etiam ignorantia caelestium mandatorum plerumque delinquit: cito autem meretur veniam, qui praetendit ignorantiam. ... Valentinianus quoque, etiam in delicto prophetae similis, ait: ‚Delicta adulescentiae meae et ignorantiae meae ne memineris.' Nec solum dixit, sed etiam ante correxit errorem, quam disceret esse lapsum alicuius erroris. Itaque dicit: ‚Correctionem iuventutis meae memineris.' Error in pluribus est, in paucis correctio."
181 Wer neugierig ist, mag aus der Formulierung obit. Val., 14, 1–2 (CSEL 73, 337) „Valentinianus quoque, etiam in delicto prophetae (in diesem Zusammenhang = David) similis" einen Hinweis auf die jugendlichen Verfehlungen Valentinians herauslesen – daß nämlich Valentinian ähnliche Fehler begangen habe wie David – und die Erzählungen der Heiligen Schrift über David danach befragen. Die Zuversicht, auf diese Weise mehr zu erfahren, kann dadurch gebremst werden, daß die Worte „etiam in delicto" vielleicht nicht konkret so zu verstehen sind, daß Valentinian „auch in Bezug auf sein Vergehen" David ähnlich gewesen sei, sondern eher allgemein, daß er also „auch was die Tatsache betrifft, daß er schuldig geworden ist", ihm geähnelt habe. Banterle übersetzt: „simile al profeta anche nella colpa"; Kelly: „like to the prophet even in sin"; Deferrari: „like the prophet even in sin." Ich kenne keine Stellungnahmen zu dieser Formulierung, wie überhaupt, soweit ich sehe, die Interpreten dem Sachverhalt irgendwelcher Verfehlungen Valentinians, die Ambrosius hier doch anspricht, keine Aufmerksamkeit gewidmet haben. Die kurzen erklärenden Notizen bei Banterle und der Kommentar Kellys schweigen. Vgl. für die Frage nach möglichen Verfehlungen, auf die sich Ambrosius beziehen könnte, auch unten S. 176, Anm. 106 am Ende.

Genauso wirkt der Vergleich Valentinians mit dem biblischen Vorbild Davids, der sich schuldig gemacht hatte – sogar der Prophet David war nicht frei von Schuld; da ist es verständlich, wenn ein Valentinian sich zu Verfehlungen bekennen mußte![182]

Es ist bemerkenswert, daß Ambrosius in der Rede Fehler des Verstorbenen erwähnt, auch wenn natürlich vor allem die Einsicht und Umkehrbereitschaft des jungen Herrschers betont werden.[183]

In den folgenden Paragraphen bleibt die Person Valentinians im Mittelpunkt des Interesses;[184] Ambrosius lobt verschiedene Vorzüge des Herrschers anhand unterschiedlicher Episoden aus seiner Regierungspraxis[185]; dabei bleibt der Gedanke, daß alle seine Leistungen angesichts seiner Jugend besondere Bewunderung verdienten, ein immer wiederkehrendes Thema;[186] der Gedanke der ungewöhnlich reifen Jugend Valentinians, der auch schon in der Eröffnung der Rede durch Klagerufe angeklungen war[187], verknüpft die einzelnen Episoden, die Ambrosius jetzt ausmalt, auch mit den zuerst besprochenen, langen allgemeinen Überlegungen zu Bußfertigkeit im Jugendalter. Daß Valentinian schon im Jugendalter höchste Tugenden verkörpert habe, erscheint also als ein angesichts des jugendlichen Alters des verstorbenen Herrschers naheliegendes und entsprechend häufig wiederkehrendes Motiv; es hatte bei der Auslegung von Schriftworten zum Thema früher Einsicht in

---

182 Vgl. obit. Val., 13, 7–14, 6 (CSEL 73, 337–38).

183 Es ist bezeichnend, daß Rozynski, S. 73–74, in seiner Gliederung der Rede für Valentinian, für die er ausschließlich die Kategorien der rhetorischen Trostrede nach Menander verwendet, die besprochene Passage §§ 9–14 unterschlägt und erst mit § 15 einen Abschnitt über das Lob der Tugenden Valentinians beginnen läßt. In seiner Paraphrase des Textes erfaßt er S. 81 allerdings die fraglichen Paragraphen als Erklärung der Schriftworte „Bonum est viro..." unter dem Lob Valentinians.

184 Obit. Val., 15–22 (CSEL 338–41). Valentinian ist z. Bsp. in den meisten Sätzen auch grammatisches Subjekt.

185 §§ 15–16: Sein Privatleben und die üblichen Vergnügungen der Jugend standen hinter gewissenhafter Ausfüllung des Herrscheramts zurück. § 17: Eine Episode zum Umgang des Herrschers mit Frauen; er ist moralisches Vorbild. § 18: Eine Episode zum Umgang des Herrschers mit den Gefährdungen der Macht durch Verleumdungswesen und Neid. §§ 19–20: Zur Religionspolitik und zum Umgang mit der stadtrömischen Senatsaristokratie. § 21: Sein Verhältnis zu den Provinzialen.

186 Obit. Val., 15, 2–3 (CSEL 73, 338): „.... qui etiam ludo iuventutis putaverit abstinendum, resecandam aetatis laetitiam, ..."; 16, 3–4 (CSEL 73, 338), in einem Vergleich mit dem jungen Propheten Daniel „... congruam vero adulescentem videres senilem ferre sententiam."; Valentinian wirkt sogar erzieherisch auf seine Altersgenossen 17, 8–9 (CSEL 73, 339): „..., ut ... adulescentes doceret ab amore mulieris temperare ..."; 18, 7–9 (CSEL 73, 339), im Zusammenhang verleumderischer Anklagen vor dem Herrscher: „Neque ante aut postea quisquam tanti criminis sub adulescente imperatore formidavit invidiam. Risit adulescens, quod robusti metuunt imperatores." 21, 4–6 (CSEL 73, 341), im Zusammenhang der Provinzialverwaltung: „Hoc laudant provinciae Iulianum: et ille quidem robusta aetate, iste in processu adulescentiae." Julian, dem Ambrosius hier – um die Leistungen des jungen Valentinian durch den Kontrast hervorzuheben – volles Mannesalter zuspricht, starb mit 31 Jahren (Amm., 25, 3, 23).

187 Obit. Val., 3, 7–9 (CSEL 73, 330): „Amisimus enim imperatorem, in quo duo pariter acerbant dolorem, annorum inmaturitas et consiliorum senectus."

eigene Fehler Einfluß und wird auch bei der Schilderung von Beipielen für die
Tugenden des jungen Herrschers immer wieder hervorgehoben.

Einzelne Episoden, die Ambrosius zur Veranschaulichung anstelle von nur
abstrakter Beschreibung von Tugenden erzählt, nehmen zunächst Bezug auf konkrete Vorwürfe gegen Valentinian, die ihm nach Ambrosius' Darstellung gemacht
wurden – daß er sich an Zirkusspielen und Tierhetzen ergötze oder daß er zugunsten
einer verfrühten Mittagspause die Regierungsgeschäfte vernachlässige; Valentinian
hat nach Ambrosius diese Vorwürfe jeweils schon durch sein eigenes korrektes
Verhalten zurückgewiesen.[188]

Ambrosius geht auf solche Vorwürfe ein, die ihm auch Gelegenheit bieten,
einige christliche Themen aufzugreifen, etwa Valentinians Praxis, auch nicht mehr
die im Zusammenhang römischer Herrschaftsideologie wichtigen Spiele zu Ge-
burtstagen und Regierungsjubiläen der Kaiser zu feiern[189], oder Fastenübungen des

---

188 Obit. Val., 15, 5–10 (CSEL 73, 338): „Ferebatur primo ludis circensibus delectari; sic istud
abstersit, ut ne sollemnibus quidem principum natalibus vel imperialis honoris gratiae circenses
putaret esse celebrandos. Aiebant aliqui ferarum eum venatonibus occupari atque ab actibus
publicis intentionem eius abduci: omnes feras uno momento iussit interfici."; 16, 4–8 (CSEL
73, 338): „Iactabant invidi, quod praemature prandium peteret: coepit ita frequentare ieiunium,
ut plerumque ipse inpransus convivium sollemne suis comitibus exhiberet, quo et religioni
sacrae satisfaceret et principis humanitati." Indem Ambrosius es als „humanitas principis"
auslegt, daß er sich bei zeremoniellen Zusammenkünften (convivium sollemne!), nicht etwa
Gastmählern, zu seinen comites gesellt habe, begegnet er dem wohl dahinter steckenden
Vorwurf, der junge Kaiser habe es sich mit seinen Freunden allzu üppig gehen lassen, indem er
Valentinians Verhalten als Ausweis einer traditionellen Herrschertugend deutet: Die Kaiser
sind offene, zugängliche, jedenfalls nicht sich über andere erhebende Menschen.

189 Obit. Val., 15, 5–6 (CSEL 73, 338); vgl. die vorausgegangene Anm.
Vgl. für die ablehnende Haltung der Christen gegenüber Wagenrennen, Schauspiel und Zirkus-
spielen kategorisch Lact., inst., 6, 20: „Vitanda spectacula omnia." Aus der Reihe christlicher
Äußerungen zum Thema verweise ich nur auf Tertullians frühe Schrift de spectaculis (eine
Paraphrase ihrer wesentlichen Gedanken etwa bei T. D. Barnes, Tertullian, Oxford, ²1985, S.
93–96; (vgl. die kommentierte Ausgabe von E. Castorina, Florenz, 1961.) Vgl. für die Bedeutung, die die Spiele für traditionsverbundene Heiden hatten, die große Aufmerksamkeit, die
Symmachus dem Thema in seinen Briefen widmet. – Die Nachricht aus der Rede für Valentinian, daß der Kaiser auf die Feier von Spielen verzichtet habe, reiht sich ein in eine Zahl von
inkonsequent gehandhabten Verboten christlicher Kaiser: Zirkusspiele an Sonntagen (C.TH., 2,
8, 20 aus dem Jahr 392); alle Arten von Schauspielen (C.Th., 2, 8, 23 aus dem Jahr 399); wieder
alle Arten von Spielen an christlichen Festtagen (C.Th., 15, 5, 5 aus dem Jahr 425); vgl. J.
Geffcken, Der Ausgang des griechisch römischen Heidentums, Heidelberg, 1920, S. 179.
Weitere ähnliche Maßnahmen und Hinweise, daß sie nicht durchgesetzt wurden, bei A. Demandt,
Die Spätantike, Handbuch der Altertumswissenschaft 3, 6, München, 1989, S. 389; speziell zu
Gladiatorenspielen s. Geffcken, S. 183 und S. 307, Anmm. 50–53. Bildliche Darstellungen von
Gladiatorenspielen finden sich noch im 6. Jahrhundert. Zur Haltung der Kirchenväter gegen-
über den Schauspielen vgl. die Arbeiten von H. Jürgens, Pompa Diaboli, Stuttgart, 1972 und W.
Weismann, Kirche und Schauspiel, Die Schauspiele im Urteil der lateinischen Kirchenväter
unter besonderer Berücksichtigung Augustins (Cassiacum 27), Würzburg, 1972. Jürgens sammelt aus christlichen Autoren Textstellen, die auf Vertrautheit mit dramatischen Autoren
schließen lassen oder Nachrichten über das Theater- und Spielwesen enthalten; mit einem
hilfreichen Resümee S. XI–XVIII. Weismann stellt übersichtlich die verschiedenen Schauspiele vor und beschreibt systematisch ihre Beurteilung durch die Kirchenväter (S. 69–122),
bevor er sich v. a. Augustin widmet. Weder Weismann noch Jürgens gehen auf die zur Debatte
stehende Passage aus der Rede für Valentinian ein.

Kaisers.[190] Er stellt diese lobenden Bemerkungen nicht unter die ordnende Kategorie einer bestimmten Tugend.

Besonders ausführlich[191] schildert Ambrosius, wie Valentinian eine bekannte
Schauspielerin, die in Rom die Herzen und Sitten vornehmer Jünglinge gefährde-
te[192], zu sich zitiert habe – um seine Altersgenossen vor ihr zu bewahren. Gegen
Widerstände sei es erst bei einem wiederholten Einsatz schließlich doch gelungen,
die Anordnung des Kaisers durchzusetzen. Die Dame mußte vor dem Kaiser erscheinen; er habe sie sich aber nicht selbst angesehen[193], sondern nach Durch-
setzung seines Befehls fortgeschickt.

Daß es geboten schien, den jungen Herrscher eine elegante Freundin vornehmer
römischer Adliger nicht persönlich treffen zu lassen, wird von Ambrosius als
vorbildliche Keuschheit ausgelegt; daß Valentinian seinen Befehl an die Dame
notgedrungen wiederholte, nachdem sie zunächst aufgrund irgendeiner Beste-
chungsintrige[194] dem kaiserlichen Befehl offensichtlich nicht nachkommen mußte,
soll die Entschlossenheit des Herrschers, sich durchzusetzen, dokumentieren.[195]
Ambrosius verschweigt in der Leichenrede für den Kaiser nicht den dieser Episode
wohl zugrunde liegenden Skandal, der Phantasie und Spottlust auch der Zeitgenossen beschäftigt haben mag[196], sondern er stellt ihn aus seiner Sicht dar; damit
verbindet er die Absicht, Valentinians Keuschheit anhand eines konkreten Falles zu
beschreiben[197] und gleichzeitig den jungen Kaiser zum Sittenrichter über sich selbst

190 Obit. Val., 16, 4–8 (CSEL 73, 338), vgl. oben S. 90, Anm. 188. Fasten, die Kontrolle
    fleischlicher Wünsche und Askese sind für christliche Autoren wesentliche, vor Ambrosius
    sogar die wichtigsten Bereiche, in denen sich die Tugend der „temperantia" bewährt, vgl. H.
    North, S. 312–13 zu griechischen, S. 353–54 zu lateinischen Autoren. Ambrosius reiht sich mit
    de Elia et Ieiunio (eine kurze Inhaltsübersicht bietet Dudden S. 108, Anm. 10.) in eine
    christliche Tradition asketischer Schriften ein. Zu Fastenpraktiken in Mailand im späten vierten
    Jahrhundert und zu Ambrosius' eigenen Gewohnheiten vgl. anschaulich Dudden S. 109–111.
    Zum Fasten als Bußübung vgl. ebd. S. 636.
191 Obit. Val., 17, 1–14 (CSEL 73, 338–39). Ambrosius widmet hier einer einzigen Episode mehr
    Raum als dem Thema, wie Valentinian mit verleumderischen Anklagen umgegangen sei, und
    genausoviel, wie den Gedanken unter dem Stichwort „amor provincialium"; s. den Vergleich
    unten S. 92, Anm. 204.
192 Obit. Val., 17, 1–2 (CSEL 73, 338–39): „Scenicae alicuius forma ac decore deperire Romae
    adulescentes nobiles nuntiabatur." Christliche Urteile über den Beruf der Schauspielerin sind
    eindeutig. Eine Schauspielerin, die sich taufen ließ, mußte der Bühne entsagen. Alle Gesetze
    über Schauspielerinnen gehen vom lockeren Lebenswandel dieses Gewerbes aus, vgl. De-
    mandt, S. 390.
193 Obit. Val., 17, 6–7 (CSEL 73, 339): „Deductam tamen numquam aut spectavit aut vidit."
194 Obit. Val., 17, 2–3 (CSEL 73, 339): „Missus pretio depravatus sine mandati effectu redit."
195 Obit. Val., 17, 7–10 (CSEL 73, 339): „Postea redire praecepit, ut et omnes cognoscerent irritum
    eius non esse mandatum et adulescentes doceret ab amore mulieris temperare, quam ipse, qui
    poterat habere in potestate, despexerat."
196 Obit. Val., 17, 5–6 (CSEL 73, 339): „Datus est aliquibus obtrectandi locus."
197 Obit. Val., 17, 10–13 (CSEL 73, 339): „Et haec fecit, cum adhuc non haberet uxorem et tamen
    exhiberet sui tamquam vinctus coniugio castitatem. Quis tam dominus servi, quam ille sui
    corporis fuit?" Zusammen mit „temperare ab amore mulieris" in 17, 9 erinnert die Wendung
    „dominus corporis sui" und der Begriff der „castitas" an asketische Ideale, die einem bei
    christlichen Autoren vor Ambrosius verbreiteten Verständnis der Tugend der „temperantia"

zu stilisieren.[198] Er spricht Valentinian aber auch deutlich den Willen zu, seine Altersgenossen zu belehren und zu bessern;[199] die fürsorgliche Absicht des jungen Herrschers für seine Altersgenossen erscheint dadurch besonders beeindruckend, daß er zuallererst an sich selbst die strengen Anforderungen seiner moralischen Vorstellungen stellte: „Quis tam aliorum arbiter, quam ille suae censor aetatis?"[200]

In einer weiteren Episode beschreibt Ambrosius den souveränen Umgang des Herrschers mit den Gefährdungen der Macht durch Verleumdungen und Neid.[201] Er sieht in der geschilderten Begebenheit aber vor allem einen Beweis für dessen Frömmigkeit – das Stichwort der „pietas" leitet die Textpassage ein[202] – weil Valentinian sich dagegen verwahrt habe, an christlichen Festtagen grausame Strafen zu beschließen.[203] So erscheint die „pietas" des Kaisers als fromme Wahrung kirchlicher Gebote.

Unter dem gleichen Stichwort der „pietas" beschreibt Ambrosius dann breit, wie Valentinian in der Frage der umkämpften Privilegien für heidnische Priesterschaften die Interessen der christlichen Kirche gegenüber der stadtrömischen Senatsaristokratie standhaft und angeblich selbständig vertreten habe. Ambrosius selbst hatte an diesen Auseinandersetzungen großen Anteil. Die geschilderte Episode nimmt mehr Raum ein als alle anderen in der Rede geschilderten Begebenheiten aus der Regierungszeit des jungen Kaisers;[204] Ambrosius läßt den verstorbenen

entsprechen, vgl. H. North wie oben S. 75, Anm. 107. Ambrosius betont diese Ideale hier nicht in auffälliger Weise. Zu seinen entschiedenen Ansichten über sexuelle Enthaltsamkeit vgl. kurz S. 76, Anm. 112 in der vorliegenden Arbeit.

198 Obit. Val., 17, 13–14 (CSEL 73, 339), der prononcierte Abschluß der Episode: „Quis tam aliorum arbiter quam ille suae censor aetatis?"

199 Vgl. obit. Val., 17, 4–5 (CSEL 73, 339): „emendare vitia adulescentium"; 17, 8–9: „adulescentes docere ab amore mulieris temperare".

200 Die Bezeichnung als „censor" findet sich vor allem – aber nicht ausschließlich – bei christlichen Autoren im übertragenen Sinne vom „reprehensor", „castigator", „corrector", „criticus", „iudex". Vgl. H. Hoppe, „censor", Sp. 801, Thes. ling. lat., 3, 1907, Sp. 797–801. Vgl. bei Ambrosius etwa exc. Sat., 1, 40, 7–9 (CSEL 73, 231): „Tu enim ... censor servulorum, arbiter fratrum, non litis, sed pietatis arbiter." Mit der Bezeichnung des jungen Herrschers Valentinian als „suae censor aetatis" muß kein Gedanke an das Sittenrichteramt des Kaisers verbunden sein, auch wenn mit dem Wort noch Vorstellungen von Integrität, Ernst und Strenge verbunden gewesen sein mögen.

201 Obit. Val., 18, 1–10 (CSEL 73, 339).

202 Obit. Val., 18, 1 (CSEL 73, 339): „Quid de pietate eius loquar, qui ..." Vgl. zu dieser Art der Einführung eines neuen Gedankens in der Lobrede oben S. 71, Anm. 88.

203 Obit. Val., 18, 4–5 (CSEL 73, 339): auf eine verleumderische Anklage reagierte Valentinian „..., ut nihil cruentum sanctis praesertim diebus statueretur." Der so erwirkte Aufschub ermöglichte nach Ambrosius' Darstellung eine genauere Prüfung des Falles und Freisprechung des Angeklagten (ebd. 5–7). So wunderbar wirken also die Segnungen christlicher Festtage, wenn fromme Herrscher sie heilig halten. Duval erkennt in „sanctis diebus" die Ostertage, ohne einen Grund dafür zu nennen (S. 269).

204 Obit. Val., 19, 1–20, 13 (CSEL 73, 339–40) = 20 Zeilen der Ausgabe von Faller. Vgl. dazu die Länge anderer Episoden: Die gefährlich schöne Schauspielerin = 13 Zeilen (17, 1–14, (CSEL 73, 338–9)); das Verhältnis zu den Provinzialen = 10 Zeilen (21, 1–22, 5 (CSEL 73, 340–41); der souveräne Umgang mit Verleumdern und seine fromme Weigerung, an christlichen Festtagen grausame Strafen zu beschließen = 9 Zeilen (18, 1–10 (CSEL 73, 339)).

Kaiser hier wiederholt in direkter Rede sprechen. Die Bemühungen des Redners gelten dem Zweck, unter dem Stichwort der Frömmigkeit die Freundschaft Valentinians zur christlichen Kirche darzustellen.[205]

Ambrosius hatte die Weigerung Valentinians, an christlichen Festtagen aufgrund von Majestätsklagen grausame Strafen zu beschließen, und seine selbstbewußte Standhaftigkeit gegenüber den Forderungen der stadtrömischen Senatsaristokratie unter dem einleitenden Stichwort der „pietas" behandelt. Mit einem neuen gliedernden Stichwort kommt er nun in wenigen Worten auf sein Verhältnis zu den Provinzialen zu sprechen.[206] Die gegenseitige Liebe zwischen Herrscher und Untertanen wird nur allgemein beschworen. Konkret habe der Kaiser auf zusätzliche Steuern – ein dem öffentlichen Interesse und der Panegyrik geläufiges Thema[207] – verzichtet.[208] Im Zusammenhang mit diesem Thema wird kurz ein weiterer Topos des Herrscherlobs aufgegriffen, der Vergleich mit anderen Herrschern[209], hier Julian, der als Feind der Christen in der Rede des Ambrosius gegenüber dem Jüngling Valentinian für seine Finanzpolitik ungerecht herabgewürdigt wird.[210]

Um ein konkretes Beispiel für die Einsatzbereitschaft des Herrschers für die Untertanen zu schildern, greift Ambrosius erneut auf eine schon am Anfang der Rede von ihm benutzte Begebenheit zurück, wie Valentinian dem von Feinden bedrohten Italien habe beistehen wollen.[211]

So hat Ambrosius in einem längeren Abschnitt der Rede[212] zusammenhängend über die Person Valentinians gesprochen. Sein Verbot von Zirkusspielen, seine Fastenübungen und seine durch keine Vergnügungen gestörte Amtserfüllung, seine

---

205 Vgl. dazu ausführlich im Kapitel „Politische Rücksichten und Absichten in den Kaiserreden", S. 169–75.

206 Obit. Val., 21, 1 – 22,5 (CSEL 73, 340–41): „Quid de amore provincialium loquar, ... ", Das Verhältnis zu den Provinzialen ist ein üblicher Bestandteil des Herrscherlobs, vgl. oben S. 78, Anm. 126. – Zur Art der Einführung eines neuen Gedankens in der Lobrede vgl. oben S. 71, Anm. 88.

207 Vgl. etwa Men. Rhet., 375, 21–24.

208 Obit. Val., 21, 1–4 (CSEL 73, 340–41): „Quid de amore provincialium loquar, vel quo eos ipse conplectebatur, vel qui ab his consultori suo rependebatur, quibus nihil umquam indici passus est? ‚Praeterita', inquit, ‚non queunt solvere, nova poterunt sustinere?'",

209 Vgl. etwa Men. Rhet., 376, 31 – 377, 9. Menander bezeichnet es ausdrücklich als unangemessen und ungeschickt („ἄτεχνον"), bei einem solchen Vergleich die Leistungen anderer Herrscher herabzuwürdigen. Ambrosius kümmert sich nicht darum, wenn es darum geht, den Feind der Christen, Julian, zu verleumden.

210 Obit. Val., 21, 4–7 (CSEL 73, 341): „Hoc laudant provinciae Iulianum: et ille quidem robusta aetate, iste in processu adulescentiae; ille plurima repperit et exhausit omnia, iste nihil invenit et omnibus abundavit." Die Behauptung scheint nach Maßgabe des überwiegenden Teils der modernen historischen Forschung schlicht falsch zu sein: Julian hat erfolgreich staatliche Ausgaben gesenkt und die Steuerlast zu verringern sich bemüht. Vgl. etwa A. H. M. Jones, The later roman empire, Oxford, 1964, S. 136. E. Pack, Städte und Steuern in der Politik Julians (= Collection Latomus 194), Bruxelles, 1986, bemüht sich, das einhellige Bild von Julian in den antiken Quellen und modernen Darstellungen (vgl. die Übersicht bei Pack, S. 61–62) zu relativieren, vgl. dazu die Rezension von R. Klein, in: Gymnasium 94, 1987, 464–66.

211 Obit. Val., 22, 1–5 (CSEL 73, 341); vgl. dazu ausführlich S. 154–69.

212 Obit. Val., 15–22 (CSEL 73, 338–41).

keusche Zurückhaltung im Umgang mit Frauen und seine Vorbildfunktion für seine Altersgenossen lassen sich der Tugend der „temperantia" zuordnen;[213] so erscheint etwa die „castitas" des Herrschers als eine der wenigen explizit genannten Tugenden.[214] Viel öfter als eine bestimmte Tugend steht hier aber die Jugend Valentinians und seine für sein Alter erstaunliche Reife im Vordergrund. Das gleiche gilt für die zuletzt besprochene Zuneigung der Provinzialen zu ihrem Herrscher.

Als Tugend nimmt die „pietas" größeren Raum ein. Die „pietas" Valentinians beschreibt Ambrosius aber nicht als dessen persönliches Verhältnis zu Gott. Wie er den Kaiser schon vorher im Zusammenhang mit der Trauer der Kirche als „pius" und „fidelis" gepriesen hatte[215], so begründet er das Lob seiner Frömmigkeit hier mit seiner Achtung christlicher Festtage und seiner Bereitschaft, die Interessen der Kirche gegenüber der heidnischen stadtrömischen Senatsaristokratie zu wahren. Valentinians „pietas" erscheint vor allem als treue Verbundenheit mit der Kirche.

In den folgenden Paragraphen redet Ambrosius lange vor allem von sich selbst.[216] Auch nach dieser Passage findet die Rede nicht zu den Leistungen oder Tugenden Valentinians zurück. Ambrosius referiert in der Rede eine Predigt, die er am selben Tag gehalten hatte.[217] Der Herrscher erscheint dabei nach üblichen Formen christlicher Kaiserverherrlichung als Nachahmer und Schüler Christi.[218] Ambrosius entwickelt aus diesen Schlagworten aber keine weiteren Gedanken zum Lob des Kaisers.

Unmittelbar bevor Ambrosius sich in seiner Rede dem Trost der hinterbliebenen Schwestern Valentinians zuwendet[219], lobt er das gute Verhältnis zwischen den Geschwistern.[220] So finden sich zunächst sehr allgemeine Formulierungen, daß der junge Kaiser im Kreis der Geschwister Rückhalt und Bestärkung für sein sorgen-

---

213 Vgl. H. North, S. 368: „The consolation on the death of Valentinian II emphasizes still a third concept of kingly sophrosyne, this time the virtue of sobriety, renunciation of the normal pleasures of youth, fasting and chastity." Ihr Urteil ist insofern nicht angemessen, als es – gemäß der Konzeption ihrer Arbeit als Studie zum Begriff der Sophrosyne – nur diese eine Tugend des Kaisers ins Auge faßt.

214 „Castitas" ist auch traditionelle Herrschertugend etwa Trajans (vgl. F. E. Consolino, S. 1035–36).

215 Vgl. oben S. 87, Anm. 175.

216 Obit. Val., 23–28 (CSEL 73, 341–43); vgl. dazu ausführlich S. 173–78 im Abschnitt über politische Rücksichten und Absichten.

217 Vgl. dazu ausführlich unten S. 160–64.

218 Obit. Val., 32, 14–15 (CSEL 73, 345): „Orabat ergo dominus Iesus, et eius imitator Valentinianus orabat."; 33, 5–8 (CSEL 73, 346): „Audiamus ergo, quid oret Christi discipulus. Utique quod magister docuit. Docuit autem, ut vigilemus et oremus, ne ingrediamur in peccatum." Die „imitatio Christi" ist übliche Gedanke christlicher Kaiserverherrlichung, der sich an die alttestamentliche Vorstellung messianischen Königtums anschließt, vgl. Hadot, Fürstenspiegel, Sp. 610.

219 Ab obit. Val., 38, 8 (CSEL 73, 348); deutlich: 40, 1–2 (CSEL 73, 349): „Sed ad vestram, sanctae filiae, consolationem revertar." Vgl. dazu ausführlich oben S. 44–49.

220 Obit. Val., 36, 1–3 (CSEL 73, 347): „Advertimus, quem circa amicos suos habuerit animum, consideremus, quem erga germanas suas habuerit adfectum."

volles Amt gefunden habe.[221] Weniger allgemein, sondern vielmehr so, daß ein individueller Wesenszug einer Person darin aufleuchtet, beschreibt Ambrosius, daß der Herrscher Fehler oder jugendlich überhebliche Worte gegenüber seinen Schwestern bereut und sie dafür um Verzeihung gebeten habe.[222] Ambrosius erinnert erneut an die Jugend Valentinians und an seine Bereitschaft zu Selbstkritik und Besserung; die Rede vermittelt durch den häufigen Rückgriff auf diesen Gedanken in verschiedenen Zusammenhängen – wahrheitsgemäß oder nicht – den Eindruck, als ob darin ein typischer Charakterzug Valentinians zu erkennen sei.

Ambrosius verbindet mit solchen Eigenschaften der Umkehrbereitschaft und der Einsicht in eigene Fehler sonst die christliche Tugend der Demut[223], und im speziellen Kontext des Verhältnisses zu seinen Geschwistern spricht er sie auch dem Kaiser zu.[224] Außer in diesem besonderen Fall hat die Bereitschaft zur Selbsterniedrigung in der Lobrede für den Herrscher keine Bedeutung; sie scheint im Gegenteil mit Herrschaft unvereinbar zu sein.[225]

Ambrosius schildert anhand eines konkreten Rechtsfalles[226], wie das enge geschwisterliche Verhältnis es nicht verhinderte, daß Valentinian bei Loyalitätskonflikten zwischen der Bindung an die Schwestern und den Forderungen seiner Herrschaft überlegene Gerechtigkeit walten ließ.[227] Hier greift Ambrosius mit den Stichworten eines „aequus iudex", der „iustitia" und der „misericordia" beiläufig auch auf unbestrittene Herrschertugenden zurück[228]; Thema des Abschnitts bleibt

---

221 Obit. Val., 36, 3–4 (CSEL 73, 347). Die angeredeten Schwestern waren wahrscheinlich noch jünger als der jugendliche Kaiser. Vgl. oben S. 44, Anm. 120.

222 Obit. Val., 36, 4–6 (CSEL 73, 347): „Rogabat eas, ut, si quo pueritiae suae lapsu, si sermone aliquo offensae a fratre viderentur, ignoscerent, veniam sibi a domino deo depraecarentur."; vgl. 36, 10: „Rogabat, ut non meminissent iniuriae, meminissent gratiae."

223 Vgl. etwa in Ambr., in Ps. 118, 30, 62 (CSEL 62, 222, 1–5): „Cum autem humiliamur, peccata nostra cognoscimus et ipsa delicta nostra purgamus. ‚Humiliatus sum', inquit, ‚et salvum me fecit.' (Ps. 114, 6 (Sept.)) In veritate ergo humiliatus, qui humiliatus est ad salutem, nec vane pertulit passionem, qui salutem veritatis secutus est."

224 Obit. Val., 36, 7–9 (CSEL 73, 347): „Manus, capita sororibus osculabatur, inmemor imperii, memor germanitatis. Et quanto magis aliis potestatis iure praestaret, hoc se magis humilem sororibus exhibebat."

225 Vgl. ebd.: „inmemor imperii, memor germanitatis." Die Beobachtung gewinnt im Vergleich zur Theodosiusrede Profil; vgl. unten S. 110–11.

226 Obit. Val., 37 (CSEL 73, 347–48).

227 Obit. Val., 37, 4–5 (CSEL 73, 347): „... pietatem suam iustitia temperaret." „Pietas" steht im Kontext der hier behandelten Passage im traditionell römischen Sinn für Bindung und Verpflichtung zum Beispiel zwischen Familienmitgliedern, vgl. im Gegensatz dazu im Sinne von „Frömmigkeit" etwa 18, 1 (CSEL 73, 339). – In dem geschilderten Rechtsstreit ließen sich die Schwestern natürlich von der Gerechtigkeit und Milde des kaiserlichen Bruders beeindrucken und verzichteten auf ihre Ansprüche (37, 9–15, (CSEL 73, 348)).

228 Obit. Val., 37, 2–8: (CSEL 73, 347): „... tantus enim erat, ut etiam in causa sororum aequus fore arbiter a provincialibus aestimaretur, quod, etsi circa sanctas necessitudines suas caritate propenderet, tamen pietatem suam iustitia temperaret. Audivit negotium non de iure, sed de possessione praedii. Hinc pietas pro sororibus, inde misericordiae pro orphano causa certabat, ut pro eo apud ipsas interveniret sorores." Vgl. zu „iustitia" und „misericordia" v. a. unten S. 107–110.

aber die Liebe zwischen den Geschwistern, so daß Ambrosius dann mit glattem Anschluß zum Trost der Schwestern des Toten überleiten kann.

Ambrosius wendet sich erst am Schluß der Rede in äußerlicher Anlehnung an Vorgaben der antiken Theorie für Leichenreden erneut Valentinian zu. Der Beginn eines neuen Redeabschnitts wird durch einen expliziten gliedernden Hinweis auch für die Zuhörer deutlich: Bevor er den Leichnam dem Grab übergibt, will der Redner innehalten und mit seinem Blick bei dem Toten verweilen. Das entspricht den Vorschriften des Rhetors Menander für Trauerreden, unter denen sich der Vorschlag findet, kurz vor dem Abschied von dem Toten die Schönheit seines Körpers zu loben.[229]

Nachdem Ambrosius diesen Redeteil offensichtlich in Anlehnung an übliche Strukturierungsvorgaben für eine Leichenrede explizit eröffnet hat, findet sich in diesem Abschnitt ein weiterer gliedernder Hinweis, der den Eindruck bestätigt, daß Ambrosius sich von diesen Vorgaben leiten läßt: Nachdem er über den Körper des Toten gesprochen habe, wolle er sich nun seiner Seele zuwenden.[230] Ambrosius lobt gemäß den Forderungen der Schulrhetorik vor der Beisetzung des Toten dessen körperliche Schönheit; wenn er danach über die Seele Valentinians spricht, macht er sich übliche Einteilungskategorien zunutze, die ebenfalls zum Allgemeingut rhetorischer Bildung gehören, um zu einem neuen Thema überzuleiten.[231] Was Ambrosius in kurzen gliedernden Hinweisen, die er in seine Rede einfließen läßt, für den letzten Teil seiner Rede ankündigt, entspricht scheinbar den üblichen Vorschriften rhetorischer Theorie.

Was Ambrosius im letzten Abschnitt seiner Rede tatsächlich sagt, läßt sich aber kaum in Einklang zu diesen beiläufigen Absichtserklärungen bringen, die rhetorischen Formeln entsprechen. Nachdem Ambrosius angekündigt hat, Valentinian zu beschreiben, erklärt er ausführlich, daß er zu diesem Zweck Verse des Hohenlieds so verstehen wolle, als würde in ihnen über den verstorbenen Kaiser gesprochen. Diese Interpretation der Worte, mit denen nach dem gängigen Verständis der Kirche Christus beschrieben wird, rechtfertigt er ausführlich nach Art eines Exegeten unter Rückgriff auf verschiedene Bibelstellen.[232]

---

229 Obit. Val., 58, 1–2 (CSEL 73, 357): „Sed iam cara mihi conplectar viscera et debito condam sepulcro. Prius tamen singula membra perspiciam." Vgl. Menander in den Vorschriften zur Monodie, 436, 15–21. Das Motiv ist mit seiner unmittelbar auf die konkrete Situation der angesichts des aufgebahrten Leichnams Trauernden bezogenen Wirkung typisch für den stark emotionalen Charakter, den die Monodie nach den Vorschlägen Menanders haben soll.

230 Obit. Val., 64, 1–3 (CSEL 73, 359): „Locutus sum de corpore tuo, nunc adloquar animam tuam dignam propheticis ornamentis. Isdem igitur utar exordiis: ‚Quaenam est haec ...‘ (*Cant., 6, 9)"

231 Die Unterscheidung von körperlichen und seelischen Vorzügen und auch die Überzeugung, daß letztere wichtiger seien – die Ambrosius an der behandelten Stelle vielleicht implicite dadurch ausdrückt, daß ihm das Lob körperlicher Schönheit nicht zu genügen scheint – sind in Rom als rhetorische Schulweisheiten deutlich greifbar seit Ciceros Zeiten, vgl. S. 53, Anm. 9. Auch bei Menander findet sich die selbstverständliche Unterscheidung von körperlichen und seelischen Vorzügen (Men. Rhet., 420, 12–14) – nicht allerdings im Zusammenhang der Empfehlung für die pathetische Monodie, unmittelbar vor der Beisetzung die Schönheit des Körpers zu loben.

232 Obit. Val., 58, 2–59, 2 (CSEL 73, 357): „Valentinianus meus, ‚iuvenis meus candidus et rubeus'

Ausgangspunkt für seine Gedanken ist zunächst eine Passage des Hohenliedes, in der die Freundin die Schönheit ihres Freundes beschreibt.[233] In freier Assoziation erinnert Ambrosius sich an die Verse, die den schönen Kopf, die Augen, den Leib, die Wangen, Lippen, Hände und den Mund des Geliebten besingen.[234] Aber ausgehend von den einzelnen Körperteilen spricht er nicht über die Schönheit des Körpers; vielmehr kommt er aufgrund seiner Interpretation der Schriftworte auf andere Qualitäten Valentinians zu sprechen.

Dazu benutzt er übliche exegetische Gedanken christlicher Autoren, die die als allzu sinnlich empfundenen Verse alttestamentlicher Liebeslyrik in keuschem Sinne interpretieren.[235] So ergänzt er schon die zuerst von ihm herangezogenen alttestamentlichen Worte, mit denen die Freundin die Schönheit ihres Freundes preist – „Mein Freund ist weiß und rot" – ‚daß der so beschriebene junge Kaiser in sich das Bild Christi trage und ihm nacheifere.[236] Auch die Deutung, die Ambrosius den Worten der Freundin gibt, ihr Freund sei auserlesen unter Zehntausenden, setzt sich über die Vorgabe hinweg, die Schönheit des Körpers zu loben: Ambrosius bezieht die Phrase der Schrift, in seinen Assoziationen ausgehend von dem Gedanken der

---

(*Cant., 5, 10) habens in se imaginem Christi – talibus enim prosequitur ecclesia in Canticis Christum; nec iniuriam putes: charactere domini inscribuntur et servuli et nomine imperatoris signantur milites. Denique et ipse dominus dicit: ‚Nolite tangere christos meos' (Ps. 104, 15) et: ‚Vos estis lux mundi' (Mt., 5, 14) et Iacob dixit: ‚Iuda, te conlaudent fratres tui' (*Gen., 49, 8); ad filium loquebatur et dominum revelabat. Et de Ioseph dixit: ‚Filius meus ampliatus, filius meus ampliatus Ioseph' (*Gen., 49, 22), et Christum significabat. Licet ergo et mihi charactere domini signare servulum." Vgl. zur Einbeziehung des Hohenlieds unten S. 148–51. Zur Erfüllung des Topos „Schönheit des Körpers" durch Rückgriff auf das Hohelied knapp Duval, S. 139–42.

233 Obit. Val., 59–63 (CSEL 357–59), jeweils ausgehend von Teilen der Verse *Cant., 5, 10–16. Ambrosius geht nicht auf alle in dieser Passage des Hohenliedes beschriebenen Körperteile ein – er ignoriert Haare und Waden – und kommt auf die einzelnen Körperteile in einer anderen Reihenfolge zu sprechen, als sie im Text der Schrift erscheinen. Ein plausibler Erklärungsversuch zu den Abweichungen scheint mir zu sein, daß er die Verse nicht aus der Vorlage der Bibel zitiert, sondern aus dem Gedächtnis assoziiert.

234 Vgl. Men. Rhet., 436, 15–21, wo zum Lob der Schönheit des Körpers ausdrücklich Wangen, Haare, Augen, Wimpern, Bartwuchs etc. aufgezählt werden. Die Parallele zu Ambrosius' Vorgehen nach den Versen des Hohenliedes ist offensichtlich.

235 Vgl. dazu nur die Hinweise bei Faller ed. auf Erklärungen des Origenes zum Hohenlied.

236 Obit. Val., 58, 3–4 (CSEL 73, 357); vgl. unten S. 139, Anm. 78. Daß das Gewicht der Aussage auf dem Zusatz des Redners zu den Schriftworten liegt, ergibt sich aus den langen Erklärungen, die diesem Zusatz folgen. Daß Valentinian Christus nachgeeifert habe, hatte Ambrosius schon vorher gesagt (vgl. oben S. 94, Anm. 218), und er kommt darauf auch wieder zurück, wenn er sich auf die Schriftworte über den im Hohenlied besungenen schönen Leib des Freundes bezieht. Ich kann den Assoziationsgang, der Ambrosius zu diesen Gedanken führt, nicht nachvollziehen, vgl. obit. Val., 60, 1–4 (CSEL 73, 358): „ ‚Venter eius pyxis eburnea' (*Cant., 5, 14 (Sept.)), qui reciperet oracula scripturarum, ut posset dicere: ‚Ventrem meum doleo' (Hier., 4, 19), sicut dixit propheta; dicit enim haec, qui imitator est Christi." Der Zusammenhang bei Jeremias, aus dem das Zitat stammt, liefert keinen Aufschluß über den Gedankengang. Die kommentierenden Anmerkungen bei Kelly und Banterle schweigen. Der Hinweis von Faller ed., daß von dieser Stelle ab Ambrosius wahrscheinlich auf den verlorenen Kommentar des Origenes zum Hohenlied zurückgegriffen hat, erklärt die Passage auch nicht.

Auserwähltheit, auf die Berufung des Kindes Valentinian zur Herrschaft.[237] Einen
der Verse des Hohenlieds interpretiert Ambrosius ohne jeden erkennbaren Bezug
auf Valentinian[238], andere kommentiert er nur knapp oder überhaupt nicht[239], bis
ihm zu einer bestimmten Textstelle wieder Parallelen einfallen. Was er dann an
Valentinian lobt, steht wiederum nicht im Zusammenhang mit äußerlicher Schönheit, sondern ergibt sich aus der mehr oder weniger einleuchtenden Deutung durch
Ambrosius: So schreibt er ihm, ohne daß er dies durch Beispiele erläutert, die
Tugend der Gerechtigkeit zu, lobt, daß er bei aller herrscherlichen Gewalt dennoch
den Menschen zugänglich geblieben sei, preist seine Standhaftigkeit und, pointiert
als Abschluß einer Reihe traditioneller Herrschertugenden, wieder seine ungewöhn-
liche Bereitschaft zur Umkehr; alle diese Tugenden stellt Ambrosius, ausgehend
von den Schriftworten über die Hände des Geliebten, unter den Begriff des tätigen
Dienstes an Christus.[240] Frei assoziierend zu den Schriftworten über den schönen
Mund[241] des Geliebten preist er schließlich die gerechten Urteile des Kaisers, die in
aller Munde gewesen seien, und erinnert daran, daß seine Worte bei den Untertanen
in Erinnerung blieben.[242] Ambrosius nutzt diesen Zusammenhang von Reden und
Sprechen, zu dem er durch das Stichwort „Mund" gefunden hat, um mit Bezug auf
die „letzten Worte"[243] des Valentinian daran zu erinnern, daß der Kaiser vor seinem
Tod die Nähe zu Ambrosius selbst gesucht habe.[244]

237 Obit. Val., 59, 2–5 (CSEL 73, 357–58): „ ,Iuvenis meus candidus er rubeus, electus de decem
     milibus!' (*Cant. 5, 10) Electus est filius meus, cum post mortem patris parvulus adscisceretur
     imperio." Zur Berufung des vierjährigen Valentinian vgl. z. Bsp. Ammian, 30, 10, 4 (vgl. oben
     S. 87, Anm. 171)
238 Obit. Val., 59, 5–7 (CSEL 73, 358): „ ,Caput eius cephaz, oculi eius sicut columbae super
     abundantiam aquarum' (*Cant., 5, 11–12). Ibi enim ,sedimus et flevimus' (Ps. 136, 1), dixerunt,
     qui inde venerunt."
239 Obit. Val., 61, 1–62, 3 (CSEL 73, 358): „ ,Genae eius sicut fialae aromatis', quibus Christi
     influebat unguentum. ,Labia eius sicut lilia stillantia myrra plena. Manus eius tornatae, aureae
     plenae tharsis' (*Cant., 5, 13–14 (Sept.)), eo quod ... "
240 Obit. Val., 62, 2–7 (CSEL 73, 358): „ ,Manus eius tornatae, aureae, plenae tharsis' (*Cant., 5,
     14 (Sept.)), eo quod in verbis eius iustitia refulgeret, in factis et operibus reniteret gratia: in quo
     et plenum virtutis auctoritasque regalis esset adloquium nec inflexa aliquo mortis terrore
     constantia et factorum pretiosa et emendata correctio; omnis enim bonus operarius manus
     Christi est."
241 „Fauces", vgl. Cant. 5, 16 Sept.: „φάρυγξ", Vulg.: „guttur".
242 Obit. Val., 63, 1–5 (CSEL 73, 358–59): „ ,Fauces eius dulcedines et totus desiderium.' (*Cant.,
     5, 16 (Sept.)) Quam dulcia enim omnia iudicia eius universorum faucibus adhaeserunt! Quanta
     gratia sermones ipsius singuli recensentur! Quemadmodum fili desideraris a populis!"
243 Obit. Val., 63, 6–7 (CSEL 73, 359): „... verba illa postrema, quibus me vadem tuum fieri
     postulabas." Sich auf die „letzten Worte" des Toten zu berufen ist ein übliches Motiv wohl nicht
     nur bei Ambrosius, vgl. S. 184, Anm. 144. Der Wortlaut der hier besprochenen Passage
     übergeht die Tatsache, daß die „letzten Worte" des Kaisers nicht überhaupt seine letzten Worte,
     sondern nur seine letzten Mitteilungen an Ambrosius gewesen sein können. Ambrosius kann es
     sich erlauben, in der gleichen Rede in verschiedenen Varianten die „letzten Worte" Valenti-
     nians zu beschwören: Gemäß obit. Val., 50, 10–11 (CSEL 73, 354), wo Ambrosius die
     Schwestern tröstet, galt die letzte Sorge des kaiserlichen Bruders seinen Schwestern: „..., qui
     ipso nostri doloris die dicitur hanc solam emisisse vocem: ,Vae miseris sororibus meis!'„
244 Obit. Val., 63, 5–11 (CSEL 73, 359): „Mihi certe impressisti, quae pectore teneo, verba illa
     postrema, quibus me vadem tuum fieri postulabas. Reliquisti ipse de me testimonium iudicii

Indem Ambrosius Verse des Hohenliedes, die den Körper des Geliebten beschreiben, auf Valentinian bezieht und nach üblicher exegetischer Praxis die eigentlich körperlich gemeinten Verse allegorisch versteht, lehnt er sich äußerlich an einen üblichen Vorschlag der rhetorischen Theorie für Leichenreden an, die Schönheit des Verstorbenen zu loben, deutet diese Vorgabe aber gleichzeitig in christlichem Sinne um.

Ambrosius verweilt danach mit seinen Gedanken bei den Versen des Hohenliedes, rückt aber andere Themen in den Vordergrund. Wie bereits beschrieben, nutzt er übliche Einteilungskategorien für einen glatten Übergang: Nachdem er – scheinbar – über den Körper Valentinians gesprochen habe, will er sich nun seiner Seele zuwenden;[245] Verse des Hohenliedes bieten ihm auch dazu einen Anlaß.[246] Ambrosius läßt sich nun stark von Assoziationen zu den einzelnen Versen leiten, und seine Gedanken schweifen in weiten Kreisen um den zugrundeliegenden Schrifttext.[247] Ich beschränke mich hier darauf, die Passagen zu betrachten, in denen Ambrosius sich lobend über Valentinian äußert.

Ausgehend vom Stichwort des „Tanzes im Feldlager"[248] gleiten die Gedanken zum Begriff des Kampfes: prompt läßt Ambrosius sich darauf ein, die Kämpfe des Kaisers gegen auswärtige Feinde, dann aber vor allem seinen Kampf gegen irdische Wechselfälle, gegen körperliche Schwäche und die Gewalt der Leidenschaften zu preisen.

Der Vers „Wende dich, Sulamith!" kann an die in der Rede oft gelobte Umkehr-Bereitschaft des Kaisers erinnern. Ambrosius greift die Worte jetzt erneut auf, obwohl er sie vorher schon anders gedeutet hatte, und so findet der Gedankenfluß in nicht leicht zu verfolgenden Schleifen erneut zu dem in der Rede häufig gepriesenen Charakterzug Valentinians, „umzukehren", seine eigene Fehler zu erkennen und zu bekämpfen.[249]

gloriosi. Ego tibi fidem meam exhibere non potui, quam parabam; dixi tamen absens et dicentem me fidem pro te Christus audivit. Tenetur in caelo sponsio mea, etsi non tenetur in terris. Obligatus sum deo, etsi non potui hominibus obligari." Die Passage fügt sich ein in eine ganze Reihe anderer Textstellen in verschiedenen Zusammenhängen der Rede, durch die Ambrosius sein enges und gutes Verhältnis zu dem verstorbenen Kaiser darstellen will, vgl. S. 160–69.

245 Obit. Val., 64, 1–2 (CSEL 73, 359), vgl. oben S. 96, Anm. 230.

246 Obit. Val., 64, 1–3 (CSEl 73, 359): „... nunc adloquar animam tuam, dignam propheticis ornamentis. Isdem igitur utar exordiis: ‚Quaenam est haec ...' (*Cant., 6, 9)"

247 Es wird etwa die Verherrlichung der Seele im Paradies geschildert: Obit. Val., 64–65 (CSEL 73, 359–60) und 67 (CSEL 73, 361). Vgl. dazu unten S. 140–41.

248 Vgl. Cant. 7, 1 „chori castrorum".

249 Obit. Val., 66, 1–9 (CSEL 73, 360): „ ‚Quid videbitis', inquit ‚in Solamitide, quae venit sicut chori castrorum' (*Cant., 7, 1b (Sept.)), hoc est in ea, quae multum et adversum plurimos in corpore proeliata est? Etenim pugnavit adversus extraneos hostes, pugnavit adversus lubricas saeculi mutationes, pugnavit adversus corporis fragilitates, adversus multiplices passiones. Audivit a domino: ‚Convertere Solamitis' (*Cant., 7, 1a (Sept.)). Conversa est ad pacem (Solamitis = pacifica ! cf. Ambr., de Isaac, 8, 66 (CSEL 32.1, 689, 5)) semel in saeculo, conversa est iterata commonitione („convertere" wird im Bibeltext wiederholt) ad gratiam Christi, et ideo pulchra conversio eius in saeculo, pulcherrimus incessus eius et volatus in caelum."

Ambrosius kommt bei seiner Deutung der Verse aus dem Hohenlied noch einmal kurz auf militärische Qualitäten Valentinians zu sprechen: Dem Schlagwort der „victoria" und des Triumphes stellt der Bischof aber im Begriff der „moderatio" die weise und planvolle Lenkung des Staates zur Seite, die Ruhe und Frieden schafft. Er greift auf ein Beispiel für außenpolitischen Erfolg – wahrscheinlich das gleiche, das Ambrosius in der Rede immer wieder aufnimmt – zurück, um Schlagworte für Herrscherleistungen, „victoria", „moderatio", „tranquillitas", „pax", zu illustrieren.[250] Er preist des weiteren allgemein die Gerechtigkeit und die Gnade Valentinians.[251]

Ambrosius läßt sich auf eine Exegese des Hohenliedes als Preisgesang auf eine tugendhafte Seele ein; die Schriftauslegung bleibt allerdings dadurch auf den speziellen Anlaß der Rede bezogen, daß Ambrosius Themen des Herrscherlobs, wie das Spannungsverhältnis zwischen Gerechtigkeit und Gnade oder die Warnung vor herrscherlicher Überhebung, anklingen läßt; diese Gedanken, die sich an bekannte Vorgaben des Herrscherlobs anschließen, bekommen aber nicht nur dadurch, daß sie in den Schriftworten des Hohenliedes formuliert werden, eine christliche Prägung: Die geforderte Bescheidenheit des Herrschers zeigt sich für Ambrosius darin, daß er sich freiwillig Christus unterwirft; nicht das Diadem, sondern das Blut Christi zeichnet ihn aus; es ist die Sünde, die er wie ein König besiegt, und himmlisch, nicht irdisch, ist seine Krone.[252]

Im weiteren Verlauf der Rede folgt Ambrosius weiter dem biblischen Text des Hohenliedes; neben Valentinian tritt sein Halbbruder Gratian, beide zusammen erscheinen verherrlicht im Paradies. Ambrosius redet selbstverständlich nur Gutes über die beiden, aber ausdrücklich lobende Bemerkungen erscheinen nur am Rande[253] und können hier übergangen werden.

Die Beobachtungen zum Lob des verstorbenen Kaisers haben deutlich gemacht, daß Ambrosius den Herrscher formal und inhaltlich unabhängig von vorgegebenen

250 Obit. Val., 68, 4–11 (CSEL 73, 361–62): „ ‚Moduli femorum tuorum similes torquibus' (*Cant., 7, 1 (Sept.: 7, 2)), hoc est: consonans sibi in omnibus factis tuis gratia atque moderatio magnorum aequavit insignia triumphorum. Denique moderatione tua et tranquillitate pacifica nec Gallia hostem sensit et Italia hostem reppulit, qui eius finibus imminebat. Torques autem insignia esse victoriae dubitari non potest, cum hi qui in bello fortiter fecerint, torquibus honorentur." Es ist schwierig, das Beipiel für außenpolitischen Erfolg, das Ambrosius hier nennt, mit einem historischen Ereignis zu identifizieren. Es handelt sich wahrscheinlich um die gleiche Episode, auf die auch 2, 7–9 (CSEL 73, 330), 4, 8–10 (CSEL 73, 331) und 22, 1–5 (CSEL 73, 341) angespielt wird. Vgl. dazu unten S. 154–60.

251 Vgl. obit. Val., 69, 8–10 (CSEL 73, 362) zu *Cant., 7, 2 (Sept.: 7, 3): „Venter tuus acervus tritici munitus inter lilia" über Valentinian: „Venter quoque eius non solum iustitiae velut frumentario cibo replebatur, sed etiam gratiae suavitate, quae florebat ut lilium."

252 Obit. Val., 69, 10 – 70, 2 (CSEL 73, 362) zu *Cant., 7, 4 (Sept.: 7, 5): „Cervix tua sicut turris eburnea." über Valentinian: „Cervix quoque eius candida et pura, iugo Christi sponte subiecta; ... ornatus capitis gloriosus, quod non regalia diademata, sed domini sanguinis insignia coronarent. Merito tamquam rex peccati victor et caelesti corona redimitus ascendit, ...“

253 Wie etwa obit. Val., 72, 4–5 (CSEL 73, 363): „virtutum fructus" und „meritorum praemia". Vgl. zur Einbeziehung Gratians ausführlicher unten S. 141, 165–69.

Traditionen lobt. Daß er die Person Valentinians zunächst in den Mittelpunkt der Rede treten läßt, indem er ihm Worte der Heiligen Schrift in den Mund legt[254], daß er später in der Rede in einem längeren zusammenhängenden Stück einzelne Taten im Zusammenhang mit seiner Herrschaft lobt und dabei länger über seine treue Bindung an die Kirche spricht[255], daß er danach kurz auf sein Verhältnis zu den Provinzialen zu sprechen kommt[256] und, bevor er die hinterbliebenen Schwestern tröstet, sein gutes Verhältnis zu ihnen lobt[257], daß er schließlich Valentinian ausgehend von Worten der Hohenlieds preist[258], entspricht keinem üblichen Schema des Personenlobs oder des Herrscherlobs. Hier ist keine biographische Ordnung, keine Ordnung nach Taten im Krieg und Frieden oder nach bestimmten Tugendschemata zu erkennen.[259] Ambrosius greift gelegentlich auf übliche Überleitungsfloskeln

---

254 Obit. Val., 9 (CSEL 73, 334), wieder aufgenommen ebd., 14 (CSEL 73, 337–38).
255 Obit. Val., 15–20 (CSEL 73, 338–40).
256 Obit. Val., 21–22 (CSEL 73, 340–41).
257 Obit. Val., 36–38 (CSEL 73, 347–48).
258 Obit. Val., 58ff (CSEL 73, 357ff).
259 Y. M. Duval, Formes profanes et formes bibliques dans les oraisons funèbres de Saint Ambroise, in: Christianisme et formes littéraires de l'antiquité tardive en occident, Entretiens sur l'antiquité classique (Fondation Hardt) 23, 1976, 235–301, hat viel zum Verständnis der Rede beigetragen, indem er auf die Bedeutung der biblischen Texte, denen Ambrosius über lange Strecken folgt, für die Strukturierung der Rede hingewiesen hat. (Vgl. dazu ausf. unten S. 134–42) Er überzeugt allerdings nicht, wenn er S. 268–69 in den Paragraphen 18–37 eine Orientierung des Ambrosius an rhetorischen Schemata erkennt: Ambrosius behandle hier zusammenhängend verschiedene Aspekte der „Gerechtigkeit" des Kaisers gemäß der üblichen Einteilungen dieser Tugend nach verschiedenen Bereichen, in denen sie sich zeige (vgl. exc. sat., 1, 58, 1–3, und wie Ambrosius sich in der Satyrusrede an dieser gliedernden Vorgabe orientiert; oben S. 77–79, v. a. Anmm. 121–23). Um in der Valentinianrede diese Einteilung nach unterschiedlichen Aspekten der „iustitia" zu belegen, bezeichnet Duval die Themen der §§ 18–37 so:
　　18–19: „pietas" bzgl. kirchlicher Gebote.
　　20: „pietas erga patrem et fratrem".
　　21–22: „amor provincialium".
　　23–29: „amor Ambrosii".
　　30–34: „amor inimicorum".
　　35: „amor amicorum".
　　36–37: „pietas erga sorores".
Dem sind verschiedene Einwände entgegenzuhalten: Erstens ist festzustellen, daß Ambrosius nirgendwo in der Rede für Valentinian ausdrücklich über die Gerechtigkeit des Kaisers als eine Tugend, die einen Redeabschnitt prägt, redet, geschweige sie ausdrücklich in verschiedene Kategorien einteilt. Eine analysierende Strukturierung der Rede nach Gliederungskategorien, wie sie Duval nennt, erscheint dann sinnvoll, wenn sie den Zuhörern, wie in der Satyrusrede, durch Angabe der Einteilungskategorien und gliedernde Stichworte deutlich wird. Das kann man als Argument für die Gliederung der langen zur Diskussion stehenden Passage durch Duval nicht annehmen. Zweitens – und dieser Punkt erscheint mir wichtiger – ignoriert die Gliederung Duvals in einigen Punkten die der Rede tatsächlich zugrunde liegenden Gedanken; A: die Rede von Vater und Bruder im Paragraphen 20 stellt keinen neuen Abschnitt dar; Ambrosius spricht weiter über die Vertretung kirchlicher Interessen durch Valentinian gegenüber der heidnischen stadtrömischen Senatsaristokratie; Vater und Bruder Valentinians erscheinen deshalb, weil deren Kirchenpolitik in der Diskussion um die Privilegien heidnischer Priesterschaften, um die es hier geht, zur Debatte stand, vgl. dazu ausführlich im Abschnitt über politische Rücksichten und Absichten unten S. 171–75. B: Ambrosius redet in den Paragraphen

zurück, die kürzere Abschnitte der Rede unter das einleitende Stichwort einer bestimmten Tugend stellen[260] oder benutzt, wo es sich anbietet, bekannte Einteilungskategorien der Rhetorik, die er auch jeweils nur als Übergangsfloskeln verwendet, um dann unabhängig von diesen Kategorien seine Rede nach seinen besonderen Absichten zu gestalten[261]. Es ist nicht erkennbar, daß der Aufbau der Rede als Ganzes von solchen Floskeln und Kategorien beeinflußt wäre.

Es ist ein durchgehendes Thema der Rede, daß Valentinian trotz seines jugendlichen Alters höchste Tugenden in sich verkörpert und trotz seines jugendlichen Alters das Herrscheramt aufgrund züchtiger Mäßigung souverän und verantwortlich ausgefüllt habe;[262] Ambrosius hebt außerdem besonders hervor, daß der junge Herrscher dazu bereit war, eigene Verfehlungen zu erkennen und sich zu bessern.[263] Der junge Kaiser wird nicht viele Gelegenheiten gehabt haben, ideale Qualitäten eines mächtigen und gütigen Herrschers zu beweisen; Ambrosius blendet dennoch traditionelle Herrschertugenden wie etwa militärische Fähigkeiten, Gerechtigkeit und Milde nicht aus; die Opferbereitschaft für die Untertanen bestimmt den ersten

23–29 zwar tatsächlich über das Verhältnis zwischen Valentinian und sich selbst und findet auch mit Hilfe der üblichen Einteilungskategorie „allgemein, öffentlich – persönlich, privat" einen Weg, über sich selbst zu sprechen, nachdem vorher von allen Untertanen des Kaisers die Rede war. Die Gedanken kreisen dann aber lange um die Ereignisse in den letzten Tagen vor Valentinians Tod und laufen auf eine Rechtfertigung des Ambrosius hinaus, vgl. dazu ausführlich im Abschnitt über politische Rücksichten und Absichten unten S. 160–64. C: In den §§ 30– 34 ist zwar die Rede von Feinden, aber nur dadurch, daß Ambrosius in seiner Ansprache eine vorher gehaltene Predigt referiert, in der er unter anderem über Christus und dessen Feindesliebe gesprochen hatte. Die Worte sind als allgemeine Erörterungen zum Thema Feindesliebe zu verstehen, vgl. dazu im Abschnitt über politische Rücksichten und Absichten unten S. 164–65. Zusammenfassend ist festzuhalten, daß Duvals Einteilung der §§ 18–37 nach der ordnenden Unterteilung der Gerechtigkeit in verschiedene Aspekte nicht den eigentlichen Gegenständen der Rede gerecht wird. Ich erkenne hier keine „utilisation des cadres rhétoriques", auch wenn Duval hinzufügt, sie sei „loin d' être mécanique" (S. 269). Ambrosius hat die Passage nicht nach dieser Strukturierungsvorgabe geplant und gestaltet. Die §§ 18–37 lassen sich nicht als abgeschlossener Teil, der das „Lob des Kaisers" enthalte, in eine Gliederung der Rede hineinzwängen.

260 Vgl. obit. Val., 18, 1 (CSEL 339): „Quid de pietate eius loquar ..."; 21, 1 (CSEL 73, 340): „Quid de amore provincialium loquar ..."; vgl. oben S. 71, Anm. 88.

261 Obit. Val., 23, 1 (CSEL 73, 341): „Haec mihi cum aliis communia. Illa privata, quod ..."; es folgt eine Rechtfertigung des Ambrosius zu seinem eigenen Verhalten vor dem Tod des Kaisers, vgl. unten S. 160–64; 58, 1–2 (CSEL 73, 357): „Sed iam cara mihi conplectar viscera et debito condam sepulchro. Prius tamen singula membra perspiciam ... ‚‚; dann: 64, 1–2 (CSEL 73, 359): „Locutus sum de corpore tuo, nunc adloquar animam tuam ..." – Ambrosius hat nicht über das Aussehen des Kaisers gesprochen, sondern Verse der Heiligen Schrift über körperliche Schönheit allegorisch gedeutet, vgl. oben S. 96–100.

262 Hierin stimme ich mit Duval überein, der in der „perfection atteinte dès la jeunesse" (S. 264) einen einheitstiftenden Gedanken erkennt.

263 Die Einschätzung durch K. Setton, Christian attitudes towards the emperor in the fourth century, New York, 1967 (= New York, 1941), S. 130–32, daß Ambrosius in der Rede für Valentinian das Idealbild eines jungen Herrschers zeichne, ignoriert diesen wesentlichen Punkt. Es ist natürlich richtig, daß Ambrosius Valentinian idealisiert dargestellt hat. Aber Ambrosius verschweigt auch nicht, daß der junge Kaiser sich nicht zu allen Zeiten so verhalten hat, wie er als Bischof es für notwendig hielt.

Eindruck, den Ambrosius Zuhörern und Lesern von Valentinian vermittelt. Unter den explizit genannten Tugenden des Herrschers steht aber seine „pietas" deutlich im Vordergrund: Ambrosius stellt sie als fromme und treue Verpflichtung gegenüber der Kirche dar.[264]

Das Bild des Kaisers ist in seiner Wirkung außerdem dadurch geprägt, daß Ambrosius ihn Worte der Heiligen Schrift sprechen läßt und Verse des Hohenlieds auf ihn bezieht, die nach dem exegetischen Verständnis seiner Zeit Christus selbst oder die gläubige Seele beschreiben.

Zunächst bekommt die Rede auf diese Weise in einigen Passagen die Form einer Predigt, wie es für die Worte eines Bischofs angemessen erscheint. In diesen Passagen teilt sich der Rede außerdem die Aura des Schrifttextes mit. Diese Aura taucht auch das Bild des Kaisers in ein charakteristisches Licht: Das vom Kaiser entworfene Bild besteht nicht nur aus fest umreißbaren Topoi, Tugenden und Taten; seine Wirkung ist vielmehr zusätzlich geprägt vom feierlichen, erhabenen christlichen Kolorit, das sich von den biblischen Worten auch auf den Kaiser selbst überträgt. Die Botschaft vom frommen Kaiser, die Ambrosius seinen Zuhörern und Lesern nahebringen will, teilt sich hier weniger auf dem Wege bewußter Wahrnehmung, vielmehr unterschwellig, unbemerkt, vermittels des Schrifttextes an Stimmungen und Empfindungen appellierend, und deshalb um so nachhaltiger mit.

III. 6. DIE REDE FÜR THEODOSIUS

Zum Verständnis des Bildes, das Ambrosius von Theodosius zeichnet, ist kurz das Verhältnis zwischen dem mächtigen Bischof von Mailand und dem von Gratian 379 zum Kaiser des Ostens erhobenen Herrscher ins Auge zu fasssen: Theodosius war gläubiger Christ. Nach Zeiten politisch begründeter Toleranz gegenüber heidnischen Gruppen, vor allem im Westen, hat er, verstärkt seit 390 durch eine aktive Religionspolitik das Christentum begünstigt und die heidnische Religion bekämpft.[265] So fand er sich im grundsätzlichen Einvernehmen mit den Bischöfen der Kirche und auch mit Ambrosius von Mailand.

Ambrosius machte in verschiedenen Zusammenstößen mit dem Kaiser die Ansprüche der Kirche gegenüber der weltlichen Herrschaft geltend.[266] „Der Bußakt von Mailand" ist vor allem durch christliche Überlieferung berühmt geworden; Ambrosius zwang Theodosius im Jahr 390 nach einer brutalen kaiserlichen Strafaktion gegen die Stadt Thessaloniki zur Kirchenbuße und verwies ihn als gläubigen Christen auf seinen Platz innerhalb, nicht über der Kirche.[267]

---

264 Angesichts der früheren Bindung des jungen Kaisers an den arianischen Glauben seiner Mutter und seines Hofes erscheint das Bild, das Ambrosius von Valentinian zeichnet, vor allem bezüglich seiner Bindung an die Kirche einseitig und unrealistisch. Vgl. auch u. S. 176, Anm. 106.

265 Vgl. zusammenfassend A. Lippold, „Theodosius", Sp. 958, in: RE, Suppl. 13, 1973, Sp. 837–961. Die Gesetze vom 24. 2. 391, C.Th., 16. 10. 10 (wiederholt 16. 6. 391, C.TH., 16. 10. 11) und v. a. vom 8. 11. 392, C.Th., 16. 10. 12.

266 Vgl. v. a. H. von Campenhausen, Ambrosius von Mailand als Kirchenpolitiker, Berlin, Leipzig, 1929, S. 222–56; vgl. auch Dudden, S. 371–92.

267 Zur Kirchenbuße vgl. etwa die Darstellung und Kritik christlicher Quellen bei Dudden, S. 381–

Schon bei der Untersuchung der Rede für Valentinian hat sich gezeigt, daß die Kategorien der Panegyrik, wie etwa einzelne Topoi des Lobes, einzelne Tugenden oder Tugendschemata, nicht ausreichen, die Passagen zu beschreiben, in denen der Herrscher gelobt wird. Eine Aufzählung, die sich darauf beschränkt, solche Punkte zu betrachten, erfaßt nicht den Eindruck, den Ambrosius' Rede von Valentinian dadurch vermittelt, daß er ihn mit Worten der Heiligen Schrift beschreibt. Dieselbe Beobachtung läßt sich im stärkeren Maße auch an der Rede für Theodosius machen: Übliche Kategorien der Panegyrik können nicht erfassen, welches Bild Ambrosius von dem verstorbenen Kaiser vermittelt.

Aussagen, die Theodosius rühmen, sind über die ganze Rede verteilt.[268] Es kann schon jetzt festgehalten werden, daß Ambrosius, um Theodosius zu loben, nicht biographisch nach den einzelnen Enkomientopoi – von der Abstammung bis zu Taten und Tugenden – vorgeht, keine Unterscheidung zwischen Taten im Krieg und im Frieden vornimmt, wie es die Schulregel für das Herrscherlob vorsieht, seine Rede nicht nach dem Schema der Kardinaltugenden und auch nicht allgemein nach anderen Tugenden strukturiert.

Ambrosius führt den Kaiser mit den ersten Worten in einer titularen Wendung[269] als „clementissimus imperator Theodosius" ein und erinnert überhaupt am Anfang der Rede mehrmals an seine Bereitschaft zu verzeihen, wie sie sich etwa nach seinem Sieg über den Usurpator Eugenius und dessen heidnische Anhänger

92. Vgl. v. Campenhausen, S. 235–41. – Die Formulierung, daß der Kaiser nicht über, sondern innerhalb der Kirche stehe, hat Ambrosius in anderem Zusammenhang, nämlich in der Auseinandersetzung mit dem Hof Valentinians II. um die Nutzung der Mailänder Kirchen geprägt (Ambr., ep. 75 a (Maur. 21 a), 19 (CSEL 82.3, 106)). Das entscheidende Zeugnis für seine Position bzgl. der Kirchenbuße des Theodosius ist Ambr., ep. extra coll. 11 (Maur. 51) (CSEL 82.3, 212–18).

268 Vgl. z. B. die Gleichsetzung mit Jakob in obit. Theod., 4, 6–10 (CSEL 73, 373); Theodosius hat Gott geliebt in 17–38 (CSEL 73, 380–91) passim in Anlehnung an Ps. 114; die Interpretation von *Thren., 3, 27–28: „Bonum est viro cum portavit iugum grave a iuventute, sedebit singulariter et silebit, quia portavit iugum grave" auf Theodosius' Leben in 52, 11–53, 9 (CSEL 73, 399). Als Tugenden oder tugendhafte Eigenschaften des Theodosius erscheinen: am Anfang der Rede wiederholt seine „indulgentia" 1, 9 (CSEL 73, 371), vgl. „indulgentiarum hereditas" und „lex indulgentiae" in 5, 6 und 5, 16 (CSEL 73, 374) sowie „clementissimus imperator Theodosius" in den ersten Worten 1, 3 (CSEL 73, 371)); „fides" v. a. in 7 (CSEL 73, 375); Theodosius ist „pius", „misericors" und „fidelis" in Anlehnung an Prov., 20, 6 (Sept.) in 12–14 (CSEL 73, 377–78); seine „misericordia" gegenüber Schuldigen wird ausführlicher beschrieben ebd.; er ist „plenus timoris dei und plenus misericordiae" in 16, 2 (CSEL 73, 379); zur „misericordia" und „iustitia" in Anlehnung an Ps. 114, 5: „Misericors Dominus et iustus et deus noster misereretur." in 26 (CSEL 73, 384); „humilitas" in Anlehnung an Ps. 114, 6: „Custodiens parvulos Dominus; humiliatus sum et liberavit me."; Ambrosius nennt ihn „virum misericordem, humilem in imperio, corde puro et pectore mansueto praeditum, qualem dominus amare consuevit dicens: ,Supra quem requiescam, nisi supra humilem atque mansuetum.'", in 33, 2–5 (CSEL 73, 388).

269 Vgl. über die titulare Verwendung K. Winkler, „Clementia", Sp. 217–18, in: RAC 3, 1957, Sp. 206–231. In der Konkordanz zu Symmachus (Valeria Lomanto, Hildesheim, 1983) zähle ich S. 122 einmal „clementissimus imperator", fünfmal „clementissimus princeps" in verschiedenen Kasus.

gezeigt hatte.[270] Ambrosius behandelt diese Herrschertugend aber nicht zusammenhängend als ein Thema, das einen Abschnitt der Rede bestimmt.

Ebenfalls nur beiläufig lobt Ambrosius die Kirchenpolitik des Theodosius, wenn er ihn in einer Passage, in der er die Geschichten Jakobs und Josephs für die Redesituation deutet, mit Jakob vergleicht.[271]

Ambrosius lobt die Glaubensstärke des Theodosius; eine einzelne Szene aus der Schlacht gegen den Usurpator Eugenius, die mit einigen Details ausgemalt wird, soll illustrieren, wie nicht etwa militärische Fähigkeiten, sondern der christliche Glaube des Theodosius ihm den Sieg über seine Feinde sicherte.[272] Der Redner kommt auch deshalb auf den Glauben des Theodosius zu sprechen, weil er im Zusammenhang der Rede ein Argument für seine Redeabsicht – er will die anwesenden Soldaten zur Treue gegenüber den Nachfolgern ermahnen – daraus machen kann.[273]

Das gleiche gilt für einen Abschnitt der Rede, in dem Ambrosius länger über Theodosius selbst redet; auch hier ist das Lob des verstorbenen Herrschers eingebunden in Argumente, die seinen Söhnen die Nachfolge sichern sollen:[274] Nicht seine Macht, sondern seine Gnade hätten Theodosius ausgezeichnet. Entrüstung über Unrecht, nicht Rachsucht habe ihn geleitet, und er habe lieber verziehen als gestraft. Er war gestrenger, aber väterlicher Herrscher und gütiger und gerechter

---

270 Obit. Theod., 1, 3 (CSEL 73, 371). Stichwort ist außerdem „indulgentia", wie „clementia" Standardtugend der Kaiser etwa in Inschriften und auf Münzen (vgl. Wickert, Sp. 2235), vgl. 1, 8–9 (CSEL 73, 371): „..., per quem dura mundi istius temperari solerent, cum criminum poenas indulgentia praeveniret."; 4, 11–13 (CSEL 73, 373): „..., qui etiam his, qui in se peccaverant, doluit, quam dederat, perisse indulgentiam et veniam denegatam."; 5, 6 (CSEL 73, 374): „indulgentiarum hereditas"; 5, 16 (CSEL 73, 374): „lex indulgentiae". Ambrosius redet darüber, daß Theodosius die besiegten Gegner nach der Erhebung des Eugenius schonte, vgl. dazu unten S. 179, Anm. 116 und S. 181, Anm. 129. Ähnlich später in der Rede über Gratian und Theodosius im Himmel: 52, 5–7 (CSEL 73, 399): „Qui cum hic delectarentur absolutione multorum, quanto magis illic pepercisse se pluribus recensendo pietatis suae recordatione mulcentur."

271 Obit. Theod., 4, 4–11 (CSEL 73, 373), vgl. unten S. 144, Anm. 102.

272 Obit. Theod., 7, 1–9 (CSEL 73, 375): Ambrosius redet die anwesenden Soldaten an: „Recognoscitis nempe, quos vobis Theodosii fides triumphos adquisiverit. Cum locorum angustiis et impedimentis calonum agmen exercitus paulo serius in aciem descenderet et inequitare hostis mora belli videretur, desiluit equo princeps et ante aciem solus progrediens ait: ‚Ubi est Theodosii deus?' Iam hoc Christo proximus loquebatur. Quis enim posset hoc dicere, nisi qui Christo se adhaerere cognosceret? Quo dicto excitavit omnes, exemplo omnes armavit, et iam certe senior aetate sed validus fide."

273 Vgl. dazu unten S. 180–84, v. a. S. 182, Anm. 135.

274 Obit. Theod., 12–14 (CSEl 73, 377–78); die einleitenden und abschließenden Sätze stellen das Lob des Kaisers in diesen Zusammenhang: 11, 5–12, 1 (CSEL 73, 377): „Etenim si in liberis privatorum non sine gravi scelere minorum iura temerantur, quanto magis in filiis imperatoris. Addatur eo cuius imperatoris: ..."; und als Abschluß 15, 1–2 (CSEL 73, 378), nachdem nur gute Eigenschaften des Kaisers aufgezählt wurden: „Quis ergo dubitabit filiis eius apud dominum maximum praesidium fore." Daß Theodosius aufgrund seiner Tugendhaftigkeit bei Gott Beistand für die Nachfolger erbitten kann, ist im ersten Drittel der Rede immer wiederkehrender Gedanke. Vgl. unten S. 180–84.

Richter, der nicht von Zorn, sondern von Zurückhaltung und Milde in seinem Handeln bestimmt worden sei.[275]

Entrüstung, „indignatio", erscheint bei Ambrosius sonst als Eigenschaft Christi oder Gottes im Gegensatz zu Rache, „ultio", oder als gemilderte „severitas".[276] Spezifisch christliche Prägung bekommt die Textpassage aber vor allem dadurch, wie Ambrosius sie einleitet: Es sind christliche Gläubigkeit und Barmherzigkeit des als „pius", „misericors" und „fidelis" gepriesenen Herrschers, die im Vordergrund stehen; die Prägung der Tugenden durch christliche Vorstellungen wird durch den ausdrücklichen Bezug auf biblische Texte deutlich; und auch die Metaphorik der Rede ist poetischen Texten der Heiligen Schrift entlehnt: Das Brüllen des Löwen und der Tau im Gras beschreiben die Spannung zwischen strafender Macht und milder Güte des Herrschers.[277]

So erscheinen die klassischen Herrschertugenden der Mäßigung, Milde und Menschenfreundlichkeit, der Gefälligkeit und auch der Barmherzigkeit durch den Bezug auf die Heilige Schrift als christliche Tugenden des gläubigen Kaisers.[278]

---

275 Obit. Theod., 12, 11–14, 5 (CSEL 73, 378): „Quantum igitur est deponere terrorem potentiae, praeferre suavitatem gratiae? Beneficium se putabat accepisse augustae memoriae Theodosius, cum rogaretur ignoscere, et tunc propior erat veniae, cum fuisset commotio maior iracundiae. Praerogativa ignoscendi erat indignatum fuisse et optabatur in eo, quod in aliis timebatur, ut irasceretur. Hoc erat remedium reorum, quoniam, cum haberet supra omnes potestatem, quasi parens expostulare malebat quam quasi iudex punire. Saepe trementes vidimus, quos obiurgabat, et convictos sceleris, cum desperassent, solutos crimine. Vincere enim volebat, non plectere, aequitatis iudex, non poenae arbiter, qui numquam veniam confitenti negaret; aut si quid esset, quod occulta conscientia involveret, deo servabat. Hanc vocem eius homines amplius quam poenam timebant, quod tanta ageret imperator verecundia, ut mallet sibi homines religione quam timore adstringere. ... Satis est in indignatione laudem clementiae repperire quam ira in ultionem excitari." Für den Topos vom Herrscher als Vater, nicht Richter, vgl. etwa über eine Statthalterschaft des Satyrus exc. Sat., 1, 58, 3–7 (CSEL 239–240): „Itaque qualis in universos fuerit, provincialium, quibus praefuit, studia docent, qui parentem magis fuisse quam iudicem loquebantur, gratum piae necessitudinis arbitrum, constantem aequi iuris disceptatorem."

276 Vgl. etwa Ambr., de paen., 1, 22 (CSEL 73, 129, 17–20): „Nonne apparet, quod ideo nobis peccantibus indignetur dominus Iesus, ut indignationis suae nos terrore convertat? Indignatio ergo eius non ultionis exsecutio, sed magis absolutionis operatio est."; Ambr., de Noe, 45 (CSEL 32.1, 442, 17–20): „Indignatur deus peccatis nostris, sed non obliviscitur pietatis: minatur supplicium, sed non permisit excidium: moderatur vindictam, revocat severitatem."

277 Obit. Theod., 12, 1–11 (CSEL 73, 377): „Addatur eo cuius imperatoris: imperatoris pii, imperatoris misericordis, imperatoris fidelis, de quo non mediocre locuta est scriptura dicens: ,Magnum et honorabile est homo misericors, invenire autem virum fidelem difficile est.' (*Prov., 20, 6 (Sept.)) Si magnum est misericordem aut fidelem quemcumque hominem invenire, quanto magis imperatorem, quem potestas ad ulciscendum inpellit, sed revocat tamen ab ultione miseratio? Quid praestantius fide imperatoris, quem non extollat potentia, superbia non erigat, sed pietas inclinet? De quo praeclare Salomon inquit: ,Regis minitatio similis rugitui leonis, sicut autem ros in herba, sic et hilaritas eius.' (*Prov., 19, 12 (Sept.))"

278 In Ciceros Reden erscheinen als entsprechende Tugenden „clementia", „lenitas", „misericordia" und „mansuetudo" vgl. H. North, S. 278, Anm. 55. Von der „clementia Caesaris" bis zur πρᾳ-ότης, ἐπιείκεια oder φιλανθρωπία Julians ist Milde klassische Herrschertugend, vgl. Wickert, speziell zur „clementia" Sp. 2237–48; K. Winkler, „Clementia", in: RAC 3, 1957, Sp. 206–231. Wie in der besprochenen Passage der Rede für Theodosius erscheint die Tugend auch in Senecas Schrift für Nero vor allem im Zusammenhang der Rechtsprechung, vgl. M. Griffin, S.

„Misericordia", die christliche Barmherzigkeit des Theodosius, beschreibt Ambrosius auch an anderer Stelle – wieder veranlaßt durch den Gedanken, daß der verstorbene Herrscher seinen Söhnen Beistand durch Gott erbitten kann. Die Bereitschaft zu verzeihen entspringt nicht etwa herrscherlicher Milde, sondern bescheidener Einsicht in die eigene Menschlichkeit, und erscheint deshalb als Nachfolge Christi, der durch seine Fleischwerdung Menschlichkeit angenommen hat, nicht um die Menschen zu richten, sondern um sie zu erlösen.[279]

Ambrosius beschreibt die Barmherzigkeit nicht allein als Tugend des Herrschers, sondern auch allgemeiner als christliche Haltung. Er gibt ihr und auch der klassischen Tugend der Gerechtigkeit eine spezifisch christliche Bedeutung, indem er seine Gedanken dazu aus der Interpretation von Schriftworten entwickelt. Er kommt auf die komplementären Tugenden der Gerechtigkeit und der Barmherzigkeit zu sprechen, nicht weil sie ihm durch Tugendschemata oder Kataloge von Topoi des Herrscherlobs vorgegeben sind, sondern weil ihn der Wortlaut des 114. Psalmes, dem er im zentralen Teil seiner Rede folgt[280], im fünften Vers auf sie führt.[281]

150–51; Traute Adam, Clementia Principis (= Kieler Historische Studien 11), Stuttgart, 1970, vertritt die extreme Position, daß Seneca ausschließlich über den „princeps iudex" spreche (S. 20–24). „Misericordia", die bei Ambrosius als christliche Barmherzigkeit im Vordergrund steht, wird als Herrschereigenschaft unterschiedlich bewertet: Aufgrund stoischer Doktrin gilt Mitleid als πάθος und deshalb als Fehler, vgl. z. B. Zenon, SVF, 1, 214; Cic., Tusc., 3, 20, 1. Locus classicus für eine negative Bewertung der „misericordia" als unvernünftige Eigenschaft eines Herrschers ist Sen., clem., 2, 4, 4: „Misericordia vitium est animorum nimis miseria paventium, quam si quis a sapiente exigit, prope est, ut lamentationem exigat alienis funeribus gemitus." Dagegen macht M. Griffin S. 155–56 geltend, daß Seneca nur, wenn es um philosophische Definitionen geht, ausdrücklich „clementia" von der in solchem Kontext negativ bewerteten „misericordia" unterscheidet, sonst aber, v. a. im ersten Buch de clementia, gemäß dem verbreiteten Sprachgebrauch „ignoscere", „clementia" und „misericordia" als synonyme Bezeichnungen für lobenswerte Eigenschaften des Herrschers benutzt. Vgl. zum unterschiedlichen Gebrauch von „misericordia" mit positivem oder negativem Sinn in alltäglichem oder technisch stoischem Sprachgebrauch bei heidnischen Autoren Hélène Pétré, Misericordia, Histoire du mot et de l'idée du paganisme au christianisme, S. 376–79, in: REL 12, 1934, S. 376–89. In den panegyrici latini erscheint „misericordia" als Herrschertugend mit eindeutig positivem Gehalt etwa (Zählung nach Mynors, ed.) 4, 3, 3; 5, 9, 5–6; 6, 6, 1. Weniger eindeutig positiv erscheint „misericordia" etwa 2, 44, 2; 5, 5, 3. Bei christlichen Autoren ist „misericordia" v. a. als karitative Barmherzigkeit gegenüber den Armen und auch als Herrschertugend immer positiv, vgl. H. Pétré, S. 379–89. Christliche Autoren leugnen ausdrücklich den stoischen Gegensatz zwischen „clementia" und „misericordia", vgl. Winkler, RAC 3, Sp. 218. „Misericordia" erscheint wie „clementia" komplementär zur „iustitia".

279 Obit. Theod, 16, 1–8 (CSEL 73, 379): „Theodosius vero plenus timoris dei, plenus misericordiae, speramus, quod liberis suis apud Christum praesul adsistat, si dominus propitius sit rebus humanis. Bonum est misericors homo, qui dum aliis subvenit, sibi consulit et in alieno remedio vulnera sua curat. Agnoscit enim se esse hominem, qui novit ignoscere, et vias Christi sequitur, qui carne suscepta maluit in hunc mundum redemptor venire quam iudex."

280 Vgl. dazu S. 145–50.

281 Ambrosius zitiert Ps. 114, 5 so: „Misericors dominus et iustus, et deus noster miseretur."; vgl. Sept.: „ἐλεήμων καὶ δίκαιος ὁ κύριος, καὶ κύριος ὁ θεὸς ἡμῶν ἐλεᾷ." und Vulg.: „Clemens dominus et iustus et deus noster misericors." Ambrosius erklärt den Vers obit. Theod., 25, 1–26, 8 (CSEL 73, 383–84). Ich zitiere den vollständigen Text in den folgenden Fußnoten.

Um die Bedeutung der Begriffe verständlich zu machen, ist es notwendig, die Exegese des Ambrosius nachzuvollziehen: Der Gedankengang, innerhalb dessen Ambrosius auf den 5. Vers des 114. Psalmes zurückgreift, beginnt schon mit dem ersten Satz des Paragraphen 25: Ambrosius mahnt die Menschen, nicht auf die eigene Tugend zu bauen, sondern auf die Gnade des barmherzigen Gottes.[282] Er bezieht die Psalmworte als Zusicherung der Barmherzigkeit Gottes in seine Gedanken ein. Wenn er im Übergewicht der göttlichen Barmherzigkeit gegenüber der Gerechtigkeit Gottes – „misericors" und „miseretur" im Wortlaut des Psalmtextes stehen doppelt und rahmen „iustus" ein – eine Entsprechung zur übermächtigen Last menschlicher Sündhaftigkeit sieht, ergibt sich daraus, daß „iustitia" als das streng und objektiv richtende Urteil Gottes im Gegensatz zu seiner verzeihenden „misericordia" verstanden wird.[283] „Iustitia" erscheint so als Eigenschaft Gottes. Ambrosius beschließt die Mahnung zum Vertrauen auf die Barmherzigkeit Gottes, nicht auf die eigene Tugend, indem er die in den Psalmen häufig auftretende Bezeichnung Gottes als „dominus virtutum" aufgreift[284]; es verfügt nicht der Mensch über Tugenden, sondern Gott als Herr der Tugenden erlöst den bedürftigen Menschen durch seine Barmherzigkeit.

In einem nächsten Gedankenschritt erscheint „iustitia" als Eigenschaft des Menschen.[285] Ambrosius mahnt nun die Menschen, die Strenge gerechten Urteils durch christliche Barmherzigkeit zu mäßigen.[286] Gerechtigkeit und Barmherzigkeit Gottes, von denen Ambrosius ausgegangen ist, sind Vorbild für die Menschen und in besonderem Maße für einen christlichen Herrscher.

---

282 Obit. Theod., 25, 1–4 (CSEL 73, 383): „Ille vincit, qui gratiam dei sperat, non qui ,de sua virtute praesumit' (cf. Iud., 6, 15). Cur enim non praesumas gratiam, cum habeas praesulem certaminis misericordem?"

283 Obit. Theod., 25, 4–8 (CSEL 73, 383): „ ,Misericors enim et iustus dominus et deus noster miseretur.' Bis misericordiam posuit, semel iustitiam; in medio iustitia est gemino septo inclusa misericordiae; superabundant enim peccata, superabundet ergo misericordia." (Zur Erklärung des Konjunktivs „superabundet" schlage ich vor, ihn als Ausdruck einer Bitte an Gott zu verstehen: „Die Sündhaftigkeit <des Menschen> ist übergroß, möge also die Barmherzigkeit <Gottes> auch übergroß sein.")

284 Obit. Theod., 25, 8–9 (CSEL 73, 383–84): „Apud dominum omnium virtutum abundantia est, quia ,dominus virtutum' (Ps. 23, 10 et passim (Faller ed.)) est."

285 Das wird allerdings erst mit der von Ambrosius zitierten biblischen Mahnung „noli esse nimium iustus" (*Eccl., 7, 17) , die sich nur an einen Menschen richten kann, unmißverständlich deutlich. Die Interpunktion bei Faller ed., der die Gedanken zu „iustitia" als Eigenschaft Gottes und als Eigenschaft eines Menschen (ab „Neque tamen ...", obit. Theod., 25, 9 (CSEL 73, 384)) nur durch Komma trennt, ist irreführend. Die alte Edition der Mauriner setzt an dieser Stelle einen Punkt (PG 16, 1394). Von den Übersetzern setzt Banterle Komma, Niederhuber, M. D. Mannix (in: Sancti Ambrosii oratio de obitu Theodosii, text, transl., introduct. and comm., (= Patristic Studies 9), Washington, 1925) und R. F. Deferrari (in: The fathers of the church 22, Washington repr. 1988 (= verb. Aufl. *1968*)), trennen jeweils durch Punkt.

286 Obit. Theod., 25, 9–13 (CSEL 73, 384): „Neque tamen iustitia sine misericordia est neque sine miseratione iustitia, quia scriptum est: ,Noli esse nimium iustus' (*Eccl., 7, 17). Quod supra mensuram est, nocet; etsi bonum est, tamen tu non sustines. Mensuram serva, ut secundum mensuram recipias. (cf. Mt., 7, 2)"

Schließlich erklärt Ambrosius, daß Gerechtigkeit und Barmherzigkeit nicht einander entgegenwirkende Tugenden, sondern tatsächlich ein und dasselbe sind. Dazu zitiert er den 9. Vers des 11. Psalmes, wo Barmherzigkeit mit den Armen als Ausweis von Gerechtigkeit erscheint. Er verweist außerdem auf ein Wort Jesu, der gegenüber Johannes dem Täufer, der ihn als den Messias erkennt, seine irdische Sendung zur Erlösung der Menschen als Erfüllung der Gerechtigkeit bezeichnet.[287]

Diese Gleichsetzung von Gerechtigkeit und Barmherzigkeit ist nur vor dem Hintergrund der biblischen Bedeutung der Begriffe verständlich. Die Gerechtigkeit Gottes ist hier einerseits „richtende Gerechtigkeit" und sein „königlich-richterliches Walten". Außerdem bekommt sie die Bedeutung von Hilfe und Heil; die griechischen Entsprechungen für „iustitia" und „misericordia", δικαιοσύνη und ἔλεος, können als fast bedeutungsgleiche Begriffe für hebräische Entsprechungen verwendet werden. Nach jüdischen Traditionen können Barmherzigkeit wie Gerechtigkeit synonym im eschatologischen Sinn die Heilstat des Messias beschreiben.[288] So erscheinen „iustitia" und „misericordia" in der Rede für Theodosius als einander entsprechende Tugenden des einerseits richtenden aber auch verzeihenden und helfenden Herrschers.

Ambrosius beschreibt sonst immer wieder in diesen gemeinsam genannten Kategorien des Richtens und Verzeihens das Handeln Gottes.[289] Die gleichen Begriffe erfassen aber auch das Handeln weltlicher Herrscher, die Gott nachahmen sollen.[290] Der christliche Begriff der „misericordia" als Ausdruck göttlichen oder

---

287 Obit. Theod., 26, 1–8 (CSEL 73, 384): „Non inpedit tamen iustitia misericordiam, quia misericordia ipsa iustitia est. ,Dispersit, dedit pauperibus, iustitia eius manet in aeternum (*Ps. 111, 9). Novit enim iustus debere se infirmibus (sic! cf. Faller ed. ad locum) atque inopibus subvenire. Unde dominus veniens ad baptismatum, ut nobis infirmantibus peccata donaret, ait ad Iohannem: ,Sine modo; sic enim decet nos inplere omnem iustitiam.' (Mt., 3, 15) Liquet igitur iustitiam esse misericordiam et misericordiam esse iustitiam."

288 G. Schrenk, „δίκη, δίκαιος, δικαιοσύνη, ...", S. 197–98, in: G. Kittel ed., Theologisches Wörterbuch zum Neuen Testament 2, 1935, S. 176–229.

289 Vgl. Dudden, S. 565–66. Ohne jeden Namen einer Tugend etwa Ambr., de Cain, 2, 15, (CSEL 32.1, 391, 5–6): „Accedit eo quod duo quaedam in deo principalia sunt genera virtutum, unum quo remittit, aliud quo vindicat." „Iustitia", oder davon abzuleitende Begriffe, und „misericordia" erscheinen etwa bei Ambr., in Ps. 118, 8, 23 (CSEL 62, 164, 4–5): „Est etiam misericordiae donare peccatum; et misericordiae est et iustitiae est." (vgl. für den Zusammenhang ebd., 22–30 (CSEL 62, 163–168)); Ambr., in Ps. 118, 20, 40 (CSEL 62, 464, 4–8): „Iustum igitur est iudicium filii dei, quia secundum voluntatem est dei non secundum hominis affectum. Deus enim misericordiarum plenus est et misericordia eius cum iudicio et iudicium cum misericordia; neque sine iudicio miseritur neque sine misericordia iudicat." Das Verzeihen des Herrn und Strafnachlaß erscheint auch als „gratia", vgl. Ambr., in ps. 37, 17, 1 (CSEL 64, 148, 16–21): „Vide autem domini gratiam, quod et ipse de proposita condicione deflexit. Numquid aliquod miserationis est crimen quia plus minatur et minus exigit? Qui in remuneratione praemiorum sua promissa custodit, in exactione poenarum praescriptum remordet. Cum irascitur, reum differt, cum miseretur, properat, ut absolvat. Terret ut corrigat, ammonet ut emmendet, praevenit ut ignoscat."

290 Vgl. explizit Ambr., in Ps. 37, 19, 3 (CSEL 64, 150, 16–19): „Imitamini ergo, imperatores, exemplum divinum, ut sitis in statuendis legibus severiores, in exigendis supliciis misericordes. Severitas legum insolentem restringat audaciam, misericordia principum reos subtrahat poenae." Vgl. auch die Gleichsetzung „moderatio" = „imitatrix beneficii caelestis et redemptionis universorum" (s. S. 110, Anm. 292).

herrscherlichen Verzeihens erscheint bei Ambrosius gelegentlich auch in Verbindung mit klassischen Tugenden wie der „clementia"[291] oder der „moderatio".[292]

In der besprochenen Passage der Rede für Theodosius läßt Ambrosius sich stark durch den Psalmtext leiten; die Herrschertugenden der Gerechtigkeit und der Barmherzigkeit – und das Bild, das Ambrosius von Theodosius zeichnet – sind dementsprechend gänzlich durch die biblische Begrifflichkeit geprägt.

Neben die Barmherzigkeit tritt als ausgesprochen christliche Tugend des Kaisers seine Demut.[293] Anlaß, darüber zu sprechen, bietet wiederum der Psalmtext, dem die Rede folgt.[294] Ambrosius preist Theodosius für seine Bereitschaft, sich öffent-

---

291 Vgl. Ambr., de Noe, 42 (CSEL 32,1, 440, 14–15): „domini supra modum misericordis clementia".
292 Vgl. Ambr., de paen., 1, 1–3 (CSEL 73, 119–120), wo als Gegensatz zur strengen „iustitia" v. a. „moderatio" und das Verb „temperare" erscheinen. „Misericordia" steht am Rande: „Si virtutum finis ille est maximus, qui plurimorum spectat profectum, moderatio prope omnium pulcherrima est, quae ne ipsos quidem, quos damnat, offendit, et quos damnaverit, dignos solet facere absolutione. Denique sola est, quae domini quaesitam sanguine ecclesiam propagavit, imitatrix beneficii caelestis et redemptionis universorum, salubri fine temperans, quam ferre possint aures hominum, mentes non refugere, non pavere animi. Etenim qui studet humanae infirmitatis emendare vitia, ipsam infirmitatem suis debet sustinere et quodammodo pensare umeris, non abicere. Nam pastor ille evangelicus lassam ovem vexisse legitur, non abiecisse (Luc., 15, 5), et Salomon ait: ‚Noli iustus esse nimium' (*Eccl., 7, 17). Debet enim iustitiam temperare moderatio; nam quemadmodum se tibi curandum praebeat, quem fastidio habeas, qui contemptui se, non conpassioni medico suo futurum? Ideo dominus Iesus conpassus nobis est ut ad se vocaret, non ut deterreret. Mitis venit, venit humilis; denique ait: ‚Venite ad me omnes, qui laboratis, et ego vos reficiam' (Mt., 11, 28). Reficit ergo dominus Iesus, non excludit neque abicit, meritoque tales discipulos elegit, qui dominicae voluntatis interpretes plebem dei colligerent, non repudiarent. Unde liquet eos inter Christi discipulos non esse habendos, qui dura pro mitibus, superba pro humilibus sequenda opinentur, et cum ipsi quaerant domini misericordiam, aliis eam denegant, ut sunt doctores Novatianorum, qui mundos se appellant." (Die Novatianer vertraten rigorose Ansichten bezüglich der Möglichkeit, Verzeihung für Sünden zu erlangen, vgl. etwa kurz J. Quasten, „Novatianismus", in: LThK 7, 1962, Sp. 1062–64, v. a. Sp. 1063–64.) – Winkler, „Clementia", nennt Sp. 221 als konkurrierende Begriffe zur „clementia dei": „bonitas", „misericordia", benevolentia", „gratia", „mansuetudo", „patientia". Demnach wäre „moderatio" eine Besonderheit in der Begrifflichkeit des Ambrosius.
293 Vgl. allgemein zur Demut A. Dihle, „Demut", in: RAC 3, 1957, Sp. 735–778. „Humilitas" ist bei heidnischen Autoren durchweg mit negativem Sinn belegt. Sie ist mit traditionellen Vorstellungen des Herrscherlobs in keiner Weise zu verbinden. Wie sehr Ambrosius im Gegensatz zu traditionellen Vorstellungen von kaiserlicher Größe steht, wenn er Theodosius „humilitas" als christliche Tugend zuspricht, kann durch zwei Beispiele illustriert werden: Der Christ (!) Laktanz kann zur Abdankung Diokletians bemerken, daß er in die „tenebrae humilis vitae" hinabsteige (mort. pers., 18, 3). Ammian kann Julians unprätentiöses Auftreten unter seinen Untertanen in Konstantinopel mit der Bemerkung kritisieren: „humilior visus est" (22, 7, 1), vgl. für beide Beispiele Straub, S. 140. Bei Ambrosius sind „humilitas", „humilis" etc. positive Begriffe. Mir ist ein Beispiel für die Verwendung von „humilis" mit negativem Sinn bei Ambrosius aufgefallen: Ambr., de virginibus 1, 1, 3 (PL 16, 189): Ambrosius zu seiner bis dato literarisch unproduktiven dreijährigen Amtszeit als Bischof: „Me ficus (cf. Joh., 1, 48) adhuc, id est illecebrosa deliciarum obumbrat prurigo mundi, humilis ad altitudinem, fragilis ad laborem, mollis ad usum, sterilis ad fructum."
294 Vgl. Ps. 114, 6b (Sept.): „ἐταπεινώθην, καὶ ἔσωσέν με" mit obit. Theod., 27, v. a. 27, 6 (CSEL 73, 385): „Ipse per humilitatem pervenit ad salutem." Zur Psalmexegese vgl. S. 145–50.

lich der Kirchenbuße zu unterwerfen.[295] Darin erkennt er die demütige Bußfertigkeit Davids wieder; Theodosius erscheint außerdem in seiner demütigen Haltung als Nachahmer Christi. Die Gedanken zur Demut, die Ambrosius zum Lob des Kaisers entwickelt, entsprechen dem, was er seiner Gemeinde sonst in Predigten über diese „christliche Tugend schlechthin"[296] immer wieder nahebringt: Christliche Demut als Tugend der Selbsterniedrigung eröffne den Weg zur Erlösung, weil sie Nachfolge Christi bedeute, der sich durch seine Fleischwerdung zum Heil der Menschen erniedrigt habe.[297] Im Zusammenhang mit der Buße öffnet die Demut die Augen für die eigene Sündhaftigkeit; Selbsterniedrigung könne Schuld tilgen.[298]

Wiederum ausgehend vom Wortlaut des Psalmtextes, dem er in der Rede folgt, kommt Ambrosius auf sein persönliches Verhältnis zu Theodosius zu sprechen.[299] Es sind wieder Barmherzigkeit und Demut im Herrscheramt sowie sein angeblich sanftes Wesen, die Ambrosius an Theodosius hervorhebt.[300] „Mansuetudo", die

---

295 Obit. Theod., 27, 1–28, 3 (CSEL 73, 384–85): „Bona igitur humilitas, quae liberat periclitantes, iacentes erigit. Novit eam ille, qui dixit: ‚Ecce sum ego; peccavi, et ego pastor male feci, et isti in hoc grege quid fecerunt? Fiat manus tua in me.' (= David in *2 Reg., 24, 17 (Sept.)) Bene hoc dicit, qui regnum suum deo subiecit et paenitentiam gessit et peccatum suum confessus veniam postulavit. Ipse per humilitatem pervenit ad salutem. Humiliavit se Christus, ut omnes elevaret. Ipse ad Christi pervenit requiem, qui humilitatem fuerit Christi secutus. Et ideo quia humilem se praebuit Theodosius imperator et, ubi peccatum obrepsit, veniam postulavit, conversa est anima eius in requiem suam, ..." Zur Kirchenbuße vgl. kurz oben S. 103, Anm. 267.

296 Dihle, Sp. 761.

297 Vgl. z. Bsp. Ambr., in Ps. 118, 14, 46 (CSEL 62, 329, 8–25): „Humiliavit enim et ipse se Christus, ut novum conderet testamentum. Cum lego evangelium, audio filium dei carnem sumpsisse de Maria, videor mihi cum Christo descendere. Lego enim eum, ‚qui cum esset in forma dei semet ipsum exinanivit', exinanivit autem, ‚ut formam servi acciperet, et specie inventus ut homo humiliavit se usque ad mortem' (*Phil., 2, 6–7), lego dicentem: ‚qui se exaltaverit humiliabitur' (Mt., 23, 12), lego dicentem: ‚venite ad me omnes qui laboratis et onerati estis, et ego vos reficiam. Tollite iugum meum super vos et discite a me, quia mitis sum et humilis corde' (*Mt., 11, 28–29). Non dixit: discite a me quia potens sum, non dixit: discite a me quia gloriosus sum, sed : ‚discite a me quia humilis sum', quod potestis imitari. Nolite vos extollere, nolite exaltare cor vestrum. Docuit me ergo humiliari et inclinare cor meum ad faciendas iustitias, non ad iniquitatem, sed ad aequitatem inclinare propter retributionem. Retributio regnum caelorum et paradisi est incolatus."

298 Vgl. z. Bsp. Ambr., in ps. 118, 30, 62 (CSEL 62, 222, 1–5): „Cum autem humiliamur, peccata nostra cognoscimus et ipsa delicta nostra purgamus. ‚Humiliatus sum', inquit, ‚et salvum me fecit' (Ps. 114, 6 (Sept.)). In veritate ergo humiliatus, qui humiliatus est ad salutem, nec vane pertulit passionem, qui salutem veritatis secutus est."

299 Obit. Theod., 33, 1–2 (CSEL 73, 388): „Et ego – ut quadam sermonem meum peroratione concludam – ‚dilexi' (Ps. 114, 1) virum ..."; vgl. zur Psalmexegese S. 145–50.

300 Obit. Theod., 33, 1–5 (CSEL 73, 388): „Et ego ... ‚dilexi' (Ps. 114, 1) virum misericordem, humilem in imperio, corde puro et pectore mansueto praeditum, qualem dominus amare consuevit dicens: ‚Supra quem requiescam, nisi supra humilem atque mansuetum?' (cf. Esai., 66, 2.)" Ambrosius bezieht sich sehr frei auf die Passage bei Jesaias: Daß „humilis" durch „mansuetus" ergänzt wird, ist weder durch den Text der Vulgata, noch den der Septuaginta motiviert, cf. Vulg.: „Ad quem autem respiciam, nisi ad pauperculum et contritum spiritu, et trementem sermones meos?" cf. Sept.: „καὶ ἐπὶ τίνα ἐπιβλέψω ἀλλ' ἢ ἐπὶ τὸν ταπεινὸν καὶ ἡσύχιον καὶ τρέμοντα τούς λόγους μου;" Daß Ambrosius den genauen Wortlaut der

Eigenschaft eines umgänglichen und sanften Wesens, die Ambrosius Theodosius hier zuschreibt, ist auch eine traditionelle Herrschertugend.[301]

Ambrosius setzt sich aber in krasser Weise von üblichen Vorstellungen kaiserlicher Majestät ab, wenn er diese Tugend auch im Lobpreis des Herrschers mit der christlichen Tugend der Selbsterniedrigung verbindet, genau wie er sonst in seinen Schriften allen Gläubigen „mansuetudo" zusammen mit „humilitas" empfiehlt.[302]

Ambrosius beschreibt außerdem in dieser Passage der Rede, in der er sein persönliches Verhältnis zu Theodosius in den Vordergrund stellt, mit einigen Sätzen die Szene der öffentlichen Kirchenbuße des Kaisers, nachdem er darauf schon vorher in der Rede kurz als konkretes Beispiel für Theodosius' Demut verwiesen hatte.[303]

Er stellt die kaiserliche „humilitas" anhand eines weiteren Beispiels dar; wie beim Beispiel der Kirchenbuße greift er wieder auf einen Fall zurück, in dem der Kaiser sich gemäß Ansprüchen der Kirche verhielt, die Ambrosius an ihn herangetragen hatte: Nach einem militärischen Sieg habe Theodosius sich wegen des

Passage kennen konnte, belegt Ambr., Hex., 6, 10, 75, (CSEL 32.1, 261, 5–7): „In his requiescit deus, qui ait: 'aut super quem requiescam nisi super humilem et quietum et trementem verba mea?'"

301 Etwa schon bei Cicero im Lobpreis der Feldherrntugenden des Pompeius in der Verbindung „humanitas", „mansuetudo" (Manil., 42) oder „temperantia", „mansuetudo", „humanitas" (Manil., 13); wie bei Ambrosius in der Verbindung mit „misericordia" häufig im abschließenden Appell an die Richter (Vgl. Mur., 90; Sulla, 93); vgl. Wickerts Liste üblicher Herrschereigenschaften Sp. 2231 oder in den lateinischen Panegyrici etwa (Zählung nach Mynors ed.): 1, 28, 5; zusammen mit „pietas" und „abstinentia" 1, 2, 6; ebenso wie häufig bei Ambrosius in Verbindung mit „mitis" 3, 28, 1: „Sed quid ego longius indicia mitis et mansuetae mentis accerso." (vgl. die hilfreiche Konkordanz von T. Janson, Hildesheim, 1979).

302 Die Eigenschaft taucht gelegentlich in der Dreiergruppe „mitis", „humilis", „mansuetus" auf, vgl. etwa Ambr., de Isaac, 1, 1 (CSEL 32.1, 642, 4–5), über Isaac: „ipse est, mitis, humilis atque mansuetus, qui veniente Rebecca, hoc est patientia, exivit in campum abalienare (Gen., 24, 63); Ambr., offm., 1, 89 (Testard ed., S. 139), in einer Predigt de verecundia: „Humiles nos esse decet, mites, mansuetos, graves, patientes, modum tenere in omnibus, ut nullum vitium esse in moribus vel tacitus vultus, vel sermo annuntiet."; Ambr., in Ps. 37, 16 (CSEL 64, 148, 2–3): „David ille humilis corde et mansuetus, qui parcebat inimicis." Ambr., in Luc., 5, 53–54, (CSEL 32.4, 202, 25–203, 5): „Beati pauperes spiritu (Mt., 5, 3). Pauper enim spiritu non inflatur, non extollitur mente carnis suae. Prima ergo ista benedictio est, cum deposuero omne peccatum et exuero omnem malitiam et simplicitate contentus fuero, inops malorum. Superest ut mores meos temperem. Quid enim mihi prodest carere saecularibus, nisi fuero mitis atque mansuetus? Nam qui sequitur viam rectam, sequitur utique illum, qui ait: ‚Discite a me quia mitis sum et humilis corde' (Mt., 11, 29)." Das Herrenwort bei Mt., 11, 29 scheint mit seiner Verbindung von „mitis" und „humilis" der Kern für die inhaltlich nur leicht davon sich unterscheidende Dreiergruppe „mitis, „humilis", „mansuetus" zu sein.

303 Obit. Theod., 34, 1–7 (CSEL 73, 388): Ambrosius spricht von sich selbst: „ ‚Dilexi' (Ps. 114, 1) virum, qui magis arguentem quam adulantem probaret. Stravit omne, quo utebatur, insigne regium, deflevit in ecclesia publice peccatum suum, quod ei aliorum fraude obrepserat, gemitu et lacrimis oravit veniam. Quod privati erubescunt, non erubuit imperator, publicam agere paenitentiam, neque ullus postea dies fuit, quo non illum doleret errorem."; vgl. 28, 1–2 (CSEL 73, 385); vgl. auch die Buße Davids, auf den Ambrosius im gleichen Zusammenhang verweist, 27, 1–6 (CSEL 73, 385), s. oben S. 111, Anm. 295. Zur Kirchenbuße vgl. kurz oben S. 103, Anm. 267.

vergossenen Blutes die Teilnahme am Sakrament der Kommunion versagt, bis er in der Ankunft seiner Kinder ein Zeichen der Gnade Gottes gefunden habe.[304]

Es entspricht dem Bild des gläubigen, die Ansprüche der Kirche berücksichtigenden Kaisers, daß schließlich seine Sorge um die Geschicke der Kirche und seine Verbundenheit mit Ambrosius selbst – der Redner rückt jetzt ausdrücklich seine eigene Person in die Nähe des Kaisers – gelobt werden: Theodosius habe noch auf dem Totenbett Ambrosius zu sich gerufen und mit ihm über die Zukunft der Kirche beraten.[305]

Um die bisher an solchen Textpassagen, die ausdrücklich lobend über Theodosius sprechen, gemachten Beobachtungen zusammenzufassen, läßt sich festhalten, daß Theodosius als gläubiger, barmherziger und demütiger Herrscher dargestellt wird. Der christliche Glaube ersetzt militärische Tugenden. Die gütige Milde und gerechte Härte des Herrschers erscheinen als Tugenden eines Christen, der Gott nachahmt. Dazu tritt die christliche Tugend der Demut. Der Sieg des Theodosius über einen Usurpator und seine Anhänger, die den Unterlegenen erwiesene Milde, die Kirchenpolitik des Theodosius, auf die Ambrosius sich in einigen Passagen allgemein bezieht, und seine Bereitschaft, sich öffentlich der Buße zu unterziehen, sind Ereignisse aus dem Leben des Kaisers, an die Ambrosius erinnert.

Das Bild, das Ambrosius von Theodosius zeichnet, ist in seiner Wirkung nicht allein durch diese konkret faßbaren Tugenden und Taten bestimmt. Die Person des Kaisers wird außerdem durch den ständigen Bezug der Rede auf die Heilige Schrift mit einer Aura christlicher Gläubigkeit umgeben. Dazu trägt etwa die Identifikation des Theodosius mit biblischen Vorbildern bei:

Am Anfang und am Ende der Rede kreisen Ambrosius' Gedanken um die Geschichten Jakobs und Josephs.[306] Theodosius erscheint jeweils wie der Patriarch Jakob, dem von seinem Sohn Joseph – mit dem Ambrosius den Sohn des Theodosius, Honorius, identifiziert – die Begräbnisfeierlichkeiten ausgerichtet wurden. Der von Ambrosius zitierte Segen Jakobs für Joseph umgibt auch Theodosius und seinen Sohn Honorius mit einem Schimmer von biblisch-patriarchalischer Autorität und verehrungswürdiger Heiligkeit.[307] Auch in der Kirchenpolitik des Theodosius sieht Ambrosius einen Anlaß, die Person des verstorbenen Kaisers durch die Identifi-

---

304 Obit. Theod., 34, 7–10 (CSEL 73, 388–89): „Quid quod praeclaram adeptus victoriam, tamen, quia hostes in acie strati sunt, abstinuit a consortio sacramentorum, donec domini circa se gratiam filiorum experiretur adventu?" Es handelt sich wahrscheinlich (vgl. Soz., H.E., 7, 25 (PG 67, 1494) um den Sieg gegen Eugenius, vgl. unten S. 178–79.

305 Obit. Theod., 35, 1–4 (CSEL 73, 389); Ambrosius spricht von sich selbst: „ ,Dilexi' (Ps. 114, 1) virum, qui me in supremis suis ultimo spiritu requirebat. ,Dilexi' virum, qui, cum iam corpore solveretur, magis de statu ecclesiarum quam de suis periculis angebatur." Daß Ambrosius sich auf die letzten Worte des Verstorbenen bezieht (hier: „ultimus spiritus"), sie am besten selbst gehört hat, ist ein immer wieder eingesetztes Mittel, Nähe zwischen sich selbst und dem Verstorbenen zu suggerieren. Vgl. dazu S. 184, Anm. 144.

306 Obit. Theod., 3–4 (CSEL 73, 372–73) und 54–55 (CSEL 399–400); vgl. dazu unten S. 144–45.

307 Obit. Theod., 4, 1–6 (CSEL 73, 372–73); vgl. unten S. 184, Anm. 140.

kation mit dem Heros alttestamentlicher Gläubigkeit in die Sphäre religiöser Verehrung zu heben.[308]

Der Vergleich des Herrschers mit Vorbildern aus der Geschichte und aus dem Mythos ist ein übliches Mittel panegyrischer Beredsamkeit, die Person des Gelobten zu erhöhen.[309] Es erscheint naheliegend, daß Ambrosius dafür nicht auf die heidnische Mythologie, sondern auf biblische Vorbilder zurückgreift und so Theodosius als christlichen Herrscher darstellt. Zusätzlich zur bloßen Wirkung des Vergleichs umgibt dabei aber der Wortlaut der Heiligen Schrift, der in zahlreichen Zitaten und Reminiszenzen die Sprache der Rede prägt, die Person des Kaisers mit einer Aura von Heiligkeit.

Der Bezug auf die Heilige Schrift geht aber über solche einzelnen Vergleiche noch hinaus: Ambrosius folgt in der zentralen Passage der Rede dem Wortlaut des 114. Psalmes, den er fast Wort für Wort erklärt.[310] Das Bild, das Ambrosius von Theodosius zeichnet, ist entscheidend davon geprägt, daß er den verstorbenen Kaiser selbst die Worte des Psalmes sprechen läßt. Der 114. Psalm gehörte wahrscheinlich zur Liturgie des Gottesdienstes für Theodosius, wurde also vor der Predigt des Ambrosius rezitiert.[311] Ambrosius erkennt im Vortrag des Vorbeters die Stimme des toten Kaisers; die Psalmworte erscheinen als Vermächtnis des Verstorbenen.[312] „Dilexi", „Ich habe geliebt." – So läßt Ambrosius den Kaiser sich zu Feindes- und Nächstenliebe[313], zur Liebe zu Gott[314] und überhaupt zur christlichen Liebe als einer das ganze Leben bestimmenden Haltung des Menschen[315] bekennen.

---

308 Vgl. unten S. 144, Anm. 102. In ähnlicher Weise identifiziert Ambrosius Theodosius mit dem alttestamentlichen König Joschija, der gegen Götzendienst vorgegangen war (vgl. 4 Reg., 23, 4–25), obit. Theod., 38, 13–17 (CSEL 73, 391): „Quisquis bene hic domini pascha celebraverit, in lumine perpetuo erit. Quis splendidius celebravit quam qui sacrilegos removit errores, clusit templa, simulacra destruxit? (cf. zur Religionspolitik des Theodosius kurz oben S. 107, Anm. 265) In hoc Iosias rex superioribus antelatus est." Es ist für die Wirkung dieses Vergleichs unerheblich, daß Ambrosius vorher in der Rede (obit. Theod., 15 (CSEL 73, 378–79), vgl. dazu unten S. 201) in einem anderen Zusammenhang einen anderen Vergleich, nämlich einerseits zwischen den Söhnen des Theodosius und Joschija und andererseits dessen ungläubigen Vater und Theodosius nahegelegt hatte.

309 Vgl. etwa Men. Rhet., 376, 31–377, 9.

310 Obit. Theod., 17–38 (CSEL 73, 380–91); vgl. dazu unten S. 145–50.

311 Vgl. dazu unten S. 143, Anm. 93.

312 Obit. Theod., 17, 1–4 (CSEL 73, 380): „Unde pulchre psalmista dixit: ‚Dilexi, quoniam audiet dominus vocem orationis meae.' (*Ps. 114, 1) In quo psalmo, dum legitur, velut ipsum Theodosius loquentem audivimus. ‚Dilexi' inquit; agnosco vocem piam, cuius testimonia vocis agnosco." Vgl. unten S. 143, Anm. 93.

313 Obit. Theod., 17, 5–7 (CSEL 73, 380): „Et vere dilexit, qui officia diligentis implevit, qui servavit hostes, qui dilexit inimicos, qui his a quibus est appetitus, ignovit, qui regni adfectatores perire non passus est."

314 Obit. Theod., 17, 9–13 (CSEL 73, 380): „Sed quid dilexerit, audiamus. Cum tacetur genus dilectionis (sc. im Text des Psalmes), utique divinae caritatis gratia significatur, qua diligimus illud, quod est super omnia desiderabilia desiderabile (cf. Prov., 8, 11), de quo scriptum est: ‚Diliges dominum deum tuum.' (Deut., 6, 5; cf. Mt., 22, 37; al.)"

315 Obit. Theod., 18, 3–11 (CSEL 73, 380–81): Die Seele des Kaisers im Himmel spricht: „ ‚Dilexi.' (Ps. 114, 1) Nihil hoc plenius, nihil expressius. Interrogabant angeli vel archangeli:

Der christliche Glaube des Kaisers erscheint nicht wie ein neben anderen Tugenden zu preisender Vorzug des Herrschers, sondern wie das persönliche Bekenntnis eines gläubigen Christen. Durch die eindringliche Wirkung vielfacher Wiederholung und durch die Unmittelbarkeit des immer wieder als direkte Rede des Kaisers ausgesprochenen Psalmwortes[316] schreibt es sich besonders nachdrücklich in das Gedächtnis der Zuhörer und prägt entscheidend das Bild, das Ambrosius von Theodosius vermitteln will.

So tritt neben die Tugenden der Gläubigkeit, der Barmherzigkeit und der Demut, die Ambrosius anhand einiger Szenen aus dem Leben des Kaisers illustriert hatte, das persönliche Bekenntnis des Kaisers zur christlichen Liebe, das Ambrosius den Kaiser wie ein Vermächtnis in der Rede selbst aussprechen läßt.

Die Form der Rede ignoriert Vorgaben traditionellen Herrscherlobs.[317] Ambrosius richtet sich nicht nach einem vorgegebenen Schema, sondern verbindet mit unterschiedlichen Themen seiner Rede, wie etwa der Nachfolge der Söhne oder der Exegese des 114. Psalms immer wieder das Lob des Theodosius.

Das so vermittelte Bild von Theodosius weicht in krasser Weise von üblichen Vorstellungen eines idealen Herrschers ab. Auffällig ist vor allem, daß Ambrosius überhaupt nicht auf militärische Fähigkeiten des Herrschers eingeht[318] und daß er den Kaiser ungeachtet seiner Majestät als demütigen Gläubigen darstellt.[319]

,Quid egisti in terris?' ... Dicebat: ,Dilexi.' Hoc est dicere: legem implevi (cf. Rom., 13, 8), evangelium non praeterivi; hoc est dicere: morti me obtuli et tota die aestimatus sum sicut ovis occisionis (cf. Rom., 8, 36) et ideo confido, ,quia neque mors neque vita neque angeli neque virtutes neque altitudo neque profundum neque creatura alia poterit nos separare a caritate dei, quae est in Christo Iesu domino nostro.' (Rom., 8, 38f)"

316 Vgl. neben vielen anderen flektierten Formen von „diligere" immer wieder die wörtliche Aufnahme des „dilexi" aus Ps. 114, 1: Obit Theod., 17, 3; 17, 8; 18, 3; 18, 6; 19, 10 (zweimal); 19, 12; 20, 1; 20, 6; 21, 1; 22, 1; 23, 2.

317 Als Beobachtung kann allenfalls angemerkt werden, daß Seneca am Anfang seiner Schrift de clementia (§§ 2–4) Nero ein Bekenntnis zur clementia sprechen läßt. Selbst wenn zu erweisen wäre, daß Ambrosius, indem er Theodosius die Worte des 114. Psalmes sprechen läßt, diese „Form" eines Bekenntnisses nachahmt, wäre darin weniger eine formale Abhängigkeit als eine äußerliche Anregung zu sehen.

318 Vgl. als Gegensatz etwa den Panegyricus des Pacatus auf Theodosius, der militärischen Aktionen des Kaisers viel Raum widmet, vgl. nur die Inhaltsgabe bei C. E. V. Nixon, Pacatus, Panegyric to Theodosius, S. 16–17, Liverpool 1987. Die Arbeit von Alessandra Lovino, Su alcune affinità tra il Panegirico per Theodosio di Pacato Drepanio e il De obitu Theodosii di Sant' Ambrogio, in: VetChr 26, 1989, S. 371–76 weist auf Gemeinsamkeiten und Unterschiede der beiden Reden hin.

319 Diese auffälligen inhaltlichen Züge der Rede für Theodosius finden sich auch nicht in erhaltenen panegyrischen Texten anderer christlicher Autoren. Nachrichten über einen verlorenen Panegyricus des Bischofs Paulinus von Nola lassen aber erkennen, daß unter Christen Versuche unternommen wurden, spezifisch christliche Vorstellungen im Preis des Herrschers zu betonen. Wie Paulinus in einem Brief an Sulpicius Severus selbst beschreibt, hatte der christliche Dichter Endelechius ihn aufgefordert, über Theodosius zu schreiben. Er schickte die Schrift, die er noch nicht herausgegeben hatte, an den Freund und äußert sich in einem begleitenden Brief über den Inhalt; Paul. Nol., ep. 28, 6 (CSEL 29, 247, 1–9): „Alius libellus ex his est, quos ad benedictum, id est Christianum virum, amicum meum Endelechium scripsisse videor, non tamen edidisse

Im Vergleich zur Rede für Valentinian fällt auf, daß Ambrosius dort dessen Einsicht in eigene Fehler und seine Bereitschaft zur Besserung nicht konkret mit dem christlichen Begriff der Demut benannt hatte. Demütig erschien der Kaiser nur im Verhältnis zu seinen Schwestern, und Demut schien mit seiner Herrscherwürde nicht vereinbar zu sein. In der Rede für Theodosius ist die Stellung des Herrschers kein Hindernis, ihm „humilitas" als Tugend eines gläubigen Christen zuzuschreiben.

Die „pietas" des Herrschers erschien in der Rede für Valentinian nicht wie im Bekenntnis des Theodosius als persönlicher Glaube des Kaisers, sondern als treue Bindung an die Kirche.

Besonders im Vergleich zur Rede für Satyrus erscheint das Bild, das Ambrosius von einem gläubigen Christen zeichnet, in der Rede für Theodosius aufgrund des allgegenwärtigen Bezugs auf die Heilige Schrift überzeugender: Ein abschließender Vergleich der Passagen aus der Rede für Theodosius, in denen ausgehend von der Erklärung des Psalmes allgemeinere ethische Vorstellungen entwickelt werden, mit entsprechenden Passagen aus dem Abschnitt über die Kardinaltugenden des Bruders kann das illustrieren:

Daß Theodosius' Leben von christlicher Liebe bestimmt gewesen sei, wird den Zuhörern durch die eindringliche Wirkung vielfacher Wiederholung – ‚dilexi' – besonders deutlich in das Gedächtnis geschrieben. Seine Menschen- und Gottesliebe erscheint so in den Paragraphen, in denen Ambrosius den Versen des 114. Psalmes folgt, aber auch nach einem Überblick über die ganze Rede als eine zentrale Aussage, die Theodosius zum Lob gereicht und gleichzeitig als christliches Ideal vorgestellt wird. Diese Liebe zeigt sich in der Erfüllung christlicher Gebote, vor allem auch des Gebotes der Feindesliebe; der Kaiser erfüllt diese Gebote als Herrscher.[320] So bezieht sich Ambrosius auch auf Rom., 13, 9–10, wo Paulus die

---

convincar. Is enim mihi auctor huius in domino opusculi fuit, sicut ipsius epistola, quae libello meo pro themate praescribitur docet. Fateor autem idcirco me libenter hunc ab amico laborem recepisse, ut in Theodosio non tam imperatorem quam Christi servum, non dominandi superbia sed humilitate famulandi potentem, nec regno sed fide principem praedicarem." Vgl. auch über diese Schrift Gennad., vir. ill., 49: „Paulinus, Nolae Campaniae episcopus, composuit ... et ad Theodosium imperatorem ante episcopatum (409 (Altaner)) prosa panegyricum ‚super victoria tyrannorum' eo maxime, quod fide et oratione plus quam armis vicerit." Die knappe Inhaltsangabe des Paulinus von Nola läßt zusammen mit der Notiz des Gennadius erkennen, daß die Darstellung des Kaisers Theodosius in der Tendenz dem Bild, das Ambrosius in seiner Rede zeichnet, ähnlich war. Aus einem Brief des Hieronymus, dem die Schrift offensichtlich auch vorgelegen hatte, wird deutlich, daß Paulinus auch die Gesetzgebung des Theodosius behandelt hatte (Hier., ep. 58, 8: „Illustrasti purpuras eius et utilitatem legum futuris saeculis consecrasti."). Über die Form des Panegyricus erfahren wir nicht viel mehr, als daß Hieronymus sie als besonders gelungen empfand. (ebd.) Der Briefwechsel um den Panegyricus des Paulinus und die Inhaltsangabe bei Gennadius, die den christlichen Gehalt ausdrücklich beschreibt, können illustrieren, daß die betont christliche Konzeption des Herrscherlobs als außergewöhnlich empfunden wurde. Sie unterstreichen, wie sehr Ambrosius in der Leichenrede für Theodosius nicht nur mit formalen Traditionen, sondern auch mit üblichen Inhalten der Panegyrik bricht.

320 Obit. Theod., 17, 5–9 (CSEL 73, 380): „Et vere dilexit, qui officia diligentis inplevit, qui servavit hostes, qui dilexit inimicos, qui his a quibus est appetitus, ignovit, qui regni adfectatores

Mahnung, die Gebote des Dekalogs und die Verpflichtung zur Nächstenliebe zu achten, damit beschließt, daß er christliche Liebe generell gleichsetzt mit der Erfüllung christlicher Gebote. Diese Gleichsetzung ist möglich, weil alle christliche Liebe von der Liebe zu Gott ausgeht; aus der Liebe zu Gott ergibt sich die Beachtung seiner Gebote.[321]

Ambrosius stellt diese Verbindung in der Rede für Theodosius nicht explizit her; aber er erklärt mit Bezug auf Deut., 6, 5 (Mt., 22, 37), daß die Liebe des Theodosius Liebe zu Gott gewesen sei[322]; im Paragraphen 19 vergleicht er das Bekenntnis des Theodosius mit der dreifachen Versicherung des Petrus, daß er seinen Herrn liebe, bei Ioh., 21, 15–·17. Einem Gedankengang aus Rom., 8, 35–39 folgend beschreibt er besonders eindringlich die unerschütterliche Heilsgewißheit, die sich aus der Liebe zu Gott und aus dem Vertrauen in die Liebe Gottes zu den Menschen ergibt.[323]

In der Rede für Satyrus hat die Liebe des Menschen zu Gott nicht diese hervorragende und die Wahrung aller göttlichen Gebote begründende Bedeutung. In der Beschreibung der „prudentia", die Ambrosius ordentlich dem Abschnitt über die erste Kardinaltugend des Bruders voranstellt, ist neben der Erkenntnis Gottes die liebende Verehrung für die göttliche Wahrheit wichtig.[324] Das Verhältnis zwischen Mensch und Gott wird in den abstrakten Formulierungen der neoplatonischen Definition der „prudentia", auf die Ambrosius hier zurückgreift, wenig persönlich beschrieben. Die christliche Gottesliebe, die einen Aspekt unter den Tugenden des Satyrus darstellt, erscheint als philosophisches Phänomen und ohne Bezug zur Person des Satyrus.

---

perire non passus est. Non mediocris, sed perfecti in lege vox ista est dicere: ‚Dilexi'; ‚plenitudo' enim ‚legis dilectio est.' (*Rom. 13, 10)"

321 Vgl. Ambr., in Ps. 118, 13, 2–13, 4 (CSEL 62, 282, 1–284, 2), daraus etwa: „Doceat igitur nos deus, quemadmodum a sanctis suis diligitur. ... Qui diligit dominum legem eius diligit, sicut Maria diligens filium omnia verba eius in corde suo materno conferebat affectu (cf. Luc., 2, 19). ‚Diligens te feci voluntatem tuam', scriptum est (*Esai., 48, 14). Ideo commisit et Christus Petro, ut pasceret gregem suum et domini faceret voluntatem, quia caritatem eius agnovit (cf. Ioh., 21, 15–17). Qui enim diligit, ex voluntate facit quae sibi sunt imperata, qui timet ex necessitate. ... Vere ergo diligit, qui sine tristitia, sine timore, voluntario potius studio quam coacto praecepta conservat."

322 Obit. Theod., 17, 9–13 (CSEL 73, 380): „Sed quid dilexerit, audiamus. Cum tacetur genus dilectionis, utique divinae caritatis gratia significatur, qua diligimus illud, quod est super omnia desiderabilia desiderabile (cf. Prov., 8–11), de quo scriptum est: ‚Diliges dominum deum tuum.' (Deut., 6, 5 (Mt., 22, 37))"

323 Obit. Theod., 18, 6–11 (CSEL 73, 380–81): „‚Dilexi' ... hoc est dicere: morti me obtuli et tota die aestimatus sum sicut ovis occisionis et ideo confido, ‚quia neque mors neque vita neque angeli neque virtutes neque altitudo neque profundum neque creatura alia poterit nos separare a caritate dei, quae est in Christo Iesu domino nostro'." Vgl. Rom., 8, 35–39: „Quis ergo separabit nos a caritate Christi? ... an gladius? Sicut scriptum est: Quia propter te mortificamur tota die, aestimati sumus sicut oves occisionis (Ps. 43, 22). Sed in his omnibus superamus propter eum qui dilexit nos. Certus sum enim, quia neque mors neque vita neque ... (etc.)"

324 Exc. Sat., 1, 42, 1–5 (CSEL 73, 232): „(prudentia), quae ita a sapientibus definitur: bonorum primum esse deum scire et verum illud atque divinum pia mente venerari, illum amabilem et concupiscendam aeternae pulchritudinem veritatis tota mentis caritate diligere, ..." Vgl. für die neoplatonisch geprägte Definition etwa Apul., de Plat., 2, 2, 231.

In der Rede für Theodosius beschreibt Ambrosius die Liebe des Menschen zu Gott als Bekenntnis im Munde eines Gläubigen. Der Begriff dieser Liebe ist vollkommen von Gedanken der Heiligen Schrift geprägt; sie erscheint als persönliches Verhältnis zwischen Mensch und Gott und als Grundlage christlicher Moralität.

Die Vorstellungen von christlicher Demut als Voraussetzung für die Erlösung des Menschen, wie sie Ambrosius ausgehend von Psalmworten in der Rede für Theodosius entwickelt[325], findet im Schema der Kardinaltugenden keinen Platz und hat in der Rede für Satyrus keine Entsprechung. Die „humilitas" oder eine dieser christlichen Tugend des Theodosius entsprechende Tugend fehlt unter den Vorzügen des Satyrus.

Der Begriff der „iustitia" unterscheidet sich in beiden Reden in interessanter Weise. In der Rede für Satyrus entspringt „iustitia" geselligen Antrieben und sorgt sich um das Wohl der Mitmenschen.[326] Ambrosius unterscheidet außerdem zwischen Gerechtigkeit gegen die nächsten Mitmenschen, gegen alle Menschen und gegen Gott, die mit karitativer Hilfe für die Armen gleichzusetzen ist.[327] Der Gedanke vom Ursprung der Tugend der Gerechtigkeit in einer Veranlagung des Menschen zu Geselligkeit und zu Einsatz für die Gemeinschaft und die Unterscheidung zwischen verschieden großen Kreisen von Menschen, auf die sich Fürsorge und Verpflichtung des Einzelnen beziehen, tragen den Stempel antiken philosophischen Gedankengutes zur Stellung des Menschen als eines sozialen Wesens in Gemeinschaften von der Familie bis zum Weltbürgertum. Dazu tritt als Erweiterung die Forderung nach Gerechtigkeit gegen Gott, die mit Fürsorge für die Armen gleichgesetzt wird.

In der Rede für Theodosius entwickelt Ambrosius seine Gedanken zur Gerechtigkeit, indem er den 5. Vers des 114. Psalmes erklärt.[328] So erscheint „iustitia" als Tugend des einerseits richtenden, aber auch verzeihenden und helfenden Herrschers, der Gott nachahmt. Ihre Bedeutung überschneidet sich mit der Bedeutung von „iustitia" in der Satyrusrede in der Forderung nach Unterstützung für die Armen.[329]

Diese zentrale karitative Forderung christlicher Ethik ergab sich in der Satyrusrede aus der Gleichsetzung von Gerechtigkeit gegen Gott mit Gerechtigkeit gegen die Armen. Die Gerechtigkeit gegen Gott und die Armen war als eine

---

325 Vgl. oben S. 110–11 und obit. Theod. 27, 6–28, 3 (CSEL 73, 385): „Ipse per humilitatem pervenit ad salutem. Ipse ad Christi pervenit requiem, qui humilitatem fuerit Christi secutus. Et ideo quia humilem se praebuit Theodosius imperator et ubi peccatum obrepsit, veniam postulavit, conversa est anima eius in requiem suam, ..."

326 Exc. Sat., 1, 57, 5–7 (CSEL 73, 239): „Ea enim (sc. iustitia) sibi parcior, foris tota est, et quidquid habet quadam inclementia sui, dum rapitur amore communi, transfundit in proximos."

327 Exc. Sat., 1, 58, 1–3 (CSEL 73, 239): „Sed huius (sc. iustitiae) multiplex species, alia erga propinquos, alia erga universos, alia erga dei cultum vel adiumentum inopum."

328 Vgl. dazu oben S. 112–116.

329 Ambrosius zitiert beispielsweise auch in beiden Reden zur Gerechtigkeit *Ps. 111, 9: „Dispersit, dedit pauperibus, iustitia eius manet in aeternum."; vgl. exc. Sat., 1, 60, 8 (CSEL 73, 240) und obit. Theod., 26, 3–4 (CSEL 73,384).

christliche Ergänzung zu bekannten Forderungen antiker Philosophie nach Gerechtigkeit gegen verschiedene Gruppen von Menschen hinzugetreten. In der Rede für Theodosius ist die Verwirklichung von Gerechtigkeit durch karitative Fürsorge für die Schwachen ein Akt der Barmherzigkeit in Nachahmung eines den bedürftigen Menschen gegenüber gerechten und barmherzigen Gottes. Sie erscheint so allein aus biblischen Traditionen begründet.

Die Vorstellungen christlicher Liebe, christlicher Demut oder christlicher Gerechtigkeit und Barmherzigkeit, die in der Rede für Theodosius zu erkennen sind, finden sich nicht in der Rede für Satyrus. Ambrosius entwickelt diese Vorstellungen in der Theodosiusrede, indem er, wie es für eine Predigt angemessen erscheint, Verse der Heiligen Schrift erläutert; durch den Bezug auf den Schrifttext erfahren auch die dabei vorgestellten ethischen Begriffe eine tiefe christliche Prägung. Eine ähnlich deutliche Prägung läßt sich in der Rede für Satyrus allenfalls im kindlich offenen, arglosen und bescheiden zurückhaltenden Wesen des Bruders erkennen, das Ambrosius auch dort in Anlehnung an die Heilige Schrift beschreibt.

Das Gewicht, das die Interpretation von Schrifttexten in den Reden für Valentinian und Theodosius für den Aufbau der Reden und für das von den Verstorbenen entworfene Bild bekommt, verweist auf die Situation im Gottesdienst und die Rolle des Redners als Bischof. Beide Aspekte sollen bei der Interpretation von Elementen der Predigt und der Schriftexegese im folgenden Kapitel berücksichtigt werden.

IV. ELEMENTE DER PREDIGT UND DER SCHRIFTEXEGESE

Ambrosius zählt die Erklärung der Heiligen Schrift zu seinen wichtigsten Aufgaben als Bischof; seine eigene rednerische Praxis war außer durch Predigten an Festtagen und die tägliche Unterweisung der Katechumenen in der Fastenzeit vor allem durch regelmäßige sonntägliche Predigten bestimmt.[1] Erfahrung und Routine als Redner, die ihm neben Schulwissen um die klassische Rhetorik vielleicht die wichtigeren Stützen bei der Abfassung auch einer Leichenrede sein konnten, hat er sich nach rhetorischer Ausbildung und erfolgreicher Praxis als Gerichtsredner[2] seit seiner Erhebung zum Bischof von Mailand vor allem auf dem Feld der Schrifterklärung in jahrelanger regelmäßiger Arbeit erworben. So erscheint es nicht verwunderlich, daß die bisher angestellten Untersuchungen zu den Leichenreden des Ambrosius als Trostreden und als Lobreden den Blick immer wieder auch auf Elemente der Schriftexegese gelenkt haben.

Im folgenden Kapitel sollen Passagen der Reden, in denen Ambrosius' Gedanken um Schrifttexte kreisen, untersucht werden.[3] Weil Ambrosius Themen der Leichenrede, wie das Lob des Verstorbenen oder den Trost der Hinterbliebenen, auch im Gewand der Exegese verschiedener biblischer Texte behandelt, werden einige bereits besprochene Passagen hier erneut berührt; es stellt sich die Frage, auf welche Weise es Ambrosius in den verschiedenen Reden gelingt, Elemente von Predigt und Schriftexegese mit Themen der Leichenrede zu verbinden, und vor allem, welche Wirkung das hat.

---

1   Vgl. Dudden, S. 449 u. 454.
2   Sein christlicher Biograph, Paulinus von Mailand, behandelt diesen Abschnitt seines Lebens nur kurz, vgl. Paul. Med., vita Ambr., 5 (ed. M. Pellegrino, Rom, 1961); s. oben S. 18, Anm. 10.
3   Y.-M. Duval, Formes profanes et formes bibliques dans les oraisons funèbres de Saint Ambroise, in: Christianisme et formes littéraires de l'antiquité tardive en occident, Entretiens sur l'antiquité classique (Fondation Hardt) 23, 1976, 235–301, hat für die erste Rede auf Satyrus und die beiden Reden für Valentinian und Theodosius die entscheidende Bedeutung einzelner, in den Reden behandelter Schrifttexte deutlich gemacht. Grundlegende Informationen zur Praxis des Ambrosius als Prediger liefert Dudden, S. 448–49 und S. 454–61. Die vielfältigen Probleme, die die Frage nach dem Bibeltext des Ambrosius aufwirft (vgl. ein Beispiel unten S. 135, Anm. 60), sind dargestellt bei H. J. Frede, Probleme des ambrosianischen Bibeltextes, in: Ambrosius Episcopus, Atti del Congresso internazionale di studi ambrosiani..., Milano, 2–7 dicembre 1974, Vol. 1 (= Studia Patristica Mediolanensia 6), Milano, 1976, S. 365–92. Zu Fragen zur exegetischen Theorie ausführlich: L. F. Pizzolato, La dottrina esegetica di Sant' Ambrogio, Mailand, 1978; kürzer: ders., La Scrittura nella dottrina esegetica di S. Ambrogio, in: Ambrosius Episcopus, Atti del Congresso internazionale di studi ambrosiani..., Milano, 2–7 dicembre 1974, Vol. 1 (= Studia Patristica Mediolanensia 6), Milano, 1976, S. 393–426. In den Arbeiten von Pizzolato erscheint vieles als konsequente exegetische Theorie, was von Ambrosius nur beiläufig und ohne systematische Begründung formuliert worden ist.

IV. 1. DIE ERSTE REDE FÜR SATYRUS

Die erste Rede für Satyrus ist im unmittelbaren Zusammenhang mit den Begräbnis-
feierlichkeiten für den Bruder gehalten worden. Aus dem Text ergibt sich, daß der
Leichnam des Bruders vor der Rede zum Grab getragen worden war, während der
Rede vor den Augen des Redners und der Zuhörer aufgebahrt lag, und danach dem
Grab übergeben werden sollte.[4]

Der Beerdigung war offenbar ein Gottesdienst vorausgegangen; denn einige
explizite Formulierungen in der Rede für Satyrus legen den Schluß nahe, daß
Ambrosius sich auf Lesungstexte bezieht, die nicht lange vor der Rede, also wohl in
einem Gottesdienst unmittelbar vorher, vorgetragen wurden.[5] An anderen Stellen
ergibt sich vielleicht aus der Art und Weise, wie Ambrosius selbstverständlich den
Inhalt von Schrifttexten voraussetzt, daß der Rede Schriftlesungen vorausgegangen
sind.[6]

In den zunächst zu behandelnden Passagen, in denen Ambrosius ausdrücklich an
Lesungstexte der vorangegangenen Feierlichkeiten erinnert, erscheinen diese Bezüge in Abschweifungen oder beiläufigen Ergänzungen zur Leichenrede für den
Bruder: So läßt sich Ambrosius etwa auf einige Bemerkungen über die gleichzeitig
göttliche und menschliche Natur Christi ein.[7] Ein Anlaß dazu ergibt sich dadurch,
daß Ambrosius, um seine Trauer um den Bruder zu rechtfertigen, behauptet, daß
auch Christus geweint habe.[8] Weil Tränen sich nicht mit der Göttlichkeit des Herrn
vereinbaren lassen, bedarf diese Behauptung in einer Zeit, als sich Rechtgläubigkeit
und Häresie an der Frage schieden, ob Gott als Mensch gelitten habe, korrigierender
Ergänzungen: Ambrosius beeilt sich, der Gemeinde zu erklären, daß die Tränen
Christi Teil seiner menschlichen und leidenden Natur gewesen seien.[9]

---

4   Daß die Leiche zum Grab getragen worden war, ergibt sich aus den ersten Worten Exc. Sat., 1,
    1, 1–3 (CSEL 73, 209): „Deduximus, fratres dilectissimi, ... domnum et fratrem meum Satyrum."
    Daß sie im Angesicht von Redner und Zuhörern aufgebahrt war, ergibt sich z. Bsp. aus 37, 5
    (CSEL 73, 229): „Qualem te nunc ego, frater, aspicio ..."; vgl. 14, 10 (CSEL 73, 217); 78, 3–5
    (CSEL 73, 249). Daß die Leiche nach der Rede dem Grab übergeben werden sollte, ergibt sich
    aus 78, 1–5 (CSEL 73, 249–50): „Sed quid ego demoror, frater? Quid expecto, ut nostra tecum
    commoriatur et quasi consepeliatur oratio? ... Procedamus ad tumulum."
5   Exc. Sat., 1, 11, 5 (CSEL 73, 215): „..., de quo hodie nobis insinuavit propheta dicens: ..."; 12,
    6–7 (CSEL 73, 215): „..., sicut et praesens lectio docet, ..."; 61, 1–2 (CSEL 73, 240–41): „Unde
    non inmerito quantus fuerit, hodie quoque per vocem lectoris parvuli spiritus sanctus expressit:
    ...". Die beiden zuerst zitierten Stellen verweisen im Zusammenhang auf den 86. Psalm, die
    letzte Stelle auf den 23. und 14. Psalm als Lesungstext.Daß Ambrosius von einem „lector
    parvulus" spricht, deutet darauf hin, daß ein Knabe den Psalm vorgetragen hatte (vgl. zu dieser
    Sitte in Hippo F. v. d. Meer, Augustinus der Seelsorger, Leben und Wirken eines Kirchenvaters,
    übers. von N. Greitemann, Köln ³1958, 432–33).
6   Vgl. dazu unten S. 125, Anm. 19.
7   Exc. Sat., 1, 11–13 (CSEL 73, 214–16).
8   Exc. Sat., 1, 9, 10–12 (CSEL 73, 214): Lacrimavi ergo, fateor, etiam ego, sed lacrimavit et
    dominus (vgl. Joh., 11, 35), ille alienum, ego fratrem, ille in uno lacrimavit omnes, ego in
    omnibus lacrimabo te, frater."
9   Exc. Sat., 1, 11, 1–4: „Ille nostro non suo inlacrimavit adfectu – neque enim divinitas lacrimas

Um die angeschnittene Frage weiter zu erklären, greift er auch auf einen vorher vorgetragenen Lesungstext, den 86. Psalm, zurück und interpretiert einen Vers daraus in einem kurzen trinitarischen Repetitorium, in dem er für die Gemeinde die rechte Lehre über göttliche und menschliche Natur Christi wiederholt.[10] Ambrosius assoziiert auch andere Schrifttexte[11] und gestaltet diese kurze Passage überhaupt im Stile einer Predigt über die Trinität; so erinnert er selbst, wenn er sich nach der Abschweifung zum eigentlichen Zweck seiner Rede zurückruft, an solche Predigten.[12]

Der Bezug auf den während der Begräbnisfeierlichkeiten vorgetragenen Lesungstext und die exegetischen Überlegungen, die sich daran knüpfen, stehen in keinem unmittelbaren Zusammenhang zum Ganzen der Leichenrede für den Bruder; vielmehr erörtert Ambrosius einen zusätzlichen Gedanken, der ihm aufgrund seines assoziierenden Vorgehens in die Rede eingeflossen ist. Der Lesungstext wird nicht systematisch einbezogen, sondern aufgrund der zufälligen Bedeutung eines isolierten Verses für einen einzelnen Gedanken der Rede herangezogen. Daß sich daraus breitere Überlegungen ergeben, hängt damit zusammen, daß das angeschnittene Thema, die Dreieinigkeit Gottes, im Zeitalter des trinitarischen Streites mit rechtgläubiger Sorgfalt zu erläutern war. So schleicht sich in den besprochenen Paragraphen ein Element der Predigt in die Leichenrede, das wohl mit der Aufgabe eines Predigers, aber nicht mit dem eigentlichen Anliegen des Redners in der konkreten Situation zu vereinbaren ist.[13]

Ein etwas engerer Zusammenhang zwischen dem Anliegen der Rede und der Erinnerung an einen biblischen Text, der im Rahmen der Begräbnisfeierlichkeiten vorgetragen worden war, findet sich in einer kurzen Textpassage im Abschnitt über die vierte Kardinaltugend[14]: Ambrosius ergänzt das Lob der Gerechtigkeit durch

---

habet –, sed lacrimavit in eo, qui tristis fuit, lacrimavit in eo qui crucifixus est, qui mortuus, qui sepultus est, ...“

10   Exc. Sat., 1, 11, 4–13, 7 (CSEL 73, 215–16), daraus etwa: 11, 4–11: „... lacrimavit in eo, de quo hodie nobis insinuavit propheta dicens: ‚Mater Sion!‘, dicet homo, et homo factus est in ea, et ipse fundavit eam altissimus.‘ (*Ps. 86, 5) In eo lacrimavit, quod matrem Sion dixit genitus in Iudaea, susceptus ex virgine, matrem autem secundum divinitatem habere non potuit, quia auctor est matris. Ille factus est non divina generatione, sed humana, quia homo factus est, deus natus est.“

11   Exc. Sat., 1 ,12, 1–3 (CSEL 73, 215): „Sic et alibi habes: ‚puer natus est nobis, filius datus est nobis‘ (*Esai., 9, 6); in puero enim nomen aetatis, in filio ‚plenitudo divinitatis‘ (cf. Col., 2, 9) est.“

12   Exc. Sat., 1, 14, 1–4 (CSEL 73, 216): „Plura loci huius tractatus exposcit, quibus possimus ostendere auctoritatem patris, proprietatem filii, trinitatis totius unitatem. Sed consolandi hodie, non tractandi partes recepi.“

13   Ähnlich ist eine andere Passage zu bewerten, in der Ambrosius die Gelegenheit der Leichenrede für polemische Bemerkungen in einer christologischen Streitfrage benutzt. Ambrosius lobt die Rechtgläubigkeit des Bruders und nimmt sich viel Zeit, seine Zuhörer gehörig über die Verirrung des Bischofskollegen Lucifer, der sich selbst aus der Kirche ausgegrenzt habe, zu belehren; exc. Sat., 1, 47, 5–14 (CSEL 73, 235). Er widmet diesem Schisma mehr als doppelt soviel Raum wie etwa der folgenden knappen praeteritio zur Beredsamkeit des Bruders.

14   Vgl. dazu Duval, S. 248–49.

vorher schon in einer Lesung vorgetragene Worte des 14. und 23. Psalmes; er deutet es als Fügung des Heiligen Geistes, daß die zufällig ausgewählten Lesungstexte die gerechte Lebensführung des Bruders beschreiben. Daß das Lob des Bruders durch diese inspirierten Worte bestätigt wird, erscheint so nicht als Planung, die sich etwa in der Auswahl dieses konkreten Lesungstextes für die Begräbnisfeierlichkeiten hätte auswirken können, sondern als wunderbares Orakel: Auch der Heilige Geist leistet seinen Beitrag, wenn Ambrosius nach dem Schema der Kardinaltugenden die Gerechtigkeit des Bruders preist.[15]

Über diesen effektvollen Einfall hinaus macht Ambrosius den Lesungstext nicht für die Redesituation fruchtbar. Er beschränkt sich darauf, in wenigen Sätzen und ohne weitere Erklärungen Psalmworte, die in lockerem Zusammenhang zur sozialen Tugend der Gerechtigkeit stehen, in seine Rede einzuflechten.[16] Die gesamte kurze Passage, in der Ambrosius auf vorher im Rahmen der Begräbnisfeierlichkeiten vorgetragene Lesungsworte eingeht, fügt sich als beiläufige Ergänzung ein. Die Disposition der Rede, die im Abschnitt über die Tugenden des Bruders nach der traditionellen Strukturierungshilfe der vier Kardinaltugenden ausgerichtet ist, wird durch diesen zusätzlichen Einfall nicht berührt.

Lange Textpassagen aus dem vierten Buch Hesdras prägen das letzte Drittel der Rede, wo Ambrosius sich selbst dazu anhält, den Schmerz über den Verlust des Bruders zu überwinden. Es ist bereits beschrieben worden, wie am Ende der Rede diese Mahnung in den Vordergrund tritt und so den Gang der Trostrede von der Klage zur Überwindung des Schmerzes abschließt, und daß der Tenor der biblischen Mahnung, angesichts allgemeiner Not persönliches Leid nicht überzubewerten, einem von Ambrosius vielfach für die Rede genutzten Motiv der Trostliteratur entspricht.[17]

Das Motiv der Relativierung des persönlichen durch allgemeines Unglück, das Ambrosius am Anfang der Rede in Anlehnung an Beispiele aus der heidnischen Literatur aufgegriffen hatte, erscheint nun als ein Thema der Heiligen Schrift: Eine

---

15 Vgl. Einleitung und Schluß des kurzen Abschnitts exc. Sat., 1, 61, 1–2; 9–10 (CSEL 73, 240–41): „Unde non inmerito quantus fuerit, hodie quoque per vocem lectoris parvuli spiritus sanctus expressit: ... Agnosco oraculum; quod enim nulla ordinavit dispositio, spiritus revelavit." Ambrosius läßt auch sonst in seinen Predigten gelegentlich eine sinnreiche Beziehung zwischen dem Inhalt der Predigt und den ohne Eingreifen des Redners bestimmten Lesungstexten als wunderbare Fügung erscheinen, mit kirchenpolitischen Absichten etwa im sermo contra Auxentium, ep. 75 a (Maur. 21 a), 19 (CSEL 82. 3, 94) mit dem Abschluß: „Lectio nempe ista nulla nostra dispositione recitata est, sed casu. Quae praesentibus bene aptatur temporibus." Vgl. auch ep. 77 (Maur. 22), 3 (CSEL 82.3, 128–29). Zur Frage der Festlegung von Lesungstexten für Gottesdienste unten S. 145, Anm. 104.

16 Exc. Sat., 1, 61, 2–9 (CSEL 73, 241): „... spiritus sanctus expressit: ‚Innocens manibus et mundo corde, qui non accepit in vanum animam suam nec fecit proximo suo dolum: haec generatio requirentium deum.' Hic ergo et ‚in montem domini ascendet' et in ‚tabernaculo habitabit' dei, quia ‚ingressus sine macula operatus est iustitiam, locutus est veritatem, non decepit' proximum, ‚nec pecuniam feneratus est suam', qui semper voluit recuperare hereditariam. Agnosco oraculum; ..." Die Zitate sind eine schwer entflechtbare Kontamination aus den inhaltlich teilweise ähnlichen Psalmversen Ps. 23, 3–4; 6 und Ps. 14, 1–5.

17 Vgl. oben S. 29–30.

Frau, deren Sohn, den sie nach dreißigjähriger Unfruchtbarkeit geboren hatte, in seiner Hochzeitsnacht stirbt, wird ermahnt, über ihrem persönlichen Leid die Not Zions nicht zu vergessen.[18] Aufgrund der Disposition der einzelnen Argumente innerhalb der Rede sind es erst die durch die Heilige Schrift motivierten Gedanken, die im letzten Drittel die Klage um den Tod des Bruders in den Hintergrund drängen. Auf diese Weise bekommt das biblische Beipiel mit seinen langen wörtlichen Zitaten entscheidendes Gewicht. Das gilt unabhängig davon, ob die herangezogenen Schriftpassagen aus dem vierten Buch Hesdras tatsächlich ebenfalls zu den Lesungstexten der Begräbnisfeierlichkeiten gehörten, wie der Text der Rede mit großer Wahrscheinlichkeit vermuten läßt.[19] Die biblische Erzählung erscheint so – vielleicht zusätzlich empfohlen durch die kirchliche Liturgie – als eigentliche Autorität, die dem Motiv privaten und öffentlichen Schmerzes, das die gesamte Rede bestimmt, die notwendige Würde verleiht. Es ist für Ambrosius klar, daß entsprechende Gedanken in der heidnischen Konsolationsliteratur, die er sich unbefangen angeeignet hat, ihren Ursprung in der älteren Weisheit der Bibel haben.[20]

Die Einbeziehung von Auszügen aus dem Lesungstext fügt sich glatt in den Gang der Rede von Klagen um den Verlust hin zur Überwindung des Schmerzes ein. Ambrosius zieht das Beispiel ausschließlich als Autorität für den vorher konzipierten und durch die allgemeine Disposition der Trostrede vorgegebenen Appell heran, daß am Schluß Schmerz und Trauer überwunden werden sollen.

Dazu zitiert er lange Passagen wörtlich ohne Unterbrechungen, ohne zusätzliche Erklärungen zu den Schriftworten und ohne gleichzeitig andere Texte der Heiligen Schrift in seine Gedanken einzubeziehen.[21] Es geht Ambrosius nicht um die Erklärung der Schriftworte aus 4 Hesdras, der Text wird nicht zum Anlaß für weitere Überlegungen genommen. Das biblische exemplum und seine breite Darstellung haben ausschließlich dienenden Charakter im Rahmen der vorgegebenen Disposition, die sich frei an konventionellen Formen für Trostreden orientiert.[22]

---

18 Vgl. 4 Esdr., 9, 26–10, 60, die vierte Vision des Propheten Hesdras, v. a. 4 Esdr., 9, 38–10, 28.

19 Duval, S. 246–47 geht davon aus, daß Passagen aus 4 Hesdras zur Totenliturgie für Satyrus gehörten. Er stützt sich zunächst auf die Art und Weise, wie Ambrosius zuerst auf den Text zu sprechen kommt, exc. Sat., 1, 64, 4–7 (CSEL 73, 242): „Scriptum est enim in communi dolore proprium vacare debere; neque enim prophetico sermone uni illi mulieri, quae figuratur, sed singulis dicitur, cum ecclesiae dictum videtur." Die Zuhörer könnten das nicht verstehen, wenn sie nicht die Lesung aus Hesdras und die Geschichte der Frau, die ermahnt wird, über ihrem persönlichen Schmerz die Not Zions nicht zu vergessen, noch im Gedächtnis hätten. Die zusätzlichen Argumente, daß das „Requiem aeternam" der Totenliturgie dem gleichen apokryphen Buch entnommen ist und daß Ambrosius in der Schrift de bono mortis u. a. Kapitel aus 4 Hesdras kommentiert, haben m. E. keine Beweiskraft dafür, daß die in der Rede für Satyrus zitierten Passagen vorher als Lesungstexte vorgetragen worden sind.

20 Vgl. oben S. 62, Anm. 49.

21 Ambrosius zitiert außer kürzeren Anklängen die langen Passagen 4 Esdr., 10, 6–11 (in Paragraph 66 (CSEL 73, 242–43)) und 4 Esdr., 10, 20–24 (in Paragraph 69 (CSEL 73, 244–45)) wörtlich an einem Stück ohne die in seinen Exegesen sonst üblichen Erläuterungen durch andere Schrifttexte, Erklärungen einzelner Worte etc. Vgl. als Gegensatz etwa, wie Ambrosius den Text des 114. Psalms in die Predigt für Theodosius einbezieht, unten S. 145–50.

22 Duval formuliert S. 247: „Il ne s'agit ici encore que de la ‚sacralisation' d'une forme profane."

Die Situation der ersten Rede für Satyrus ist durch den unmittelbaren Zusammenhang mit den kirchlichen Begräbnisfeierlichkeiten für den Bruder geprägt.
Aber Elemente der Exegese und der Predigt, die sich finden lassen, erscheinen nur
als ausdrücklich gekennzeichnete Abschweifungen oder als Ergänzungen zur Trostrede, die sich in ihrer Disposition – sei es einzelner Teile, wie dem Abschnitt über
die Kardinaltugenden, oder der gesamten Rede – an traditionellen Vorgaben orientiert.

IV. 2. DIE ZWEITE REDE FÜR SATYRUS

Die zweite Rede für Satyrus wurde ebenfalls im Rahmen kirchlicher Feierlichkeiten
gehalten, und zwar sieben Tage nach der Beisetzung am Grab des Bruders.[23] Der
unmittelbare Zusammenhang der Rede mit diesen Feierlichkeiten ist auch daraus
ersichtlich, daß Ambrosius sich auf mindestens einen Schrifttext, die Apokalypse
des Johannes, bezieht, der während der kirchlichen Feierlichkeiten vor der Rede
verlesen wurde.[24] Es gibt keine expliziten Belege, daß andere der vielen in der Rede
ausführlich behandelten Schriftpassagen ebenfalls vorher als Lesungstexte vorgetragen worden sind.

Die Prägung der zweiten Rede für Satyrus durch die ständige Bezugnahme auf die
Heilige Schrift ist offensichtlich; wie sehr Ambrosius, um seine tröstenden Argumente zu stützen, nicht nur auf die bekannten Gedanken antiker Konsolationsliteratur,
sondern vor allem auf biblische Texte zurückgreift, hat schon der Überblick über
seine Argumentation deutlich gemacht.[25] Die Inspiration durch biblische Texte
prägt Denkkategorien und Sprache einzelner Abschnitte[26], Ambrosius ergänzt seine
Argumente durch kritische Überlegungen, ob sie sich mit Aussagen der Heiligen
Schrift vereinbaren lassen.[27] Vor allem sind es immer wieder Beispiele aus der
Heiligen Schrift, die im Rahmen der Argumentation als Fakten den Beweis für
vorher aufgestellte Thesen liefern sollen.[28]
    Die Einleitung und die partitio der zweiten Rede für Satyrus, die Ambrosius am
Anfang den Zuhörern zur besseren Orientierung mitteilt, lassen erwarten, daß die
Rede durch eine thematisch begründete Gliederung strukturiert wird, die sich an der
Absicht des Redners, Trost zu spenden, ausrichtet.[29] Es ist bereits beschrieben

---

23   Exc. Sat., 2, 2, 3 (CSEL 73, 252): „... nunc, quoniam die septimo ad sepulcrum redimus, qui dies
     symbolum futurae quietis est, ...“
24   Exc. Sat., 2, 132, 3–4 (CSEL 73, 323); vgl dazu unten S. 131–32, Anmm. 51–52.
25   Vgl. oben S. 31–44.
26   Exc. Sat., 2, 40–42 (CSEL 73, 270–71), in enger Anlehnung an paulinische Gedanken.
27   Exc. Sat., 2, 47–48 (CSEL 73, 274–75). Vgl. oben S. 37, Anm. 84.
28   Solche Sammlungen von Belegen aus der Heiligen Schrift sind vor allem die Beispiele für das
     Argument, daß das Leben nur Unglück bedeute, exc. Sat. 2, 23–35 (CSEL 73, 261–268); vgl.
     oben S. 35–36; die biblischen Belege dafür, daß aus Totem wieder Lebendiges werden kann,
     exc. Sat., 2, 66–76 (CSEL 73, 285–91); vgl. oben S. 39–40; und die biblischen Beipiele für
     bereits geschehene Auferstehungen exc. Sat., 2, 77–84 (CSEL 73, 291–97); vgl. oben S. 41.
29   Exc. Sat., 2, 3, 1–8 (CSEL 73, 252). Vgl. oben S. 33, Anm. 58.

worden, wie Ambrosius zur Bewältigung seiner Aufgabe die Rede – mit vielen
Freiheiten – einer immer noch erkennbaren, durch thematische Überlegungen geprägten Gliederung unterworfen hat. Im Folgenden soll anhand einiger Beispiele
beschrieben werden, wie Elemente der Schrifterklärung und der Predigt diese am
Thema der Rede orientierte Gliederung auflösen und dadurch, daß sie sich
verselbständigen, den planvoll durchdachten Charakter einer tröstenden Abhandlung verdrängen.

Ambrosius behandelt die biblischen Belege für seine Argumente teilweise mit
großer Ausführlichkeit. Ein Beipiel ist seine Darstellung der Erweckung des Lazarus
nach dem Evangelium des Johannes:[30] Im Argumentationszusammenhang der Trostrede gehört die Passage zum dritten Teil, in dem Ambrosius über die Auferstehung
redet, innerhalb dieses Teils wiederum zur dritten Gruppe von Gründen, die die
Lehre von der Auferstehung glaubhaft machen sollen, nämlich zu konkreten Beispielen für Totenerweckungen.

Ambrosius verweist nun nicht einfach darauf, daß das Evangelium die Wahrheit des Ereignisses bezeugt. Vielmehr nimmt er die Erzählung bei Johannes zum
Anlaß für detaillierte Erklärungen zu Einzelheiten der Schriftworte. Darin etwa, daß
dem Evangelium zufolge Jesus den Lazarus „mit lauter Stimme rief" und nicht
einfach vermöge seiner spirituellen Kräfte erweckte, entdeckt Ambrosius den Sinn,
daß so das Ereignis zum Zeichen für die Nachwelt werden sollte.[31] Wenn Johannes
formuliert, daß die Juden den Stein vom Grab des Lazarus wälzten und seine Binden
lösten, überlegt der Prediger, weshalb es nicht Christus selbst war, der das tat; er
kommt zu dem Ergebnis, daß auf diese Weise das – aus Ambrosius' Pespektive –
ungläubige Volk der Juden durch die unmittelbare Beteiligung an dem Ereignis zum
Glauben bewegt werden sollte, was dann nach Ausweis des Schrifttextes auch
eintrat.[32]

Es zeigt sich, daß das biblische Beipiel Ambrosius dazu veranlaßt, über die
Erfordernisse der Argumentation seiner Rede hinaus nicht einfach auf das Zeugnis
des Evangeliums für die Auferstehung des Lazarus zu verweisen, sondern die

---

30 Exc. Sat., 2, 77–80 (CSEL 73, 291–93); vgl. Ioh., 11, 17–44.
31 Exc. Sat. 77, 5–12 (CSEL 73, 291–92): „Quid enim sibi vult quod dominus ad monumentum
    accesit, ‚magna voce clamavit: Lazare, exi foras' (*Ioh., 11, 43), nisi ut futurae resurrectionis
    speciem praestaret, exemplum ederet? Cur voce clamavit, quasi spiritu non soleat operari, quasi
    tacitus non soleat imperare? Sed ut illud ostenderet, quod scriptum est, quoniam ‚in momento
    oculi in novissima tuba et mortui resurgent incorrupti' (*1 Cor., 15, 52). Tubarum enim
    strepitus vocis mentitur elatio." Der Schall der Posaunen zum Jüngsten Gericht, mit dem
    Ambrosius den Ruf Christi assoziert, war auch schon in den Lesungstexten der Messe für
    Satyrus erklungen. Ambrosius wird sich damit noch ausführlich befassen. Vgl. unten S. 131–
    35.
32 Exc. Sat., 2, 80 (CSEL 73, 293): „Fortasse moveat, quod Iudaei lapidem tollunt, Iudaei institas
    solvunt (cf. Ioh., 11, 41; 11, 44), ... Quasi vero qui spiritum refundere poterat, lapidem removere
    non poterat, ... Sed ut vel oculis suis crederent, qui credere mente nolebant, removent lapidem,
    vident cadaver, faetorem sentiunt, institas rumpunt. Non possunt negare defunctum, quem
    aspiciunt resurgentem. ... Denique multi, qui venerant ad Mariam, videntes, quae facta sunt,
    crediderunt (cf. Ioh., 11, 45)."

Erklärung des Schrifttextes in den Vordergrund zu rücken. Die Neigung des Ambrosius, auf diese Weise Elemente der Exegese und der Predigt einzubeziehen, prägt den Charakter der Rede.

An anderer Stelle behandelt Ambrosius im Rahmen seiner Gliederung das tröstende Argument, daß das irdische Leben ohnehin nur Unglück mit sich bringe und der Tod, der dem ein Ende bereitet, also nicht Anlaß zur Trauer sein könne; dieses Argument stützt er auch durch den Verweis auf das Vorbild biblischer Figuren, deren Leben von Mühe und Not geprägt gewesen sei.[33]

Was Ambrosius nun aber über das Vorbild David erzählt, geht über diese Vorgabe der tröstenden Argumentation weit hinaus; der Redner läßt sich von der biblischen Geschichte mitreißen[34], kommt im Zusammenhang der nacherzählten Ereignisse zu Themen, die sich vom Ausgangspunkt der thematisch begründeten Argumentationsstruktur entfernen[35], assoziiert zu einzelnen Aspekten der biblischen Geschichte zusätzlich andere Schriftpassagen, die keinen Zusammenhang mehr mit dem ursprünglichen Argument haben[36], und findet erst nach längeren Abschweifungen und mühsam zu seinem eigentlichen Anliegen zurück.[37]

33 Vgl. oben S. 34–36.
34 Nachdem er sich zu Jakob (=Israel) und Joseph in vier bzw. drei Zeilen der modernen Textedition kurz gefaßt hat (exc. Sat., 2, 23–24 (CSEL 73, 261–62)), erzählt und erklärt Ambrosius Geschichten Davids in den §§ 25–26, dann nach einem Einschub über Petrus noch einmal in § 28 in über 40 Zeilen der modernen Textedition.
35 Etwa wenn Ambrosius inspiriert durch das Beispiel Davids mit allem rhetorischen Aufwand und unter Rückgriff auf Schriftzitate geduldiges Ertragen göttlicher Fügungen preist und vor voreiliger Selbstüberhebung warnt; das hat mit dem Ausgangspunkt, daß das Leben nur Leid und Not bedeute, nichts zu tun; vgl. exc. Sat., 2, 26, (CSEL 73, 262–63): „O maximum solacium desiderantis, o verum sapientis iudicium, o miram patientiam servientis, ... Quis enim tu es, qui de tuo merito ante pronunties? ... Cur praevenire desideras cognitorem? Cur eripis sententiam iudicaturo? Nec sanctis istud permissum est nec a sanctis inpune umquam est usurpatum. David se propterea flagellatum suo carmine confitetur: ,Ecce ipsi peccatores et abundantes in saeculum obtinuerunt divitias. Ergo sine causa iustificavi cor meum, lavi inter innocentes manus meas, et fui flagellatus tota die et index meus in matutinum.' (*Ps. 72, 12–14)“
36 Ausgehend vom Lob des demütigen Ertragens göttlicher Fügungen und der sich anschließenden Warnung vor voreiliger Selbstüberhebung am Beispiel Davids gleiten Ambrosius' Gedanken zur voreiligen Versicherung des Petrus, Christus niemals zu verleugnen (etwa Marc., 14, 30; 14, 66–72); die Geschichte soll warnend an menschliche Schwäche gegenüber Versuchungen erinnern. Das hat wiederum mit dem an der Aufgabe zu trösten orientierten Ausgangspunkt, daß das Leben nur Leid und Not bedeute, nichts zu tun; exc. Sat., 2, 27, 1–9 (CSEL 73, 263): „Petrus quoque quamvis plenus fide devotionis, tamen, quia nondum conscius nostrae infirmitatis praesumptive dixerat domino: ,Animam meam pro te ponam' (Ioh., 13, 37), temptationem praesumptionis, antequam tertio gallus cantaret, incurrit, licet illa temptatio documentum fuerit ad salutem, ut discamus non contemnere carnis infirmitatem, ne contemnendo temptemur.“
37 Ambrosius ruft sein eigentliches Thema selbst wieder in Erinnerung, exc. Sat., 2, 29, 1–4 (CSEL 73, 264): „..., nunc ad proposita revertamur. Praemisimus enim etiam sanctos viros gravia in hoc mundo multa perpessos, sine suffragatione meritorum, cum aerumna laborum.“

Ein anderes Beispiel für lange exegetische Ausführungen sind Erzählungen aus dem Leben der Patriarchen, die sich in der Trostrede für den Bruder finden.[38] Auch hier stehen Passagen, die mehr oder weniger deutlich den Bezug zum Anlaß und zur Argumentation der Rede wahren, neben anderen, die sich allein aufgrund des Zusammenhangs der biblischen Geschichten Abrahams, Isaaks und Jakobs, nicht aufgrund einer deutlichen Beziehung zum eigentlichen Anliegen der Rede anschließen.

Die Geschichten aus dem Leben der Patriarchen finden sich in einem Teil der Rede, der sich einer einsichtigen Gliederung entzieht.[39] Ambrosius verbindet seine Erzählungen über Abraham, Isaak und Jakob nur locker mit dem Thema der Auferstehung, indem er versichert, daß auch sie das ewige Leben gewonnen haben.[40] Der in diesem Abschnitt häufig wiederkehrende Gedanke, daß auch die Zuhörer das ewige Leben haben werden, wenn sie dem tugendhaften Vorbild der Patriarchen folgen[41], gibt den Erzählungen des Ambrosius den Charakter allgemeiner moralischer Ermahnung durch biblische exempla, wie sie sich allenthalben in seinen Predigten findet.[42]

Wie Ambrosius seine exegetischen Ausführungen mit dem Anliegen der Rede verbindet, zeigt sich etwa darin, daß er im bereitwilligen Exil der Patriarchen nach typologischem Verständnis des Alten Testaments ein Vorbild für die notwendige Bereitschaft erkennt, das körperliche Leben hinter sich zu lassen.[43] Er richtet auf diese Weise seine Exegese auf ein Thema seiner Trostrede aus, daß der Tod nämlich nicht zu fürchten, sondern vielmehr als Abschluß des irdischen Lebens zu begrüßen sei.

38 Exc. Sat., 2, 95–101 (CSEL 73, 301–305).
39 Vgl. oben S. 41–42.
40 Exc. Sat., 2, 95, 1–3 (CSEL 73, 301): „Vivunt etiam patriarchae; neque enim aliter deus Abraham, deus Isaac et deus Iacob, nisi mortui viverent, diceretur; ‚deus' enim ‚mortuorum non est, sed viventium.' (*Luc., 20, 38)" Weil die Schrift Gott als den „Gott Abrahams, Isaaks und Jakobs" und außerdem als „Gott der Lebenden, nicht der Toten" bezeichnet, ergibt sich für Ambrosius die allzu mathematische Folgerung, daß Abraham, Isaak und Jakob Lebende, nicht Tote sein müßten!
41 Exc. Sat., 2, 95, 4–6 (CSEL 73, 301): „Vivemus et nos, si gesta moresque maiorum sequamur. Miramur patriarcharum praemia, imitemur obsequia, praedicamus gratiam, sequamur oboedientiam, ..."; 99, 1–2 (CSEL 73, 304): „Imitemur ergo Abrahae devotionem, imitemur Isaac bonitatem, ..."; 100, 1–3 (CSEL 73, 304): „Imitemur etiam in Iacob typum Christi, sit eius in nobis aliqua similitudo factorum. Erimus consortes, si fuerimus imitatores."; 101, 5 (CSEL 73, 305): „Sequamur Abraham moribus, ..."
42 Vgl. die programmatischen Äußerungen des Ambrosius dazu in einigen der Einleitungen zu seinen Predigten über die Patriarchen (s. im Anhang die Anmm. 38–40).
43 Exc. Sat., 2, 95, 9–15 (CSEL 73, 301–302): „Exierunt de terra sua patriarchae (cf. Gen., 12, 1; 12, 4 über Abraham), et nos exeamus proposito de corporis potestate, nos exeamus proposito, illi exilio. ... Illi terram solo mutarunt, nos caelo terram mutemus, illi habitatione, nos spiritu. ... Sic typus veritati et veritas concurrit typo." „Typus" ist das ankündigende Bild der alttestamentlichen Wirklichkeit, „veritas", die durch die Ereignisse des Neuen Testaments verwirklichte Wahrheit, in der die Christen leben; vgl. kurz informierend etwa F. Hesse, H. Nakagawa, E. Fascher, „Typologie", in: RGG 6, 1962, Sp. 1094–1098. Zu Begriffspaaren, die bei Ambrosius Beziehungen zwischen AT und NT beschreiben, wie etwa „typus – veritas", „figura – veritas" etc. Pizzolato, dottrina, S. 68–87, zu „typus" S. 68–72.

Die typologische Betrachtungsweise der alttestamentlichen Geschichten verselbständigt sich aber wieder, wenn Ambrosius Abraham in drei Gästen, die dieser bewirtet, die Dreieinigkeit Gottes erkennen läßt[44]; welcher Zusammenhang besteht zum Kontext der Rede, außer daß Ambrosius sich weiter mit Geschichten Abrahams befaßt?

Die lange Erzählung über das Opfer Isaaks[45] und die Lehren, die Ambrosius daraus zieht, lassen sich erst auf den zweiten Blick zum Kontext der Rede in Beziehung setzen: Ein Zuhörer des Ambrosius mag die allgemeine Mahnung aufnehmen, wie Abraham, der bereit war, seinen Sohn auf Gottes Geheiß zu opfern, die Liebe zu Gott über die Liebe zu den nächsten Angehörigen zu stellen.[46] Nur ein nach dem Zusammenhang der Gedanken suchender Leser wird wohl entdecken, daß die gehorsame Bereitschaft Abrahams, Isaak zu opfern, Vorbild für die gottergebene Tapferkeit beim Tod eigener Angehöriger sein kann; er wird vielleicht nachvollziehen, daß Gott, wie er in der vorwegnehmenden Ankündigung des Alten Testaments im Holz eines Gebüsches – „in ligno" – einen Widder anstelle des Menschen Isaak als Opfertier erscheinen ließ, in der Wirklichkeit des Neuen Testaments am Holz des Kreuzes – „in ligno" – seinen eigenen Sohn für alle Menschen als Opfer hingab; daß Gott also, wie er durch die Erscheinung des Opfertieres dem gehorsamen Abraham seinen scheinbar bereits verlorenen Sohn zurückgab, durch das Opfer seines eigenen Sohnes und die darin verheißene Auferstehung den Gläubigen ihre verstorbenen Angehörigen wahrhaft wiedergeschenkt habe; und daß die Menschen deshalb den Tod geliebter Angehöriger nicht betrauern, sondern gehorsam und voll Vertrauen auf Gott und die im Kreuzestod Christi verheißene Auferstehung als nur scheinbares Opfer hinnehmen sollen.[47]

---

44   Exc. Sat., 2, 96, 1–11 (CSEL 73, 302): „Abraham ... trinitatem in typo vidit, hospitalitatem religione cumulavit, tres suscipiens, unum adorans, ..." Diese Interpretation von Gen., 18, 1ff entspricht der Praxis christlicher Prediger, cf. die Verweise auf Origenes' Genesiserklärung bei Faller ed.

45   Exc. Sat., 2, 97–98 (CSEL 73, 302–305), in 28 Zeilen der modernen Textedition. Ein tröstliches Vernunftargument für die Gewißheit der leiblichen Auferstehung hatte Ambrosius in fünfeinhalb Zeilen abgehandelt. Vgl. oben S. 38–39.

46   Exc. Sat., 2, 97, 13–14 (CSEL 73 , 303): „Unde nos quoque deum omnibus, quos diligimus, praeferamus, patri fratribus matri, ..."

47   Exc. Sat., 2, 97, 13–98, 12 (CSEL 73, 303–304): „Unde nos quoque deum omnibus, quos diligimus, praeferamus, patri, fratribus, matri, ut possit nobis servare dilectos (sc. deus), sicut in Abraham uberiorem remuneratorem quam ministrum videmus. Obtulit quidem filium pater, sed deus non sanguine, sed pietate placatur. Ovem pro homine demonstravit (sc. deus) in ligno, ... Vidit propheta (sc. Abraham) ..., ovem pro homine mutavit. ... Et tu, si munus tuum offeras, non amittis. Sed avari sumus. Deus unicum filium morti pro nobis obtulit, nos nostros negamus. Vidit hoc Abraham et agnovit mysterium, salutem nobis in ligno futuram." Ambrosius bezeichnet das Gebüsch, in dem Abraham den Widder als Opferersatz für Isaak fand (cf. Gen., 22, 13) anders als im Wortlaut der Vulgata („vepres") oder der griechischen Entsprechung in der Septuaginta (φυτόν) als „lignum", also bewußt, wie es scheint, mit dem gleichen Wort, mit dem in christlichen Texten häufig das Kreuz benannt wird (vgl. W. Steinmann, „lignum", Sp. 1389, 8–42, in: Thes. ling. lat., 7, 2, 2, 1970–79, Sp. 1385–89), um die typologische Deutung der Geschichte vom Opfer Isaaks durch eine weitere Parallele zu bereichern.

Der Bezug, der sich zwischen dem eigentlichen Anliegen der Rede und der Geschichte vom Opfer Isaaks bei genauem Hinsehen noch herstellen läßt, fehlt dann aber wieder, wenn Ambrosius im Anschluß daran der biblischen Geschichte weiter folgt und Isaak unspezifisch für Tugenden als Vorbild preist, die nicht mit Trauer oder Trost in Verbindung zu bringen sind.[48]

Die sich anschließenden Geschichten Jakobs sind zunächst auch wieder Anlaß, allgemein an vorbildliche Taten aus seinem Leben zu erinnern;[49] wenn Ambrosius dann die Himmelsleiter Jakobs als Verbindung zwischen Menschen und Engeln mit dem Kreuz Christi, dem Symbol für Auferstehung und Aufnahme der Menschen in den Himmel, gleichsetzt, wenn er in der Lähmung Jakobs ein vorausweisendes Symbol des Alten Testaments für das den Tod überwindende Leiden Christi erkennen will[50], findet er mit seiner Deutung der Geschichten Abrahams, Isaaks und Jakobs wieder in die Nähe von Themen, mit denen er sich in der Trostrede für den Bruder beschäftigen wollte.

Die besprochene Passage, in der Ambrosius von den Patriarchen erzählt, macht deutlich, daß, wenn Ambrosius sich auf die Exegese biblischer Geschichten einläßt, der eigentliche Anlaß der Rede streckenweise aus dem Blickfeld gerät oder nur einen sehr weiten Rahmen abgibt, auf den der Prediger seine Auslegung beziehen kann. Die Absicht der Rede und ihre thematisch begründete Gliederung treten in den Hintergrund.

Der Text der zweiten Rede für Satyrus bewahrt einen einzigen expliziten Hinweis, daß Ambrosius sich nicht auf beliebige Schrifttexte bezieht, die thematisch seiner Rede nahestehen, sondern auf Lesungen, die während der kirchlichen Feierlichkeiten sieben Tage nach dem Begräbnis unmittelbar vor der Rede vorgetragen worden sind; aus diesem Hinweis ergibt sich mit großer Wahrscheinlichkeit, daß Passagen aus der Apokalypse des Johannes zu den Lesungstexten der Liturgie gehörten und verlesen wurden.[51] Dies erscheint vor allem deshalb wahrscheinlich, weil sich

---

48 Zu Isaak exc. Sat., 2, 99 (CSEL 73, 304): „Imitemur ergo Abrahae devotionem, imitemur Isaac bonitatem, imitemur castimoniam. Bonus plane et pudicus vir, devotus deo, castus uxori, qui iniuriam non reddidit, excludentibus cessit, paenitentes eosdem recepit nec protervus contumaciae nec durus gratiae. Litium fugitans, cum recederet, facilis veniae, cum reciperet, profusior bonitate, cum ignosceret. Petebatur societatis consortium, adiunxit convivium voluptatis." (cf. Gen., 26, 14–31).

49 Exc. Sat., 2, 100, 3–5 (CSEL 73, 304): „Matri oboedivit, fratri cessit, socero servivit, mercedem de lucris, non de gregis divisione quaesivit. Non avara divisio, ubi lucrativa portio." (cf. Gen., 27, 5–14; 27, 41–28; 29, 18–20; 30, 27–34).

50 Exc. Sat., 2, 100, 6–10 (CSEL 73, 304–305): „Nec illa otiosa significatio, scala de caelo, quod per crucem Christi angelorum atque hominum futura consortia viderentur, cui obstupefactum esset femur, ut in femore suo agnosceret generationis heredem (sc. Christum) et obstupefactio femoris passionem prophetaret heredis."

51 Exc. Sat., 2, 132, 3–4 (CSEL 73, 323): „.... laudem dicere deo, quam citharizantes illos (cf. Apoc., 14, 2) dicere prophetica lectione comperimus, ..." Auch die Worte exc. Sat., 2, 105, 3–4 (CSEL 73, 307) „Septem tubas legimus in apocalypsi Iohannis" sind – in Verbindung mit der zuerst zitierten Passage, in der Ambrosius auf eine Schriftlesung im Rahmen des Gottesdienstes („prophetica lectio") verweist – als Bezug auf den Lesungstext der Apokalypse zu interpretie-

Ambrosius explizit bemüht, die Bedeutung der Posaunen zu erklären, die im Text der Apokalypse (vgl. Apoc., 8–11 passim) erklingen.[52]

Zu diesem Zweck greift er nach üblicher exegetischer Praxis auf andere Schriftstellen zurück, die das gleiche Thema bzw. den gleichen zentralen Begriff zum Gegenstand haben;[53] zum Stichwort der „Posaunen" bietet es sich an, auf die Weisung des alttestamentlichen Gesetzes zurückzugreifen, zu welchen Gelegenheiten Trompetensignale geblasen werden sollen – zunächst ganz konkret während des Auszugs aus Ägypten im Lager der Israeliten, dann auch an Fest- und Feiertagen (Num., 10, 1–10); Ambrosius trägt sie seinen Zuhörern wörtlich vor und deutet Einzelheiten dieser Passage wiederum als vorausweisendes Symbol des Alten Testaments für die Wahrheit der durch das Neue Testament verheißenen Auferstehung.[54]

ren, wobei „legimus" als Perfekt zu verstehen wäre. (Mit der im geschriebenen Text nicht unterscheidbaren Formulierung „legimus", verstanden als Präsens, kann Ambrosius auch allgemein auf den Schrifttext, nicht spezifisch auf einen aktuellen Lesungstext, verweisen: Exc. Sat., 2, 105, 11–12 (CSEL 73, 307): „Legimus etiam: ,Canite in initio mensis tuba' (*Ps. 80, 4), sed etiam alibi: ,Laudate dominum in sono tubae' (*Ps. 150, 3).") Ambrosius bezieht sich in der Rede an verschiedenen Stellen in kurzen Zitaten auf den Text der Apokalypse: Exc. Sat., 2, 39, 3 (CSEL 73, 270); 59, 18 (CSEL 73, 282); 102, 6 (CSEL 73, 305). Längere Zitate finden sich exc. Sat., 2, 121–122 (CSEL 73, 317–18). Vgl. auch die folgende Anm. am Ende.

52 Exc. Sat., 2, 105, 1–4 (CSEL 73, 307): „Tempus autem arbitror de tubarum specie dicere, quoniam sermo propinquat ad finem, ut nostri quoque consummandi eloquii tuba signum sit. Septem tubas legimus in Apocalypsi Iohannis, ..."; 106, 1–4 (CSEL 73, 307): „Ergo quid sibi velit tubarum significatio, omni virtute debemus advertere, ne quasi fabulam aniliter accipientes periclitemur, si indigna dogmate spiritali nec convenientia scripturarum eminentiae sentiamus."; 106, 10–13 (CSEL 73, 308): „Unde oportet vocis tubae nos scire virtutem, ne videamur barbari, cum tubas huiusmodi aut audimus aut loquimur. Et ideo cum loquimur, oremus, ut eas nobis spiritus sanctus interpraetetur."; 107, 1–2 (CSEL 73, 308): „Requiramus igitur in scripturis veteribus, quid de tubarum genere legerimus, ..." – Die Posaune ist auch schon vorher in der Rede mehrfach in einer Formulierung des Paulus (1 Cor., 15, 52) erklungen, vgl. exc. Sat., 2, 76, 7–8 (CSEL 73, 291); 77, 9–12 (CSEL 73, 292); 93, 2–5 (CSEL 73, 300); 104, 6–8 (CSEL 73, 306–307).

53 Vgl. für übliche exegetische Methoden unten S. 148, Anm. 113.

54 Exc. Sat., 2, 107, 1–5 (CSEL 73, 308): „Requiramus igitur in scripturis veteribus, quid de tubarum genere legerimus, conicientes eas sollemnitates, quae Iudaeis lege praescriptae sunt, superiorum esse umbram celebritatum caelestiumque festorum. Hic enim umbra, illic veritas. Per umbram ad veritatem pervenire nitamur." „Umbra" steht, ähnlich wie „typus" (vgl. dazu oben S. 129, Anm. 43), für die vorwegnehmende Ankündigung neutestamentlicher Glaubenswahrheiten in Schriften des Alten Testaments. Ambrosius erläutert noch einmal explizit das exegetische Konzept, das seiner Interpretation alttestamentlichen Gesetzes im Zusammenhang der neutestamentlichen Verheißung zugrunde liegt in exc. Sat., 2, 109, 1–12 (CSEL 73, 311): „Oportuit igitur per speculum et in aenigmate fieri spiritalia. ,Nunc' enim ,per speculum videmus, tunc facie ad faciem' (1 Cor., 13, 12), ... Et ideo verae legis character in nostris moribus exprimatur, qui in dei ambulamus imagine, quoniam legis umbra transivit (cf. Hebr., 10, 1). Umbra Iudaeis carnalibus, imago nobis, veritas resurrecturis. Tria enim haec secundum legem esse cognovimus, umbram, imaginem, veritatem. Sed Christi omnia, quem nunc secundum veritatem videre non possumus, sed videmus quasi in quadam imagine futurorum, quorum umbram in lege perspeximus." Vgl. zu „umbra" – „imago" – „veritas" Pizzolato, dottrina, S. 79–83.

Die genau vorgeschriebene Signalfunktion der unterschiedlichen Posaunenrufe im israelitischen Lager etwa setzt er in Beziehung zu der schon vorher in der Rede behandelten Frage, in welcher Reihenfolge die Toten auferstehen werden.[55] Seine Ausführungen über die Deutung der Posaunen, die zunächst von der wörtlich zitierten Passage aus Numeri ausgehen, ziehen wie gewohnt auch wieder Assoziationen anderer Texte aus der Heiligen Schrift nach sich; ihr Ruf verbindet sich in den Gedanken des Redners zum Beispiel mit der Stimme der Kirche, die die gläubigen Seelen einlädt – so versteht Ambrosius in dem durch die Interpretation der Posaunenrufe beschriebenen Zusammenhang Worte aus dem Hohenlied, die wie der Text aus Numeri von den verschiedenen Himmelsrichtungen sprechen, in die gewandt der Ruf an die Gläubigen ergeht.[56]

Das lange Zitat aus Numeri und die sich anschließenden Interpretationen sind mit großer Wahrscheinlichkeit durch eine Lesung aus der Apokalypse im Verlauf der kirchlichen Feierlichkeiten für den Bruder motiviert. Die Rede bekommt in dieser Passage die dienende Funktion, den Lesungstext des Gottesdienstes, der ihr vorausgegangen ist, zu erklären und kann deshalb mit vollem Recht als Predigt bezeichnet werden.

Es ist in diesem Abschnitt der Rede nicht die thematisch begründete, inhärente Gliederung der Trostrede, die ihren Fortgang bestimmt, sondern ein äußeres Element: Die Situierung der Rede im Kontext der kirchlichen Feierlichkeiten bestimmt Teile des Inhalts. Es besteht freilich weiterhin ein Bezug zu Themen der Rede, der sich dadurch ergibt, daß der zu erklärende Schrifttext, bzw. einzelne Elemente dieses Textes, hier die Posaunen, auf den Zusammenhang von Tod und Auferstehung Bezug nehmen.

Zusammenfassend läßt sich festhalten, daß sich Elemente der Predigt und der Exegese in der zweiten Rede für den Bruder an vielen Stellen verselbständigen. Die thematisch begründete Gliederung der Trostrede wird in vielen Passagen verdrängt; Predigt und philosophischer Tradition entlehnte Konsolationsargumentation verbinden sich nicht nahtlos zu einem einheitlichen Ganzen.

---

55 Exc. Sat., 2, 115–116 (CSEL 73, 314–16), daraus etwa: „... Adverte enim iuxta typum legis ordinem gratiae. Cum tuba prima cecinerit, orientales congregat (cf. Num., 10, 5) quasi praecipuos et electos, cum secunda, ...", cf. exc. sat., 2, 92–93 (CSEL 73, 299–300).

56 Exc. Sat., 2, 117, 7–120 (CSEL 73, 316–17), daraus etwa: „Et ideo eos in Canticis Canticorum ecclesia ... invitat. ... Ecclesiae quoque vocem invitantis agnosce; dicit enim: ‚Exsurge, aquilo, et veni, auster, perfla hortum meum et defluant unguenta mea. Descendat frater meus ad hortum suum et edat fructum pomiferarum suarum.' (*Cant., 4, 16; 5, 1)" Ambrosius nennt in seinem wörtlichen Zitat aus Numeri, von dem alle Überlegungen ausgehen, in den Versen Num., 10, 5–6, wie es dem Text der Septuaginta und der Vulgata entspricht, nur den „aquilo", nicht auch den „auster" (vgl. exc. sat., 2, 107, 18–21 (CSEL 73, 309)). Wenn er sich dann in seinen Deutungen kurz vor der Einbeziehung der Verse aus dem Hohenlied auf die entsprechenden Verse aus Numeri bezieht, erscheint dann gegen den Wortlaut der Heiligen Schrift der „auster", vgl. exc. Sat., 2, 116, 11 (CSEL 73, 315): „Tertii suscitantur et quarti, qui ab austro et aquilone sunt." Dieser Satz zieht dann wie selbstverständlich Cant., 4, 16 nach sich, wo von „aquilo" und „auster" die Rede ist. Die Beobachtung macht deutlich, daß der „Zusammenhang" verschiedener, zu einem Thema herangezogener Schriftstellen unter anderem durch den bloßen Wortlaut hergestellt wird.

IV. 3. DIE REDE FÜR VALENTINIAN

Die konkrete Situation, in der die Rede für Valentinian gehalten wurde, bleibt unklar. Es gibt anders als im Falle der beiden Reden zum Tode des Bruders und der Rede auf Theodosius keinen Hinweis dafür, daß auch diese Leichenrede im Rahmen kirchlicher Feierlichkeiten gehalten wurde; hier finden sich keine expliziten Bemerkungen, die auf die Situation eines Gottesdienstes schließen lassen, etwa dergestalt, daß Ambrosius sich ausdrücklich auf einen oder mehrere Lesungstexte bezieht.[57] Unabhängig davon läßt sich auch hier beobachten, daß Texte der Heiligen Schrift und Elemente von Exegese und Predigt den Charakter der Rede entscheidend prägen.

Es sind zunächst immer wieder Verse aus den biblischen, dem Propheten Jeremias zugeschriebenen Klageliedern, um die die Gedanken des Redners kreisen.[58] Klagen über den Tod des Kaisers stehen am Anfang der Rede für Valentinian, wie es der Praxis entspricht, die rhetorische Handbücher für Trauer- und Trostreden empfehlen.[59] Ambrosius flicht in seine Worte ausdrücklich einzelne Verse aus den Klageliedern ein.[60] Der inhaltliche Bezug der Klagelieder zum Thema der Rede liegt auf der Hand, und es erstaunt nicht, daß der Bischof sie für seine Trauerrede benutzt.[61]

---

57 Die Art und Weise, wie Ambrosius ausdrücklich zurückgreifend auf eine frühere Rede zu sprechen kommt, die er am gleichen Tag als Predigt in einem Gottesdienst gehalten und in der er auch über Valentinian geredet hatte, lädt zu der Vermutung ein, daß Ambrosius sich damit auf einen Gottesdienst für den verstorbenen Kaiser bezieht, der schon beendet ist, und jetzt also in einer anderen Situation spricht, vgl. obit. Val., 30, 1–3 (CSEL 73, 344), über die nicht erfolgte Taufe Valentinians: „Sed ille non amisit gratiam, quam poposcit, qui mihi in sermone, quo utebar ad plebem, hodie resurrexit. Nam cum in tractatum incidissem propositae lectionis, quod ...“ – Die aktuelle Situation bleibt unklar, auch wenn man der Vermutung zustimmen will, daß Ambrosius die Rede für Valentinian wohl nicht in einem Gottesdienst gehalten hat.

58 In den Paragraphen obit. Val., 3–15 (CSEL 73, 330–38). Die Beschäftigung mit den Klageliedern wird kurz wieder aufgenommen obit. Val., 29 (CSEL 73, 343–44).

59 Klage um den verstorbenen Kaiser findet sich in den Paragraphen obit. Val., 1–8 (CSEl 73, 329–34). Charakteristisch ist die immer wiederholte Aufnahme von Verben wie „flere", „plorare", „maerere" etc. Daß dies konventionelle Technik einer Klagerede ist, zeigt die Parallelität zu exc. Sat., 1, 5, 1–6, 2 (CSEL 73, 211–12), wo Ambrosius ebenfalls anaphorisch Formen von flere/ fletus aufgreift und der schulmäßige Rückgriff auf Verse Vergils (obit. Val., 3, 3–4 (CSEL 73, 330), vgl. Aen. 6, 872–73), die sich für Klagerufe anbieten; vgl. hier etwa obit. Val., 2, 1–2 (CSEL 73, 329): „Quid igitur primum defleam? Quid primum amara conquestione deplorem."; 3, 1–3 (CSEL 73, 330): „Nec tamen flendi admonitio necessaria- Flent omnes, flent et ignoti, flent et timentes, flent et inviti, flent et barbari, flent et qui videbantur inimici."; 4, 11–12 (CSEL 73, 331): „Quomodo maeret Italia, quae abundabat gaudiis."; 6, 1 (CSEL 73, 332): „Flet igitur ecclesia pignus suum, ..."; 7, 1 (CSEL 73, 333): „Plorat ecclesia in sapientibus suis, ..."; 8, 1 (CSEL 73, 33): „In his ergo flet (sc. ecclesia)." – Daß es verbreiteter rhetorischer Praxis entspricht, Trauerreden mit Klagen zu eröffnen, ergibt sich aus den Vorschriften Menanders. Vgl. oben S. 23–24, Anmm. 12 und 17.

60 Obit. Val., 3, 9–11 (CSEL 73, 330): „In his ergo fleo, sicut dixit propheta: ,Oculi mei caligaverunt a fletu, quia elongavit a me, qui consolabatur me.' (*Thren., 1, 16 (Sept.))"; 4, 10–15 (CSEL 73, 331): „Unde prophetici threni mihi utendum videtur exordio: Quomodo maeret Italia, quae abundabat gaudiis? ,Plorans ploravit in nocte, et lacrimae eius in maxillis eius, nec

Der Text der Threnoi dient Ambrosius aber nicht allein als Arsenal zur frommen Ausschmückung seiner Gedanken; er nimmt im Gegenteil auch einzelne Verse der Schrift zum Ausgangspunkt für weitere Überlegungen: Einer bekannten exegetischen Gleichsetzung folgend identifiziert Ambrosius die Stadt Jerusalem, die in den biblischen Versen in ihrer Trauer um den Untergang Judas beschrieben wird, mit der Kirche in ihrer Trauer um Valentinian;[62] die Klagerufe ertönen nun aus ihrem Munde[63], und unversehens spricht Ambrosius über das gute Verhältnis des Kaisers zur Kirche.

est, qui eam consoletur ab omnibus qui diligunt eam. Omnes, qui amant illam, despexerunt eam. Omnis populus eius ingemescentes.' (cf. Thren., 1, 1)" – Exkurs: Die Stelle bietet ein instruktives Beispiel für die komplexen Schwierigkeiten der Textüberlieferung an Stellen, an denen der Text auf biblische Zitate zurückgreift; einige der sich ergebenden Probleme sollen hier an einem einzigen Fall exemplarisch beschrieben werden: Faller ed. liest „ingemescentes", wie es der wörtlichen Übersetzung des Septuagintatextes („πᾶς ὁ λαὸς αὐτῆς καταστενάζοντες") entspricht, anstelle von „ingemescens". Aus der handschriftlichen Überlieferung führt er für diese Lesart einen einzigen Zeugen an. Er scheint davon auszugehen, daß Ambrosius sich bei der Übernahme der Schriftpassage mit großer Ehrfurcht vor dem als Wort Gottes verstandenen Text an den Wortlaut der Septuaginta – Ambrosius las das Alte Testament in der griechischen Übersetzung – gehalten hat, und daß spätere Abschreiber die Grammatik des Zitats normalisiert haben. So erscheint es gerechtfertigt, die schwierigere Lesart gegen die Mehrheit der Textzeugen zu übernehmen. Es ist aber auch denkbar, daß Ambrosius, wie die meisten Textzeugen überliefern, „ingemescens" gesprochen oder geschrieben hat, und daß ein Schreiber die Passage gemäß dem ihm wohlbekannten wörtlichen Schrifttext verändert hat. Die Tatsache, daß der Teilvers „omnis populus eius ingemescentes" / „πᾶς ὁ λαὸς αὐτῆς καταστενάζοντες" an der entsprechenden Stelle in der Vulgata fehlt, macht weitere Überlegungen erforderlich: Es müßte angenommen werden, daß die Änderung von „ingemescens" zu „ingemescentes" stattgefunden hat, bevor der Text der Vulgata sich durchsetzte und im Gedächtnis bibelfester Abschreiber zum Maßstab für das Wort Gottes wurde. Die Frage nach dem genauen Wortlaut des Textes läßt sich m. E. keiner endgültigen Klärung zuführen. Die inhaltliche Interpretation der Textpassage bleibt davon hier, wie in den meisten anderen Fällen, unberührt. Aus den vorgestellten Überlegungen kann die Lehre gezogen werden, daß der Versuch, aufgrund der Zitate der Heiligen Schrift in Werken des Ambrosius einen ihm vorliegenden Bibeltext zu rekonstruieren, durch zu viele Unwägbarkeiten, die sich nicht zuletzt aus der handschriftlichen Überlieferung ergeben, belastet wird. Vgl. zu den angeschnittenen Problemen allgemein informierend: H. J. Frede, Probleme des ambrosianischen Bibeltextes, in: Ambrosius Episcopus, Atti del Congresso internazionale di studi ambrosiani..., Milano, 2–7 dicembre 1974, Vol. 1 (= Studia Patristica Mediolanensia 6), Milano, 1976, S. 365–392. Die Arbeit von E. Peretto, Testo biblico e sua applicazione nel „de obitu Valentinani", in: Vichiana, N. S. 18, 1989, S. 99–170 unternimmt den aufwendigen Versuch, aufgrund aller von Peretto als „Schriftzitat" bewerteten Stellen in der Rede für Valentinian Aufschluß über den Bibeltext des Ambrosius zu gewinnen. Das Ergebnis (vgl. S. 169) bestätigt ausdrücklich die allgemeinen Erkenntnisse Fredes, daß die Lesarten des Schrifttextes bei Ambrosius tendenziell mit denen bei anderen lateinischen Autoren des späten vierten Jahrhunderts übereinstimmen und daß sich von Ambrosius bevorzugte Lesarten auch bei späteren Autoren wiederfinden.

61 Den Zusammenhang zwischen dem üblichen Anfang einer Trauerrede mit Klagen und den Klageliedern des Jeremias betont Duval, S. 262, 265–66.

62 Vgl. unten S. 170, Anmm. 81–82.

63 Obit. Val., 6, 1–2 (CSEL 73, 332): „Flet igitur ecclesia pignus suum, ,et lacrimae eius in maxillis eius' (Thren., 1, 2)"; 8, 1–3 (CSEL 73, 333–34): „In his ergo flet, sicut scriptum est: ,Viae Sion lugent, sacerdotes eius ingemescunt, virgines eius abductae, et ipsa indignatur se.' (*Thren., 1, 4)"

Auch wenn Ambrosius in diese Überlegungen Valentinians älteren Halbbruder, den Kaiser Gratian, einbezieht, so ist der Ausgangspunkt für seine Gedanken immer wieder in einzelnen Versen der Klagelieder zu erkennen, von denen ausgehend er nach der üblichen Methode der Exegese vielfältig assoziierend seine Gedanken entwickelt.[64]

Erst nachdem Ambrosius geflissentlich der Trauer der Kirche um den frommen Herrscher und seinen Bruder Ausdruck gegeben hat, tritt danach die Person Valentinians in den Vordergrund; Ambrosius läßt den Verstorbenen auf die Klagen der Kirche antworten, indem er ihm Worte der Zuversicht und des Vertrauens auf Gott, die sich neben Worten der Trauer ebenfalls in den Threnoi finden, in den Mund legt.[65] Die Klage verstummt, die Person Valentinians und seine hervorragenden Eigenschaften treten in den Vordergrund.

Die unterschiedlichen Themen der Rede sind so durch den Bezug auf den gleichen biblischen Text locker verbunden.[66] Die Klagelieder, die sich in vielen Versen so offensichtlich mit den von der Schulrhetorik formulierten Anforderungen an den ersten Abschnitt einer Trauerrede in Verbindung bringen ließen, geben auch einen willkommenen Anlaß, nach der Trauer andere Themen einer Leichenrede ins Auge zu fassen.[67]

---

64 Vgl. dazu im einzelnen im Kapitel über politische Rücksichten und Absichten S. 170, Anm. 83.

65 Obit. Val., 9, 1–9 (CSEL 73, 334): „Videns haec Valentinianus integrae plena gratiae respondet: ,Misericordiae domini, quod non defecimus, quia non sunt consummatae miserationes eius. Renovavit illas sicut lux matutina.' (*Thren., 3, 22–23) ... " Ambrosius bedient sich häufig dieses Mittels, um seine Gedanken dann auf der Grundlage des biblischen Textes im Munde der Figuren, über die er redet, zu entwickeln. Vgl. für ein Beispiel aus obit. Theod. und andere Fälle unten S. 146, Anm. 107.

66 Es ist klar, daß der Redner, der sich durch den biblischen Text leiten läßt, diese Verbindung gesehen hat. Es stellt sich die Frage, ob sie auch den Zuhörern aufgefallen ist. Es gibt keine Belege dafür, daß die Klagelieder als Lesungstext vor der Rede vorgetragen worden sind, der Text den Zuhörern also noch im Gedächtnis gehaftet haben könnte. Ambrosius sagt, wenn er den biblischen Text für Klagerufe heranzieht, an mehreren Stellen ausdrücklich, daß er sich auf die Klagelieder der Heiligen Schrift bezieht: Obit. Val., 3, 9–11 (CSEL 73, 330); 4, 10–15 (CSEL 73, 331) (vgl. oben S. 134, Anm. 60). Auch wenn er über die Verse spricht, die er Valentinian in den Mund gelegt hat, läßt er einfließen, daß er sich auf die Klagelieder des Jeremias und auf verschiedene Übersetzungen des Bibeltextes bezieht. Die beiläufigen Formulierungen hören sich so an, als ob Ambrosius selbstverständlich voraussetzt, daß den Zuhörern bewußt war, daß er sich weiter auf den Text der Klagelieder bezieht; vgl. obit. Val., 11, 1–6 (CSEL 73, 336), s. unten S.137, Anm. 70.

67 Zum Thema der Trauer hatte Ambrosius vor allem einzelne Klagerufe aus den biblischen Versen aufgegriffen (Thren., 1, 16 (Sept.); 1, 18; 1, 1–2; 1, 11 (Sept.); 1, 4 (Sept.); die einzige Ausnahme ist 3, 30). Wenn nun die Person Valentinians in den Vordergrund tritt, beschäftigt Ambrosius sich vor allem ausführlich mit einem einzelnen Gedanken, der die Lebensführung eines Mannes beschreibt (Thren., 3, 27–28). Dieser Umstand läßt erkennen, daß Ambrosius die biblischen Threnoi für den Abschnitt der Klage, der am Anfang einer Leichenrede stehen soll, herangezogen hat; daß er, auch wenn die Person Valentinians in den Vordergrund rückt, auf einen Vers des gleichen biblischen Textes zurückgreifen kann, ist ein zusätzlicher Effekt.

Es ist bereits beschrieben worden, wie Ambrosius an Valentinian vor allem dessen Jugend und seine Bereitschaft, eigene Fehler einzugestehen und sich zu bessern, hervorhebt. Ausgangspunkt für dieses Motiv der ganzen Rede sind die Valentinian in den Mund gelegten Verse der Klagelieder und ihre Erklärung durch Ambrosius: „Bonum est viro, cum portavit iugum grave in iuventute sua: sedebit singulariter et silebit, quia tulit iugum grave." (*Thren., 3, 27–28)[68] In dem „schweren Joch", das ein junger Mann trägt, will Ambrosius den guten Vorsatz zur Besserung erkennen, an dem ein Mann schwerer zu tragen hat als an der Hingabe an ein jugendlich unbeschwertes Leben.[69] Die wenig überzeugende gedankliche Verbindung läßt deutlich erkennen, daß Ambrosius den Schrifttext ganz bewußt im Hinblick auf das Thema der Umkehrbereitschaft Valentinians, über die er sprechen will, interpretiert.

Er läßt sich in den Bahnen der Exegese vom Wortlaut des seinen Gedanken zugrunde liegenden Verses aber auch zu ganz allgemeinen Überlegungen tragen, wie es etwa zu vereinbaren sei, daß Jeremias vom „schweren Joch" spricht, während Christus im Evangelium versichert, sein Joch drücke nicht und seine Last sei leicht; so kommt er dazu, in der Leichenrede für den Kaiser den Wortlaut verschiedener Bibelübersetzungen zu vergleichen, und mit allen Mitteln der Exegese die scheinbare Diskrepanz im Text der Heiligen Schrift auszugleichen.[70]

In den zitierten Versen der Klagelieder ist von einem jungen Mann die Rede; die Parallele zu der in der Rede immer wieder betonten Jugend Valentinians ist offensichtlich. Ambrosius spricht aber nicht allein mit Blick auf den verstorbenen Valentinian; er nimmt die Interpretation der biblischen Verse auch zum Anlaß, wie ein Prediger allgemein moralisch belehrend über die besondere Leistung zu sprechen, die darin bestehe, schon im jungen Alter Einsicht und Besserung zu zeigen.[71]

---

68 Vgl. Duval, S. 263–64. Duvals Formulierung, daß der biblische Text „régit véritablement le développement" (S. 263), ist m. E. irreführend, weil sie nicht berücksichtigt, daß Ambrosius diesen Vers bewußt ausgewählt hat, weil er seinen Absichten entspricht. Ambrosius hat selbst gezielt geplant, was er über Valentinian sagen will; der biblische Text ist ein passender und willkommener Anlaß, sein vorher konzipiertes Lob aus den geheiligten Worten der Schrift heraus zu entwickeln und seinen eigenen Worten größere Bedeutung zu geben; vgl. als Gegensatz, wie Ambrosius in der Rede für Theodosius jeden einzelnen Vers des wahrscheinlich durch die Liturgie empfohlenen 114. Psalmes in einer Exegese berücksichtigt (vgl. unten S. 145–50).

69 Obit. Val., 9, 11–13 (CSEL 73, 335): „... ‚iugum‘ maluit ‚grave‘ emendatioris propositi quam molle illud ac plenum deliciarum vivida mentis cervice portare." Vgl. oben S. 88, Anm. 177.

70 Obit. Val., 11 (CSEL 73, 336), daraus etwa: „Sed forte dicas: Quomodo iugum grave dicit Hieremias, cum in evangelio dominus dixerit: ‚Iugum meum suave est et onus meum leve est‘ (*Mt., 11, 30).? – Ac primo disce, quia Graecus ‚iugum‘ tantummodo posuit, non addidit ‚grave‘ (cf. Thren., 3, 27). Tamen et illud adverte, quia, etsi ita esset in threnis, in evangelio ‚iugum suave‘ dixerit et ‚onus leve‘. Potest enim grave iugum verbi esse, sed suave."

71 Obit. Val., 10–13 (CSEL 73, 335–37), daraus etwa 10, 9–12 (CSEL 73, 335): „Sed huic (sc. seni alicui) cum plurimis veniae societas emerendae; plurimi enim sunt, qui se a peccatis et a lubrico iuventutis in senectute revocare potuerunt, rarus autem, qui in iuventute iugum grave seria sobrietate portaverit."; 13, 1–3 (CSEL 73, 337): „Magnum est enim vel abstinere a vitiis iuventutis vel ea in ipso iuventutis vestibulo derelinquere et ad seriora converti."

Exegesierende Predigt und die Absicht, über Valentinian zu sprechen, verbinden sich auch wieder, wenn Ambrosius für einzelne Worte, die er Valentinian in den Mund gelegt hatte, verschiedene Deutungsmöglichkeiten anbietet: „Abseits sitzen und schweigen" bedeutet, in stiller Kontemplation sich über den ewigen göttlichen Lohn für früh übernommene Mühen zu freuen;[72] der Bezug zu den Leistungen, die Ambrosius in seiner Rede an Valentinian lobt, wird deutlicher, wenn der Prediger erklärt, daß derjenige, der sich früh zu seinen Fehlern bekannt hat, „schweigen" könne, denn er muß nichts mehr eingestehen;[73] und es ist offensichtlich, daß Ambrosius den zentralen Gedanken seiner Lobrede auf Valentinian im Visier hat, wenn er zusätzlich interpretiert, daß „von Jugend an abseits zu sitzen und zu schweigen" bedeute, sich im jugendlichen Alter nicht zusammen mit Altersgenossen zu vergnügen, sondern sich zu vervollkommnen; es ist genau dies, was Ambrosius auch an Valentinian lobt.[74]

Zusammenfasssend läßt sich festhalten, daß Ambrosius aufgrund der thematischen Nähe zu Klage und Trauer, die die Leichenrede eröffnen sollen, auf die biblischen Klagelieder zurückgegriffen hat. Ambrosius nutzt außerdem einen einzelnen Vers der Klagelieder, den er Valentinian in den Mund legt, um sich nach der Trauer der Person Valentinians zuzuwenden. Seine Erklärung des Schrifttextes befasst sich nicht allein mit dem verstorbenen Herrscher, sondern bekommt gelegentlich allgemein belehrenden Charakter; Ambrosius verliert aber nicht aus dem Auge, was er als besondere Leistungen Valentinians hervorheben will, deutet die Schriftworte auch im Hinblick darauf und untermauert das Lob des Verstorbenen auf diese Weise durch Schriftworte und ihre Exegese.

Nachdem am Anfang der Rede die Gedanken des Ambrosius um Verse aus den Klageliedern Jeremias' kreisten, finden sich neben allenthalben ganz selbstverständlich eingeflochtenen Schriftzitaten Elemente der Predigt und der Exegese, wenn der Bischof in der Leichenrede zusammenfassend den Inhalt einer Predigt referiert, die er am gleichen Tag gehalten hat.[75]

---

72 Obit. Val., 12, 1–3 (CSEL 73, 336): „Qui ergo tulerit in iuventute iugum, ,singulariter sedebit et silebit' (Thren., 3, 28), revelata sibi gaudens divinae remunerationis aeterna mysteria."
73 Obit. Val., 12, 3–6 (CSEL 73, 336): „Aut certe ,silebit' (Thren., 3, 28) non opus habens excusatione peccati, quod matura confessione praevenit et propera correctione deposuit. Non enim dicetur huic: ,Quae in iuventute non congregasti, quomodo invenies in iuventute.' (*Eccli., 25, 5)" Zu dieser Eigenschaft Valentinians vgl. oben. S. 87–100 passim.
74 Obit. Val., 12, 7–10 (CSEL 73, 337): „Potest autem et sic intelligi, quoniam, qui cito portaverit iugum verbi, hoc est a iuventute, non se miscebit cum iuvenibus, sed ,sedebit seorsum et silebit' (Thren., 3, 28), donec plena se perfectione virtutis erudiat ..."; zu dieser Eigenschaft Valentinians vgl. hier nur obit. Val., 15, 1–2: (CSEL 73, 338): „Et quid de aliis dicam, qui etiam ludo iuventutis putaverit abstinendum, resecandam aetatis laetitiam, ..." Vgl. oben S. 90–93.
75 Obit. Val., 29, 8–30, 3 (CSEL 73, 344), zur nicht vollzogenen Taufe Valentinians: „... quem in evangelio eram generaturus. Sed ille non amisit gratiam, quam poposcit, qui mihi in sermone, quo utebar ad plebem, hodie resurrexit. Nam cum in tractatum incidissem propositae lectionis, quod ..." Es wird nicht ganz deutlich, wie weit sich das Referat erstreckt; die Worte des § 35 sind wohl nicht mehr auf Christus, über den Ambrosius in der Predigt gesprochen hatte, sondern auf Valentinian zu beziehen. Ein Wechsel des grammatischen Subjekts ist allerdings nicht

Auch in dieser Predigt hatte sich Ambrosius – ausgehend von Lesungstexten des Gottesdienstes – zunächst allgemein mit üblichen Themen einer Predigt befaßt, bezog seine Auslegung von Schriftworten dann aber auch wieder auf Valentinian; deshalb finden die Gedanken der Predigt Platz in der Leichenrede für den Kaiser. Ambrosius nutzt die Auslegung von Schriftworten für undeutliche und unverbindliche Anspielungen über die Umstände, unter denen Valentinian als Opfer seines Heermeisters Arbogast zu Tode gekommen ist.[76]

Außerdem prägen am Ende Verse aus dem Hohenlied den Charakter der Rede: Es ist bereits beschrieben worden, wie Ambrosius in äußerlicher Anlehnung an übliche rhetorische Vorschriften für Leichenreden, die vorschlagen, unmittelbar vor der Beisetzung die Schönheit des Verstorbenen zu loben, Valentinian preist, indem er auf Verse des Hohenlieds zurückgreift, die die Schönheit des Geliebten besingen.[77]

So wie Ambrosius am Anfang der Rede die Klagelieder des Jeremias benutzt hatte, um nach üblichen rhetorischen Vorgaben die Leichenrede mit pathetischer Klage zu eröffnen, empfiehlt nun die thematische Nähe von Versen des Hohenlieds zur Forderung der Rhetorik, die Schönheit des Verstorbenen zu loben, daß Ambrosius auf sie zurückgreift. Er formuliert hier wie dort explizit, daß er seinen Gedanken einen biblischen Text zugrunde legt.[78]

Die traditionelle allegorische Deutung der eigentlich körperlich zu verstehenden Worte aus dem Hohenlied weist Ambrosius den Weg, nicht über nur äußerliche Schönheit des jungen Herrschers, sondern über im christlichen Sinne wesentlichere Vorzüge zu reden, und auf diese Weise die Vorgabe der heidnischen Rhetorik christlich umzudeuten.[79] Ambrosius beschreibt den Herrscher mit Worten, die sonst auf Christus bezogen werden. Die Aura des als Wort Gottes verstandenen Schrifttextes umgibt auch den gepriesenen Herrscher mit Heiligkeit.

Das christliche Verständnis des Hohenlieds beschäftigt Ambrosius auch über den Abschnitt der Rede hinaus, in dem er – scheinbar – den Körper Valentinians beschrieben hatte. Er folgt aber nicht einfach dem Wortlaut beliebiger Verse des biblischen Textes, sondern er wählt – genauso wie er selektiv passende Verse aus

---

eindeutig zu erkennen. Der Inhalt läßt erst mit den ersten Worten des § 36 deutlich erkennen, daß Ambrosius nicht mehr über seine Predigt vom gleichen Tag spricht: unter den Vorzügen des Kaisers soll dann sein gutes Verhältnis zu seinen Schwestern gelobt werden (obit. Val., 36, 1–3 (CSEL 73, 347)).

76   Vgl. dazu im Kapitel über politische Rücksichten und Absichten unten S. 154ff, v.a. 164–65.

77   Vgl. oben S. 96–100.

78   Obit. Val., 58, 1–5 (CSEL 73, 357): „Sed iam cara mihi conplectar viscera et debito condam sepulcro. Prius tamen singula membra perspiciam. Valentinianus meus, ,iuvenis meus candidus et rubeus‘ (*Cant., 5, 10) habens in se imaginem Christi.“ Vgl. die Ähnlichkeit der Formulierungen, die auf den Schrifttext des Hohenliedes verweisen (obit. Val., 64, 1–3 (CSEL 73, 359): „...nunc adloquar animam tuam, dignam propheticis ornamentis. Isdem igitur utar exordiis: ...“) und die auf die Klagelieder verweisen (obit. Val., 4, 10–11 (CSEL 73, 331): „Unde prophetici threni mihi utendum exordio videtur: ...“).

79   Wie sehr die Rede zur reinen Schriftexegese wird, zeigt auch ein Vergleich des Redetextes mit Passagen aus dem in Exzerpten Procops erhaltenen Hoheliedkommentar des Origenes; vgl. die entsprechenden Verweise bei Faller ed.

den Klageliedern aufgegriffen hatte[80] – mit Bedacht Passagen aus dem Hohenlied, die in sinnigem Bezug zu seiner Redeabsicht stehen:

Worte, mit denen die Freundin die Schönheit ihres Freundes – gemäß dem exegetischen Verständnis seiner Zeit die gläubige Seele ihren Freund, nämlich Christus – preist, hatten ihm dazu gedient, allegorisch über Valentinians Körper zu sprechen[81]; Worte aus einer anderen Passage des Hohenlieds, die der Freund an seine Freundin – nach der exegetischen Tradition Christus an die gläubige Seele – richtet, geben ihm nun Anlaß, über die Seele Valentinians zu sprechen.[82]

Die gedankenreiche Beziehung, die Ambrosius zwischen dem Schrifttext und seinem Redegegenstand herstellt und durch immer neu gefundene Parallelen geistvoll weiterspinnt, bereitet den Zuhörern und Lesern, denen die Aufgabe des Nachvollziehens und Wiedererkennens gegeben ist, intelektuelles Vergnügen. Die als Wort Gottes geheiligte Sprache alttestamentlicher Hochzeitslyrik, deren Klang in einzelnen wörtlichen Zitaten, in unvermerkt den Sätzen des Ambrosius sich einfügenden Formulierungen und in vielen Anspielungen und Reminiszenzen nachhallt, gibt der Rede festliches Gepräge, trägt zur Erbauung bei und entrückt die Person des verstorbenen Kaisers in eine Sphäre der Verehrung.[83]

Es ist vor allem der Inhalt der von Ambrosius mit Blick auf den Anlaß seiner Rede vorgeführten Exegese des Hohenlieds, der tröstlich und erhebend wirkt: So wie Ambrosius sonst in Predigten den Aufstieg der Seele zu Gott in Bildern des Hohenlieds beschreibt[84], läßt er nun Valentinian in den Himmel auffahren und das himmlische Jerusalem schauen.[85] Motive des biblischen Textes verbinden sich in der Interpretation durch Ambrosius, die Valentinians Seele in den Himmel aufstei-

---

80 Vgl. oben S. 136–37, Anmm. 67 und 68.

81 Obit. Val., 59–63 (CSEL 357–59), jeweils ausgehend von Teilen der Verse *Cant., 5, 10–16. Zur exegetischen Tradition vgl. etwa P. Simon, Sponsa Cantici, Die Deutung der Braut des Hohenlieds in der vornizänischen griechischen Theologie und in der lateinischen Theologie des dritten und vierten Jahrhunderts, Diss. Bonn, 1951. F. Ohly, Hohelied-Studien, Grundzüge einer Geschichte der Hoheliedauslegung des Abendlandes bis um 1200, Wiesbaden, 1958.

82 Obit. Val., 64–70 (CSEL 73, 359–62), zu den Versen *Cant. 6, 9–7, 6 (Sept.: 6, 10 – 7, 7). Daß die Verse so zu verstehen sind, formuliert Ambrosius in dieser Passage selbst beiläufig, 65, 7–8 (CSEL 73, 360): „..., quia ad animam piam Christus hoc dicit, ...“ Zur exegetischen Tradition vgl. die vorangehende Anm.

83 Vgl. etwa, was Ambrosius selbst häufig über die Wirkung alttestamentlicher Dichtung sagt (s. im Anhang die Anmm. 34–36).

84 Vgl. v. a. Ambr., de Isaac vel anima (CSEL 32.1, 641–700).

85 Etwa obit. Val., 64, 3–9 (CSEL 73, 359): „ ‚Quaenam est haec prospiciens sicut diluculum, speciosa sicut luna, electa sicut sol?‘ (*Cant., 6, 9 (Sept., 6, 10)) Videor mihi te videre fulgentem, videor audire dicentem: Diluculum mihi est pater: nox terrena praecessit, dies caelestis adpropinquavit (cf. Rom., 13, 12). Prospicis igitur nos, sancta anima, de loco superiore tamquam inferiora respiciens. Existi de tenebris istius saeculi, et ut luna resplendes, ut sol refulges.“; oder 65, 1–7 (CSEL 73, 360): „ ‚Convertere, Solamitis, convertere, convertere et videbimus in te.‘ (*Cant., 6, 12 (Sept., 7, 1)) Convertere ad nos ‚pacifica‘ (Solamitis = pacifica; cf. Ambr., de Isaac, 8, 66 (CSEL 32.1, 689)), ut gloriam tuam sororibus tuis monstres et incipiant se tuae quietis et gratiae securitate solari. Semel tantum ad nos convertere, ut te videamus, et rursus convertere atque ad Hierusalem illam civitatem sanctorum tota intentione festina.“

gen läßt, erneut mit Zwecken der Leichenrede bzw. mit der Aufgabe des christlichen Predigers, durch den Verweis auf das ewige Leben zu trösten.

Die freie Exegese biblischer Texte bietet Ambrosius aber auch immer wieder die Möglichkeit, über den eigentlichen Anlaß seiner Rede hinaus Themen, die für ihn besondere Bedeutung haben, in seine Rede einzubeziehen. So wird die orientalische Bezeichnung der Liebenden als „Geschwister", die sich im griechischen Text der Septuaginta erhalten hat, zum Anlaß, wie schon vorher den älteren Halbbruder Valentinians in die Gedanken der Rede einzubeziehen:[86] Der früher – wie Valentinian als Opfer politischer Konkurrenten – verstorbene Gratian ruft seinen jüngeren Bruder zu sich; wie die Geliebte ihren Freund einlädt, sie in Felder und Weinberge zu begleiten, will er mit ihm die Früchte aller irdischen Mühen und Tugenden in himmlischer Ruhe und Sicherheit teilen.[87]

Auch an den Wunsch des Hohenlieds, daß Freund und Freundin wie Geschwister an der Brust der gleichen Mutter großgezogen sein wollen, kann Ambrosius einen Gedanken anschließen, der ihn vorher schon in der Rede beschäftigt hatte: Die Brüste der Mutter Kirche spenden Valentinian das Sakrament der Taufe, das er im Leben nicht empfangen konnte; Ambrosius greift das Bild auf und wiederholt im Gewand einer Exegese von Schriftversen wie in einer peroratio neben anderen Themen auch noch einmal seine Zuversicht, daß Valentinian nicht ungetauft der Ewigkeit ins Auge sehen müsse.[88]

So kann er erneut an das für die Deutung des Hohenlieds zentrale und für eine christliche Leichenrede so angemessene Motiv vom Aufstieg der Seele zu Gott anknüpfen, indem er Engel die beiden Brüder mit Worten aus dem Hohenlied auf ihrer Himmelfahrt begleiten läßt – „Wer ist sie, die dort leuchtend weiß heraufsteigt, gestützt auf ihren Bruder?" – und sie zu Zeugen für die durch die Taufe gewonnene leuchtende Reinheit Valentinians macht.[89]

---

86 Obit. Val., 71–77 (CSEL 73, 362–65) nach Versen aus Cant., 7, 10–8, 5 (Sept., 7, 11–8, 5). Ambrosius hatte vorher in der Rede schon an Gratian erinnert und stellt ihn auch ganz am Schluß neben Valentinian. Vgl. dazu im Kapitel über politische Rücksichten und Absichten S. 166–69.

87 Etwa obit. Val., 72, 1–8: „ ‚Veni', inquit, ‚frater meus, exeamus in agrum, requiescamus in castellis, diluculo surgamus in vineas', (*Cant., 7, 11–12 (Sept., 7, 12–13)), hoc est: Venisti eo, ubi diversarum virtutum fructus pro singulorum meritis deferuntur, ubi abundant meritorum praemia. Exeamus ergo in agrum, in quo non vacuus labor, sed fecundus proventus est gratiarum. Quod in terris seminasti, hic mete; quod ibi sparsisti, hic collige."; 73, 1–4 (CSEL 73, 363): „ ‚Requiescamus', inquit, ‚in castellis', ostendens, illic esse requiem tutiorem, quae septo caelestis refugii munita atque vallata non exagitetur saecularium incursibus bestiarum."

88 Obit. Val., 75 (CSEL 73, 364), daraus etwa: „Offert (sc. Gratianus), quae servaverit nova et vetera (cf. Cant., 7, 13 (Sept., 7, 14)), hoc est et testamenti veteris et evangelii sacramenta, et dicit: ‚Quis dabit te', frater, ‚fratrem mihi lactantem ubera matris meae?' (*Cant., 8, 1) Hoc est: non quicumque te, sed Christus inluminavit gratia spiritali. Ille te baptizavit, quia humana tibi officia defuerunt. ... Quae sunt ‚ubera' ecclesiae nisi sacramenta baptismatis? Et bene ait ‚lactantem', quasi qui baptizatus lactis nivei sucum requirat." Vgl. zu Allegorien der Kirche als jungfräuliche Braut und fruchtbare Mutter bei Ambrosius P.–Th. Camelot, OP, Zum Kirchenbewußtsein der lateinischen Väter, in: Sentire ecclesiam, für H. Rahner, edd. J. Daniélou, H. Vorgrimler, Freiburg, 1961, S. 134–51.

89 Obit. Val., 77, 1–8 (CSEL 73, 365): „Videntes eos vel angeli vel aliae animae quaerunt ab his,

Einen weiteren biblischen Text, dessen Thema willkommene Parallelen zur Redesituation aufweist, hat Ambrosius sich für den Schluß der Rede aufgehoben. Es ist wiederum ein alttestamentliches Klagelied; die Totenklage Davids um Saul und Jonathan (2 Reg., 1, 19-27) gibt Ambrosius aber auch einen letzten Anlaß, in den üblichen Formen der Exegese über die eigentliche Aufgabe seiner Rede hinausgehend von Valentinian und seinem Bruder Gratian und dem politischen Schicksal beider Kaiser zu sprechen.[90]

Zusammenfassend läßt sich festhalten, daß Ambrosius bei der Gestaltung seiner Rede für Valentinian biblische Texte einbezieht, die sich zunächst durch ihre offensichtliche thematische Nähe zu Themen der Leichenrede empfehlen; Klage oder das Lob körperlicher Schönheit finden sich natürlich auch in der reichen Überlieferung der Heiligen Schrift, und Ambrosius läßt es sich nicht entgehen, darauf zurückzugreifen.

Gelegentlich verselbständigt sich das Reden über die biblischen Texte zu rein exegetischen Überlegungen, die wenig Bezug zu Anliegen der Rede haben. Ambrosius nutzt die Möglichkeiten, die das frei assoziierende Verfahren der Exegese bietet, aber auch immer wieder, um, ausgehend von einmal für Passagen der Klage oder des Lobes herangezogenen Texten, zu anderen Themen zu sprechen, auch zu solchen, die sich nicht selbstverständlich mit dem Anliegen einer Leichenrede verbinden.

Die zugrunde liegenden biblischen Texte verwischen solche Themenwechsel und stiften über längere Passagen, die sich mit den unterschiedlichsten Gegenständen befassen, einen Zusammenhang.

Der Bezug auf Schrifttexte und ihre Exegese gewährleistet außerdem den eigenständig christlichen Charakter der Leichenrede des Bischofs. Die Rede nach Worten der Schrift verleiht dem Sprecher Autorität. Die biblische Sprache und ihr Nachhall in der Rede beziehen wie selbstverständlich den verstorbenen Kaiser in die Sphäre christlicher Frömmigkeit ein. Die Exegese zumal des Hohenlieds mag gedankenreich und sprachlich erhebend nicht allein zum Vergnügen, sondern zur Erbauung der Zuhörer beitragen.

---

quae veluti comitatu suo fratres hos et officio deducebant, dicentes: ‚Quae est haec, quae ascendit candida innitens super fratrem suum?' (*Cant., 8, 5 (Sept.)) Nec nos quidem dubitamus de meritis Valentiniani, sed iam credamus vel testimoniis angelorum, quod detersa labe peccati ablutus (cf. candida!) ascendit, quem sua fides lavit et petitio consecravit." – Es verdient erwähnt zu werden, daß Ambrosius dann mit der Sorgfalt eines Exegeten auch anderslautende Versionen des zuerst nur nach dem Text der Septuaginta zitierten Verses für die Redesituation effektvoll interpretiert, obit. Val., 77, 8–11 (CSEL 73, 365): „Credamus et sicut alii habent, quia ‚ascendit a deserto' (*Cant., 8, 5 (Vulg. et Complut.)), hoc est ex hoc arido et inculto loco ad illas florulentas delectationes, ubi cum fratre coniunctus aeternae vitae fruitur voluptate."

90　Vgl. dazu ausführlich unten S. 166–69.

IV. 4. DIE REDE FÜR THEODOSIUS

Die Rede für Theodosius ist eine Predigt, die Ambrosius in einem Gedenkgottesdienst 40 Tage nach dessen Tod gehalten hat.[91] Der Wortlaut der Rede bewahrt Hinweise darauf, daß sich Ambrosius auf Lesungstexte bezieht, die während dieses Gottesdienstes vorgetragen wurden. Aus ihnen ergibt sich, daß aus dem Alten Testament eine Passage aus dem Buch Genesis verlesen wurde, die vom Begräbnis Jakobs erzählt;[92] es ist wahrscheinlich, daß der 114. Psalm im Verlaufe des Gottesdienstes erklungen ist;[93] aus dem Neuen Testament haben die in der Kirche versammelten Zuhörer das Gleichnis vom reichen Mann und vom armen Lazarus gehört.[94] Lesungen aus dem Alten Testament und aus dem Neuen Testament gehörten zu jedem Gottesdienst; zwischen den Lesungen wurden Psalmen gesungen.[95]

---

91 Obit. Theod., 3, 1–3 (CSEL 73, 372): „Eius ergo principis et proxime conclamavimus obitum et nunc quadragesimam celebramus, adsistente sacris altaribus Honorio principe, ...“

92 Obit. Theod., 3, 5–12 (CSEL 73, 372), zum Zeitpunkt des Gedenkgottesdienstes: „Et quia alii tertium diem et tricesimum, alii septimum et quadragesimum observare consuerunt, quid doceat lectio consideremus: Defuncto, inquit, Iacob, ‚praecepit Ioseph pueris sepultoribus, ut sepelirent eum. Et sepelierunt sepultores Israel. Et repleti sunt ei quadraginta dies; sic enim dinumerantur dies sepulturae. Et luxit eum Aegyptus septuaginta diebus.‘ (*Gen, 50, 2–3) Haec ergo sequenda sollemnitas, quam praescribit lectio.“

93 Obit. Theod., 17, 1–4 (CSEL 73, 380): „Unde pulchre psalmista dixit: ‚Dilexi, quoniam audiet dominus vocem orationis meae.‘ (*Ps. 114, 1) In quo psalmo, dum legitur, velut ipsum Theodosium loquentem audivimus. ‚Dilexi‘, inquit; agnosco vocem piam, cuius testimonia vocis agnosco.“ Duval, S. 277–78 und Faller ed. S. 115* (implicite auch W. Steidle, Die Leichenrede des Ambrosius für Kaiser Theodosius und die Helenalegende, S. 104, Anm. 49, in: VChr 32, 1978, S. 94–112) gehen davon aus, daß der Psalmtext im Gottesdienst verlesen wurde. A. Lippold, Theodosius der Große und seine Zeit, München ²1980, S. 54 interpretiert ohne weitere Begründung: „Ambrosius meint, daß er bei der Lesung des Psalmwortes am Sterbelager von Theodosius noch das Wort „dilexi“, ich habe geliebt, vernommen habe.“ Dafür sehe ich im Text keinen Anhaltspunkt. Die Annahme, daß der Text des Psalmes während des Gottesdienstes vorgetragen wurde, wird – außer durch die Formulierung im Text der Rede und den Umstand, daß Ambrosius sich in seiner Predigt sehr ausführlich damit befaßt – durch zusätzliche Argumente gestützt: Duval meint, daß Zuhörer Ambrosius nur folgen konnten, wenn sie den Psalm vorher im Gottesdienst gehört hätten (S. 277–78); er verweist außerdem darauf, daß die apostolischen Konstitutionen (6, 30, 3, (PG 1, 989 a-b)) den siebten Vers des Psalmes unter den Gebeten für Tote zitieren (S. 278, Anm. 2), und auf Joh. Chrysost., Pan. Bern., 3 (PG 50, 634), Hom. 31 in Mt., 3 (PG 57, 374, b-c), Hom. 4 in Heb., 5 (PG 63, 43 d) etc., woraus sich ergebe, daß der 114. Psalm während der Begräbnisfeierlichkeiten gesungen wurde (S. 278, Anm. 3). Das wichtigste Argument bleibt die nicht gänzlich eindeutige Formulierung in der Rede selbst, weil die von Duval zusätzlich angeführten Belegstellen nicht beweisen können, daß auch in einem Gottesdienst 40 Tage nach dem Tod des Verstorbenen der 114. Psalm zum Text der Liturgie gehörte. Vgl. zur Frage, ob die Lesungstexte für die Totenliturgie festgelegt waren unten S. 145, Anm. 104.

94 Obit. Theod., 53, 1–3 (CSEL 73, 399): „ ‚Portavit iugum grave a iuventute‘ (*Thren., 3, 27) Lazarus pauper, ideo singulariter ‚in sinu Abrahae‘ (cf. Luc., 16, 23) requiescit, divinae testimonio lectionis.“

95 Vgl. Dudden, S. 448–49.

Die Tatsache, daß die Predigt auf aktuelle Lesungen aus dem Gottesdienst Bezug nimmt, schließt nicht aus, daß Ambrosius' Gedanken, wie in der Rede für Valentinian, auch um andere Schrifttexte kreisen, die sich mit den von ihm verfolgten Absichten in Verbindung bringen lassen: Es ist ein Aspekt der Rede für Theodosius, daß Ambrosius, an das Heer und die im Gottesdienst anwesenden Soldaten gewandt, zur Treue gegenüber den jugendlichen Nachfolgern des verstorbenen christlichen Herrschers aufruft; zu diesem Zweck bedient er sich auch thematisch naheliegender biblischer Geschichten, die um die Begriffe von Glauben, Treue und militärischem Erfolg kreisen.[96]

Ambrosius greift in der Predigt nicht nur deshalb auf biblische Texte zurück, weil sie sich als Lesungstexte durch die Liturgie empfehlen; aussschlaggebend ist, ob sich die Texte mit seinen Absichten in Verbindung bringen lassen. So geht er etwa auf den Lesungstext aus dem Neuen Testament über den reichen Mann und den armen Lazarus nur in einer beiläufigen Randbemerkung ein.[97]

Anders verhält es sich mit der Erzählung über das Begräbnis des Patriarchen Jakob.[98] Ambrosius versteht es, den Lesungstext vielfältig für die Redesituation fruchtbar zu machen. Am Anfang der Rede[99] identifiziert er den verstorbenen Kaiser Theodosius mit dem Patriarchen Jakob und Theodosius' während des Gottesdienstes anwesenden Sohn Honorius mit Joseph, der die Begräbnisfeierlichkeiten für den Vater ausrichtet[100]; er beruft sich auf den biblischen Text, um den in Mailand beobachteten Brauch nach vierzig Tagen, nicht früher oder später wie in anderen Regionen, des Verstorbenen zu gedenken[101]; er entdeckt in den Geschichten Jakobs Parallelen zur Religionspolitik des Theodosius.[102]

Gegen Ende der Rede kehrt Ambrosius zu den Geschichten Jakobs und Josephs zurück; er legt die Parallelisierung nahe, daß, wie Jakob nach Ägypten aufgebrochen war, um sein Volk von Hungersnot zu befreien, auch Theodosius Konstantinopel verlassen mußte, um Rom von Usurpatoren zu befreien; er identifiziert den Trauerzug für Jakob mit der bevorstehenden Überführung des verstorbenen Kaisers zurück nach Konstantinopel und vergleicht die Situation des Honorius mit der Josephs.[103]

96 Vgl. dazu unten S. 182–84.
97 Obit. Theod., 53, 1–3 (CSEL 73, 399); vgl. oben S. 143, Anm. 94.
98 Vgl. dazu Duval, S. 280–82.
99 Obit. Theod., 3–4 (CSEL 73, 372–73).
100 Obit. Theod., 3, 3–5; 4, 1–6 (CSEL 73, 372–73); zum Zusammenhang mit politischen Absichten vgl. unten S. 183–84.
101 Obit. Theod., 3, 5–12 (CSEL 73, 372); vgl. oben S. 143, Anm. 92.
102 Obit. Theod., 4, 4–11 (CSEL 73, 373): „Celebrat ergo et iste (= Ioseph) quadragesimam patris Iacob, subplantatoris illius (cf. Gen., 25, 25–26), et nos celebramus Theodosii quadragesimam, qui sanctum imitatus Iacob subplantavit perfidiam tyrannorum, qui abscondit simulacra gentium (cf. Gen., 31, 34). Omnes enim cultus idolorum fides eius abscondit, omnes eorum caerimonias oblitteravit." (Vgl. zur Religionspolitik des Theodosius oben S. 103, Anm. 265) Ambrosius unterschlägt bei dieser Gleichsetzung der Verbote heidnischer Kulte durch Theodosius mit Taten Jakobs, daß nicht Jakob, sondern Rahel den Hausgott Labans gestohlen hatte und vor ihm verbarg; Jakob wußte nichts davon, als er sich mit seinen Frauen auf die Flucht begab, vgl. Gen., 31, 19–35.
103 Obit. Theod., 54, 4–11 (CSEL 73, 400): „Sed et patriarcha Iacob propter populum liberandum,

Die durch die Liturgie empfohlene biblische Erzählung von den 40 Tage
während Begräbnisvorbereitungen und dem Trauerzug des Patriarchen Jakob
bietet einen Rahmen für die Predigt des Ambrosius 40 Tage nach dem Tod des
Kaisers Theodosius und vor der Überführung des Leichnams nach Konstantinopel.[104]

In der Mitte der Predigt entwickelt Ambrosius seine Gedanken in einer langen
Passage aus den Versen des 114. Psalmes. Der biblische Text bietet über mehr als
ein Drittel der Rede hinweg die inhaltliche Grundlage und eine Vorgabe zur
Gliederung der Gedanken des Predigers.[105]

Der 114. Psalm beschreibt die Liebe und das Vertrauen eines Gläubigen zu
seinem Gott und die daraus ihm erwachsende Heilsgewißheit. Der Inhalt dieses
Lesungstextes hat zunächst keinen naheliegenden Bezug zum Anlaß der Predigt im
Gedenkgottesdienst für den Kaiser, aber Ambrosius stellt diesen Zusammenhang

quem tetra fames gravi urgebat periculo, relicta domo senex ad peregrina contendit atque ibi
defunctus ad sepulchrum patrium per aliquot dies filio prosequente deductus est. (cf. Gen., 42,
1–2; 45, 18–46, 7; 50, 4–14) Nec derogatum est aliquid meritis eius, sed magis accessit ad
laudem, quod pro suis carens debitae domus sorte quodam supremi funeris peregrinabatur
exilio. Fles etiam imperator auguste (sc. Honorius), quod non usque Constantinopolim reverendas
reliquias ipse prosequeris. ... Sed Ioseph ad finitimam accessit provinciam (cf. Gen., 50, 13), hic
multa interiacent regionum divortia, hic maria transfretanda sunt."

104 Die Tatsache, daß der Lesungsttext sich gut mit der Situation der Predigt parallelisieren läßt,
wirft die Frage auf, ob Ambrosius Einfluß darauf nehmen konnte, welche Lesungstexte vor
seiner Predigt vorzutragen waren. Wie viele interessante Sachfragen läßt sie sich, soweit ich
sehe, nicht sicher beantworten. Einzelne Hinweise erwecken den Eindruck, daß Ambrosius in
Predigten auf ohne sein Zutun ausgewählte Lesungstexte reagiert, vgl. Ambr., offm., 1, 101
(Testard ed. S. 145): „Tractatus ... non unus semper, sed ut se dederit lectio, nobis et adripiendus
est ..."; ep. 77 (Maur. 22), 3 (CSEL 82, 128–29): „(Ambrosius weiß zunächst nicht, was er sagen
soll) Sed ubi sanctorum legi coepit series scripturarum, largitus est spiritus sanctus qui locutus
est in prophetis, quod dignum aliquid ... proferamus." Auch aus Bemerkungen, die Ambrosius
in seiner Predigt gegen Auxentius über die Parallelen zwischen Lesungstext und aktueller
Situation macht (ep. 75 a (Maur. 21 a), 19 (CSEL 82.3, 94), vgl. oben S. 124, Anm. 15), ergibt
sich, daß der Lesungstext nicht von ihm bestimmt war. Daß Ambrosius dort allerdings eine
bewußte eigene Auswahl des Lesungstextes ausdrücklich verneint, erlaubt den Schluß, daß die
Möglichkeit, Einfluß zu nehmen, nicht grundsätzlich ausgeschlossen war. Außerdem muß in
Betracht gezogen werden, daß Ambrosius in der zitierten Passage die „zufällige" Übereinstimmung zwischen Lesungstext und Redesituation als besonderen Effekt für seine Zwecke einsetzt
(vgl. oben S. 124, Anm. 15). Über die Festlegung bestimmter Lesungstexte für bestimmte
Anlässe und für den Jahreskreis sind, soweit ich sehe, für Mailand und die Zeit des Ambrosius
keine verbindlichen Aussagen zu machen. Es hat den Anschein, daß nur für einige wichtige
Festzeiten der Kirche die Lesungstexte mehr oder weniger festgelegt waren. Hinweise auf für
den vollständigen Jahreskreis festgelegte Perikopen entstammen erst dem 8. Jahrhdt. Vgl.
Dudden, S. 449; P. Lejay, „Ambrosien (Rit)", Sp. 1426, in: Dict. d'archéologie chrétienne et de
liturgie, 1, 1907, Sp. 1373–1442. Die Arbeit von L. Ruland, Die Geschichte der kirchlichen
Leichenfeier, Regensburg, 1901, gibt zu den angeschnittenen Fragen für die Väterzeit keine
befriedigenden Auskünfte.

105 Obit. Theod., 17–38 (CSEL 73, 380–91). Der erste Teil der Rede umfaßt ca. 9 Seiten der
modernen Textedition, es folgt die Passage, in der Ambrosius den Text des 114. Psalmes
zugrunde legt mit ca. 12 Seiten und der Rest der Rede mit ca. 10 Seiten. – Vgl. allgemein zu der
Passage Duval, S. 276–80.

gezielt her, indem er die Worte des Psalms Theodosius in den Mund legt und in seiner Predigt als Vermächtnis des Verstorbenen erklingen läßt.[106] Ambrosius bedient sich auch in anderen Predigten gelegentlich des Mittels, daß er Personen, über die er reden will, Schriftworte in den Mund legt; dadurch erreicht er, daß er seine Gedanken auf der Grundlage biblischer Texte entwickeln kann, wie es einem Bischof und dem Anlaß seiner Reden in Gottesdiensten gemäß ist, und rückt gleichzeitig bestimmte Personen oder etwa auch politische Umstände in den Mittelpunkt seiner Predigt.[107]

In der Predigt für Theodosius erklärt er die Bedeutung des Psalms im Munde des Kaisers: Was bedeutet es, daß Theodosius gesagt hat: „Ich habe geliebt." (Ps. 114, 1) ? So schaltet Ambrosius in seine Predigt eine vollständige Erklärung eines Lesungstextes aus dem Gottesdienst ein.

Ambrosius läßt sich stark vom biblischen Text leiten: Die Reihenfolge einzelner Sinnabschnitte des biblischen Textes bestimmt sein Vorgehen; diese Abschnitte werden nacheinander in unterschiedlicher Ausführlichkeit behandelt.[108] Einzelne Gedanken oder Worte des Textes werden Schritt für Schritt erklärt.[109]

---

106 Obit. Theod., 17, 1–4 (CSEL 73, 380); vgl. oben S. 143, Anm 93.

107 Vgl. in der Rede für Valentinian obit. Val., 9 (CSEL 73, 334–35) (vgl. dazu oben S. 136, Anm. 65). In seiner Erklärung des 61. Psalmes läßt Ambrosius den ermordeten Kaiser Gratian Verse des Psalmes sprechen (Ambr., in ps. 61, 17–21 (CSEL 64, 388–92)), um den Usurpator Maximus und seinen Heermeister Andragathius anzuklagen. Ähnliche Fälle: In einer Predigt vor dem Kaiser Theodosius stellt Ambrosius Forderungen an Theodosius, indem er seine bischöflichen Mahnungen Christus selbst in den Mund legt (Ambr., ep. extra coll. 1, (Maur. 41), v. a. 26–27 (CSEL 82.3, 159–61); es handelt sich bei den betreffenden Ereignissen um Widergutmachungsansprüche einer von fanatischen Christen zerstörten Synagoge in Kallinikon, die Theodosius zunächst anerkannte, unter dem Druck des Ambrosius aus Gründen politischer Opportunität dann aber verweigerte (vgl. etwa v. Campenhausen, S. 231–34, Dudden, S. 371–79)). In einer Ansprache anläßlich der Weihe einer Kirche läßt Ambrosius die verstorbene Stifterin (vgl. für den Hintergrund Dudden, S. 426) selbst sprechen, um ihre Kinder zu keuschem Lebenswandel zu ermahnen (Ambr., exhort. virgin., 13–53 (PL 16, 340–52)).

108 Obit. Theod., 17–20 (CSEL 73, 380–381) zu ,Dilexi'; 21 (CSEL 73, 381–82) zu ,Inclinavit aurem suam mihi'; 22 (CSEL 73, 382) zu ,In diebus meis invocavi'; 23 (CSEL 73, 382–83) zu ,Circumdederunt me dolores mortis, periculi inferni invenerunt me. Tribulationem et dolorem inveni'; 24–26 (CSEL 73, 383–84) zu ,Et nomen domini invocavi: O domine, libera animam meam. Misericors dominus et iustus, et deus noster miseretur.'; 27 (CSEL 73, 384–85) zu ,Humiliatus sum et liberavit me'; 28–32 (CSEL 73, 385–88) zu ,Convertere anima mea in requiem tuam, quia dominus benefecit tibi. Quia eripuit animam meam de morte, oculos meos a lacrimis, pedes meos a lapsu. Placebo domino in regione vivorum.'

109 Vgl. etwa obit. Theod., 28, 4–9 (CSEL 73, 385): „ ,Convertere, anima mea, in requiem tuam, quia dominus benefecit mihi.' (*Ps. 114, 7) Pulchre dicit animae ,convertere' quasi diuturno cursu usque exercitae, ut a labore convertatur ad requiem. Convertitur equus ad stabulum, ubi cursum impleverit, navis ad portum, ubi ad stationem fidam a fluctuum mole subducitur. Sed quid est quod ait ,ad requiem tuam', nisi ..."; vgl. auch die §§ 17–20 (CSEL 73, 380–81), wo in vier Paragraphen allein die Bedeutung des ersten Wortes des Psalmes, ,dilexi', ergründet wird bis hin zur Erklärung der Verbform im Perfekt (obit. Theod., 20, 1–2 (CSEL 73, 381): „Et pulchre ait: ,Dilexi', quia iam cursum vitae huius impleverat."); ähnlich die lange und etwas schulmeisterliche Erklärung, auf welche Weise es zu verstehen ist, daß Gott „hört" (obit. Theod., 21, 3–12 (CSEL 73, 382): „Non enim deus inclinat aurem suam, ut audiat corporaliter, sed ... „). Gerade der letzte Gedanke entspricht ganz gängiger Belehrung, wie sie sich al-

Zum Text des Psalms treten andere Zitate aus der Heiligen Schrift mit gleichen zentralen Begriffen, die die Psalmworte erläutern und ihren Sinn nach Ambrosius' Interpretation ergänzen.[110] Die Erklärung findet aber immer wieder zum Wortlaut des Ausgangstextes zurück. Die Absicht wird deutlich, jeden Gedanken oder wenigstens jedes Wort des Psalmes[111] zu erfassen und in der Erklärung zu berücksichtigen.[112]

lenthalben in den Predigten des Ambrosius findet. Vgl. etwa Ambr., de fide 1, 67 (CSEL 78, 29), de spiritu 2, 69 (CSEL 79, 113–14); 3, 11 (CSEL 73, 154–55); in Luc., 7, 92 (CSEL 32.1, 320–21); etc., cf. Dudden, S. 562, Anm. 6.

110 Vgl. z. Bsp. obit. Theod., 17, 7–13 (CSEL 73, 380): „Non mediocris, sed perfecti in lege vox ista est dicere: ,Dilexi': ,plenitudo' enim ,legis dilectio est' (*Rom. 13.10). Sed quid dilexerit, audiamus. Cum tacetur genus dilectionis utique divinae caritatis gratia significatur, qua diligimus illud, quod est super omnia desiderabilia desiderabile (cf. Prov., 8, 11), de quo scriptum est: ,Diliges dominum deum tuum.' (Deut., 6, 5 (Mt., 22, 37))"; ebenso: obit. Theod., 19 (CSEL 73, 381) mit Ioh. 21, 15–17; obit. Theod., 18 (CSEL 73, 380) mit *Rom. 8, 38–39 (vgl. zu den beiden zuletzt genannten Belegen oben S. 116–17); etc.

111 Ambrosius folgt in der Predigt für Theodosius einer Textfassung des Psalms, die außer im Vers Ps. 114, 6 weitgehend dem nach der Septuaginta übersetzten Vulgatatext entspricht. In seiner Erklärung des 118. Psalmes zitiert er den Text von Ps. 114, 6 nach der Septuaginta oder einer Version, die der Septuaginta näher war, als der erst spät verbreitete Vulgatatext: „Humiliatus sum et salvum me fecit." cf. „ἐταπεινώθην, καὶ ἔσωσέν με." (Vgl. Ambr., in ps. 118, 30, 62 (CSEL 62, 222)). Er scheint auch in der Theodosiusrede von diesem Text auszugehen, vgl. „Ipse per humilitatem pervenit ad salutem." (obit. Theod., 25, 6 (CSEL 73, 385)).

112 In der folgenden Übersicht stelle ich dem vollständigen Vulgatatext des Psalmes (fett) in Klammern die Sätze der Rede gegenüber, in denen Gedanken des Psalmes jeweils zuerst auftreten. Die schematische Gegenüberstellung macht das weitgehende Bemühen um vollständige Erfassung der Gedanken oder wenigstens aller Worte des biblischen Textes deutlich; sie kann andeuten, wie auch die Sprache in diesem Abschnitt der Rede durch den Wortlaut des Psalms geprägt wird: **[1]Dilexi quoniam exaudiet Dominus vocem orationis meae.** (Unde pulchre psalmista dixit: Dilexi, quoniam audiet dominus vocem orationis meae. (17, 1–2)) **[2]Quia inclinavit aurem suam mihi,** (Dilexi, inquit, confidens, quoniam audiet dominus vocem orationis meae. Dilexi et ideo inclinavit aurem suam mihi, ut iacentem erigeret, mortuum resuscitaret. (20, 6–21, 2)) Et **in diebus meis invocavi.** (Dilexi, inquit, et ideo diligens feci voluntatem domini et invocavi eum non in paucis, sed in ,omnibus' (cf. Ps. 26, 4) diebus vitae meae. (22, 1–3)) **[3]Circumdederunt me dolores mortis; Et periculi inferni invenerunt me.** (Audis dicentem: Circumdederunt me dolores mortis, ego tamen et in mortis dolore dominum dilexi. Pericula inferni invenerunt me, non timentem utique sed amantem, sed sperantem, ... (23, 1–4)) **Tribulationem et dolorem inveni,** (Denique volens invenit tribulationem et dolorem, sciens, quia ,tribulatio patientiam operatur, patientia probationem, probatio spem' (Rom., 5, 3 ff) (23, 5–7)) **[4]Et nomen Domini invocavi: O Domine, libera animam meam.** (Miser homo congreditur, ut vincat, et ipse in periculum ruit nisi domini nomen adfuerit, nisi, cum veretur oraverit dicens: O domine, libera animam meam. (24, 1–3)) **[5]Misericors Dominus et iustus, et deus noster miseretur.** (Ille vincit, qui gratiam dei sperat, non ,qui de sua virtute praesumit' (cf. Jud. 6, 15). Cur enim non praesumas gratiam, cum habeas praesulem certaminis misericordem? Misericors enim et iustus dominus et deus noster miseretur (25, 1–5)) **[6]Custodiens parvulos Dominus;** (Etenim si dei nos misericordia non sustentaret, quomodo in ipso exordio parvuli viveremus, ... ? Ratio deest sed gratia divina non deficit. Ipse ergo custodit parvulos, aut certe eos, qui se parvulos humili confitentur adfectu (26, 8–14)) **Humiliatus sum et liberavit me./ ἐταπεινώθην, καὶ ἔσωσέν με.** (Ipse per humilitatem pervenit ad salutem (27, 6)) **[7]Convertere, anima mea, in requiem tuam, Quia Dominus benefecit tibi.** (Ipse ad Christi pervenit requiem, qui humilitatem fuerit Christi secutus. Et ideo quia humilem se praebuit

Die ehrfürchtige Sorgfalt, jedes einzelne Wort in seinem Sinn zu erfassen, das Vorgehen nach der Abfolge der Gedanken des Schrifttextes, das Einteilen des Textes in einzelne, zunächst für sich zu verstehende Sinnabschnitte oder einzelne Worte, und vor allem das Sammeln von auf die zu erklärende Schriftstelle in irgendeiner Weise zu beziehenden weiteren Texten mit gleichen zentralen Begriffen sind grundlegende Prinzipien exegetischer Technik.[113] So verselbständigt sich das Nachdenken über die Worte des biblischen Textes in vielen Passagen vollkommen zur Psalmexegese und jeweils von Schriftworten ausgehend zu allgemeiner moralischer Belehrung.[114]

Die Exegese des Ambrosius beschreibt durch die Wirkung vielfacher Wiederholung besonders eindringlich die Liebe eines Gläubigen zu Gott – ‚dilexi‘[115] – und die Gewißheit, aufgrund von Liebe und Gottvertrauen den ewigen Frieden zu gewinnen.[116] Die Fiktion, daß Theodosius die Worte des Psalmtextes gesprochen

Theodosius imperator et, ubi peccatum obrepsit, veniam postulavit, conversa est anima eius in requiem suam, sicut habet scriptura, quae dicit: Convertere anima mea in requiem tuam, quia dominus benefecit mihi (27, 7–28, 5)) **⁸Quia eripuit animam meam de morte, Oculos meos a lacrimis ...** (Feriatus his saeculi curis Theodosius ereptum esse se gaudet et elevans animam suam ad illam perpetuam dirigit requiem pulchre sibi consultum adserens, quod eripuerit a morte animam eius deus, ... eripuerit etiam oculos eius a lacrimis. (30, 1–6)) **... Pedes meos a lapsu. ⁹Placebo Domino, In regione vivorum.** (Si ergo mors non erit, lapsum sentire non poterit in illa requie constitutus, sed placebit domino in regione vivorum. (30, 9–11))

113 Für Prinzipien der Exegese vgl. Pizzolato, dottrina, zusammengestellt S. 333–34 in der ausführlichen englischen Zusammenfassung (S. 327–36).

114 Vgl. vor allem oben S. 108–11. Hier nur etwa obit.Theod. 24, 1–25, 4 (CSEL 73, 383): „Ille vincit qui gratiam dei sperat, non ‚qui de sua virtute praesumit‘ (cf Jud., 6, 15)."

115 Vgl. oben S. 115, Anm. 316.

116 Zur Verherrlichung des Gläubigen im Paradies v. a. obit. Theod., 28–32 (CSEL 73, 385–88) ausgehend von Ps. 114, 7–9: „Convertere anima mea in requiem tuam, quia dominus benefecit tibi. Quia eripuit animam meam de morte, oculos meos a lacrimis, pedes meos a lapsu. Placebo domino in regione vivorum." Ambrosius deutet in der Predigt den 114. Psalm im Anschluß an zahlenmystische Gedanken, die er Philon entlehnt haben mag (vgl. die Anmm. bei Faller ed.), auch als Beschreibung des himmlischen Lebens, das dem Menschen als Lohn für seine christliche Liebe zuteil wird, vgl. obit. Theod., 37, 9–38, 2 (CSEL 73, 390–91): „Ideo et ‚centesimus quartus decimus‘ psalmus inscribitur; denique supra in quarto decimo psalmo perfectionem hominis accepimus, sed illic formatur, perfectus licet vir, sed adhuc peccato obnoxius, quia vivit in saeculo: hic (sc. in centesimo quarto decimo psalmo) vera perfectio est, ubi iam culpa cessavit, gratia perpetuae quietis adfulsit. Ideo ‚centesimus quartus decimus' psalmus quia remuneratio caritatis est." Diese Deutung des Psalmes findet sich auch bei Hieronymus (tract. de Ps. 14) und geht auf Origenes zurück (Duval, S. 279, Anm. 1). Aus den Worten: „supra in quarto decimo psalmo perfectionem hominis accepimus" und aus der Tatsache, daß sich aus der ersten Rede für Satyrus ergibt, daß der 14. Psalm während der kirchlichen Feierlichkeiten für Satyrus verlesen wurde (exc. Sat., 1, 61, 1–2 (CSEL 73, 240–41); s. o. S. 122, Anm. 5), schließt Duval allzu zuversichtlich, daß auch der 14. Psalm während des Gottesdienstes für Theodosius verlesen wurde. Die Formulierung „supra in quarto decimo psalmo perfectionem hominis accepimus" läßt m. E. keine eindeutigen Schlüsse zu; Duvals Verweis auf die erste Rede für Satyrus ist nicht stichhaltig, weil bei einer kirchlichen Feier am Tag des Begräbnisses nicht die gleichen Texte verlesen werden mußten, wie in einem Gottesdienst 40 Tage nach dem Tod des Verstorbenen. Faller, ed. erklärt die Formulierung – auch nicht befriedigend – so, daß „supra" „oben im Buch der Psalmen" bedeute.

habe, stellt die Verbindung zwischen Psalmerklärung und Gedenken an Theodosius her. Das Bekenntnis zu christlicher Liebe wird so zum wesentlichen Gedanken des Lobpreises auf den gläubigen Herrscher. Es ist bereits beschrieben worden, welche inhaltlichen Konsequenzen sich daraus für das ideale Bild des Kaisers ergeben, das Ambrosius vermittelt.[117]

Ein weiterer Bezug zwischen Psalmexegese und dem Anlaß der Rede wird dadurch hergestellt, daß die Verse des Psalmes über den ewigen Frieden, den ein Gläubiger aufgrund seiner Liebe und seines Gottvertrauens gewinnt, zum tröstlichen Gesang auf die Verklärung des verstorbenen Kaisers im himmlischen Jerusalem werden.[118] Ambrosius stützt sich auf Motive des biblischen Textes, um mit erbaulichen Worten angesichts des Todes Zuversicht statt Trauer zu verbreiten.[119]

Den Glauben des Theodosius, seine Liebe zu Gott und die tröstliche Versicherung, daß er das ewige Leben gewonnen hat, stellt Ambrosius auch noch einmal im zusammenfassenden letzten Satz seiner Wort für Wort, Vers für Vers durchgeführten Psalmexegese heraus: „Ergo quia dilexit augustae memoriae Theodosius dominum deum suum, meruit sanctorum consortia."[120]

Ambrosius stützt sich über diese gelungene Verbindung von Exegese und Leichenrede hinaus auf den Text des 114. Psalmes. Es ist bezeichnend für die große Beweglichkeit des Ambrosius bei der Deutung von Worten der Heiligen Schrift für die Redesituation und bezeugt seinen Willen, sie für seine Absichten zu nutzen, daß er nach der vollständigen Erklärung des Psalmtextes erneut einige Gedanken daraus aufgreift, um sie nun auf seine eigene Person zu beziehen.[121]

Er nennt einige für ihn – Ambrosius – besonders wichtige Tugenden und Taten des Kaisers, wegen derer er selbst ihn ‚geliebt hat' (cf. Ps. 114, 1). Dazu gehören kirchenpolitische Themen wie die öffentliche Kirchenbuße des Kaisers[122], dessen

---

117 Vgl. dazu oben S. 108–11; 116–19.
118 Obit. Theod., 30–32 (CSEL 73, 387–88), daraus etwa: 30, 1–6: „Feriatus his saeculi curis Theodosius ‚ereptum' esse se gaudet et elevans animam suam ad illam perpetuam dirigit requiem pulchre sibi consultum adserens, quod ‚eripuerit a morte animam eius' (cf. Ps. 114, 8) deus, ... eripuerit etiam ‚oculos eius a lacrimis' (ibd.)"; 30, 16–31, 5: „‚Convertere, anima mea, in requiem tuam.' (Ps., 114, 7) In quam festinavit intrare Theodosius atque ingredi civitatem Hierusalem, de qua dictum est: ‚Et reges terrae ferent gloriam suam in illam.' (*Apoc., 21, 24) Illa est vera gloria, quae ibi sumitur, illud regnum beatissimum, quod ibi possidetur, ..."; 32, 1–4: „Absolutus igitur dubio certaminum fruitur nunc augustae memoriae Theodosius luce perpetua, tranquillitate diuturna, et pro his, quae in hoc gessit corpore, remunerationis divinae fructibus gratulatur."
119 Er nutzt das Motiv der Verherrlichung des Kaisers im Paradies aber vor allem, um daran weitgespannte Überlegungen zur heilsgeschichtlichen Stellung des christlichen Kaisertums anzuknüpfen; vgl. dazu unten S. 185–89.
120 Obit. Theod., 32, 4–6 (CSEL 73, 388).
121 Obit. Theod., 33–37, 8 (CSEL 73, 388–90). Vgl. etwa den Anfang dieses Abschnittes 33, 1–2 (CSEL 73,388): „Et ego – ut quadam sermonem meum peroratione concludam – ‚dilexi' virum ... „ Zu der Tatsache, daß die Rede der Ankündigung einer peroratio zum Trotz noch über 24 Paragraphen weitergeführt wird s. unten S. 188, Anm. 159.
122 Obit. Theod., 34, 2–7 (CSEL 73, 388). Vgl. oben S.112, Anm. 303.

Sorge um die Kirche und die nach Ambrosius' Darstellung große Nähe zwischen ihm selbst und Theodosius.[123] Der Text des Psalms bietet auch einen Anlaß, erneut kurz Gedanken zur politischen Situation nach dem Tod des Theodosius und zur Nachfolge der Söhne einzuflechten.[124] Ambrosius beschließt diesen Abschnitt der Predigt dann aber angesichts der Verheißung himmlischen Friedens im 114. Psalm mit Worten voll zuversichtlicher Hoffnung.

Zusammenfassend läßt sich festhalten, daß Ambrosius zur Gestaltung seiner Predigt im Gedenkgottesdienst für Theodosius neben anderen Schrifttexten in erheblichem Maße Lesungstexte aus dem Gottesdienst berücksichtigt. Gedanken aus der ersten Hälfte und vom Schluß der Predigt entsprechen Motiven einer Lesung, die von den Begräbnisfeierlichkeiten Jakobs erzählt hat.

Das Kernstück der Predigt bildet eine lange Erklärung des 114. Psalms. Ambrosius verbindet dabei durch die Fiktion, daß Theodosius die Worte des Psalms gesprochen haben könnte, effektvoll und überzeugend mit der für die Gottesdienstsituation üblichen Exegese der Schriftworte das Lob des Kaisers als eines gläubigen Christen und die tröstliche Versicherung, daß der Herrscher das ewige Leben gewonnen habe, wie es für eine christliche Leichenpredigt besonders angemessen erscheint. Der Bezug auf die Schriftworte verleiht – wie in der Rede für Valentinian – den Worten des Bischofs Autorität, rückt die Person des Kaisers in die Sphäre christlicher Frömmigkeit und verleiht der Sprache der Predigt erbaulichen und erhebenden Klang.

In der Rede, die Ambrosius im Rahmen der kirchlichen Trauerfeierlichkeiten vor der Beisetzung am Grab des Satyrus gehalten hatte, blieben die Disposition, die im wesentlichen üblichen Gliederungsvorgaben der Schulrhetorik folgte, und der Gehalt der Tugenden des Bruders durch die Einbeziehung von Lesungstexten unbeeinflußt. Im Gottesdienst für Theodosius prägt die Erklärung eines Lesungstextes in der zentralen Passage die Form der Predigt und den christlichen Charakter der dem Herrscher zugesprochenen Tugenden.

---

123 Obit. Theod., 35, 1–4 (CSEL 73, 389). Vgl. oben S.113, Anm. 305.
124 Obit. Theod., 36, 1–9 (CSEL 73, 389): „ ‚Circumdederunt me dolores mortis, pericula inferni invenerunt me;‘ (Ps. 114, 3) multorum enim pericula sunt, sed remedia paucorum. In omnibus sacerdos periclitatur, ... Conteror corde, quia ereptus est vir, quem vix possumus invenire. Sed tamen tu solus, domine, invocandus es, tu rogandus, ut eum in filiis repraesentes. Tu, domine, ‚custodiens‘ etiam ‚parvulos‘ (Ps. 114, 6) in hac humilitate, ‚salvos‘ facito ‚sperantes in te.‘ (Ps. 16, 7)“

V. POLITISCHE RÜCKSICHTEN UND ABSICHTEN
IN DEN KAISERREDEN

Anders als die beiden Reden des Ambrosius für seinen Bruder sind die Reden auf
Valentinian und Theodosius auch durch die politischen Umstände geprägt, unter
denen sie gehalten wurden. Ambrosius war durch seine Stellung als Bischof von
Mailand, vor allem durch sein vielfach bezeugtes kirchenpolitisches Engagement
und dadurch, daß die Kaiser seinem Anspruch, Einfluß zu nehmen, nachgegeben
haben, selbst in erheblichem Maße in diese Umstände verwickelt. Zeugnis dafür ist
schon die Tatsache, daß er als Bischof – sei es auch nur anläßlich eines Gedenkgottesdienstes[1] – zum Tod der Kaiser spricht und seine Reden später veröffentlicht.[2]

Aufgrund seiner Beteiligung an den politischen Ereignissen muß Ambrosius in
den Kaiserreden auch als Politiker sprechen; er kann vergangene Ereignisse und
sein eigenes Wirken nicht unparteiisch darstellen, und er muß Rücksichten auf
gegenwärtige politische Konstellationen nehmen, wenn er für die Zukunft seinen
Einfluß bewahren will.

Über das aktuelle politische Interesse hinaus mag er auch darum bemüht
gewesen sein, der Nachwelt sein Wirken in der eigenen Sichtweise vorzustellen
oder als Beispiel zu empfehlen. Er hat die Reden selbst veröffentlicht, und es ist
nicht auszuschließen, daß er sie zu diesem Zweck verändert hat.[3]

---

1   Für die Rede auf Theodosius s. S. 143, Anm. 91–95; auch zum Tod Valentinians hatte
    Ambrosius zunächst anläßlich eines Gottesdienstes gesprochen, dann zusätzlich die erhaltene
    Rede in einer nicht mehr zu rekonstruierenden Situation gehalten, vgl. S. 134, Anm. 57.
2   Verstorbene Kaiser werden im römischen Westen in der Regel von Mitgliedern des Kaiser-
    hauses geehrt, auch wenn diese die Reden nicht selbst verfaßt haben; vgl. das Verzeichnis der
    bezeugten Leichenreden bei Kierdorf, S. 137ff. Für die christliche Zeit gibt es dafür allerdings
    keinen Beleg. Von den Leichenreden auf christliche Kaiser kennen wir nur die des Bischofs
    Ambrosius. Als Bischof hält auch Augustinus Leichenreden, allerdings auf verstorbene Amts-
    kollegen. Im griechischen Osten hat Gregor von Nyssa Leichenreden auf Flacilla, die Gattin des
    Theodosius, und Pulcheria, die Tochter des Kaiserpaares, gehalten.
3   Michaela Zelzer hat nach langjähriger Arbeit mit den Handschriften der Briefe des Ambrosius
    nach O. Faller in verschiedenen Aufsätzen plausibel gemacht, daß die meisten Briefe (nicht die
    Briefe extra collectionem) des Ambrosius zur Dokumentation seines bischöflichen Wirkens
    von ihm selbst in redigierten Fassungen in einer bewußt strukturierten Sammlung von 10
    Büchern veröffentlicht worden sind. Vor allem aufgrund der größtenteils gemeinsamen Über-
    lieferung beider Kaiserreden zusammen mit den von Ambrosius selbst herausgegebenen Brie-
    fen kommt sie darüber hinaus zu dem Ergebnis, daß Ambrosius beide Kaiserreden zusammen
    mit den Briefen des zehnten Buches als Dokument seiner kirchenpolitischen Tätigkeit veröf-
    fentlicht habe. (M. Zelzer, Zu Aufbau und Absicht des zehnten Briefbuchs des Ambrosius, S.
    361–62 in: Latinität und Alte Kirche, für R. Hanslik, WS, Beiheft 8, 1977, S. 361–62 (ihre
    Argumente oder entsprechende Verweise auf ihre Aufsätze finden sich in der praefatio zu
    CSEL 82.3, Wien, 1982.) Unabhängig davon, ob diese sehr weitgehende These allein aufgrund
    des Überlieferungsbefunds aufrechterhalten werden kann, leuchtet es ein, daß Ambrosius bei

Es ist einleuchtend, daß die Kenntnis des historischen Hintergrunds, politischer Umstände und vor allem auch möglicher Interessen des Ambrosius selbst eine allgemeine Voraussetzung für das Verständnis der beiden Reden ist.[4] Darüber hinaus ermöglicht erst solches Hintergrundwissen eine angemessene Würdigung der eigentlichen rednerischen Leistung des Ambrosius.

Es erlaubt zunächst, festzustellen, auf welche politischen und historischen Umstände Ambrosius in seinen Reden nicht eingeht: Die Auswahl dessen, was er seinen Zuhörern und Lesern über die verstorbenen Kaiser sagt, war der erste und entscheidende Arbeitsschritt für den Redner; wie Ambrosius ihn bewältigte und welche Absichten aus seiner Auswahl vielleicht ersichtlich werden, kann nur beantwortet werden, wenn man, soweit es möglich ist, in Betracht zieht, was Ambrosius alles hätte sagen können.

Auf welche Umstände mußte Ambrosius Rücksicht nehmen, kann er solchen Umständen zum Trotz seine eigenen Interessen in den Reden wahrnehmen, wenn ja, mit welchen rednerischen Mitteln? Eine Antwort darauf könnte zur Klärung der Frage beitragen, wie selbständig seine Position in politischen Fragen gegenüber den Machthabern sein konnte und wie groß seine politische Autorität war.

Es verdient vor allem Beachtung, ob und wie es Ambrosius gelingt, im Rahmen des ihm vorgegebenen Anlasses einer Trostrede oder einer Leichenpredigt seine Absichten zu verfolgen. Inwieweit läßt Ambrosius sich von Vorgaben der äußeren Situation und des Genos seiner Reden bestimmen, in wieweit nutzt er vielleicht sogar die besonderen Gegebenheiten für seine Zwecke?

Der Beantwortung dieser Fragen sind Grenzen gesetzt: Die für die Zeit der Reden aktuelleren Ereignisse, zu denen Ambrosius in den Kaiserreden auf die eine oder andere Weise Stellung bezieht, fallen in die Zeit zwischen 383 und 394.[5]

der Veröffentlichung der Reden daran gedacht hat, sein Wirken zu dokumentieren. Zu möglichen Bearbeitungen der Reden vgl. in dieser Arbeit S. 44, Anm. 119, für die Rede auf Valentinian und S. 188, Anm. 159, für die Rede auf Theodosius.

4   A. Demandt, Die Spätantike, Handbuch der Altertumswissenschaft 3, 6, München, 1989, S. 129–36 bietet eine erste Orientierung. Ich verweise im Verlauf dieses Kapitels auf die entsprechenden Kapitel der Bücher von O. Seeck, Geschichte des Untergangs der Antiken Welt, Darmstadt, 1966 (= Stuttgart, *1921*), Bd. 5; H. v. Campenhausen, Ambrosius von Mailand als Kirchenpolitiker, Berlin, 1929; sowie auf Palanque und Dudden. Vgl. auch die kommentierten Ausgaben von Th. A. Kelly, Sancti Ambrosii liber de consolatione Valentiniani, text, translation, introduction and commentary (= Patristic Studies 58), Washington, 1940 (zu den historischen Umständen in der Einleitung S. 16–41); und von Sister Mary Dolorosa Mannix, Sancti Ambrosii oratio de obitu Theodosii, text, translation, introduction and commentary (= Patristic Studies 9), Washington, 1925 (ausschließlich zur Kirchenbuße des Theodosius in der Einleitung S. 9–21). Die jüngere Arbeit von S. Ruiz, Investigationes historicae et litterariae in sancti Ambrosii de obitu Valentiniani et de obitu Theodosii imperatorum orationes funebres, Diss. München, 1971, geht nicht über die genannte Literatur hinaus. Der ältere Aufsatz von G. Bettini, Il contenuto politico dei panegirici ambrosiani, in: Convivium (Bologna), 7, 1935, S. 614–24 ist eine kurze, in einigen Punkten auch gegenüber Ambrosius' Darstellung kritische Zusammenstellung politischer Absichten in den Reden. Der unmittelbare Anlaß der Reden bzw. Predigten, die Vorgaben des Genos der Leichenrede, und wie Ambrosius seine Absichten damit verbindet, werden in der Regel in den einschlägigen Arbeiten nicht genügend berücksichtigt.

5   Im letzten Teil der Theodosiusrede faßt er über diese Ereignisse hinausgehend die historische Stellung des Christentums seit Konstantin ins Auge. Vgl. S. 203–208.

Wichtige Themen sind für Ambrosius die Usurpation des Maximus und die damit zusammenhängende Ermordung Gratians; sein Verhältnis zu Valentinian II. und dessen Regierungszeit unter dem Druck des übermächtigen Heerführers Arbogast, vor allem die Umstände unter denen Valentinian II. den Tod fand; die Nachfolge des Eugenius als nomineller Kaiser neben Arbogast; die Religionspolitik Valentinians II. und des Theodosius; der Sieg des Theodosius gegen den zum Usurpator erklärten Eugenius, Arbogast und die heidnische stadtrömische Senatsaristokratie; die letzten Verfügungen des Theodosius und die Nachfolge seiner beiden jungen Söhne Arcadius und Honorius.

Über diese Ereignisse wissen wir vor allem durch Ambrosius selbst. Seine Predigten, Reden und Schriften sowie seine Briefe sind fast immer die den Ereignissen nächsten, in vielen Fällen die detailliertesten und manchmal die einzigen historischen Quellen für die Geschehnisse, so daß es schwierig ist, seine Aussagen kritisch zu überprüfen. Gerade für Fragen der Religionspolitik der Kaiser und Ambrosius' Einfluß darauf wäre es wünschenswert, konkurrierende Quellen zu Ambrosius zu haben, weil nicht zu erwarten ist, daß er selbst zu aktuellen Auseinandersetzungen seiner Zeit, an denen er sich beteiligt hat, unparteiisch Auskunft gibt.

Spätere Autoren wie sein Sekretär und Biograph Paulinus von Mailand, der eine vor allem erbauliche vita verfaßt hat[6], oder die Kirchenhistoriker Rufinus, Philostorgios, Socrates, Sozomenos und Theodoret[7] sowie andere spätere Autoren beziehen nicht kritisch Stellung zu Ambrosius. Zosimus[8], der Eunapios folgend auch im sechsten Jahrhundert dem Christentum noch feindlich gegenübersteht, geht nicht in einem solchen Maße auf Einzelheiten der hier interessierenden Ereignisse ein, daß es möglich wäre, die Aussagen des Ambrosius zu überprüfen oder gar zu bestreiten.

Es kann deshalb in der vorliegenden Arbeit nicht darum gehen, die von Ambrosius berührten Ereignisse historisch gültig zu rekonstruieren. Das liegt schon deshalb fern, weil die zu behandelnden Leichenreden eben nicht in erster Linie historische Ereignisse darstellen wollen. Vielmehr sollen zunächst durch unvoreingenommene und genaue Beobachtung an den Texten des Ambrosius, durch Vergleiche seiner Aussagen in den Kaiserreden – vor allem in der Rede für Valentinian – mit Aussagen in seinen Briefen oder in anderen Predigten und, wo es sich anbietet, mit Darstellungen anderer Autoren die Eigentümlichkeit der Darstellung politischer und historischer Ereignisse in den Leichenreden des Ambrosius ermittelt werden.

Die möglichen Absichten des Redners, der Anlaß der Reden, die Vorgaben der Gattung und der jeweilige Zusammenhang, in dem Ambrosius auf politische Begebenheiten zu sprechen kommt, sollen zur Erklärung der spezifischen Darstellung herangezogen werden.

---

6   Paulinus Mediolanensis, Vita beati Ambrosii episcopi ecclesiae mediolanensis, ed. M. Pellegrino, Introduzione, testo critico, e note, Rom, 1961. Zur erbaulichen Absicht vgl. L. Alfonsi, La struttura della „Vita beati Ambrosii" di Paolino da Milano, in: RIL 103, 1969, 784–798.

7   Vgl. für erste Informationen und Literatur Altaner, S. 226–27.

8   Vgl. die Einleitung, Übersetzung und Erläuterungen von O. Veh, St. Rebenich, (= Bibliothek der griechischen Literatur 30), Stuttgart, 1990.

Der vergleichende Blick auf beide Kaiserreden kann zusätzlich dazu beitragen, richtig abzuwägen, wieviel Gewicht der Interpret politischen Rücksichten und Absichten beizumessen hat, die den Redner bestimmt haben mögen: Die Ergebnisse, die sich aus der Untersuchung einer der Reden ergeben, können als relativierender Maßstab für die Beurteilung der jeweils anderen Rede herangezogen werden.

V. 1. DIE REDE FÜR VALENTINIAN

V. 1. a. Zum Tod Valentinians

Ambrosius geht in der Rede für Valentinian nach einer kurzen Vorrede[9] und nach üblichen Klagerufen einer Trauerrede[10] gleich am Anfang auf die Ursache des Todes Valentinians ein: Der junge Herrscher habe den Einwohnern Italiens sein Kommen versprochen, um sie vor barbarischen Feinden zu schützen. Er habe lieber die Gefahr auf sich genommen, Gallien zu verlassen, als das römische Volk ungeschützt zu lassen. Dies sei die Ursache für seinen Tod.[11]

Ambrosius legt in diese ersten kurzen Bemerkungen viel Pathos: Wiederholt spielt er den Gegensatz zwischen der erhofften Ankunft und der tatsächlichen Gegenwart des toten Kaisers für antithetische Formulierungen aus. Er stilisiert – teilweise unter Rückgriff auf Vokabeln aus dem Soldatendienst – den Tod des Kaisers als Opfer für seine Untertanen. Das Pathos findet seinen Gipfel, wenn Ambrosius es in einer bitteren Paradoxie als Verbrechen des Kaisers bezeichnet, daß er dem imperium Romanum habe dienen wollen.

Mit deutlicher Betonung fügt er an dieser Stelle ein, daß dies – und nichts anderes – die Ursache für seinen Tod gewesen sei und er erwähnt ausdrücklich, daß dem Kaiser daraus nur Lob erwachse: „Haec causa mortis, quae plena laudis." Danach lenkt er seine Worte wieder in die üblichen Bahnen einer Klagerede.[12]

Der emotionale Anfang mit pathetischen Klagen entspricht üblichen Formen von Klage- oder Trostreden.[13] Gleichzeitig bezieht Ambrosius hier schon Position zum heikelsten Problem, das sich ihm als Trauerredner stellte: Die Umstände, unter

---

9   Vgl. dazu S. 44.
10   Vgl. S. 134, Anm. 59.
11   Obit. Val., 2, 2–13 (CSEL 73, 329–30): „Conversi sunt dies nobis votorum nostrorum in lacrimas, siquidem Valentinianus nobis, sed non talis, qualis sperabatur, advenit. Et iste quidem vel morte sua promissum voluit implere, sed nobis acerbissima est facta eius, quae exoptabatur, praesentia. Utinam adhuc nobis abesset, ut sibi viveret! Sed ille non passus, cum audiret Alpes Italiae hoste infestari barbaro, maluit periclitari se, si Gallias derelinqueret, quam nostro deesse periculo. Magnum crimen agnoscimus imperatoris, quod Romano subvenire voluit imperio. Haec causa mortis, quae plena laudis! Solvamus bono principi stipendiarias lacrimas, quia ille nobis solvit etiam mortis suae stipendium."
12   Obit. Val., 3, 1 ff (CSEL 73, 330); vgl. für die konventionelle Wiederaufnahme von „flere", „plorare" etc. und die schulmäßige Einbindung passender Vergilverse oben S. 134, Anm. 59.
13   Vgl. oben S. 22–24.

denen Valentinian den Tod gefunden hat. Für das Verhalten des Kaisers kommen nur die edelsten Motive in Frage. Darüber hinaus sagt Ambrosius hier allerdings – mit allem Pathos einer Trauerrede – nichts Genaues zu den Ereignissen.

Daß Ambrosius am Anfang der Rede mit so deutlichem Urteil, in der Sache an sich aber undeutlich, zum Tod des Kaisers Position bezieht, erscheint um so bemerkenswerter, wenn man berücksichtigt, daß er im weiteren Verlauf deutlich werden läßt, daß einige Zeitgenossen ihm im Zusammenhang mit den Ereignissen, die zum Tode des Kaisers führten, Vorwürfe gemacht haben.[14]

Wie zu erwarten ist, folgen später auch weitere und ausführlichere Bemerkungen, die Ambrosius' Verhalten zum Gegenstand haben. Diese Erklärungen werden aber durch den Eingang der Rede vorbereitet: Die Ursache für den Tod Valentinians liegt danach in der tragischen Opferbereitschaft des jungen Herrschers.

Um die Aussagen des Ambrosius vom Anfang der Rede zu beurteilen, ist es notwendig, den historischen Umständen, unter denen Valentinian II. starb, und unter denen Ambrosius seine Rede gehalten hat, nachzuspüren: Valentinian II. war 388 von Theodosius als Herrscher des Westens wiedereingesetzt worden, nachdem dieser den Konkurrenten Valentinians um die Herrschaft, den als Usurpator aufgestiegenen Maximus, militärisch besiegt hatte. Theodosius hatte dem damals siebzehnjährigen Valentinian seinen magister militum, den Franken Arbogast, zur Seite gestellt. Neben dem jungen Kaiser hatte der germanische Heerführer die entscheidende Machtposition im Westen.

Zosimus und Philostorgius[15] berichten von verschiedenen Zusammenstößen zwischen dem Kaiser und seinem Heerführer. Nach Zosimus hat sich Valentinian wiederholt in Briefen an Theodosius gewandt, in denen er sich darüber beschwerte, daß Arbogast seine kaiserliche Majestät nicht achte. Arbogast habe schließlich Valentinian offen in Vienne ermordet, um mit Eugenius, einem bei Hof aufgestiegenen Rhetor, einen ihm genehmen Kaiserkandidaten für den Westen zu installieren.[16] Socrates verzichtet auf die Darstellung irgendwelcher Auseinandersetzungen und behauptet, Eugenius, dem er die Initiative zukommen läßt, habe zusammen mit Arbogast Valentinian ermordet.[17] Sozomenos will wissen, daß Arbogast das wachsende Selbstbewußtsein Valentinians gefürchtet und den Mord an Valentinian veranlaßt habe, referiert aber auch Gerüchte, daß der junge Kaiser sich aus verletztem Ehrgefühl selbst getötet habe.[18] Orosius referiert Berichte, daß Valentinian auf Betreiben Arbogasts getötet wurde und der Mord als Selbstmord ausgegeben wurde.[19]

---

14 Obit. Val, 28, 3–5 (CSEL 73, 343): (zu Valentinian) „Omnes quanti me feceris protestantur, omnes absentiam meam causam tuae mortis adpellant."

15 Zos., 4, 53; Philostorg., H.E., 11, 1 (PG 65, 593); vgl. noch Joann. Antioch., frg. 187 bei Müller, FHG 4, 609.

16 Zos., 4, 54.

17 Socr., H.E., 5, 25 (PG 67, 652).

18 Soz., H.E., 7, 22 (PG 67, 1485); vgl. Rufin., H.E., 11, 31.

19 Oros., 7, 35, 10.

Was tatsächlich geschehen ist, muß unklar bleiben.[20] Aus allen Berichten ergibt sich aber deutlich und unverhohlen, daß Valentinians Tod seine eigentliche Ursache in der Konkurrenz zwischen dem jungen Kaiser und seinem germanischen Heerführer hatte.[21] Den Zeitgenossen und vor allem Ambrosius selbst wird bewußt gewesen sein, daß Valentinian in einem weiteren Sinn das Opfer Arbogasts war. Weshalb umgeht Ambrosius dieses Problem, wenn er gleich am Anfang seiner Rede zu Valentinians Tod Stellung bezieht, und wie geht er im weiteren Verlauf der Rede damit um?

Für detailliertere Informationen zu den Ereignissen um Valentinians Tod und die Zeit danach, in der Ambrosius seine Leichenrede gehalten hat, sind wir auf einen veröffentlichten Brief des Ambrosius an Theodosius[22] und die Leichenrede selbst angewiesen. Allein das Datum des Todes Valentinians läßt sich mit einiger Sicherheit auf den 15. Mai des Jahres 392 festlegen.[23] Aus dem Brief an Theodosius und aus Bemerkungen in der Rede ergibt sich, daß der Leichnam des Kaisers nach Mailand geschafft worden war und dort in irgendeiner Weise ungefähr zwei Monate lang aufgebahrt gewesen war, bevor er endgültig beigesetzt wurde und Ambrosius seine Rede hielt.[24]

---

20   Moderne Historiker haben diese und andere Berichte gegeneinander abgewogen, um zu einer Aussage über die genauen Umstände des Todes zu kommen. Kelly, S. 38–41, hat die Aussagen antiker Autoren und moderne Interpretationen übersichtlich zusammengestellt. Vgl. auch Ruiz, S. 66–75. Die aktuelle Handbuchversion mit kurzen Verweisen auf die Literatur liefert Demandt, S. 134 und ebd., Anm. 37. Er legt sich durch seine Formulierungen nicht fest. In der Rede des Ambrosius findet sich nicht der kleinste Hinweis auf Selbstmord des Kaisers. Aber hätte er in einer christlichen Leichenrede diese Möglichkeit auch nur ins Auge fassen können? Aufgrund politischer Rücksichten konnte er genausowenig deutlich von Mord reden (s. unten im Text). Die Rede taugt nur schlecht als verläßliche Quelle für Ambrosius' Meinung und überhaupt nicht für die tatsächlichen Umstände. Moderne Vermutungen zu Ambrosius' Meinung sind nicht überzeugend, weder daß Ambrosius selbst zunächst nicht an Selbstmord geglaubt habe, weil er doch den Kaiser feierlich beigesetzt hat (soweit Kelly S. 35), und auch nicht, daß er später dann seine Meinung geändert habe, weil er in der Theodosiusrede Valentinian nicht zusammen mit Gratian und Theodosius die Ewigkeit erblicken läßt. (letzteres bei Seeck, 5, S. 537; v. Campenhausen, S., 246, Anm. 1; gegen diese Schlußfolgerung Dudden, S. 419, Anm. 11 und mit ihm Kelly, S. 35–36). Vgl. zur Theodosiusrede unten S. 185, Anm. 148

21   Solche Auseinandersetzungen prägten auch später das Erscheinungsbild des weströmischen Kaisertums, vgl. Demandt, S. 134. Dieser gemeinsame Kern, der den verschiedenen Berichten zugrundeliegt, ist angesichts der tatsächlichen Machtverhältnisse in hohem Maße plausibel. Palanque, S. 264 und mit ihm Kelly, S. 41 formulieren es, daß – unabhängig von den einzelnen Ereignissen – Valentinian als Opfer seines Heerführers erscheint.

22   Ambr., ep. 25 (Maur. 53) (CSEL 82.1, 176–178). Der Brief wurde von Ambrosius selbst veröffentlicht; Veränderungen des Textes zur Veröffentlichung sind nicht auszuschließen; vgl. M. Zelzer, wie oben S. 151, Anm. 3.

23   Epiphan., de mens. et pond., 20. Sehr ausf. dazu Ruiz, S. 45–51; vgl. Demandt, S. 134.

24   Die Überführung des Leichnams ist nur zu erschließen. Für die Aufbahrungszeit von ungefähr zwei Monaten nach dem 15. Mai vgl. obit. Val. 49, 2–3 (CSEL 73, 353), s. S. 48, Anm. 136. Die genaue Datierung der Beisetzung und der Leichenrede hängt von der umstrittenen Interpretation einzelner Passagen aus dem Brief an Theodosius und aus der Rede ab. Ambrosius drängt in dem Brief auf eine baldige Beerdigung, vgl. Ambr., ep. 25 (Maur. 53), 5 (CSEL 82.1, 178): „Et ipsius ergo consuletur et carissimis exuviis, si acceleretur sepultura, ne aestivo penitus

Unabhängig von der genauen Datierung steht für die politischen Umstände zur Zeit der Beisetzung fest, daß nach Valentinians Tod Arbogast – der Konkurrent des Kaisers, der von einigen Zeitgenossen für seinen Mörder gehalten wurde – als magister militum die tatsächliche Macht im Westen des Reiches ausübte. Es ist von untergeordneter Bedeutung für die Interpretation der Rede, ob Eugenius, sein Kaiserkandidat, zu diesem Zeitpunkt schon formell zum Augustus proklamiert worden war.

Die Haltung des Theodosius mußte langfristig über das Schicksal der neuen Machthaber entscheiden; den Zeitgenossen stand vor Augen, daß er 388, vier Jahre vorher, siegreich gegen Maximus gezogen war, der sich zum Herrscher im Westen aufgeschwungen hatte. Über Theodosius' Haltung unmittelbar nach dem Tod Valentinians berichtet keine Quelle. Ambrosius läßt die Nachwelt in seinem Brief

solvantur calore; vix enim superiorem aestatem transegimus." Das bedeutet, daß „superiore aestate vix peracta" (vermutlich = „prima parte aestatis peracta", siehe Ruiz, ausführl. S. 58–63) die Beerdigung noch nicht stattgefunden hatte. Dudden, S. 41, Anm. 5 (vgl. Palanque, S. 272) sieht in obit. Val. 39, 11–13 (CSEL 73, 349): „Felicius episcopos persequuntur imperatores quam diligunt. Quanto mihi beatius Maximus minabatur. In illius odio laus erat, in horum (Dudden und Palanque: = Arbogast und Eugenius; s. dazu am Ende dieser Anm.) amore supplicii feralis hereditas." einen Hinweis darauf, daß Eugenius schon zum Augustus proklamiert worden war (22. 8. 392), und datiert Beerdigung und Rede deshalb in die Zeit nach diesem Datum, also in den September des Jahres 392. Faller ed. CSEL 73, S. 105* bezieht „horum" nicht auf Eugenius und Arbogast. Aber sein Argument, daß deshalb die Beerdigung vor der Ernennung des Eugenius, also vor dem 22. 8. 392, stattgefunden haben müsse, weil Ambrosius ihn in der Rede mit keinem Wort erwähne, überzeugt nicht: Ambrosius mußte Eugenius nicht erwähnen, und es konnte sogar geboten sein, eine Erwähnung möglichst zu umgehen (s. unten im Text). Zur Frage der Datierung läßt sich gesichert wohl nur sagen, daß die Rede und die Beerdigung ungefähr zwei Monate nach dem 15. Mai im Sommer des Jahres 392 anzusetzen sind. – Zur Interpretation der bewußt paradoxen Formulierung obit. Val. 39, 11–13 (CSEL 73, 349): „Felicius episcopos ...": Dudden und Palanque interpretieren diesen Satz so, als ob „horum" sich auf Eugenius und Arbogast bezöge. Deren „amor" müßte sich dann in „advances from Eugenius" (Dudden, S. 41, Anm. 5) um die Gunst des Ambrosius gezeigt haben. Kelly, S. 209 übersetzt: „How much more happily for me did Maximus threaten me? In his hatred there was praise, in the love of these brothers is the heritage of suffering caused by death." Seine Begründung dafür, „horum" auf Gratian und Valentinian zu beziehen (S. 279–80), verweist darauf, daß im Kontext vor und nach dieser Stelle von Gratian und Valentinian die Rede ist. Deferrari folgt in seiner Übersetzung wörtlich Kelly. Faller ed. S. 105* widerspricht Dudden ebenfalls. Genauso übersetzt Banterle. Es ist sicher richtig, die Passage (gegen Dudden und Palanque und mit den zitierten Übersetzern) auf Gratian und Valentinian zu beziehen. Fraglich ist m. E., ob die Verbindung von „mihi" und „beatius", wie sie die zitierten Übersetzer vornehmen, zwingend ist. Wenn man „beatius" parallel zum vorangegangenen „felicius" versteht, ergibt sich für die ganze Passage stattdessen die Übersetzung: „Es ist für die Kaiser erfolgversprechender, die Bischöfe zu verfolgen anstatt sie zu lieben. Mit wieviel mehr Glück (für ihn selbst; nicht für Ambrosius!) hat doch Maximus mir gedroht. In seinem Haß gegen mich war sein Ruhm (für ihn; nicht für Ambrosius) begründet, in deren Liebe zu mir das Erbe tödlichen Untergangs (für Gratian und Valentinian; nicht für Ambrosius)." Diese Interpretation fügt sich konsequenter an die paradoxe und bittere Feststellung, daß es für die Kaiser erfolgversprechender sei, die Bischöfe zu hassen.

an Theodosius nichts über dessen Position wissen. In der Leichenrede erwähnt er ihn mit keinem einzigen Wort.

Es ist plausibel, anzunehmen, daß Theodosius sich zunächst abwartend verhielt.[25] Unmittelbar nach Valentinians Tod konnte er aus dem Osten sowieso nicht gegen die neuen Machthaber im Westen vorgehen, und dementsprechend war es nicht nötig, daß er sich frühzeitig eindeutig für oder gegen diese aussprach.

Für Ambrosius bedeutete das, daß er sich zunächst mit politischen Äußerungen genauso abwartend verhalten mußte. In der Vergangenheit hatte sich nach der Usurpation des Maximus gezeigt, daß Ambrosius zunächst als Verhandlungspartner des Usurpators, den er erst später mit aller Deutlichkeit für den Tod Gratians verantwortlich machte, mit seinem Einfluß im Interesse des Kaisers Valentinian wirken konnte.

Die politische Karriere des Maximus, der erst fünf Jahre nach seinem Aufstieg von Theodosius bekämpft und besiegt wurde, konnte eine deutliche Lehre sein, daß es zunächst galt, sich mit den neuen Machthabern zu arrangieren. Durch eine deutliche Stellungnahme zum Tod Valentinians hätte sich Ambrosius Handlungsspielräume für die noch ungewisse Zukunft verbaut. Daß Ambrosius sich nicht durch eine eindeutige Festlegung kompromittieren wollte, vielmehr vorsichtig abwartend die Ereignisse beobachtete, bezeugen auch seine Briefe, soweit sie die Zeit nach dem Tod Valentinians betreffen.[26]

Ambrosius hielt die Leichenrede für Valentinian, als noch nicht klar war, ob Arbogast und Eugenius sich in ihrer Herrschaft dauerhaft etablieren würden. Die

---

25 Vgl. zu Theodosius' Haltung Seeck, 5, S. 245; v. Campenhausen, S. 246f; Dudden, S. 421.

26 So stellt er sich auch in dem erwähnten Brief an Theodosius gleich am Anfang als abwartend dar, dem Herrscher im Osten gegenüber freilich mit der zusätzlichen Nuance, daß er nur als Diener seiner Wünsche auftreten wolle; er hat zu den Ereignissen bisher, soweit es möglich ist, geschwiegen, vgl. Ambr., ep. 25 (Maur. 53), 1 (CSEL 82.1, 176): „Silentium meum rupit sermo clementiae tuae; nihil enim in tam tristibus rebus melius facere in animum induxeram quam, si fieri posset, me ipsum abdere. Sed quia in secessu aliquo delitescere et sacerdotio exire non poteram, vel silentio intra me latebam." Ambrosius sagt auch Theodosius gegenüber in dem Brief, so wie er ihn später veröffentlicht hat, nichts zu den Todesumständen Valentinians. Er redet vom frühen Tod des Kaisers („Quod inmatura aetate Valentinianus Augustus decesserit", ebd., 2, 8–9 (CSEL 82.1, 176)), von den „traurigen Ereignissen" („in tam tristibus rebus", ebd. 1, 4 (CSEL 82.1, 176)) und von den Tagen allgemeinen Schmerzes („illi publici doloris dies", ebd. 2, 20 (CSEL 82.1, 177)). Da der Brief das Problem der Beisetzung des Kaisers betrifft, scheint es gerechtfertigt, diese allgemeinen Ausdrücke auf die Ereignisse um den Tod Valentinians zu beziehen. – In einem Brief des Ambrosius, den er später an den Kaiserkandidaten Arbogasts, Eugenius, geschrieben hat, berichtet Ambrosius von sich selbst, daß er auf wiederholte Versuche des Eugenius, zu Beginn seines Kaisertums – also in der Zeit nach dem Tod Valentinians – mit Ambrosius Kontakt aufzunehmen, keine Reaktion gezeigt habe, vgl. Ambr., ep. extr. coll. 10 (Maur. 57), 11 (CSEL 82.3, 211). Ambrosius begründet das zu dem Zeitpunkt, als er diesen Brief geschrieben hat – als klar war, daß die neuen Machthaber als Usurpatoren zu gelten hätten –, damit, daß er die christenfeindlichen Maßnahmen des Eugenius schon damals vorausgesehen habe. Das Schweigen des Ambrosius gegenüber den neuen Machthabern nach dem Tod Valentinians läßt sich aber vor dem Hintergrund seiner offeneren Bemerkungen im Brief an Theodosius als abwartendes Taktieren erklären, zu dem Ambrosius sich genötigt sah. – Vgl. zu Ambrosius' Situation nach dem Tod Valentinians v. Campenhausen, S. 246ff; Palanque, S. 269f; Dudden, S. 418f.

Bemerkungen zu den Umständen, unter denen Valentinian den Tod fand, sind nicht nur am Anfang der Rede vorsichtig; Ambrosius weicht auch – um zum Text der Rede für Valentinian zurückzukehren – im weiteren Verlauf mit Rücksicht auf die politische Situation, in der er spricht, vor den eigentlichen Tatsachen aus.

Die Bedrohung Italiens durch Barbaren im Frühjahr 392, die nach den undeutlichen Bemerkungen des Ambrosius am Anfang der Rede Ursache für die tragische Opferbereitschaft des Kaisers war, ist nur durch die Bemerkungen des Ambrosius in der Leichenrede selbst zu belegen.[27] Außer am Anfang der Rede kommt Ambrosius auf diese Bedrohung noch einmal zu sprechen, wenn er die Liebe der Provinzialen zu ihrem Kaiser und dessen Fürsorge für sie preist.[28]

Auch in dieser Passage wird nicht deutlich, weshalb genau die Bereitschaft Valentinians, Italien vor Barbaren zu schützen, seinen Tod herbeigeführt hat. Moderne Interpreten erkennen aus einzelnen Hinweisen in der Rede, daß im Interesse der Sicherheit Italiens Valentinian von Ambrosius selbst nach Italien eingeladen werden sollte.[29]

Wieder andere Bemerkungen in einem neuen Zusammenhang der Rede sind vielleicht ebenfalls auf diese Ereignisse zu beziehen.[30] Danach wäre es Valentinian gelungen, die Bedrohung durch feindliche Barbaren von Italien abzuwenden. Ohne daß diese Behauptung von Ambrosius in irgendeiner Weise in eine chronologische Folge historischer Ereignisse eingeordnet würde, teilt sich dem Hörer vor allem wieder das Eine mit, daß Valentinian seine Untertanen unter persönlichem Einsatz geschützt habe.[31]

Moderne historische Darstellungen haben aus den disparaten Äußerungen des Ambrosius in der Rede für Valentinian[32] und Berichten anderer antiker Autoren

27 Dudden, S. 416, Anm. 1, bezieht ebenso wie Palanque, S. 542f, die ganz kurze Erwähnung von Barbarengefahr in Ambr., ep. 49 (Maur. 59), 3 (CSEL 82.2, 55) auf diese Bedrohung. Aber für eine sichere Parallelisierung sind die Bemerkungen des Ambrosius in der Leichenrede und in diesem Brief, der ein anderes Anliegen hat, zu allgemein.

28 „Amor provincialium", s. obit. Val., 21 und 22 (CSEL 73, 341): „Audivit in Transalpinis partibus positus ad Italiae fines barbaros adpropinquasse: sollicitus, ne alieno hoste suum regnum adtemptaretur, venire properabat, cupiens dimittere Gallicana otia et pericula nostra suscipere."

29 Obit. Val., 23, 4–5 (CSEL 73, 341): „.... quod invitandi eius ad Italiam gratia eo pergerem..."; 24, 1–4 (CSEL 73, 341): „Iam promiseram me profecturum, respondens vel honoratis petentibus vel praefecto, ut tranquillitati Italiae consuleretur, me sicut superfluo ingerere non possem propter verecundiam, ita necessitatibus non defuturum."

30 Obit. Val., 4, 4–10 (CSEL 73, 331): „Militavit hostis barbarus imperatori adulescenti et suae oblitus victoriae memor fuit imperialis reverentiae. Laxavit sponte, quos ceperat, excusans, quod ignorasset Italos. Nos adhuc murum Alpibus addere parabamus: Valentiniani gratia non expectavit Alpium vallum, fluenta amnium, aggeres nivium, sed Alpes et fluvios supergressa muro nos sui imperii protexit."

31 Vgl. v. a. den unterstreichenden Gegensatz zwischen dem Zögern der Untertanen und dem energischen Handeln des Kaisers: „Nos adhuc ... – Valentiniani gratia non expectavit ... sed ... protexit." Ebd.

32 Vgl. zu den bisher besprochenen Hinweisen auf eine Bedrohung Italiens auch noch obit. Val., 68, 6–11 (CSEL 73, 361).

eine Ereigniskette konstruiert: Danach habe Valentinian die Bedrohung Italiens durch Barbaren als Chance ergreifen wollen, sich dem Einfluß Arbogasts zu entziehen und als Kaiser selbständig zu handeln. Diese Absicht habe sein Heermeister nicht geduldet. Der freiwillige oder gewaltsame Tod Valentinians sei die Folge dieser letzten Machtprobe gewesen. Der von Ambrosius erwähnte Rückzug der Feinde sei allein durch Gerüchte von Valentinians Nahen ausgelöst worden.[33]

Selbst wenn so die Ereignisse annähernd richtig erraten worden sind, ist festzuhalten, daß es in der Rede für Valentinian nicht Ambrosius' Absicht ist, sie in ihrer historischen Abfolge mitzuteilen. Er greift auf einzelne, seinen Zuhörern bekannte historische Ereignisse zurück, um eine bestimmte Deutung von Valentinians Tod zu verbreiten. Wir können diese Gegebenheiten nur bedingt rekonstruieren, und es ist nicht möglich, zu überprüfen, ob das den Zuhörern nahegelegte Bild vom Tod Valentinians der Realität entspricht; es ist aber deutlich festzustellen, daß Ambrosius durch seine Darstellung am Beginn der Rede die von späteren Autoren nicht verhohlene Konkurrenz zwischen Arbogast und Valentinian unter den besonderen Bedingungen seiner Rede aus dem Blickfeld der Zuhörer rückt.

Ambrosius läßt sich im Verlauf der Rede auf eine genauere Darstellung einzelner Ereignisse aus den Tagen vor Valentinians Tod ein. Seine Erzählung betrifft vor allem seine eigene Verstrickung in die Geschehnisse. Im Unterschied zu den bisher besprochenen einzelnen Hinweisen auf eine Bedrohung Italiens findet sich dazu eine stärker zusammenhängende Erzählung, an die sich in Klagerufen über das Schicksal Valentinians weitere Bemerkungen zum Verhältnis zwischen Ambrosius und dem jungen Kaiser anschließen.[34]

Zunächst ist es interessant zu beobachten, wie Ambrosius – ähnlich wie er am Anfang seine Stellungnahme zu Valentinians Ende zwischen übliche Topoi einer Klagerede stellt[35] – diesen Bericht über sein eigenes Handeln in die Leichenrede einbaut: Ambrosius spricht in lockerer Anlehnung an übliche Formen des Totenlobs über verschiedene Vorzüge des Kaisers, so zum Beispiel über seine „pietas" oder über die gegenseitige Zuneigung zwischen Herrscher und Untertanen.[36] Von der allgemeinen Beziehung zwischen Herrscher und Untertanen kommt er nach üblichen rhetorischen Strukturierungsvorgaben zu der speziellen, privaten Beziehung zwischen Valentinian und sich selbst.[37]

33 Vgl. etwa Seeck, 5 , 240; Dudden, S. 415f; Kelly, S. 32–33; Demandt, S. 134, verzichtet darauf, Ambrosius' Bemerkungen für eine detaillierte Rekonstruktion der Ereignisse auszuwerten.
34 Obit. Val., 23 – 26, 4; 26, 4 – 28 (CSEL 73, 341–43).
35 Vgl. oben S. 154.
36 Obit. Val., 18, 1 (CSEL 73, 339): „Quid de pietate eius loquar, ... "; 21, 1, (CSEL 73, 340): „Quid de amore provincialium loquar, ..."; vgl. für die konventionelle Art, ein Thema durch solche Fragen in die Lobrede einzuführen, oben S. 71, Anm. 88.
37 Obit. Val., 23, 1 (CSEL 73, 341): „Haec mihi cum aliis communia. Illa privata, ..." Für die häufige Verwendung der Unterscheidungskategorie ἰδίᾳ – δημοσίᾳ, κοινῇ vgl. z. Bsp. die Aufgliederung der Topoi zum Lob einer Stadt bei Men. Rhet., 362, 22–28; 363, 28–30; 364, 10–16; 365, 4–5; der Gegensatz zwischen allgemeinem Schmerz der Gemeinde und privater Trauer des Ambrosius liegt auch vielen Gedanken der ersten Rede für Satyrus zugrunde, vgl. S. 27–30.

Der Übergang zum Bericht über sein eigenes Handeln in der Leichenrede für den Kaiser macht sich den Hörern vertraute Einteilungskategorien zu Nutze; daß Ambrosius in den folgenden fünf Paragraphen vor allem über sich selbst spricht, erscheint so nicht außergewöhnlich. Das Ende dieses Abschnittes ist deutlich markiert, wenn Ambrosius kurz auf die Totenklage zurückkommt.[38] Es entspricht üblichen Formen der Leichenrede, daß der Redner das Lob des Toten immer wieder durch Klagen um seinen Verlust unterbricht.[39] Auch wenn Ambrosius sich im Bericht über sein eigenes Handeln weit vom Lob Valentinians entfernt hat, findet er doch ohne einen größeren Bruch in die üblichen Bahnen einer Leichenrede zurück.

Vor allem finden sich in dem Bericht über sein eigenes Verhalten neben erzählerischen Elementen[40] auch allenthalben Klagerufe, emphatische Fragen in unverbundener Reihung oder die direkte Anrede des Toten, wie es der gängigen sprachlichen Gestaltung von Klagen entspricht.[41] So ist der Bericht über Ambrosius' Handeln formal glatt in die Leichenrede eingebunden.

Die zusammenhängenden Bemerkungen des Ambrosius lassen es zu, sein Handeln in den Tagen vor Valentinians Tod zu rekonstruieren.[42] Eine sorgfältige Betrachtung dessen, was Ambrosius sagt, ist sinnvoll, nicht in erster Linie, weil sie Einzelheiten der historischen Ereignisse aufklären könnte – Ambrosius' Bericht ist nicht zu überprüfen, man kann ihm nur glauben oder mißtrauen – sondern weil sie Aufschluß über seine Darstellungsabsicht gibt.

Ambrosius berichtet, Valentinian habe ihn oft gebeten, daß er und kein anderer ihn taufen solle. Ambrosius legt Gewicht darauf, daß der junge Kaiser sich gefreut habe, als er durch ein Gerücht erfahren habe, daß Ambrosius in öffentlichem Auftrag nach Gallien aufbrechen wolle, um ihn nach Italien einzuladen.[43]

Aber bevor Ambrosius sich auf den Weg gemacht hatte, trafen in Mailand Nachrichten ein, daß der Kaiser Vorbereitungen treffen lasse, selbst nach Italien aufzubrechen. Es wird hier nicht deutlich, weshalb Valentinian nach Italien aufbre-

---

38 Obit. Val., 29, 1 (CSEL 73, 343): „Sed revertamur ad threnos ..." Ambrosius greift wie vorher die Klagelieder Jeremias auf, vgl. o. S. 134–42.

39 Vgl. oben S. 23–24, Anmm. 13 und 17.

40 Vgl. z. Bsp. die mehrfache Verbindung von Ereignissen nach dem Muster „Ich hatte schon ... – da geschah auf einmal ..." = „Iam ... – ecce ..." in obit. Val., 24, 1–5; 26, 3; „Ecce ..." allein als Satzanschluß in 25, 7; das historische Präsens 25, 6–7 (CSEL 73, 341–42).

41 Vgl. z. Bsp. „Utinam ... !" in obit. Val., 23, 7; 25, 2; 27, 1; die Fragen 26, 5–6; 26, 5–8; 27, 4–5; 27, 5–7; die anaphorische unverbundene Reihe des dreifachen quod–Satzes in 26, 7–9; die Apostrophe an Valentinian durchgehend von 25, 3 bis zum Ende des Abschnittes (alles CSEL 73, 341–43). Vgl. für ähnliche sprachliche Gestaltung in der Rede für Satyrus S. 58, Anm. 32.

42 Vgl. etwa Dudden, S. 417–18, Kelly, S. 32–33.

43 Obit. Val., 23, 1–6 (CSEL 73, 341): „Haec mihi cum aliis communia, illa privata, quod saepe me adpellabat absentem et a me initiandum se sacris mysteriis praeferebat. Quin etiam cum rumor quidam ad Viennensem pertulisset urbem, quod invitandi eius ad Italiam gratia eo pergerem, quam gaudebat, quam gratulabatur me sibi optato adfore! Mora ei adventus mei prolixior videbatur." Vgl. die unverbunden Aufnahme und Wiederholung von „quam gaudebat" durch „quam gratulabatur". Der gleiche Gedanke der Freude wird durch „sibi *optato* adfore" auch ausgedrückt. Daß Valentinian ungeduldig gewartet habe („Mora ... prolixior videbatur"), drückt das noch einmal aus.

chen wollte. Es liegt nahe, diese Einzelinformation mit den Bemerkungen des Ambrosius zu verbinden, Valentinian habe Italien verteidigen wollen; diese Verbindung stellt Ambrosius hier aber nicht selbst her. Die Informationen über eine mögliche Ankunft Valentinians in Italien sind ihm aus einem anderen Grund wichtig, nämlich weil sie der Anlaß dafür sind, daß Ambrosius die zunächst geplante Reise nach Gallien nun doch nicht unternahm. Ambrosius erwähnt ausdrücklich, daß nicht er allein beschloß, in Italien zu bleiben, sondern daß die Beamten und Würdenträger, die ihn als Gesandten zu Valentinian schicken wollten, nun selbst die Reise nicht für nötig hielten.[44]

Daraufhin habe Ambrosius in Mailand die Ankunft Valentinians erwartet. Nach seiner Darstellung habe er damals ein Schuldgefühl gehegt, daß er nun doch nicht bei Valentinian sein sollte. Bei genauem Hinsehen steht dieses angeblich damals schon gehegte Schuldgefühl in einem nicht aufzulösenden Widerspruch damit, daß Ambrosius gleichzeitig mitteilt, er habe nichts von irgendeiner Gefährdung Valentinians gewußt. Der zusätzliche Hinweis, daß Ambrosius sowieso keine eigenen Pferde für die Reise gehabt hätte, hat ebenfalls eine apologetische Tendenz, die sich nicht mit der Darstellung verträgt, daß seine zunächst geplante Gesandtschaft nach Gallien dann doch in den Augen aller unnötig geworden sei.[45] Der Bericht verrät hier das Bemühen, die Tatsache zu entschuldigen, daß Ambrosius nicht früh und konsequent die Reise zu Valentinian angetreten hat.

Gemäß der Erzählung traf dann ein Brief Valentinians ein, in dem er Ambrosius dringend gebeten habe, unverzüglich nach Gallien aufzubrechen, damit er in Glaubensangelegenheiten Unterstützung gegen seinen Heerführer habe und die Taufe von Ambrosius empfange.

Ambrosius erwähnt an dieser Stelle das erste Mal Arbogast, nennt aber nicht seinen Namen, sondern bezeichnet ihn einfach als „comes". Es wird nicht deutlich, welcher Art die Auseinandersetzung zwischen dem Heermeister und dem Kaiser gewesen war. Auch die Bedeutung der Taufe Valentinians in diesem Zusammenhang bleibt unklar.[46] Ambrosius legt großen Wert darauf, daß er unverzüglich aufgebrochen sei.[47]

---

44   Obit. Val., 24, 7–8 (CSEL 73, 342): „Quibus rebus ab ipsis, a quibus fuerat postulata, intermissa legatio est."

45   Obit. Val., 25, 1–6 (CSEL 73, 342): „Reus mihi videbar speratae meae praesentiae nec inpletae: sed utinam viventi tibi hunc deberem reatum! Excusarem, quod nulla tua audissem pericula, nullas tuas accepissem litteras, quod non potuissem propriis animalibus occurrere, etiamsi iter ingressus essem."

46   Ambrosius hatte zu Eingang seines Berichtes schon erwähnt, daß Valentinian oft den Wunsch geäußert habe, von ihm getauft zu werden. Darauf, daß Valentinian gestorben war, ohne von Menschenhand das Sakrament der Taufe empfangen zu haben, geht Ambrosius in anderem Zusammenhang ausführlich ein; er versichert dort zum Zwecke des Trostes, daß der Verstorbene trotzdem die Seligkeit gewinnen könne. Dabei berührt er den hier interessierenden Zusammenhang seiner verspäteten Reise und den Streit mit Arbogast aber nicht. Vgl. oben S. 48–49.

47   Obit. Val., 25, 7–10 (CSEL 73, 342): „.... Ecce rescriptum accipio, ut sine mora pergendum putarem, eo quod vadem fidei tuae habere me apud comitem tuum velles. Num restiti? Num moratus sum? Additur eo ut properarem ocius, ..." Die wiederholte Frage „Num restiti? Num moratus sum?" zeigt, daß Ambrosius sein schnelles Handeln betonen will. Genauso wirkt die Tautologie „ocius properare".

In der Rückschau erzählt er des weiteren, daß er, als er Mailand verließ, hätte wissen können, was dann schon geschehen war – aber er war so überstürzt aufgebrochen.[48] So erfuhr er erst, als er die Alpen überquert hatte, vom Tod des Kaisers. Ambrosius sagt wiederum nichts dazu, auf welche Weise Valentinian ums Leben gekommen ist.

In den folgenden Klagerufen bricht die zusammenhängende Erzählung ab, aber es folgen noch einige Hinweise auf die Ereignisse. Ambrosius will erfahren haben, daß Valentinian in den Tagen unmittelbar vor seinem Tod sehr große Schwierigkeiten gehabt habe und die allergrößten Hoffnungen in seine Ankunft gesetzt hatte. Hätte er nur Valentinian lebend angetroffen! Er hätte alles getan, Eintracht zwischen ihm und Arbogast herzustellen. Obwohl Ambrosius dies nicht ausdrücklich formuliert und er Arbogast wiederum nur als „comes" bezeichnet, verbergen seine Ausrufe hier kaum, daß irgendeine Verbindung zwischen Valentinians Streit mit Arbogast und seinem Tod besteht.

Auch wenn er schließlich versichert, daß er Valentinian beigestanden hätte, falls sein „comes" – die dritte und für den Rest der Rede letzte Erwähnung Arbogasts – sich unbeugsam gezeigt hätte, liegt dieser Gedanke nahe. Über die Auseinandersetzungen läßt sich aus der Darstellung des Bischofs noch erschließen, daß es um Glaubensfragen ging. Ambrosius macht dazu aber keine deutlichen Bemerkungen.[49] Seine Formulierungen unterstreichen wiederum den Einsatz, den er für Valentinian zu leisten gewillt war.[50]

Diese Tendenz der Darstellung wird dadurch verstärkt, daß Ambrosius einige Sätze anschließt, die an die Dienste erinnern, die er dem Kaiser in der Vergangenheit geleistet hatte; er ruft in das Gedächtnis der Zuhörer, daß er nach der Usurpation des Maximus als Gesandter für das Kind Valentinian den Frieden gesichert habe und in einer zweiten Gesandtschaft für ihn den Leichnam Gratians von dem Usurpator eingefordert habe.[51] Auch in diesen kurzen Bemerkungen stellt Ambrosius seine tatkräftige Loyalität deutlich in den Vordergrund.[52]

---

48 Obit. Val., 26, 1–2 (CSEL 73, 342): „In ipso egressu gestarum iam rerum indicia potui cognoscere, sed properandi studio nihil advertere poteram." Die Tendenz von „properandi studium" liegt auf der Hand.

49 Obit. Val., 27, 4–7 (CSEL 73, 343): „... quanta ego cura inter te et comitem, quanta sedulitate concordiam et gratiam refudissem! Qua me ipsum pro tua obtulissem fide, quam in me ipsum eos recepissem, quibus ille se timere dicebat." Warum mußte Ambrosius sich für Valentinians Glauben einsetzen – wenn denn „fides" hier „Glauben" heißt. Wen fürchtete Arbogast in diesem Zusammenhang? Was heißt es, wenn Ambrosius diese von Arbogast gefürchteten Feinde auf sich nehmen wollte? Der Zusammenhang bleibt unklar. Kelly vermerkt in seinem Kommentar: „Ambrose is vague here."

50 Obit. Val., 27, 1–9 (CSEL 73, 343), vgl. die anaphorische Reihung: „Quanta ego cura ... quanta sedulitate concordiam et gratiam refudissem, qua me ipsum ... obtulissem, quam in me ipsum ... recepissem!"

51 Vgl. zu den Gesandtschaften des Ambrosius v. Campenhausen, S. 161–66.

52 Obit. Val., 28, 9–14 (CSEL 73, 343): „Ego te suscepi parvulum, cum legatus ad hostem tuum pergeram, ego maternis traditum manibus amplexus sum, ego tuus iterum legatus repetivi Gallias, et mihi dulce illud officium fuit pro salute tua primo, deinde pro pace atque pietate, qua fraternas reliquias postulabas, nondum pro te securus et iam pro fraternae sepulturae honore sollicitus." Die dreifache, anaphorische, unverbundene Stellung des an sich unnötigen ego ist

Ambrosius greift in dem hier referierten Bericht über sein Handeln Vorwürfe gegen sich selbst auf; so wie er es darstellt, hätte man seine Abwesenheit dafür verantwortlich gemacht, daß Valentinian den Tod gefunden habe. „Omnes quanti me feceris, protestantur, omnes absentiam meam causam tuae mortis adpellant."[53] Seine explizite Erwiderung, daß er nicht wie ein Prophet die Zukunft habe voraussehen können[54], ist nur ein Teil seiner Verteidigung. In stärkerem Maße trägt die durchgängige Tendenz seiner Darstellung der Ereignisse vor dem Tod Valentinians, die vor allem sein eigenes Handeln zum Gegenstand hat und seine Loyalität zu Valentinian deutlich hervorhebt, zu seiner Apologie bei.

Zur Klärung der Frage nach den tatsächlichen Umständen des Todes bietet der Bericht nur wenige Anhaltspunkte. Ambrosius läßt hier, mitten in seiner Rede, anders als direkt am Anfang zumindest erkennen, daß Auseinandersetzungen zwischen dem Kaiser und seinem Heerführer dabei eine Rolle gespielt haben; aber im Vergleich zur markanten Vorgabe vom Anfang der Rede, daß Valentinians edle Herrschergesinnung die Ursache für seinen Tod sei, macht er hier keine auch nur annähernd klare Aussage zu den Umständen des Todes. Ziel seiner Darstellung ist es vor allem, seine Bereitschaft, sich für Valentinian einzusetzen, ins rechte Licht zu rücken.

In der Rede finden sich in einzelnen Passagen weitere Anspielungen auf die Todesumstände Valentinians. Eine unverhohlene Aussage dazu macht Ambrosius nirgends: Nachdem er im Bericht über sein eigenes Handeln hat deutlich werden lassen, daß Valentinian vor seinem Tod Streit mit seinem Heerführer hatte, referiert er nach erneuten Klagerufen eine Predigt, die er am selben Tag vor seiner Gemeinde gehalten hat.[55]

Ambrosius stellt nur eine lockere Verbindung der Predigt zum Anlaß seiner Rede her, indem er das Thema der nicht vollzogenen Taufe anklingen läßt;[56] darüber hinaus ist zunächst kein Bezug dieser Predigt zum Thema der Rede zu erkennen: Ambrosius hatte allgemein über das reiche Volk der Juden, das arme Volk der Christen und über Christus gepredigt, der arm in die Welt gekommen sei.[57] Ambrosius läßt Christus Worte des 108. Psalmes sprechen, nach denen er sich vor seinen Feinden durch Gebete geschützt habe; auch Valentinian habe als Nachahmer Christi gebetet.[58]

---

sprachlich auffällig. Zum Inhalt der kurzen Aufzählung darf hier zumindest ergänzend registriert werden, daß Ambrosius nur Ereignisse nennen kann, die nach den sehr heftigen Auseinandersetzungen mit dem Hof Valentinians, vor allem mit dessen Mutter Iustina, um die Nutzung der Mailänder Kirchen liegen. Vgl. für Hinweise auf die Literatur unten S. 176, Anm. 106.

53 Obit. Val., 28, 3 (CSEL 73, 342).
54 Obit. Val., 28, 5–6, (CSEL 73, 341): „Sed non sum Helias, non sum propheta, ut potuerim futura cognoscere."
55 Obit. Val., 29, 8–30, 3 (CSEL 73, 344). Vgl. oben S. 138, Anm. 75.
56 Ebd.
57 Obit. Val., 30, 2–32, 8 (CSEL 73, 344–45).
58 Obit. Val., 32, 8–12, (CSEL 73, 345) = *Ps. 108, 1–4.

In diesem Zusammenhang lenkt Ambrosius die Aufmerksamkeit auf den Tod des Herrschers: Er hält sich selbst einen wenig gottergebenen Einwand vor: Was haben dem Kaiser seine Gebete genützt; er ist trotzdem allzu jung gestorben! Ambrosius erinnert dazu auch noch an die Art seines Todes, indem er zwar erklärt, nur über den frühen Tod, nicht über dessen eigentlichen Umstände sprechen zu wollen, und nicht als Ankläger aufzutreten beabsichtige; gerade dadurch läßt er aber auch durchblicken, daß ein Grund zur Anklage besteht.

Auch seine Antwort auf den vorher selbst formulierten Einwand, daß ja sogar Christus seinen Gebeten zum Trotz gekreuzigt wurde, enthält eine Andeutung darauf, daß Valentinian nicht einfach gestorben ist, sondern auf gewaltsame Weise den Tod fand.[59]

Aber auch wenn Ambrosius in dieser Passage so deutlich wie sonst nirgends in der Leichenrede die Zuhörer daran erinnert, daß Valentinian unter außergewöhnlichen Umständen zu Tode gekommen ist, die Anlaß nicht nur zur Klage, sondern auch zur Anklage geben konnten, bleiben seine Aussagen zum Tod des Kaisers und zur Frage der Verantwortlichkeit unklar.[60]

Ambrosius macht außer an den drei bisher besprochenen Stellen der Rede – an ihrem Anfang, im Bericht über sein eigenes Handeln und in der referierten Predigt – noch unmittelbar vor dem die Rede beschließenden Gebet an exponierter Stelle erneut Bemerkungen zum Ende Valentinians.

Wie in einer peroratio beklagt Ambrosius Valentinian nun zusammen mit dessen Halbbruder Gratian. Im Jahr 383 hatten britannische Truppen ihren Befehlshaber Maximus zum Kaiser erhoben.[61] Nachdem dieser sich Galliens bemächtigt hatte, wurde Gratian, der Kaiser des Westens, der Gallien beherrscht hatte, ermordet. Ambrosius macht Maximus, der inzwischen von Theodosius bekämpft und besiegt worden war, in der Leichenrede für Valentinian als tyrannischen Usurpator für den Mord an Gratian verantwortlich.[62]

---

59 Obit. Val., 32, 12–33, 4 (CSEL 73, 345): „Bonum scutum oratio, quo omnia adversarii ignita spicula repelluntur. Orabat ergo dominus Iesus, et eius imitator Valentinianus orabat. Sed forte dicatur: ,Quid ei sua profuit oratio? Ecce in primo vitae occidit cursu.' – De celeritate mortis, non de genere loquor; non enim accusationis voce utor, sed doloris. – Sed etiam dominus orabat et crucifixus est."

60 Ambrosius redet danach wieder allgemein über christliche Liebe zu den eigenen Feinden und die Bereitschaft, ihnen zu verzeihen. (Obit. Val., 33, 4–34, 14 (CSEL 73, 346–47)). Diese Themen lassen sich nur allgemein mit der Situation Valentinians in Verbindung bringen – deshalb finden sie sich in der Leichenrede für den verstorbenen Kaiser; die Worte des Ambrosius sind nicht als Aussagen über Valentinian oder Anspielungen auf seinen Tod zu verstehen. (Anders Duval, vgl. S. 101, Anm. 259.) Denn Ambrosius redet entweder über allgemeine christliche Gebote oder über das Vorbild Christi selbst. Er bezieht sich nur an einer Stelle deutlich erkennbar auf Valentinian, vgl. obit. Val., 33, 5–6 (CSEL 73, 346): „Audiamus ergo, quid oret Christi discipulus. Utique quod magister docuit. ..."

61 Vgl. zu den Ereignissen die antiken Berichte z. Bsp. bei Socr., H.E., 5, 11; 14; Soz., H.E., 7, 13–14; Theod., H.E., 5, 12; Rufin., H.E., 11, 14; Zos., 4, 35; 37; 42–47; Oros., 7, 34, 9–10. Ambrosius kommentiert im Rahmen der Erklärung des 61. Psalmes (in ps. 61, 17–27 (CSEL 64, 388–94)) die Ermordung Gratians, vgl. dazu oben S. 146, Anm. 107. Moderne Darstellungen nach diesen verschiedenen Berichten etwa bei Seeck, S. 165–68; Dudden, S. 417–21; Kelly, S. 21–22; Demandt, S. 129 und Anm. 16; S. 132 und Anm. 26.

62 Wir haben von Ambrosius, dessen Aussagen wiederum zu den detailliertesten Quellen für die

Es ist zunächst ins Auge zu fassen, daß Ambrosius nicht nur am Schluß, sondern auch vorher in der Rede das Schicksal der Brüder Gratian und Valentinian II. an mehreren Stellen parallelisiert.

Ambrosius hatte in die Klage um Valentinian dessen älteren Bruder einbezogen, so etwa wenn er die Kirche um den Verlust des frommen Kaisers Valentinian trauern ließ: Die Kirche sei durch den Tod Gratians auf die eine Wange geschlagen worden und habe auch die andere hingehalten, als ihr Valentinian entrissen wurde.[63]

Auch in einem anderen Zusammenhang, wenn Ambrosius sich tröstend vor allem an die Schwestern Valentinians wendet[64], kommt er, was naheliegend ist, auch auf den älteren Bruder Gratian zu sprechen. Nun ist es nicht mehr die Kirche, sondern Ambrosius selbst, der schmerzlich den Verlust Gratians und Valentinians empfindet; mit einem krassen Bild beschreibt er Gratian und Valentinian als seine beiden Augen, die ihm ausgestochen worden seien. Das suggeriert eine intime Nähe zwischen Ambrosius einerseits und Gratian und Valentinian andererseits.[65]

Ambrosius führt dieses Motiv der Liebe der beiden Kaiser zu ihm, dem Bischof, weiter aus: In einer überspitzten Paradoxie preist er die Herrscher, die ihn hassen, glücklich, während die, die ihn geliebt haben, dadurch nur ihren Untergang gefunden hätten.

Ereignisse gehören, ausschließlich solche Äußerungen zur Herrschaft des Maximus, die er nach dem Bruch mit ihm verfaßt bzw. für die Veröffentlichung bestimmt hat: Ambr., ep. 30 (Maur. 24) (CSEL 82.1, 207–215), von Ambrosius im Rahmen seiner Briefsammlung selbst nach 392 veröffentlicht (vgl. M. Zelzer, wie oben S. 151, Anm. 3.); Ambr., in Ps. 61, 17–27 (CSEL 64, 388–394) nach Dudden S. 690f wahrscheinlich Frühjahr 387). Wenn Ambrosius in seiner Rede für Valentinian Gratian wiederholt als Opfer des Maximus darstellt, unterschlägt er, daß Maximus zunächst von den anderen Kaisern unangefochten in Gallien geherrscht hatte, er selbst sich mit ihm als Gesandter Valentinians arrangiert hatte (vgl. Ambr., ep. 30 (Maur. 24) (CSEL 82.1, 207–215)) und vielleicht im Kirchenstreit in ihm Unterstützung gegen die Arianer fand. Nach Theodoret (H.E., 5, 14.) hat Maximus im Streit um die Nutzung der Mailänder Kirchen für Ambrosius und gegen den Hof Valentinians Partei bezogen. (Vgl. Demandt, S. 131. Seeck, 5, S. 207 sieht in Ambr., ep. 75 (Maur. 21), 14 (CSEL 82.3, 79) eine Anspielung auf Maximus, so daß also Ambrosius im Kirchenstreit den arianischen Hof Valentinians durch den Hinweis auf die Orthodoxie des Usurpators unter Druck gesetzt hätte; v. Campenhausen S. 217ff geht nicht darauf ein, ob Ambrosius sich in der Auseinandersetzung mit Valentinian die Haltung des Maximus zunutze gemacht hätte.) Es muß darauf verzichtet werden, im einzelnen zu betrachten, wie Ambrosius sein Verhältnis zu Maximus und den Mord an Gratian in unterschiedlichen Situationen bewertet oder für ein Publikum dargestellt hat; in der Rede für Valentinian – und auch in der für Theodosius (vgl. obit. Theod., 39 (CSEL 73, 391–92)) – erscheint Maximus eindeutig als Tyrann.

63   Obit. Val., 6, 1–6 (CSEL 73, 332): „Flet igitur ecclesia pignus suum, ‚et lacrimae eius in maxillis eius.' (Thren., 1, 2) Quid sit maxilla, audi: ‚Qui te percusserit in maxillam, praebe ei et alteram (*Luc., 6, 29; cf. Thren., 3. 30)' eo quod in dolore sit patiens, ut paeniteat verberantem. Percussa eras ecclesia, in maxilla tua, cum amitteres Gratianum, praebuisti et alteram, quando tibi Valentinianus ereptus est."

64   Das Verhältnis zu den Schwestern steht seit obit. Val., 36, 1–3 (CSEL 73, 347) im Vordergrund: Die Schwestern werden mehrfach angeredet, vgl. S. 45, Anm. 122.

65   Obit. Val., 39, 8–10 (CSEL 73, 349), zu den Schwestern Valentinians: „Illum intueor in vobis, illum teneo, illum puto mihi esse praesentem, immo utrumque germanum, quos velut oculos mihi effossos arbitror."

Ambrosius nennt nur Maximus, der für den Tod Gratians verantwortlich war, ausdrücklich mit Namen, nicht aber Arbogast; die Formulierung des Ambrosius bleibt – mit allem Pathos einer scheinbar verzweifelten und verbitterten Selbstbezichtigung – undeutlich.[66] Was sich den Zuhörern unmittelbar und unmißverständlich mitteilt, ist wiederum, daß Gratian und Valentinian Ambrosius geliebt hätten und daß Ambrosius sogar bereit gewesen wäre, anstelle der beiden, die er als seine Söhne anredet, in den Tod zu gehen.[67]

Der Schluß der Rede für Valentinian erinnert nun auf ähnliche Weise an das Schicksal beider Kaiser, nicht allein Valentinians, und an das von Ambrosius immer wieder beschworene enge Verhältnis der Kaiser zu ihm selbst:

Ambrosius hatte, in der Art einer Predigt von Schriftworten ausgehend, Verse des Hohenliedes zunächst nur auf Valentinian, dann nach Vorgabe des Gesprächs der „Geschwister" im Hohenlied auf Gratian und Valentinian bezogen.[68] Im Paragraph 78 gelobt Ambrosius nach Versen Vergils auf Nisus und Euryalus und Worten des 136. Psalmes, das Andenken der beiden Kaiser ewig zu bewahren.[69] Als ein weiteres, wieder biblisches, Motiv, das sich mit der Situation Gratians und Valentinians parallelisieren läßt, greift er in den letzten Paragraphen der Rede unmittelbar vor dem abschließenden Gebet nun einzelne Verse aus dem Klagelied Davids um Saul und Jonathan auf.[70]

Es ist die übliche Praxis des Ambrosius, wie in einer Predigt auf Lesungs- oder Schrifttexte Bezug zu nehmen und diese für die Situation seiner Rede zu interpretieren: Wie die beiden biblischen Helden im Leben und im Tod nicht getrennt waren[71], so seien auch die beiden Kaiser unzertrennlich gewesen und hätten das gleiche Schicksal des Todes erlitten. Die Nähe der beiden im Tod findet ihren Ausdruck darin, daß beide in Gallien den Tod fanden, daß beide nebeneinander in

---

66   obit. Val. 39, 11–13 (CSEL 73, 349): „Felicius episcopos persequuntur imperatores quam diligunt. Quanto mihi beatius Maximus minabatur. In illius odio laus erat, in horum amore supplicii feralis hereditas." Ambrosius' undeutliche Anspielungen sind schwierig zu verstehen; vgl. zur Interpretation oben S. 159, Anm. 24 am Ende.

67   Obit. Val., 39, 13–16 (CSEL 73, 349): „Utinam, filii pro vobis licuisset hunc spiritum fundere! Conpendium doloris inveneram et gloriosius mihi fuerat pro tantis obire pignoribus."

68   Ab obit Val., 71 (CSEL 73, 362) zu *Cant., 7, 10: „Ego fratri meo, et super me conversio eius" etc., vgl. oben S. 140–41. Ambrosius betont vor allem die Frömmigkeit, die bei beiden gleich groß gewesen sei, und daß sie nun gemeinsam das ewige Leben genießen.

69   Obit. Val., 78 (CSEL 73, 365): „ ,Beati ambo', ,si quid' meae orationes ,valebunt'; ,nulla dies' (cf. Verg., Aen., 9, 446–47) vos silentio praeteribit, nulla inhonoratos vos mea transibit oratio, ... Quis prohibebit innoxios nominare, quis vetabit commendationis prosecutione complecti? ,Si oblitus fuero te, sancta Hierusalem', hoc est sancta anima, pia et pacifica germanitas, ,obliviscatur me dextera mea, ...' (cf. *Ps. 136, 5–6)" Enthalten die rhetorischen Fragen eine Anspielung auf den Tod der beiden, als ob Ambrosius sagen wollte: „Sie haben zwar durch Usurpatoren gewaltsam den Tod gefunden, aber die Tyrannen können uns nicht daran hindern, ihr Andenken zu bewahren." ?

70   Obit. Val., 79–79 b (CSEL 73, 366–67), vgl. 2 Reg., 1, 19–27 (Sept.).

71   2 Reg 1, 23 (Sept.): „Σαοὺλ καὶ Ιωναθάν, οἱ ἠγαπημένοι καὶ ὡραῖοι, οὐ διακεχωρισμένοι, εὐπρεπεῖς ἐν τῇ ζωῇ αὐτῶν οὐ διεχωρίσθησαν."

Mailand begraben werden[72] und schließlich in ihrer Frömmigkeit und der gleichen Ursache für ihren Tod: „... non causa mortis separavit, quos pietas una iungebat."[73]

Gratian war als Opfer eines Usurpators gestorben; die Parallelisisrung der Schicksale beider Kaiser läßt ahnen, was Ambrosius über den Tod Valentinians dachte. Ambrosius legt sich aber nicht auf eine deutliche Aussage über die Verantwortlichen fest.

Stattdessen redet er über Gratian und Valentinian; er stellt die Brüder bewußt als sanft, arglos und unschuldig dar, und betont, daß sie ohne zu kämpfen ihren Tod fanden; die Tatsache, daß er ganz gezielt Motive des biblischen Textes in ihr Gegenteil verkehrt, läßt deutlich diese Absicht erkennen: Gratian und Valentinian erscheinen nicht wie die biblischen Helden Saul und Jonathan schneller als Adler und stärker als Löwen, sondern argloser als Tauben, geschwinder als Adler, sanfter als Lämmer und unschuldiger als Kälber; sie fielen nicht wie die biblischen Helden inmitten des Krieges, sondern kampflos.[74] Ambrosius stellt Unschuld und Sanftmut der Verstorbenen in den Vordergrund; es ist nicht mit endgültiger Sicherheit festzustellen, ob er dadurch Zuhörer oder Leser wissen lassen wollte, daß die beiden Kaiser in seinen Augen unschuldige Opfer von Verbrechen geworden seien.

Deutlich wird aber wiederum, daß Ambrosius auch am Ende der Rede seine väterliche Nähe zu den beiden Kaisern in den Vordergrund stellen will: Indem er die biblische Formulierung variiert, klagt er – wie David um seine „Brüder" – um seine „Söhne" Gratian und Valentinian.[75]

Wie in der Darstellung von Ambrosius' eigenem Handeln Valentinian alle Hoffnung in dessen Ankunft gesetzt hatte, so heißt es nun auch von Gratian, daß er in Gefahren und in seiner Todesstunde die Nähe zu Ambrosius gesucht habe;[76] parallel zu diesen – unerwartet in der Leichenrede für Valentinian erwähnten – Hilfegesuchen Gratians rückt Ambrosius dann auch noch einmal das Ende Valentinians und, mit außergewöhnlich emotionalen Formulierungen, dessen Bit-

---

72 Obit. Val., 79, 5–6: „... quam angusto vitam fine clausistis , quam proxima vobis mortis fuere confinia, quam sepulcra vicina!", 79, 9–12: „... inseparabiles in vita et in morte non estis separati. Non vos discrevit tumulus, quos non discernebat adfectus, non causa mortis separavit, quos pietas una iungebat." (CSEL 73, 366).

73 Ebd.

74 Vgl. 2 Reg., 1, 23; 1, 25: „ὑπὲρ ἀετοὺς κοῦφοι καὶ ὑπὲρ λέοντας ἐκραταιώθησαν." (Vulg.: aquilis velociores, leonibus fortiores); „πῶς ἔπεσαν δυνατοὶ ἐν μέσῳ τοῦ πολέμου" (Vulg.: in proelio) mit obit. Val., 79, 12–17 (CSEL 73, 366): „Non virtutum distantia dispares fecit super columbas simpliciores, super aquilas leviores, super agnos clementiores, super vitulos innocentiores. ... Quomodo sine pugna ceciderunt potentes!" Es kann ausgeschlossen werden, daß die den Sinn der Schriftworte ins Gegenteil verkehrenden Änderungen auf unterschiedlichen Bibelübersetzungen beruhen.

75 Obit. Val., 79 b, 1–5 (CSEL 73, 367): „Doleo in te, fili Gratiane, suavis mihi valde. ... Doleo etiam in te fili Valentiniane, speciosus mihi valde." Vgl. 2 Reg., 1, 26: „ἀλγῶ ἐπὶ σοί, ἄδελφέ μου Ιωναθαν, ὡραιώθης μοι σφόδρα, ..." (Vulg.: „doleo super te, frater mi Ionathan, decore nimis ...")

76 Obit. Val., 79b, 2–4 (CSEL 73, 366–67): „Tu me inter tua pericula requirebas, tu in tuis extremis me adpellabas, meum de te plus dolebas dolorem." Das gebräuchliche Motiv, daß der Verstorbene mit seinen letzten Worten noch Ambrosius habe sprechen wollen, verwertet Ambrosius häufig. Vgl. unten S. 184, Anm. 144.

ten an Ambrosius, ihm beizustehen, ins Blickfeld der Zuhörer. Valentinian habe Ambrosius nicht nur wie einen Vater geliebt, sondern wie auf einen Erlöser und Befreier auf ihn gehofft.[77]

Der vierfache Ausruf des Ambrosius – „Ei mihi ... !" – bringt am Ende der Rede pathetisch seinen Schmerz darüber zum Ausdruck, daß er Valentinian nicht beistehen konnte, läßt die Zuhörer aber auch deutlich wissen, daß dies nur daran gelegen habe, daß Ambrosius nicht früh genug erfahren habe, was Valentinian wollte. Hätte er doch nur früher heimlich eine Botschaft an den Bischof geschickt![78] Vor dem abschließenden Gebet beschwört Ambrosius in seiner peroratio so noch einmal mit viel Pathos und starken Formulierungen die Nähe zwischen ihm selbst und Valentinian. Und auch im Gebet zu Gott[79] stellt sich Ambrosius seinen Zuhörern und Lesern als engen Freund und Vertrauten der verstorbenen Herrscher dar.[80]

V. 1. b. Zum Verhältnis Valentinians zur Kirche

Bei der Besprechung der Passagen, in denen Ambrosius in irgendeiner Weise zum Tod Valentinians Stellung bezieht, hat sich gezeigt, daß er den jungen Kaiser und darüber hinaus auch dessen älteren Bruder Gratian als seine ihm besonders nahestehenden Schützlinge darstellt. Er läßt außerdem Gratian und vor allem auch Valentinian in verschiedenen Passagen der Rede allgemein als besondere Freunde der Kirche und für den christlichen Glauben streitende Kaiser auftreten:

Ein typisches Beispiel dafür, wie Ambrosius nach der Methode der Exegese von Schrifttexten, die vielfältige Deutungsmöglichkeiten eröffnet, seine Redeabsicht zu verfolgen weiß, findet sich, nachdem er am Anfang der Rede die Opferbereitschaft Valentinians für das imperium Romanum geschildert hat. Er läßt zunächst Italien Worte aus den Klageliedern Jeremias sprechen. Mit dem Verweis,

---

77 Ambrosius sagt wiederum nicht explizit, daß er auf die Ereignisse vor dem Tod Valentinians anspielt; kein Feind Valentinians wird in verklausulierter Form oder gar mit Namen genannt. Der Gegenstand der Hoffnungen des Kaisers wird nicht ganz deutlich. Die Formulierung, daß er in dem Bischof auf den Herrn gehofft habe, scheint wieder darauf hinzuweisen, daß es um seine Taufe ging.

78 Obit. Val., 79 b, 5–14, (CSEL 73, 367): „Ceciderat amor tuus in me sicut amor pignoris. Tu per me putabas eripi te periculis, tu me non solum ut parentem diligebas, sed ut redemptorem tui et liberatorem sperabas. Tu dicebas: ‚Putasne videbo patrem meum?' Speciosa de me voluntas tua sed non efficax praesumptio. Ei mihi vana spes in homine! Sed tu in sacerdote dominum requirebas. Ei mihi quod voluntatem tuam non ante cognovi. Ei mihi quod non clanculo ante misisti! Ei mihi, qualia amisi pignora! ‚Quomodo ceciderunt potentes et perierunt arma' (*2 Reg., 1, 27) concupiscenda."

79 Obit. Val., 80, 1–8 (CSEL 73, 367). Die Leichenrede mit einem Gebet abzuschließen entspricht der üblichen Praxis, vgl. etwa exc. Sat., 1, 80 (CSEL 73, 250–51). Rozynski, S. 65–66, verweist auf den Schluß der Reden Gregors von Nyssa auf Flacilla, Gregors von Nazianz auf Caesarius, Gorgonia und Basilius. Die Leichenrede so zu beschließen entspricht christlicher Überzeugung; das abschließende Gebet hat aber auch seine Entsprechung in heidnischer Praxis: Rozynski verweist ebd. u. a. auf die Vorschläge bei Men. Rhet., 421, 32; 422, 1–4; 414, 25ff.

80 Obit. Val., 80, 1–5 (CSEL 73, 367): „Domine, quia nemo habet, quod alii plus deferat quam quod sibi optat, non me ab illis post mortem separes, quos in hac vita carissimos sensi. Domine, peto, ‚ut ubi ego' fuero, ‚et illi sint mecum,' (cf. Ioh., 17, 24) vel illic eorum perpetua copula fruar, quia hic uti eorum diuturniore coniunctione non potui."

daß in der Heiligen Schrift „Jerusalem" diese Worte spreche, und daß die Kirche das Jerusalem der Christen sei[81], findet er dann einen Übergang, die Klagen der Kirche um Valentinian breit darzustellen.[82] Die Kirche trauert um Valentinian und um Gratian, weil die Kaiser sie nach Ambrosius' Darstellung aufgrund ihres ergebenen Glaubens gefördert hatten.[83]

Valentinian erscheint aber nicht nur als Förderer, sondern auch als anbefohlener Schützling der Kirche. Ambrosius läßt die Kirche zu Valentinian Verse aus dem Hohenlied sprechen, mit denen die Freundin den Freund in das Haus ihrer Mutter einlädt.[84] Auch dieser exegetische Einfall des Ambrosius nutzt nicht nur das poetische Kolorit der Verse aus dem Hohenlied, um ein stimmungsvolles Bild zu entwerfen, wie die Kirche die Seele Valentinians aufnimmt; durch dieses Bild wird auch wieder suggestiv Valentinian als frommer Kaiser und besonderer Freund der Kirche dargestellt. Ambrosius führt dafür allerdings in den besprochenen Paragraphen keine konkreten Beispiele an.

Die Absicht, Valentinian als Freund der Kirche darzustellen, zeigt sich auch, wenn Ambrosius in der Rede wiederholt ein einziges konkretes Beispiel bemüht, dies zu illustrieren. Im Verlauf der Rede schildert Ambrosius in lockerer Anlehnung an übliche Formen des Totenlobs einzelne Vorzüge des Kaisers, darunter auch seine „pietas".[85] Als Beispiel für sie erzählt er eine Episode, wie Valentinian heidnischen Gesuchen zur Wiederherstellung alter Privilegien für die stadtrömischen Priesterschaften der alten Religion widerstanden habe.[86]

---

81 Ambrosius macht sich hier eine übliche Allegorie zu nutze, die bei Origenes und anderen Autoren häufig zu belegen ist. Vgl. „Hierusalem", in: Hieronymus Lauretus, Silva Allegoriarum totius Sacrae Scripturae, Sp. 516–17, München, 1971 (= Köln, [10]*1681*, zuerst Barcelona, *1570*).

82 Obit. Val., 4, 10–5, 4 (CSEL 73, 331): „Unde prophetici threni mihi utendum exordio videtur: Quomodo maeret Italia, quae abundabat gaudiis? ‚Plorans ploravit in nocte, et lacrimae eius in maxillis eius, nec est, qui eam consoletur ab omnibus, qui diligunt eam. Omnes qui amant illam, despexerunt eam. Omnis populus eius ingemescentes.' (*Thren., 1, 2) Et quia de Hierusalem dictum est, ‚ploravit' et nostra Hierusalem, id est ecclesia, et ‚ploravit in nocte', quoniam, qui eam splendidiorem fide sua et devotione faciebat, occubuit."

83 Obit. Val., 5, 3–4 (CSEL 73, 331): „..., quoniam, qui eam splendidiorem fide sua et devotione faciebat, occubuit." Gratian und Valentinian erscheinen wie die beiden Wangen, die die Kirche den Schlägen ihrer Feinde bietet (vgl. Luc., 6, 29; und Thren., 3, 30). Das Stichwort der „Wange", das diese Assoziation ermöglicht, ergibt sich aus den Worten der Klagelieder Jeremias, von denen Ambrosius ausgegangen war (obit. Val., 6, 1–2 (vgl. S. 135, Anm. 63)), obit. Val., 6, 4–6 (CSEL 73, 332): „Percussa eras, ecclesia, in maxilla tua, cum amitteres Gratianum, praebuisti et alteram, quando tibi Valentinianus ereptus est."; 6, 14–17 (CSEL 73, 333): „In obitu igitur fidelium imperatorum quidam fidei pudor, quaedam ecclesiae verecundia est, et in tam inmatura morte piorum principum omnis ecclesiae maestior pulchritudo est."

84 Obit. Val., 8, 4–7 (CSEL 73, 334): „Et intra se quidem indignatur (sc. ecclesia), ad Valentinianum autem dicit: ‚Adsumam te in domum matris meae et in secretum eius, quae concepit me. Potum tibi dabo a vino operosi unguenti' (*Cant., 8, 2) ..."; die Deutung der Braut des Hohenlieds als „ecclesia" findet sich häufig, vgl. v. a. zu Ambrosius, P.–Th. Camelot, OP, Zum Kirchenbewußtsein der lateinischen Väter, in: Sentire ecclesiam, für H. Rahner, edd. J. Daniélou, H. Vorgrimler, Freiburg, 1961, S. 134–51.

85 Für die formale Anlehnung an Formen des Personenlobs vgl. oben S. 92, Anm. 202.

86 Obit. Val., 19–20 (CSEL 73, 339–40). Es ist wiederum vor allem Ambrosius selbst, der die

Valentininian I., der Vater Valentinians II., hatte, obwohl er selbst wohl ein über-
zeugter Christ war, gegenüber allen religiösen Gruppen, sowohl der Christen wie
der Heiden, eine tolerante Politik betrieben.[87] Unter seinem Sohn Gratian wurden
im Jahr 382 gegen den erfolglosen Widerstand römischer Senatoren die Privilegien
der römischen Priesterschaften und die staatliche Unterhaltung der althergebrachten
Zeremonien und Opfer abgeschafft. Gleichzeitig wurde der Altar der Victoria aus
der Kurie des römischen Senats entfernt, was schon vorher unter Constantius
geschehen, vermutlich unter Julian aber wieder rückgängig gemacht worden war.[88]
Nach dem Tod Gratians wandte sich der römische Senat unter der Führung des
praefectus urbi Quintus Aurelius Symmachus an den jugendlichen Valentinian II.
mit der Forderung, die Entscheidungen seines Bruders Gratian rückgängig zu
machen.

Ambrosius selbst hat die Ereignisse durch Veröffentlichung seiner Briefe dokumentiert; darin interpretiert er sein eigenes Handeln und das des Kaisers folgender-
maßen:[89] Nachdem die relatio des Symmachus im Consistorium Valentinians verlesen worden war, engagierte sich Ambrosius energisch dagegen: In einem Brief an
Valentinian verlangte er, dem Gesuch des römischen Senats nicht nachzugeben,
und drohte ihm anderenfalls offen mit dem Ausschluß vom Gottesdienst;[90] er

---

Auseinandersetzungen der Kaiser mit der heidnischen stadtrömischen Senatsaristokratie dargestellt hat. Vgl. als wichtigste Quellen neben der relatio des Symmachus (= Ambr., ep. 72 a
(Maur. 17 a) (CSEL 82. 3, 21–33)) den Brief an Valentinian, Ambr., ep. 72 (Maur. 17) (CSEL
82.3, 11–20) und die als Brief an Valentinian stilisierte öffentliche Replik gegen Symmachus,
Ambr., ep. 73 (Maur. 18) (CSEL 82.3, 34–53). Ambrosius hat außerdem später die verschiedenen Missionen des Senats an die Kaiser in einer kurzen zusammenfassenden Erzählung dargestellt in einem Brief an Eugenius, Ambr. ep. extr. coll. 10 (Maur. 57), 2–5 (CSEL 82.3, 205–
207).) Die Texte sind mit Einführung, Übersetzung und Erläuterungen bequem greifbar in der
Ausgabe von R. Klein, Der Streit um den Viktoriaaltar, (= Texte zur Forschung 7), Darmstadt,
1972. Als historische Darstellung vgl. etwa Dudden, S. 257–268, und vor allem v. Campenhausen,
S. 166–83; A. Dihle, Zum Streit um den Altar der Viktoria, in: Romanitas et Christianitas, für J.
H. Waszink, edd. W. den Boer u.a., Amsterdam, 1973, interpretiert die auseinanderklaffenden
Rechts– und Gerechtigkeitsauffassungen in den Texten des Symmachus und des Ambrosius.

87 V. a. Ammian 30, 9, 5; C.Th., 9, 16, 9: „Testes sunt leges a me in exordio imperii mei datae,
quibus unicuique quod animo imbibisset colendi libera facultas tributa est." Zu seinen Gesetzen
gegen die Manichäer vgl. Dudden S. 85, Anm. 3.

88 Vgl. zum erfolglosen Widerstand gegen die Verfügungen Gratians und die Ereignisse im
einzelnen etwa Dudden, S. 258–60. Die Entscheidung Gratians wird dem Einfluß des Ambrosius
zugeschrieben (vgl. etwa Klein, S. 175–76; v. Campenhausen, S. 168). Ambrosius selbst
behauptet in einer zusammenfassenden Darstellung der Auseinandersetzung um die Privilegien
im Brief an Eugenius extra coll. 10 (Maur. 57), 2, (CSEL, 82.3, 205), er habe die Beschlüsse
Gratians nicht veranlaßt. Vgl. dazu unten S. 174, Anm. 102.

89 Es kann in dieser Arbeit wiederum nicht darum gehen, den eigentlichen Verlauf der Ereignisse
zu rekonstruieren und den Einfluß der handelnden Personen abzuschätzen. Ambrosius' eigene
Dokumentation ist natürlich mit Vorsicht zu bewerten. Seine Darstellung in den Briefen
interessiert hier vor allem als Kontrast zur Darstellung, die er in der Leichenrede für Valentinian
gibt.

90 Ambr., ep. 72 (Maur. 17) (CSEL 82.3, 11–20). Vgl. v.a. in § 13 (CSEL 82.3, 17, 121–124): „....
Certe si aliud statuitur, episcopi hoc aequo animo pati et dissimulare non possumus; licebit tibi
ad ecclesiam convenire, sed illic **non** invenies sacerdotem aut invenies resistentem."

forderte eine Kopie der Petition, auf die er selbst den römischen Senatoren antworten wollte.

Ambrosius konnte sich seiner eigenen Darstellung zufolge am Hof des jungen Kaisers mit seinen brüsken Forderungen durchsetzen; die Petition des Senats wurde abschlägig beschieden. Der römische Senat hat in weiteren Gesandtschaften im Winter 389/90 an Theodosius[91] und im Winter 391/92 erneut an Valentinian[92] versucht, die durch Gratian entzogenen Privilegien wiederzugewinnen, ist aber jeweils von den Kaisern zurückgewiesen worden.

Die von Ambrosius zum Lob der „pietas" des jungen Kaisers in der Leichenrede geschilderte Episode, wie Valentinian die heidnischen Senatoren zurückgewiesen habe, ist nicht eindeutig auf ein konkretes historisches Ereignis zu beziehen.[93] Festhalten läßt sich allerdings, daß Ambrosius in der Leichenrede – anders als in der Darstellung seiner Briefe – mit keinem Wort sein eigenes energisches Engagement in dieser Frage erwähnt.

Ambrosius schildert in der Rede ausführlich[94], wiederholt mit direkter Rede des Kaisers, eine Szene, in der Valentinian sich im Konsistorium gegen seine Ratgeber durchgesetzt habe. Er erinnert wie vorher und nachher in der Rede an das geringe Alter des Kaisers.[95] Indem Ambrosius erwähnt, daß nicht nur die Heiden, sondern auch Christen[96] im Konsistorium für das Anliegen der heidnischen Gesandschaft

91 Vgl. Ambr., ep. extr. coll. 10 (Maur. 57), 4 (CSEL 82.3, 207); Dudden, S. 380–81, für die Datierung Palanque, S. 536.

92 Vgl. Ambr. ep. extr. coll. 10 (Maur. 57), 5 (CSEL 82.3, 207); Dudden, S. 413–14.

93 Nach v. Campenhausen, S. 177, Anm. 3 und Palanque, S. 136, Anm. 74 ist nicht zu entscheiden, ob die entsprechende Passage aus der Leichenrede auf die Gesandtschaft des Jahres 384 zu beziehen ist, anläßlich derer Ambrosius sich mit seinen später veröffentlichten Briefen heftig engagiert hatte, oder auf die des Winters 391/92, als Valentinian gemäß Ambrosius' zusammenfassender Darstellung im Brief an Eugenius (s. unten S. 174, Anm. 102) den Senat ganz selbständig zurückwies. Seeck, 5, S. 512 bezieht die Paragraphen obit. Val., 19–20 (CSEL 73, 339–40) ohne Diskussion auf das Jahr 384, Dudden, S. 413–14 mit gleicher Selbstverständlichkeit auf den Winter 391/92. Kelly, S. 262–63 verweist zurecht darauf, daß in der Darstellung der Leichenrede Valentinian ganz alleine handelt und schließt es daher aus, die Schilderung der §§ 19–20 auf die Ereignisse des Jahres 384 zu beziehen; der Verweis auf das selbständige Handeln Valentinians alleine ist aber noch kein stichhaltiges Argument, denn Ambrosius konnte die Ereignisse in der Leichenrede natürlich verzerrt darstellen. Eine andere Passage, obit. Val., 52 (CSEL 73, 354–55), wo Ambrosius erneut auf die Gesandtschaft zu sprechen kommt, ist eindeutig auf den Winter 391/92 zu beziehen, vgl. 52, 9–10; (CSEL 73, 355): „... (Valentinianus) ante diem mortis templorum privilegia denegavit ..." – Zur unzuverlässigen Darstellung dieser Ereignisse durch Paulinus v. Mailand vgl. Dudden, S. 414, Anm. 1.

94 In 18 Zeilen der modernen Textedition; vgl. für die Relation zu anderen Episoden aus der Regierungszeit Valentinians S. 92, Anm. 204.

95 Ambrosius hatte unmittelbar vorher an die Jugend des Kaisers erinnert (obit. Val., 18, 9–10, (CSEL 73, 339) und tut dies erneut im folgenden gedanklichen Abschnitt, 21, 4–6 (CSEL 73, 341). Die Jugend des Herrschers ist ein konstantes Motiv der Rede, das die Einzigartigkeit seiner Leistungen hervorhebt, vgl. etwa oben S. 89, Anm. 186. Vgl. dazu eine andere Perspektive im Drohbrief an Valentinian: seine Jugend dürfe kein Grund sein, dem Ansinnen der Heiden nicht zu widerstehen, Ambr., ep. 72 (Maur. 17), 15, (CSEL 82.3, 18).

96 Vgl. den betonten Gegensatz: „universi, Christiani pariter atque gentiles – solus Valentinianus"; s. die folgende Anm.

sprachen, und indem er Valentinian mit Daniel vergleicht, der, inspiriert durch Gott, als junger Mann durch aufrechtes Auftreten vor den Ältesten Israels Susanna vor der Hinrichtung bewahrte, betont er die mutige Frömmigkeit des jungen Herrschers.[97]

Die in direkter Rede wiedergegebenen Sätze Valentinians gehen darauf ein, daß sein Vater, Valentinian I., die Rechte der heidnischen Priesterschaften unangetastet gelassen und daß sein Bruder Gratian sie kassiert hatte. Ambrosius läßt in der Leichenrede Valentinian selbständig auf die angebliche dynastische Kontinuität seiner Entscheidungen hinweisen; er legt ihm damit Argumente in den Mund, die in der öffentlichen Auseinandersetzung um die Privilegien der römischen Priesterschaften Gewicht hatten, und die Ambrosius sich in seiner Darstellung der Ereignisse in seinen Briefen selber zu eigen gemacht hatte.[98]

So läßt er Valentinian auf das Vorbild seines Bruders Gratian verweisen.[99] In einer längeren direkten Rede legt Ambrosius dem Jüngling im Konsistorium gewitzte und ernste Repliken gegen die Mahnung gestandener stadttrömischer Senato-

97 Obit. Val., 19, 4–7 (CSEL 73, 340): „Et cum universi, in consistorio qui aderant, Christiani pariter atque gentiles, dicerent esse reddenda (sc. privilegia), solus velut Danihel excitato in se dei spiritu (vgl. Dan., 13, 45; für den Zusammenhang 13 ganz; Ambrosius hatte schon vorher Valentinian mit dem jungen Daniel verglichen: Obit. Val., 16, 1–4 (CSEL 73, 338)) arguebat perfidiae Christianos, gentilibus obviabat dicens: ...“ Valentinian beschuldigt in dieser Darstellung die anwesenden Christen der Heuchelei – wie es Ambrosius in seinen Briefen selber tut, vgl. Ambr., ep. 72 (Maur. 17), 8 (CSEL 82.3, 14, 61–64): „Quod si aliqui nomine Christiani tale aliquid decernendum putant, mentem tuam vocabula nuda non capiant, nomina cassa non fallant. Quisquis hoc suadet sacrificat et quisquis hoc statuit.“

98 So hatte Symmachus wirkungsvoll am Schluß seiner relatio auf das Vorbild des Vaters verwiesen – er blickt vergöttlicht von den Sternen auf die Geschehnisse herab – und gemahnt, den Irrtum des Bruders zu korrigieren (Ambr. ep. 72 a (Maur. 17 a), 19–20 (CSEL 82.3, 32–33)).“ Genauso hatte Ambrosius in seinem drohenden Brief an Valentinian zum Schluß auf den Bruder verwiesen: Wenn Valentinian die Maßnahmen Gratians umstoße, versetze er dem toten Bruder erst wahrhaft den Todesstoß, weil er seine frommen Beschlüsse, in denen er weiterleben wollte, ungültig machen würde (Ambr., ep. 72 (Maur. 17), 15, 139–56 (CSEL 82.3, 18–19)). Genauso geht er am Schluß seiner als Brief an Valentinian stilisierten Antwort auf die relatio des Symmachus auf die Bindung an den Bruder ein, die ihn auf die Zurückweisung der Petition verpflichte (ep. 73 (Maur. 18), 39 (CSEL 82.3, 53)).“ Vom Vater, Valentinian I., behauptet Ambrosius im Drohbrief an Valentinian – indem er die Frage der Privilegien für die Priesterschaften ausblendet – dieser habe nicht gewußt, daß in der Kurie des Senats der Altar der Victoria gestanden habe, an dem sich neben den Privilegien der Streit entzündete. Der Sohn solle also nicht glauben, er handele gegen den Willen des Vaters, wenn er nun die Gesuche der stadtrömischen Aristokratie zurückweise (Ambr., ep. 72 (Maur. 17), 16 (CSEL 82.3, 19–20)). – Für die legitimierende Bedeutung dynastischer Gedanken und des Begriffs der „hereditas“ in den panegyrici des vierten Jahrhunderts vgl. F. Burdeau, L'empéreur d'après les panégyriques latines, S. 58, in: Aspects de l'empire romain, edd. F. Burdeau, Nicole Charbonel, M. Humbert, Paris 1964.

99 Obit. Val., 19, 7–9 (CSEL 73, 340): „Quod pius frater non eripuit, quomodo a me putatis esse reddendum, cum in eo et religio laedatur et frater?“ Das „non eripuit“ ist wohl so zu verstehen, daß Ambrosius zufolge Gratian die Privilegien nicht etwa ungerecht entrissen, sondern die göttliche Gerechtigkeit ganz fair die Privilegien kassiert habe; vgl. zu dieser Passage die Textvarianten und Fallers ed. Bemerkungen.

ren, die Politik des Vaters fortzusetzen, in den Mund.[100] Am Schluß der Antwort Valentinians steht in dieser Darstellung – wiederum wie in einem der von Ambrosius zu diesem Thema veröffentlichten Briefe – der Verweis auf Gott, vor dem alle Loyalitätsbindungen an den Vater oder an die Mutter Rom unwichtig würden.[101]

Ambrosius läßt den jungen Kaiser mutig und eigenständig vor Älteren, Heiden wie Christen, so argumentieren, wie er es selbst in seinen Briefen zur Auseinandersetzung um die Privilegien tut. Er erwähnt in der Leichenrede für Valentinian durch die Verengung seiner Erzählung auf eine Szene im Konsistorium des Kaisers sein eigenes Wirken mit keinem Wort; diese Schilderung erweckt einen Eindruck, der sich nicht mit der Darstellung in den von Ambrosius selbst veröffentlichten Briefen verträgt. Die Tendenz, seinen eigenen Einfluß zu verhehlen, steht in gewissem Widerspruch dazu, daß Ambrosius sonst in der Rede bemüht ist, die große Nähe zwischen ihm und Valentinian bzw. auch Gratian in den Vordergrund zu stellen. Dieses Bemühen erklärt sich wohl daraus, daß die Episode besonders dann Valentinian zum Lob gereicht und seine Freundschaft mit der Kirche eindrucksvoll illustriert, wenn sie als eigenständige Leistung des jungen Herrschers erscheint. Daß Ambrosius seinen Einfluß verbirgt, mag zusätzlich dadurch begründet sein, daß in der Auseinandersetzung um die Privilegien der römischen Priesterschaften von Seiten der stadtrömischen Aristokratie das Argument in die Debatte gebracht wurde, die Kaiser handelten nicht nach ihrem eigenen Willen, sondern würden von Ambrosius für seine Zwecke benutzt.[102]

---

100 Obit. Val., 20, 2–13 (CSEL 73, 340): „„Patrem meum laudatis, quia non abstulit: nec ego abstuli. Numquid pater meus reddidit, ut me debere reddere postuletis? Postremo etiamsi pater reddidisset, frater abstulerat! Imitatorem in ea parte fratris esse me mallem. Aut numquid pater Augustus fuit et frater non fuit? Par utrique debetur reverentia et par utriusque est circa rem publicam gratia. Utrumque imitabor, ut et non reddam, quod et pater reddere non potuit, quia nullus abstulerat, et servem, quod a fratre est constitutum. Postulet parens Roma alia, quaecumque desiderat: Debeo adfectum parenti, sed magis obsequium debeo salutis auctori."‘ In seinem Drohbrief an Valentinian zur Senatspetition des Jahres 384 verweist Ambrosius den Kaiser auf das Vorbild des Theodosius, den er als „parens pietatis" des jungen Kaisers bezeichnet (ep. 72 (Maur. 17), 12, (CSEL 82.3, 17)). Es ist auffällig, daß Theodosius, der 389/90 ebenfalls eine Senatsmisssion zur Wiederherstellung der Privilegien zurückgewiesen hatte, in diesem Zusammenhang in der Leichenrede für Valentinian nicht erwähnt wird.

101 Vgl. den Briefschluß Ambr., ep. 72 (Maur. 17), 17 (CSEL 82.3, 20): „Unde cum advertas, imperator, deo primum, deinde patri et fratri iniurias inrogari, si quid tale decernas, peto ut id facias quod saluti tuae apud deum intellegis profuturum."

102 (Vgl. in der relatio des Symmachus, Ambr., ep. 72 a (Maur. 17 a), 19–20 (CSEL 82.3, 32–33); darin vermutet Klein, S. 180 einen Hinweis auf Ambrosius' Einfluß.) Ambrosius seinerseits scheint auf solche Vorwürfe zu reagieren, wenn er im Brief an Eugenius in seiner zusammenfassenden Darstellung Wert darauf legt, daß er nicht der Urheber der Entscheidung Gratians gewesen sei, den Priesterschaften ihre Privilegien zu entziehen, und wenn er betont, daß er im Winter 391/92 keinen Einfluß auf Valentinian ausüben konnte; vgl. Ambr., ep. extra coll. 10 (Maur. 57), 2 (CSEL 82.3, 205) (nicht von Ambrosius selbst veröffentlicht, vgl. M. Zelzer, wie oben S. 151, Anm. 3), zu seinen Briefen an Valentinian: „Dedi libellos imperatori (ich folge Klein ed. gegen M. Zelzer ed.: imperatoribus) duo, quibus significarem sumptus sacrificiorum Christianum virum non posse reddere; non fuisse quidem me auctorem cum tollerentur, auctorem tamen fieri quominus decernerentur, ...“; ebd., 5 (CSEL 82.3, 207): „Iterum Valentiniano augustae memoriae principi legatio a senatu missa intra Gallias nihil

Ambrosius greift Valentinians Widerstand gegen die senatorische Petition in der Leichenrede – wieder mit dem Verweis auf die Jugend und die mutige Glaubensfestigkeit gegenüber der römischen Senatsaristokratie – noch einmal auf, wenn er zu Gott um die Taufgnade für Valentinian betet.[103]

Die Rede kommt ein drittes Mal auf die Frage der Privilegien für die römischen Kulte und die religionspolitische Einstellung der Kaiser zu sprechen; Ambrosius erinnert kurz wieder an dieselben kirchenfreundlichen Maßnahmen Gratians und Valentinians, bemüht sich aber auch, die Gläubigkeit des Vaters, Valentinians I., über den er in der Frage der Privilegien nichts Positives zu berichten hat, ins rechte Licht zu rücken, um den Eindruck dynastischer Kontinuität christlicher Politik herzustellen.[104]

Zusammenfassend läßt sich festhalten, daß Ambrosius, wenn er auf die Umstände zu sprechen kommt, unter denen Valentinian den Tod fand, aus Rücksicht auf die politischen Umstände vor den eigentlichen Tatsachen ausweicht. Indem Ambrosius gleich am Anfang explizit die hehre Opferbereitschaft des Kaisers als Ursache für seinen Tod bezeichnet und nicht auf die Konkurrenz zwischen Valentinian und Arbogast eingeht, stellt er die tatsächlichen Ereignisse verzerrt dar.

Im Verlauf der Rede vermeidet Ambrosius weiterhin, explizit zu beschreiben, was geschehen ist. Seine Darstellung der Ereignisse bleibt in vielen Punkten unklar; einzelne Sätze sind nicht eindeutig zu verstehen. Nur an einigen wenig exponierten Stellen der Rede ist zu erkennen, daß ein Konflikt zwischen Valentinian und seinem

---

extorquere potuit, et certe aberam nec aliquid tunc ad eum scripseram." Außer für die Zurückweisung der Petition des Symmachus im Jahre 384 streitet es Ambrosius ab, Einfluß auf die Politik der Kaiser gegenüber den stadtrömischen Senatoren genommen zu haben.

103 Obit. Val., 52, 8–14 (CSEL 73, 355): „Solve ergo servo tuo munus tuae gratiae, quam ille numquam negavit, qui ante diem mortis templorum privilegia denegavit his urgentibus quos revereri posset. Adstabat virorum caterva gentilium, supplicabat senatus. Non metuebat hominibus displicere, ut tibi soli placeret in Christo. Qui habuit spiritum tuum, quomodo non accepit gratiam tuam?"

104 Vgl. für den Zusammenhang obit. Val., 54–55 (CSEL 73, 355–56): Ambrosius betet zu Gott um die Taufe für den ungetauft verstorbenen Kaiser; der Vater tritt neben den für seinen Bruder bittenden Gratian, obit. Val., 55, 1–7 (CSEL 73, 356): „Adest etiam pater, qui militiam sub Iuliano et tribunatus honores fidei amore contempsit. Dona patri filium, fratri germanum suum, quorum utrumque imitatus, alterum fide, alterum devotione pariter atque pietate in templorum privilegiis denegandis, quod patri defuerat adiunxit, quod frater constituit custodivit." Die Episode, wie Valentinian I. unter Julian aus Glaubensüberzeugung auf den Militärdienst verzichtet habe, gehört zu den wenigen positiven Äußerungen des Ambrosius über den kirchenpolitisch unabhängigen Kaiser. Vgl. Dudden allgemein über Valentinian I., S. 85–86: „It is significant that the latter (sc. Ambrosius), who was so lavish in praise of other rulers, had hardly anything to say in commendation of Valentinian – a Catholic who had countenanced the errors of pagans and heretics, who had taken an Arian as his second wife, and who had supported against the attacks of the orthodox the notorious Auxentius." Die Geschichte aus der Leichenrede, daß Valentinian I. als Offizier unter Julian die heidnischen Opfer verweigert habe, wird auch bei anderen Autoren in unterschiedlichen Versionen berichtet (vgl. Seeck, 5, S. 422; 431); Socr., H.E., 4, 1 schreibt ausdrücklich, daß Valentinian I. den Militärdienst nicht aufgeben mußte. Er erzählt außerdem die gleiche Geschichte von Valens, dem Bruder Valentinians I. und Onkel Gratians und des jüngeren Valentinian.

Heerführer zum Tod des Kaisers geführt hat. Ambrosius läßt beiläufig auch deutlich werden, daß die Umstände des Todes zur Anklage berechtigen; er sagt nicht explizit, gegen wen. Der Name Arbogasts fällt nicht, er wird nur mitten in der Rede dreimal als „comes" genannt. Indem die Ereignisse um den Tod Gratians wiederholt mit denen um Valentinians Ende parallelisiert werden, erscheint, wiederum nur indirekt, Valentinian als Opfer eines Tyrannen.[105] Es bleibt übrig, festzuhalten, daß Ambrosius mit Rücksicht auf die politischen Umstände nach dem Tod Valentinians die Ereignisse nicht offen und unumwunden nach seiner Kenntnis darstellt, um sich Handlungsspielraum für die zukünftige Entwicklung zu bewahren.

Wenn Ambrosius in einer längeren Erzählung zu den Ereignissen vor dem Tod Valentinians spricht, geschieht das vor allem mit der Absicht, sein eigenes Verhalten als schuldlos darzustellen. Seine Erzählung hat eine deutlich apologetische Tendenz.

Vor allem wird in der ganzen Rede Ambrosius' Bemühen deutlich, die Nähe zwischen ihm und den frommen Kaisern Gratian und Valentinian darzustellen. Er stellt sich nach wiederholtem Anklingen dieses Motivs im Verlauf der Rede am Schluß an exponierter Stelle selbst als väterlicher Berater und Beschützer beider christlicher Kaiser und in besonderem Maße Valentinians dar.

Ambrosius läßt die beiden Herrscher nicht allein als ihm anbefohlene Schützlinge, sondern auch als besondere Freunde der Kirche erscheinen. Er beruft sich wiederholt auf ein einziges konkretes Beispiel für die christliche Religionspolitik der beiden Herrscher. Er stellt insbesondere die selbständige und glaubensfeste Haltung des jungen Valentinian in den Vordergrund.

Um dies in der Leichenrede als eigenständige Leistung des jungen Herrschers erscheinen zu lassen, erwähnt er seinen eigenen Einfluß auf diese Politik mit keinem Wort, den er – seinen von ihm selbst veröffentlichten Briefen zufolge – ausgeübt hatte. Er läßt Valentinian eigenständig auf gängige Argumentationsmuster der aktuellen Auseinandersetzung in religionspolitischen Streitfragen zurückgreifen.

Insgesamt erscheint das Bild, das Ambrosius von Valentinians Verhältnis zur Kirche vermitteln will, als ein Baustein, der zur Tendenz der ganzen Rede beiträgt, Valentinian als frommen Kaiser, Freund der Kirche und vor allem Ambrosius besonders nahestehenden Schützling darzustellen.[106]

---

105 Ob solche oft nur kurzen Anspielungen von Zuhörern als Aussagen über Valentinians Tod verstanden wurden oder ob Ambrosius annehmen konnte, daß Leser der veröffentlichten Rede sie so verstehen würden, hängt davon ab, wie kritisch und bewußt das Publikum des Ambrosius auf solche Äußerungen wartete. Es ist anzunehmen, daß nicht alle Zuhörer und Leser Ambrosius' Rede mit den gleichen Erwartungen verfolgt haben. Manche, sicher nicht alle, mögen sich kritisch gefragt haben, wie Ambrosius zum Tod Valentinians Stellung bezieht, und sie werden sich dann zu seinen Worten ihren Teil gedacht haben. Ich gehe davon aus, daß Ambrosius auch mit solchen Zuhörern oder Lesern gerechnet hat und die Wirkung seiner Rede auch auf sie, nicht allein auf eine vom Schmerz getroffene und unkritische Trauergemeinde, ausgerichtet hat.

106 Es ist klar, daß dieses Bild, das Ambrosius anläßlich der Leichenrede zeichnet, aufgrund einseitiger Auswahl der in der Rede darzustellenden Ereignisse zustande kommt. Weil dies bei der Interpretation der Rede für Valentinian häufig übergangen wird (vgl. aber Bettini zur Valentinianrede, S. 617–21), ist hier kurz etwa an die heftigen Auseinandersetzungen zu

Um diese Absichten zu verfolgen, bedient sich Ambrosius durchweg üblicher rednerischer Mittel, wie sie einer von einem Bischof gehaltenen Leichenrede angemessen sind: Das Pathos der Rede bietet die Möglichkeit, einzelne Ereignisse mit der gebotenen Ungenauigkeit nur anzudeuten und sich nicht auf eine eindeutige Aussage zu heiklen Themen festzulegen.

Die Hinwendung zu den zu tröstenden Schwestern und allgemeiner der Gedanke an die Familie Valentinians läßt es unproblematisch erscheinen, daß Ambrosius auch das Schicksal Gratians, des älteren Halbbruders Valentinians, und sein eigenes Verhältnis zu ihm an einigen Stellen ins Auge faßt.

Vor allem gibt die Deutung von Schriftworten wie im Rahmen einer ganz gewöhnlichen Predigt des Bischofs aufgrund der frei assoziierenden Praxis üblicher Exegese beliebig viele Anlässe, weitere Gegenstände nahtlos in die Trauerrede einzubeziehen. Ambrosius nutzt das Interpretationspotential der biblischen Texte auch für seine durch die politischen Umstände geprägten Interessen. Die Parallelisierung der Ereignisse mit den biblischen Geschichten eröffnet ihm als Redner zusätzliche Möglichkeiten: Sie kann dazu dienen, heikle Aussagen, die die politischen Umstände betreffen, nicht direkt zu machen, sondern durch Anspielungen und Andeutungen, verbrämt durch die Heiligkeit der zugrunde gelegten Texte und die sprachliche Anpassung der Formulierungen an die biblischen Vorbilder. Eine Würdigung der rednerischen Leistung muß auch das große und durchaus listige Geschick in Rechnung stellen, mit dem Ambrosius den formalen Rahmen und den äußeren Anlaß seiner Rede nutzt, um seine politischen Absichten zu verfolgen.

Die vorangegangenen Überlegungen haben deutlich gemacht, daß Ambrosius sich in seiner Rede vor allem am Anfang und am Schluß durch tagespolitische Umstände und eigene politische Interessen leiten läßt; der Redeaufbau gibt am Anfang Raum,

---

erinnern, die Ambrosius mit dem homöischen, in Ambrosius' Sprache arianischen Hof Valentinians um die Nutzung der Mailänder Kirchen ausgefochten hat, wie er es selber in den von ihm veröffentlichten Briefen dokumentiert; vgl. Ambr., ep., 75, 75a, 76, 77 (Maur. 21, 21a, 20, 22) (CSEL 82.3, 74–140), und als moderne Darstellungen etwa v. Campenhausen, S. 189–222; Dudden, S. 270–305; G. Gottlieb, Der Mailänder Kirchenstreit von 385/386, in: MH, 42, 1985, S. 37–55, mit Diskussion der neueren Literatur. In dem Brief, den Ambrosius anläßlich der Beisetzung Valentinians an Theodosius schreibt, ist anders als in der Leichenrede mit deutlichen Worten ausgesprochen, daß Ambrosius und Valentinian nicht immer Freunde waren; die Schuld dafür wird freilich Valentinians arianischer Mutter Iustina zugewiesen. Daß Valentinian – nach seiner „conversio" – die Nähe zu Ambrosius gesucht habe, wird dann aber auch mit ähnlichen Worten wie in der Leichenrede beschrieben, Ambr., ep. 25 (Maur. 53), 2 (CSEL 82.1, 176): „Doleo enim, fateor, dolore acerbo, non solum quod inmatura aetate Valentinianus Augustus decesserit, sed etiam quod informatus fide ac tuis institutis tantam devotionem erga deum nostrum induerat atque tanto in me incubuerat adfectu, ut, quem ante persequebatur, nunc diligeret, quem ante adversarium repellebat, nunc ut parentem putaret. Quod ego non pro recordatione iniuriae veteris exprompsi, sed pro testimonio conversionis. Illud enim alienum, hoc suum, quod a te infusum sibi ita tenuit, ut matris persuasionem excluderet." – Die reizvolle Vermutung, daß die von Ambrosius an Valentinian in der Rede immer wieder gelobte Bereitschaft zur Einsicht und Umkehr (vgl. oben S. 87–103 passim) sich auf die Abkehr Valentinians vom arianischen Einfluß seiner Mutter beziehen könnte, läßt sich durch keinen einzigen Hinweis in der Rede bestätigen (vgl. oben S. 88, Anm. 181).

über den Tod Valentinians zu sprechen und unter Klagerufen die Nähe zwischen Kaiser und Kirche zu beschwören, bevor die Person Valentinians in den Vordergrund rückt. Am Ende der Rede rückt Ambrosius an exponierter Stelle noch einmal sein Verhältnis zu Gratian und Valentinian in den Vordergrund. Es erscheint auch angesichts dieser Disposition plausibel, eine der wichtigsten Absichten, die Ambrosius überhaupt mit seiner Rede verbindet, darin zu sehen, seine Position zu Valentinian darzustellen.[107]

Ambrosius wahrt aber auch in den solcherart instrumentalisierten Passagen vom Anfang und vom Schluß der Rede formal die Gepflogenheiten einer Trauerrede: er setzt mit üblichen Klagerufen ein[108] und schließt ganz angemessen mit einem Gebet.[109]

V. 2. DIE REDE FÜR THEODOSIUS

In der Rede für Valentinian stand immer wieder Ambrosius' Stellung zu dem verstorbenen Kaiser im Vordergrund. Es gibt in der Rede für Theodosius kein einzelnes Thema, das auf ähnliche Weise immer wieder in verschiedenen Zusammenhängen aufgegriffen wird. Der Vergleich der beiden Reden in dieser Hinsicht unterstreicht die besondere Bedeutung politischer Rücksichten und Absichten in der Rede für Valentinian.

V. 2. a. Zum historischen Hintergrund der Rede

Die Situation, in der Ambrosius seine Rede für Theodosius gehalten hat, läßt sich ohne weiteres Ausholen vorab beschreiben.[110] Die Ereignisse in den Jahren vor dem Tod des Theodosius schließen sich an die politisch unklare Situation an, in der Ambrosius seine Rede für Valentinian gehalten hatte:

Nach dem Tod Valentinians und nach der Erhebung des Eugenius zum Kaiser durch Arbogast entschloß sich Theodosius erst spät, Eugenius als Usurpator zu bekämpfen.[111] Eugenius und Arbogast fanden für die bevorstehende Auseinander-

---

107 Daß dies ein Zweck der Rede ist, klingt wohl auch an, wenn Ambrosius in seiner Vorrede zu der in ihrer veröffentlichten Form als Trostschrift angekündigten Rede zwischen allgemeinen Erwägungen über die Wirkung des Trostes zusätzlich erklärt, „es habe ihm am Herzen gelegen, etwas über die letzten Tage des jüngeren Valentinian verlauten zu lassen (!), um nicht den Anschein zu erwecken, daß er das Andenken eines um ihn hochverdienten, geliebten Menschen durch Schweigen in Vergessenheit geraten lasse oder ehrlos und unbeachtet lasse." Obit. Val., 1, 5–8 (CSEL 73, 329): „..., signare aliquid de Valentiniani iunioris ultimis cordi fuit, ne aut obliterasse silentio bene meriti de nobis pignoris memoriam videremur atque inhonoratam reliquisse ..."

108 Obit. Val., 2, 1–2 (CSEL 73, 329): „Quid igitur primum defleam ..."

109 Obit. Val., 82 (CSEL 73, 367); vgl. für den konventionellen Schluß mit einem Gebet oben S. 169, Anm. 79.

110 Vgl. etwa kurz Faller ed. CSEL 73, 114*–115*. Eine breitere Darstellung und ausführliche Verweise auf die Quellen zu den hier berührten Ereignissen finden sich etwa bei A. Lippold, „Theodosius", in: RE, Suppl. 13, 1973, Sp. 837–961.

111 Vgl. oben S. 157–58.

setzung die Unterstützung und führende Beteiligung der heidnischen stadtrömischen Senatsaristokratie: nachdem Theodosius seit 390 eine prononciert christliche und heidenfeindliche Religionspolitik betrieben hatte[112] und nachdem die römischen Senatoren sich bei den Kaisern, auch bei Theodosius, vergeblich um die Wiederherstellung alter Privilegien für die römischen Kulte bemüht hatten, führte eine vorsichtige heidenfreundliche Politik des Eugenius die römischen Senatoren schnell an seine Seite; einer ihrer wichtigsten Repräsentanten, Virius Nicomachus Flavianus, durch Eugenius praefectus praetorio für Italien[113], übernahm die militärische Führung der Auseinandersetzung mit Theodosius, die seit 393 unausweichlich schien.

Es hat den Anschein, als ob die Sammlung der Senatsaristokratie unter Eugenius gegen Theodosius mit einem Aufleben heidnischer Kulte in Rom einherging, und die militärische Entscheidung ist von heidnischer Seite wohl auch im Vorfeld als Glaubenskampf zwischen Heidentum und Christentum dargestellt worden[114]; jedenfalls ist der Sieg des Theodosius im September 394 am Frigidus in späterer Zeit – nun natürlich vor allem von christlicher Seite – zum epochalen Sieg der Christen über die Heiden stilisiert worden.[115]

Nach seinem Sieg scheint Theodosius, der sich weiterhin im Westen aufhielt, darum bemüht gewesen zu sein, die Anhänger der Erhebung – die Truppen der Usurpatoren und die stadtrömische Aristokratie – durch versöhnliche Behandlung zur Loyalität zu verpflichten.[116]

In dieser Situation ließ sein Tod noch in Mailand am 17. Januar 395[117] seine beiden jungen Söhne, den siebzehnjährigen Arcadius als Herrscher des Ostens und den zehnjährigen Honorius im Westen, unter der Fürsorge des germanischen magister militum Stilicho, der über alle militärische Macht verfügte, verwaist zurück.[118]

---

112 Vgl. zusammenfassend Lippold, RE, Suppl. 13, Sp. 958. Die Gesetze vom 24. 2. 391, C.Th. 16. 10. 10 (wiederholt 16. 6. 391, C.TH., 16. 10. 11) und v. a. vom 8. 11. 392, C.Th., 16. 10. 12.

113 Vgl. Demandt, S. 135.

114 „Flavianus hatte das Bild des Hercules auf die Standarten setzen und eine Juppiter Statue mit goldenem Blitz über dem Lager errichten lassen." (Demandt, S. 135); vgl. zum Wiederaufleben der heidnischen Kulte und der Ideologisierung der Auseinandersetzung zusammenfassend mit Verweisen auf die Quellen J. Straub, „Eugenius", Sp. 865–870, in: RAC 6, 1966, Sp. 860–877 und vor allem die Arbeiten von H. Bloch, A new document of the last pagan revival in the west, in: HThR 38, 1945, S. 129–144; ders., The pagan revival in the west at the end of the fourth century, in: The conflict between paganism and christianity in the west in the fourth century, ed. A. Momigliano, Oxford, 1963, 193–218. Zur nachträglichen Ideologisierung der Ereignisse auch F. Heinzberger, Heidnische und christliche Reaktion auf die Krisen des weströmischen Reiches in den Jahren 395–410 n. Chr., Diss. Bonn, 1976, S. 25–34.

115 Vgl. dazu auch unten S. 189, Anm. 162.

116 Zu Versöhnungsbemühungen gegenüber der heidnischen Opposition vgl. Straub, Sp. 875; so bedauerte etwa Theodosius den Selbstmord des Flavianus öffentlich (vgl. CIL, 6, 1783, Dessau, 2948). Eugenius wurde nach der Schlacht am Frigidus von Soldaten des Theodosius getötet, Arbogast tötete sich nach der militärischen Niederlage selbst (vgl. Zos., 4, 58; Rufin., H.E., 11, 33; Socr., H.E., 5, 25, Soz., H.E., 7, 24).

117 Vgl. Socr. H.E., 5, 26; für das Tagesdatum Chronicon Paschale zum Jahr 394.

118 Arcadius war seit 383 Augustus, Honorius seit 393. Die genaue Regelung der Nachfolge und ihre rechtliche Form werden anhand sich widersprechender antiker Berichte und auch einzelner Bemerkungen in der Rede für Theodosius (v.a. obit. Theod., 5 (CSEL 73, 373–74)) von den

Die konkrete Situation, in der die Rede gehalten wurde, erschließt sich dem Interpreten vor allem durch Hinweise im Text selbst; sie tragen dazu bei, die politischen Absichten, die Ambrosius auch verfolgt haben mag, richtig einzuschätzen:

Ambrosius hat die Predigt für Theodosius 40 Tage nach dessen Tod, am 25. Februar 395, im Rahmen eines Gedenkgottesdienstes gehalten.[119] Bei dem Gottesdienst waren Soldaten[120], der zehnjährige Honorius[121] und wohl auch hohe Würdenträger des kaiserlichen Hofstaats und der Bürokratie anwesend. Wenn man, was plausibel ist, davon ausgehen will, daß der Gedenkgottesdienst in der Mailänder Hauptkirche stattgefunden hat und die Kirche zu diesem Staatsakt gefüllt war, läßt sich schätzen, daß Ambrosius ungefähr 3000 Zuhörer gehabt hat.[122] Daß Honorius in Mailand war, hat, wie aus anderen Quellen zu erfahren ist, seinen Grund darin, daß er als Herrscher über das Westreich eingesetzt werden sollte.[123] Er erscheint mit seiner Anwesenheit bei der Leichenfeier nicht nur als Sohn des verstorbenen Vaters, sondern auch als gerade in seine Herrschaft eingeführter junger Kaiser.

V. 2. b. §§ 1–16

Vor allem im ersten Drittel der Rede[124] finden sich Bemerkungen des Ambrosius, die unmittelbar auf die politische Situation nach dem Tod des Theodosius zu beziehen sind. Seine Worte kehren hier auf die eine oder andere Art variiert immer wieder zu den gleichen Gedanken zurück, die er schon am Anfang der Rede ausgesprochen hat:

Der Tod des clementissimus imperator Theodosius – neben diese titulare Wendung tritt zum Stichwort der „clementia" auch am Anfang schon der Begriff der „indulgentia"[125] – bedeutet für seine Söhne, die er zurückgelassen hat, zwar einen

Historikern diskutiert, vgl. etwa Lippold, RE, Suppl. 13, Sp. 910; O. Veh und St. Rebenich in ihrer erläuterten Zosimusübersetzung, S. 356, Nr. 98 und S. 359, Nr. 7. Zur beherrschenden Position Stilichos vgl. W. Enßlin, Zum Heermeisteramt des spätrömischen Reiches, II: Die magistri militum des 4. Jahrhunderts, S. 142; 145, in: Klio, 24, 1931, S. 102–147. G. Bonamente, Fideicomissum e trasmissione del potere nel De obitu Theodosii di Ambrogio, in: VetChr 14, 1977, S. 273–80, schlägt vor, daß die von Historikern juristisch interpretierten Begriffe in Obit. Theod. 5 von Ambrosius nicht im klar definierten juristischen Sinn verwendet, sondern metaphorisch gebraucht seien.

119 Obit. Theod., 3, 2 (CSEL 73, 372): „... quadragesimam celebramus." Zur Gottesdienstsituation vgl. auch oben S. 143, Anm. 91–95.

120 Direkt angeredet in obit. Theod., 6, 3–8, 2 (CSEL 73, 374–75); 10, 10–11 (CSEL 73, 376).

121 Obit. Theod., 3, 2–3 (CSEL 73, 372): „... adsistente sacris altaribus Honorio principe"; angeredet in 54, 2 (CSEL 73, 400).

122 Vgl. R. Krautheimer, Three christian capitals, Topography and politics, Berkeley, Los Angeles, 1983, S. 76, über die Mailänder Hauptkirche.

123 Zu diesem Zweck war er von Theodosius nach Mailand gerufen worden (Socr., H.E., 5, 26; Rufin., H.E., 11, 34). Der ältere Sohn Arcadius war von Theodosius nicht in den Westen gerufen worden und in Konstantinopel geblieben, Lippold, Sp. 909.

124 Obit. Theod., 1–16 (CSEL 73, 371–79).

125 Obit. Theod., 1, 3 (CSEL 73, 371): „clementissimus imperator Theodosius"; 1, 7–9 (CSEL 73, 371): „Quidni mundus ipse defleret eum principem continuo esse rapiendum, per quem dura mundi istius temperari solerent, cum criminum poenas indulgentia praeveniret?"

Verlust, aber Theodosius kann als frommer Kaiser bei Gott für seine Nachfolger Beistand erbitten. Theodosius hat seinen Söhnen auch die Treue des Heeres gesichert. Seine Soldaten haben in ihm den Beweis gefunden, daß Gott „pietas" – der Begriff schillert hier zwischen den Konnotationen von Treue und Frömmigkeit – belohnt, „perfidia" hingegen – Treulosigkeit und Unglauben – Vergeltung findet.[126]

Diese Worte vom Anfang der Rede bezeichnen den Rahmen, innerhalb dessen die Gedanken sich in den ersten 16 Paragraphen bewegen: So finden sich etwa direkte politische Aussagen, daß Theodosius seine Söhne schon seit langem durch Auszeichnung zu seinen Nachfolgern designiert und sie jetzt der Fürsorge des Stilicho anvertraut habe[127], daß Arcadius und Honorius die von Theodosius eingeleitete Senkung von Abgaben – gegen irgendwelche Widerstände – realisieren werden[128], oder wiederholt, daß ein von Theodosius initiiertes Amnestiegesetz auch nach seinem Tod – nicht näher erläutertem Widerstand zum Trotz – von den Söhnen durchgeführt würde.[129]

Wer aus welchem Grund Widerstand gegen Steuersenkung und Amnestiegesetz ausgeübt hat, läßt sich historisch nicht aufklären[130], und es ist nicht Ambrosius' Absicht, hier eine Diskussion mit möglichen Widersachern aufzunehmen; vielmehr liegt die rhetorische Wirkung der Bemerkungen des Ambrosius auf der Hand: Indem irgendwelche Gegner gegen die wünschenswerten Maßnahmen erwähnt werden, erscheint ihre tatsächliche Durchführung in hellerem Licht und fordert dankbare Ergebenheit für Arcadius und Honorius.

---

126 Obit. Theod., 2, 5–10 (CSEL 73, 372): „Sed plurimos tamquam paterno destitutos praesidio dereliquit, ac potissimum filios. Sed non sunt destituti, quibus Christi adquisivit gratiam et exercitus fidem, cui documento fuit deum favere pietati ultoremque esse perfidiae."

127 Obit. Theod., 5, 11–14 (CSEL 73, 374): „Gloriosius quoque in eo Theodosius, qui non communi iure testatus sit; de filiis enim nihil habebat novum quod conderet, quibus totum dederat, nisi ut eos praesenti commendaret parenti."; vgl. 5, 1–3 (CSEL 73, 373): „..., qui omnia iam filiis tradidisset, regnum, potestatem, nomen Augusti, ..."; vgl. zur Diskussion um die genaue Form der Nachfolgeregelung die Hinweise auf die Literatur oben S. 179, Anm. 118.

128 Obit. Theod., 5, 1–8 (CSEL 73, 373–74): „Nihil gloriosius exitus tanti principis habuit, ..., nihil inquam speciosius ei in morte servatum est, quam quod – immane quantis! – promissa annonarum exigendarum relaxatio dum moratur, facta est successio eius indulgentiarum hereditas, ut ille, qui voluit inpedire, sibi odium fecerit, Theodosio tamen tantae cumulus gratiae non ademptus sit."

129 Obit. Theod., 14, 11–16 (CSEL 73, 373): „(Theodosius), qui etiam his, qui in se peccaverant, doluit, quam dederat perisse indulgentiam et veniam denegatam. Sed non negabunt filii, quod donavit pater, non negabunt, etiamsi quidam interturbare conatus sit; neque enim poterunt negare, quod in commune donavit, qui solvunt, quod singulis dedit." (vgl. Banterle, S. 215, Anm. 6; die Formulierung bezieht sich wohl auf den Selbstmord des Virius Nicomachus Flavianus); 5, 15–17 (CSEL 73, 374): „Praecepit dari iam indulgentiae, quam scriptam reliquit. Quid dignius, quam ut testamentum imperatoris lex sit." In den Briefen Ambr., ep. extr. coll. 2 und 3 (Maur. 61, 62) (CSEL 82.3, 178–181) (nach M. Zelzer, wie oben S. 151, Anm. 3, nicht von ihm selbst veröffentlicht) ist es Ambrosius selbst, der die versöhnliche Politik gegenüber den besiegten Anhängern der heidnischen Partei, die nach der Niederlage den Schutz der Kirche suchten, durchsetzt; vgl. dazu auch in der vita des Ambrosius, Paul. Med., § 31 (wohl nach den Informationen aus den zitierten Briefen). Vgl. zur versöhnlichen Politik gegenüber den Gegnern vom Frigidus oben S. 179, Anm. 116.

130 Vgl. jeweils den Stand des Kommentarwissens bei Banterle und M. D. Mannix zu den fraglichen Stellen.

Die Bemerkungen des Ambrosius über die für die Untertanen wohltuende Steuergesetzgebung des Theodosius und über seine Gnade gegenüber den Feinden gereichen Theodosius zum Lob, wie es in einer Predigt für den verstorbenen Kaiser zu erwarten ist[131]; daß Ambrosius zusätzlich die Söhne des Kaisers, die diese Maßnahmen alle fortführen würden, an dem daraus erwachsenden Lob teilhaben läßt, läßt seine Absicht erkennen, einen Beitrag zur Sicherung ihrer Nachfolge in der Herrschaft zu leisten.

Gemäß der christlichen Konzeption des Herrscherlobs in der Rede für Theodosius treten die Söhne auch die rühmliche Nachfolge in der Frömmigkeit des Vaters an. Die Söhne sind „pietatis heredes" des Theodosius.[132] Die „pietas" und die „fides" des Kaisers sind dabei nicht nur schöne christliche Attribute. Sie garantieren vielmehr, daß Theodosius für seine Söhne göttlichen Beistand erwirken kann.[133]

An die anwesenden Soldaten gewendet, nutzt Ambrosius außerdem wiederholt den emotionalen Gehalt der Begriffe, die beide nach ihrer traditionell römischen Konnotation auch das Verhältnis zwischen Imperator und Soldat beschreiben[134], um die Truppen auf Loyalität zu den Söhnen des Theodosius zu verpflichten: Ambrosius spielt den eigentlich christlichen und zugleich den römischen Gehalt der Begriffe aus, wenn er an den Sieg des Theodosius über Eugenius, Arbogast und ihre heidnische Anhängerschaft erinnert, den der Kaiser für seine Soldaten durch keine andere Tugend als allein seinen Glauben an den Gott der Christen – „fides" – errungen habe, und wenn er dann daraus – nicht logisch stringent, aber für den Augenblick wirkungsvoll – die Forderung ableitet, die Soldaten müßten nun ihrerseits den Söhnen „fides" – treue Ergebenheit – erweisen.[135]

131 Die „clementia" des Kaisers, aber auch ganz konkret seine Finanzpolitik (vgl. Men. Rhet., 375, 21–24), sind übliche Gegenstände der Herrscherpanegyrik. Vgl. zur Rede für Valentinian oben S. 93, Anm. 208.

132 Obit. Theod., 2, 7 (CSEL 73, 372); vgl. 5, 6 (CSEL 73, 374): „indulgentiarum hereditas". Der Gedanke, der hier schon anklingt, wird am Ende der Rede wichtig. Vgl. unten S. 185–89.

133 Obit. Theod., 15, 1–2 (CSEL 73, 378): „Quis ergo dubitabit filiis eius apud dominum maximum praesidium fore."; vgl. 2, 7–10 (CSEL 73, 372) vom Anfang der Rede wie oben S. 181, Anm. 126. Vgl. zur Auslegung der Geschichten von Abija und Amos unten S. 183.

134 Vgl. etwa C. Becker, „fides", Sp. 808 (mit einschlägiger Literatur), in: RAC 7, 1969, Sp. 801–839.

135 Obit. Theod., 7, 1–8, 2 (CSEL 73, 375): „Recognoscitis nempe, quos vobis Theodosii fides triumphos adquisiverit. ... (Es wird eine Szene aus der Schlacht gegen Eugenius geschildert.) ..., desiluit equo princeps et ante aciem solus progrediens ait: ,Ubi est Theodosii deus?' ... Quo dicto excitavit omnes, exemplo omnes armavit, et iam certe senior aetate, sed validus fide. Theodosii ergo fides fuit vestra victoria: vestra fides filiorum eius fortitudo sit." Die Alliterationen auf „f" und „v" eröffnen dem Redner die Möglichkeit, diesen mit christlichen und soldatischen Idealen – fides, victoria, fortitudo – furios gespickten Abschluß der geschilderten Episode auch klanglich effektvoll vorzutragen. – Vgl. für eine ähnliche Mischung von Begriffen aus dem Umfeld von römischer Treue und christlichem Glauben – munus; gratia; pius; adfectus; solvere; debere; pius, misericors, fidelis (vgl. Prov. 20. 6) – im Rahmen einer Mahnung an die Soldaten zur fides obit. Theod., 11, 1–12, 4 (CSEL 73, 377). Es genügt nicht, jeweils festzulegen, ob ein Begriff hier klassisch, dort nach kirchenschriftstellerischem Gebrauch konnotiert ist, wie M. D. Mannix dies in ihrem Kommentar tut. Für die hier besprochene Passage aus § 8 etwa ist nicht alleine die klassische Konnotation anzunehmen (ebd. S. 28). Ambrosius nutzt ja gerade die ambivalente Bedeutung des Begriffes.

Die Mahnungen zur politischen Situation, Arcadius und Honorius die Treue zu wahren, ergeben sich in den besprochenen Passagen übergangslos aus dem Lob des verstorbenen Kaisers; sie fügen sich so problemlos in die Predigt zum Gedenken des verstorbenen Kaisers ein.[136]

Die Absicht des Ambrosius, am Anfang der Predigt für Theodosius auch einen Beitrag zur sicheren Nachfolge seiner jungen Söhne zu leisten, zeigt sich auch darin, in welchen Punkten er einige biblische Episoden, auf die er in seiner Predigt eingeht, mit der Situation der Rede parallelisiert. So beruft er sich etwa – für den reflektierenden Leser wiederum nicht ganz logisch und mit irritierender Unschärfe der Begriffe von Treue und Glauben – auf die Geschichte Abrahams und Saras, um Bedenken gegen das jugendliche Alter der Thronfolger zu begegnen: Der Glaube – „fides" – Abrahams und Saras habe ihnen ihrem hohen Alter zum Trotz noch einen Sohn geschenkt; also könne die Treue – „fides" – der Soldaten auch das sehr junge Alter der Kaiser aufwiegen.[137]

Ambrosius deutet außerdem die Geschichten von Amon und seinem Sohn Joschija und von Abija und seinem Sohn Asa für die Redesituation.[138] Beide Söhne führten ein glückliches Regiment, solange sie auf Gott bauten, obwohl sie nach Ambrosius' Interpretation zunächst jung oder schwach die Herrschaft antraten. Neben der offensichtlichen Parallele zur Jugend des Arcadius und des Honorius stellt Ambrosius einen weiteren Bezug zur Situation der Rede her, indem er dem fehlenden Glauben der beiden biblischen Väter die Frömmigkeit des Theodosius gegenüberstellt: Die jungen Herrscher Arcadius und Honorius müßten doch erst recht glücklich regieren, wenn sogar die jungen Söhne ungläubiger Väter ein gutes Regiment führen konnten.[139]

Ambrosius greift diese Episoden deshalb auf und stellt dieses Motiv der biblischen Geschichten in seiner Auslegung deshalb heraus, weil es sich in den Rahmen seiner Gedanken in der Predigt für Theodosius einfügt, daß die Frömmigkeit des Theodosius eine Garantie für die glückliche Herrschaft seiner Söhne sei. Aus dem gleichen Grund läßt er es sich nicht entgehen, in seiner Auslegung der Geschichten Jakobs und Josephs für die Redesituation, nachdem er Theodosius mit Jakob, den anwesenden Honorius mit Joseph identifiziert hat, auch noch wörtlich aus dem Jakobssegen zu zitieren; der Wortlaut des väterlichen Segens kann den

---

136 Vgl. für den immer wieder zugrunde liegenden gedanklichen Übergang vom Lob des verstorbe-
     nen Kaisers zu den politischen Mahnungen zur Treue kompakt obit. Theod., 6, 1–3 (CSEL 73,
     374): „Ergo tantus imperator recessit a nobis, sed non totus recessit; reliquit enim nobis liberos
     suos, in quibus eum debemus agnoscere et in quibus eum et cernimus et tenemus."
137 Obit. Theod., 6, 4–5 (CSEL 73, 374): „Nec moveat aetas! Fides militum imperatoris perfecta
     aetas est."; wieder aufgenommen 8, 2–7 (CSEL 73, 375): „Fides ergo auget aetatem. Denique
     nec Abraham, ut in senectute generaret filium, consideravit aetatem, nec Sara, ut pareret. Nec
     mirum, si auget aetatem fides, cum repraesentet futura. Quid est enim ,fides', nisi ,rerum earum,
     quae sperantur, substantia?' (*Hebr., 11, 1). Sic nos scripturae docent."
138 Obit. Theod., 15–16, 4 (CSEL 73, 378–79); vgl. 4 Reg., 21, 19–23, 30; 3 Reg., 15, 1–24.
139 Obit. Theod., 16, 1–4 (CSEL 73, 379): „Sed illorum patres Abias et Amos ambo infideles.
     Theodosius vero plenus timoris dei, plenus misericordiae, speramus quod liberis suis apud
     Christum praesul adsistat, si dominus sit propitius rebus humanis."

häufig variierten Gedanken vom Anfang der Rede, wie der fromme Vater den Sohn dem Schutz seines Gottes befiehlt, nun besonders effektvoll, geprägt vom feierlichen Kolorit der alttestamentlichen Sprache, den Zuhörern nahebringen.[140]

Die besprochenen Passagen machen deutlich, daß Ambrosius mit den Anforderungen der unmittelbaren Redesituation einer Predigt im Rahmen eines Gottesdienstes Redeabsichten verbindet, die über diese Situation hinausgehen: Er nutzt die vielfältigen Möglichkeiten, die das assoziierende Verfahren der Exegese von Schriftstellen bietet, um in der üblichen und einem Bischof angemessenen Form von Schriftauslegungen auch Mahnungen zur politischen Situation auszusprechen.

Ambrosius verbindet im ersten Drittel der Rede immer wieder mit dem Lob des verstorbenen Kaisers und der Interpretation biblischer Geschichten die am Anfang der Rede[141] wie eine Themenangabe ausgesprochenen Gedanken zur Nachfolge der Söhne unter dem Schutz ihres seligen Vaters. Das läßt es plausibel erscheinen, daß Ambrosius diesen ersten Teil seiner Lobrede im Rahmen des Gedenkgottesdienstes angesichts des Publikums auch nach solchen Gesichtspunkten gestaltet hat, die sich für ihn aus der politischen Situation nach dem Tod des Kaisers und seinen Hoffnungen für die unmittelbare Zukunft ergaben.

V. 2. c. §§ 17–38

Für den Rest der Rede läßt sich dieser aktuelle Bezug nicht feststellen. Im nächsten längeren Redeabschnitt, in dem Ambrosius seine Gedanken nach den Versen des 114. Psalmes entwickelt, verbindet er mit der Exegese des biblischen Textes das Lob des verstorbenen Kaisers[142]. Dabei erinnert er zwar auch an Ereignisse aus dem Leben des Theodosius – vor allem an dessen öffentliche Kirchenbuße – an denen er, Ambrosius, großen Anteil gehabt hat[143], betont auch die große Nähe zwischen ihm selbst und dem Herrscher, der noch auf dem Sterbebett mit ihm über die Zukunft der Kirche beraten habe[144]; aber anders als in der Rede für Valentinian, wo Ambrosius sich in langen Passagen und an exponierten Stellen der Rede bemüht, seine große Nähe zu dem jungen Herrscher darzustellen, gehen diese Äußerungen in der Rede

---

140 Obit. Theod., 4, 1–6: „Bonus itaque Ioseph, qui formam pio muneri dedit, quem amabat pater, cui dixit: ‚Adiuvet te deus meus et benedicat te benedictione terrae habentis omnia, propter benedictionem mamillarum et vulvae, benedictionis matris tuae, et propter benedictionem patris tui.‘ (*Gen., 49, 25–26 (Sept.)), pii patris suboles bona.“

141 Obit. Theod., 2, 5–10 (CSEL 73, 372). Vgl. oben S. 181, Anm. 126.

142 Obit. Theod., 17–38 (CSEL 73, 380–89). Vgl. dazu S. 145–50.

143 Obit. Theod., 34, 2–7 (CSEL 73, 388). Vgl. oben S. 112, Anm. 303.

144 Obit. Theod., 35, 1–4 (CSEL 73, 389): „Et ego ... ‚dilexi‘ (cf. Ps. 114, 1) virum, qui me in supremis suis ultimo spiritu requirebat. ‚Dilexi‘ virum, qui, cum iam corpore solveretur, magis de statu ecclesiarum quam de suis periculis angebatur.“ Das Motiv, daß der Redner sich gewichtig auf die letzten Worte des Verstorbenen bezieht, verwendet Ambrosius auch beim Tod Gratians (obit. Val., 79b, 2–4 (CSEL 73, 366–67); vgl. oben S. 168, Anm. 76) und in abgewandelter Form beim Tod Valentinians (obit. Val., 63, 6–7 (CSEL 73, 359); 50, 10–11 (CSEL 73, 354); vgl. S. 98, Anm. 243) – Cicero läßt Cael., 59 den Q. Metellus, den er zum Zweck seiner Rede hoch lobt, auf dem Totenbett mit ihm, Cicero selbst, über die Geschicke des Staates sich sorgen.

für Theodosius nicht über das Maß dessen hinaus, was in der Lobrede eines Bischofs für einen christlichen Kaiser zu erwarten ist.

V. 2. d. §§ 39–53

Ambrosius kommt im letzten Drittel der Rede für Theodosius zunächst wieder auf konkrete politische Ereignisse zu sprechen. Die Gedanken der Rede öffnen sich dann aber weitgespannten Überlegungen zur Einordnung des Theodosius in eine durch alttestamentliche Verheißungen geheiligte Tradition christlicher Herrscher seit Konstantin. Der allgemeine historisch-politische Gehalt dieser Gedanken und die Breite, mit der Ambrosius sich darauf einläßt, sie seinen Zuhörern nahezubringen, gehen über den Rahmen einer Lobrede auf den verstorbenen Kaiser hinaus.

Ambrosius greift zunächst auf den schon vorher in der Rede mehrfach geäußerten Gedanken zurück, daß Theodosius das ewige Leben im himmlischen Jerusalem gewonnen habe;[145] und auch der Abschluß des ganzen langen Redeabschnitts nimmt wieder das Motiv von Theodosius' himmlischer Ruhe im Paradies auf.[146] Daß Theodosius das Paradies gewonnen habe, ist äußerliches Verbindungsstück zwischen den Paragraphen 39–53, also fast dem gesamten abschließenden Teil[147], und dem Rest der Predigt und schafft auch die Verbindung zum Anlaß der Leichenrede.

Im Schlußteil der Rede tritt aber ein bisher von Ambrosius nicht behandelter Aspekt deutlich in den Vordergrund: Neben Theodosius tritt nun Gratian, der durch die Usurpation des Maximus den Tod gefunden hatte. Beide Kaiser zusammen heben sich als Lichtgestalten christlicher Herrscher von den Usurpatoren Maximus und Eugenius ab, die ihren Platz in der Hölle gefunden haben.[148]

Weshalb erwähnt Ambrosius Gratian? Zunächst bietet die Geschichte Gratians, seines Mörders Maximus und seines Rächers Theodosius eine zusätzliche Gelegen-

---

145 Vgl. obit. Theod., 2, 1–5 (CSEL 73, 371–372) und 28–32 (CSEL 73, 385–88) passim (vgl. oben S. 148, Anm. 116).

146 Vgl. obit. Theod., 52–53 (CSEL 73, 398–99), mit dem Abschlußsatz: „(über Theodosius) Sed quia hic in labore, ibi in requie."

147 Vgl. aber zu den letzten Paragraphen obit. Theod., 54–56 (CSEL 73, 399–401) unten S. 191.

148 Obit. Theod., 39, 1–9 (CSEL 73, 391–92): „Manet ergo in lumine Theodosius et sanctorum coetibus gloriatur. Illic nunc conplectitur Gratianum iam sua vulnera non maerentem, quia invenit ultorem; qui licet indigna morte praereptus sit, requiem animae suae possidet. Illic bonus uterque et pietatis interpres largus misericordiae suae consortio delectantur. De quibus bene dicitur: ‚Dies diei eructat verbum.' Contra autem Maximus et Eugenius in inferno quasi ‚nox nocti indicat scientiam' (Ps. 18, 3), docentes exemplo miserabili, quam durum sit arma suis principibus inrogare." – Moderne Interpreten haben sich die Frage gestellt, weshalb Ambrosius in der Theodosiusrede neben Gratian nicht auch Valentinian nennt. Die Erklärung, daß er inzwischen die Überzeugung gewonnen habe, daß Valentinian durch Selbstmord gestorben sei, und er ihn deswegen nicht genannt habe (vgl. oben S. 156, Anm. 20), überzeugt m. E. nicht. Dudden, S. 419, Anm. 11 erklärt, daß Ambrosius aus Taktgefühl Valentinian in der Rede für Theodosius nicht nenne, weil dieser dem von ihm eingesetzten Kaiser auf dessen Hilferufe nicht gegen seinen übermächtigen Heerführer, den er ihm selbst zur Seite gestellt hatte, habe helfen können. Erklärungsversuche müssen wohl spekulativ bleiben.

heit, auf die gerechte Strafe hinzuweisen, die diejenigen finden, die sich gegen ihre Kaiser erheben. Der Gedanke an Gratian, an Maximus und dessen Untergang mag so zusätzlich zu dem hier nur durch den Namen des Eugenius in Erinnerung gebrachten, sechs Monate zurückliegenden Sieg des Theodosius am Frigidus als erneute Mahnung an die Soldaten gewirkt haben, gegenüber den neuen Herrschern die Treue zu wahren;[149] Ambrosius läßt sich aber nicht darauf ein, die angesprochenen Ereignisse breiter zu beschreiben oder gar die militärischen Siege des Theodosius zu preisen.

Die Erwähnung Gratians ist in dieser Rede vielmehr Anlaß dafür, Theodosius in eine Reihe mit anderen christlichen Kaisern vor ihm einzuordnen: Theodosius erscheint in Gemeinschaft mit Gratian, mit seiner kaiserlichen Familie und darüber hinaus in weiterer Perspektive mit allen christlichen Kaisern seit Konstantin dem Großen. Indem Ambrosius in einem Atemzug die Familie des Theodosius zusammen mit Konstantin dem Großen nennt und dann zielstrebig auf Konstantins Rolle als „erster gläubiger Kaiser" zu sprechen kommt, reiht er Theodosius ein in die Folge christlicher Kaiser, die seit Konstantin den christlichen Glauben als Erbe weitergegeben haben.[150] Angesichts dieser „hereditas fidei" treten die tatsächlichen dynastischen Beziehungen mit Hilfe der sprachlichen Gestaltung in den Hintergrund: Die Tatsache, daß keine dynastische Kontinuität zu Konstantin bestand, wird durch den anaphorischen, unverbundenen Anschluß unterdrückt.

Nachdem Ambrosius die Kaiser Theodosius und Gratian in eine Tradition christlicher Herrschaft gerückt hat, weitet sich der Horizont der Gedanken noch einmal: Durch die Interpretation einer alttestamentlichen Prophezeiung des Zacharias aus dem Zusammenhang einer Verheißung des Sieges Jerusalems über feindliche Völ-

---

149 Vgl. obit. Theod., 39, 3 (CSEL 73, 391): „... (Gratianus) invenit ultorem" und v. a. 39, 8–13 (CSEL 73, 392): „... (Maximus et Eugenius) docentes exemplo miserabili, quam durum sit arma suis principibus inrogare. De quibus pulchre dicitur: ,Vidi inpium superexaltatum et elevatum super cedros Libani: et transivi et ecce non erat.' (*Ps. 36, 35f) Transivit enim pius de caligine saeculari ad lumen aeternum, et ,non erat impius' (cf. Prov., 10, 25), qui esse desivit iniquus." („non erat" und „esse" sind nach Vorgabe des ersten Zitates aus dem 36. Psalm beide als Vollverben zu verstehen, vgl. z. Bsp. die Übersetzung von M. D. Mannix.)

150 Obit. Theod., 40, 1–11 (CSEL 73, 392): „Nunc se augustae memoriae Theodosius regnare cognoscit, quando in regno est domini Iesu et considerat templum eius. Nunc sibi rex est, quando recepit etiam filium Gratianum et Pulcheriam, dulcissima sibi pignora, quos hic amiserat, quando ei Flacilla adhaeret, fidelis anima deo, quando patrem sibi redditum gratulatur, quando Constantino adhaeret. Cui licet baptismatis gratia in ultimis constituto omnia peccata dimiserit, tamen quod primus imperatorum credidit et post se hereditatem fidei principibus dereliquit, magni meriti locum repperit." St. Rebenich hat aufgrund eines weiteren Zeugnisses bei Ambrosius (ep. extr. coll., 11, (Maur. 51), 17 (CSEL 82.3, 218)) und inschriftlicher Beurkundung (CIL 11, 276) gegen die Erklärungen in der Ausgabe der Mauriner (vgl. PG 16, 1399a und 1163c) die schon vor ihm weniger gut begründete Vermutung plausibel gemacht, daß der hier erwähnte „filius Gratianus" ein im Kindesalter verstorbener Sohn des Theodosius ist: St. Rebenich, Gratian, a son of Theodosius and the birth of Galla Placidia, in: Historia, 34, 1985, S. 372–85, und ders., Gratianus redivivus, in: Historia, 38, 1989, S. 376–79. – Auch die zitierte Inschrift stellt die Familie des Theodosius und den Kaiser Gratian in eine von Konstantin ausgehende Herrschaftstradition (vgl. Rebenich, Historia, 34, 1985, S. 372–77).

ker mit Hilfe des Herrn[151] läßt Ambrosius die christliche Herrschaft der Kaiser seit Konstantin als Erfüllung heilsgeschichtlicher Verheißung erscheinen.[152]

Um zu erklären, daß die Prophezeiung zu Konstantins Zeit in Erfüllung gegangen sei, schaltet Ambrosius nun eine sehr lange Erzählung[153] in die Rede für Theodosius ein: Helena, die Mutter Konstantins, habe nach frommer Suche das heilige Kreuz gefunden; einen der Kreuzigungsnägel habe sie in die Krone der von nun an christlichen Kaiser einarbeiten lassen, aus einem anderen habe sie Zaumzeug für das Pferd ihres Sohnes anfertigen lassen.[154]

Auf die breit angelegte Erzählung folgt die Deutung:[155] Krone und Zaumzeug aus den Kreuzigungsnägeln stehen für den Sieg des christlichen Glaubens seit Konstantin; das Zaumzeug vor allem mahnt die Kaiser zu einem christlichen Ideal maßvoller und gerechter Herrschaft; es sind nicht mehr die klassischen Herrschertugenden philosophischer Selbstbeherrschung und väterliche Güte, die die Kaiser

---

151 *Zach., 14, 20: „In illo die erit, quod super frenum equi, sanctum domino omnipotenti." Vgl. für den biblischen Zusammenhang Zach., 14, 1–21, „Der Tag des Herrn".

152 F. Rozynski beschreibt die zur Diskussion stehenden Abschnitte der Rede als „Lob der Vorfahren" des Theodosius (S. 97, 106, 112) in der Tradition der römischen laudatio funebris; dazu beruft er sich auf den bekannten Bericht des Polybius über eine pompa, demzufolge in der Leichenrede nach dem Toten auch Angehörige seiner gens gelobt werden (Polyb., 6, 54, 1). Der naheliegende Einwand, daß keine tatsächlichen dynastischen Verbindungen zwischen Theodosius und Konstantin bestanden (z. Bsp. bei Ruiz, S. 120), ist berechtigt, ignoriert aber, daß Ambrosius diese Tatsache offenbar ausblenden will; jedenfalls wird es Ambrosius nicht unwillkommen gewesen sein, daß seine Zuhörer oder spätere Leser nicht den Gedanken fassen könnten, daß keine dynastische Kontinuität zwischen Theodosius und den ersten christlichen Kaisern seit Konstantin bestand. Dennoch spricht gegen eine Einordnung in Traditionen der römischen laudatio funebris zunächst, daß es zweifelhaft ist, ob das Lob der Vorfahren seinen Platz am Ende der laudationes, der sich aus dem Bericht des Polybius für die Zeit der römischen Republik ergibt, behalten hat; vereinzelte Hinweise sprechen für die Annahme, daß das Lob der Vorfahren in der Kaiserzeit nach rhetorischen Vorschriften zur Lobrede am Anfang als Topos des „genus" seinen Platz fand. (Vgl. die Diskussion bei Kierdorf S. 64–65; Hinweise ergeben sich aus Tac., Ann., 13, 3, 1 und vor allem aus Hier., ep. 60, 8; vgl Hier., ep. 77, 2.) Gegen Rozynski ist aber vor allem einzuwenden, daß die Paragraphen obit. Theod., 39 ff, in denen er das „Lob der Vorfahren" des Kaisers erkennt, mehr leisten, als daß sie Theodosius nur als Mitglied einer ruhmvollen gens oder Dynastie erscheinen lassen. Ambrosius nutzt das Motiv, um weitere Zwecke zu verfolgen, nämlich, Theodosius in eine durch alttestamentliche Prophezeiungen geheiligte Tradition christlicher Herrschaft einzuordnen.

153 Obit. Theod., 40, 11–50, 12 (CSEL 73, 392–98).

154 Vgl. dazu Hieronymus, der diese nicht ganz naheliegende Deutung der Prophetie so versteht, daß das Zaumzeug des Constantin als ‚sanctum domini' (vgl. *Zach., 14, 20 oben S. 187, Anm. 151) bezeichnet würde. Ohne daß deutlich wird, ob er sich auf Ambrosius bezieht, bringt er in seinem Kommentar zu Zacharias zum Ausdruck, daß er nichts von der Erklärung hält, vgl. Hier., in Zach., 14, 20 (III, 801–804) Corp. Chr., ser. lat. 76 a, 898: „Audivi a quodam rem sensu quidem pio dictam, sed ridiculam. Clavos dominicae crucis, e quibus Constantinus augustus frenos equo suo fecerat, sanctum domini appellari. Hoc utrum ita accipiendum sit, lectoris prudentiae relinquo." Die Tatsache, daß nach Hieronymus der fragliche Exeget nicht Helena, sondern Constantin selbst das Zaumzeug herstellen läßt, betrifft nicht den Kern der kritisierten Deutung.

155 Die Erzählung obit. Theod., 41–47 (CSEL 73, 393–96); die Deutung 48–51 (CSEL 73, 396–98).

vor tyrannischer Entartung bewahren, sondern das Kreuz Christi, Glaube und Gottergebenheit, „fides" und „devotio".[156] In einem langen Paragraphen preist Ambrosius im Zusammenhang dieser Erklärung in der Leichenrede für Theodosius auch den Sieg der christlichen Kirche über Judentum und christliche Häresien.[157]

Die Erzählung der Helenalegende ist durch die Erklärung der Zachariasprophetie motiviert; Ambrosius nimmt die Worte der Prophetie wiederholt auf;[158] die Breite der Erzählung ist allerdings auffällig, und indem sie sich streckenweise verselbständigt, geht der Zusammenhang zum Rest der Rede verloren.[159]

---

156 Obit. Theod., 48, 8–10 (CSEL 73, 396–397): „... corona de cruce, ut fides luceat, habena quoque de cruce, ut potestas regat sitque iusta moderatio, non iniusta praeceptio."; 50, 1–11 (CSEL 73, 398): „Quare ‚sanctum super frenum' nisi ut imperatorum insolentiam refrenaret, conprimeret licentiam tyrannorum, qui quasi equi in libidines adhinnirent, ... Prona enim potestas in vitium ferebatur et more pecudum vaga sese libidine polluebant, ignorabant deum. Restrinxit eos crux domini et revocavit a lapsu impietatis, levavit oculos eorum, ut Christum in caelo quaererent. Exuerunt se camo perfidiae, susceperunt frena devotionis et fidei, ..." Ambrosius verwertet die Metapher vom Zaumzeug häufiger; sie findet sich ebenfalls bei anderen Autoren und stellt später auch einen Bildtyp in der bildenden Kunst dar (vgl. H. North, S. 368 Anm. 125 mit Stellenangaben).

157 Obit. Theod., 49, 1–2 (CSEL 73, 397): „Ex illo gratulatur ecclesia, erubescit Iudaeus, nec solum erubescit, sed etiam torquetur, ..."; am Ende des Paragraphen 49, 16–18 (CSEL 73, 397) gegen Photinianer und Arianer.

158 Vgl. die Einleitung der Erzählung obit. Theod., 40, 11–13 (CSEL 73, 392–93) und 47, 9–10, (CSEL 73, 396); 50, 1 (CSEL 73, 398).

159 Vgl. schon die Länge der eigentlichen Erzählung über sieben Paragraphen. Bezeichnend für die Verselbständigung sind auch die lange, an den diabolus gewandte direkte Rede Helenas obit. Theod., 43, 3–13 (CSEL 73, 393–94) und die Verwendung des Präsens auf dem Höhepunkt der Erzählung in § 45 (CSEL 73, 394–95). Es ist auf eine ganze Reihe von Aufsätzen zur Einfügung der Erzählung in die Rede für Theodosius zu verweisen: L. Laurand, L'oraisaon funèbre de Théodose par Saint Ambroise, discours prononcé et discours écrit, in: RHE 107, 1921, S. 349–50 nimmt Anstoß, daran, daß Ambrosius § 33, mitten in der Rede, eine „peroratio" angekündigt hatte und hält die Erzählung für einen späteren Einschub, der ursprünglich nicht für diese Rede konzipiert gewesen sei. Ch. Favez, L'épisode de l'invention de la croix dans l'oraison funèbre de Théodose par Saint Ambroise, in: REL 10, 1932, S. 423–29 hält die Erzählung ebenfalls für einen späteren Einschub; er betont aber die inhaltlichen Zusammenhänge mit dem Rest der Rede, die er vor allem in Mahnungen an Arcadius und Honorius für ihr Verhalten als Kaiser erkennt (S. 426ff). W. Steidle, Die Leichenrede des Ambrosius für Kaiser Theodosius und die Helenalegende, in: VChr, 32, 1978, S. 94–112 hat Argumente gegen die Überbewertung der Ankündigung einer „peroratio" (S. 95) und betont, daß die Erzählung durch die Zachariasprophezeiung motiviert ist; er erkennt ihre Funktion darin, die Tradition der christlichen Kaiser als heilsgeschichtliche Erfüllung alttestamentlicher Prophezeiungen erscheinen zu lassen. Franca Ela Consolino, Il significato dell' inventio crucis nel de obitu Theodosii, in: AFLS 5, 1984, S. 161–80 erklärt, daß die Erzählung Arcadius und Honorius als Erben der „hereditas fidei" in einer durch das Alte Testament legitimierten Kontinuität im Gegensatz zu den Usurpatoren herausstellt. Favez, Steidle und F. E. Consolino weisen auf wichtige Aspekte des Zusammenhangs zwischen Rede und Erzählung hin; die Breite der eigentlichen Erzählung bleibt erstaunlich, zumal ihre Heldin Helena für die herausgestellten Zusammenhänge zur Rede untergeordnete Bedeutung hat. Ich halte die lange Erzählung als Deutung der alttestamentlichen Prophezeiung für einen ursprünglichen und wesentlichen Teil der gehaltenen Rede. Außer den verschiedenen inhaltlichen Aspekten, die deutliche Bezüge zum Rest der Rede haben, spricht dafür auch die Strukturierung der ganzen Rede für Theodosius, wie Steidle sie S. 106–112 darlegt; vgl. dazu unten S. 190, Anm. 163.

Aber Ambrosius greift nach der langen Abschweifung den Ausgangspunkt seiner weitgespannten Überlegungen wieder auf und stellt nun explizit Gratian und Theodosius in die Tradition der christlichen Herrscher seit Konstantin, die nun zusätzlich durch die alttestamentliche Verheißung des Zacharias geheiligt erscheint.[160] Dadurch werden auch die Nachfolger des gläubigen Theodosius, Arcadius und der im Gottesdienst anwesende Honorius, zusätzlich legitimiert.[161]

So prägen im letzten Drittel der Rede neben der immer wieder aufgenommenen Versicherung, daß Theodosius das Paradies gewonnen habe, die die Verbindung zum Anlaß der Leichenrede darstellt, allgemeine historisch-politische Gedanken den Charakter der Predigt für Theodosius. Aktuelle Bezüge auf die Tagespolitik nach dem Tod des Theodosius, wie sie im ersten Abschnitt den Redner bestimmt haben, treten hinter allgemeineren Überlegungen zurück. Die Rede auf Theodosius weitet sich mit diesen Gedanken zu einem festlichen und erhebenden Lobpreis christlicher Kaiserherrschaft, die nun von den Nachfolgern des Theodosius weitergeführt werden soll.

Aber nicht darin allein erschöpft sich die Bedeutung des langen Redeabschnitts mit der sich verselbständigenden Erzählung der Helenalegende. Ambrosius läßt sich vielmehr zum Schluß auf den Ton einer Festrede ein, die durch die eingefügte Legende mit ihren langen erzählenden Passagen erbaulich und unterhaltsam, durch ihren heilsgeschichtlichen Gehalt feierlich und erhebend auf die Zuhörer wirkt.

Seine Gedanken zur historischen Stellung des siegreichen Christentums oder zum Ideal christlicher Herrschaft, die er dabei formuliert, dienen nicht dazu, unmittelbar aktuelle politische Absichten zu verfolgen; der Lobpreis christlicher Kaiserherrschaft seit Konstantin ist vielmehr ein Stück christlicher Geschichtsinterpretation, die aus der unangefochtenen Position des siegreichen Christentums heraus für den Augenblick die Zuhörer vor allem feierlich erhebt und bestärkt und langfristig einen Beitrag zur historischen Selbstvergewisserung christlicher Kaiserherrschaft leisten will.[162]

---

160 Obit. Theod., 50, 12–15 (CSEL 73, 398): „Inde (ohne direkten Bezug; zu verstehen ist wohl: „Von Konstantins Hinwendung zum Christentum angefangen") reliqui principes Christiani – praeter unum Iulianum, qui salutis suae reliquit auctorem, dum philosophiae se dedit errori – inde Gratianus et Theodosius."

161 Vor allem durch den Gedanken, daß der Glaube als Erbe weitergegeben wird; vgl. obit. Theod., 40, 9–11 (CSEL 73, 392): „(Constantinus) ..., quod primus imperatorum credidit et post se hereditatem fidei principibus dereliquit, ..."; vgl. 47, 8–9 (CSEL 73, 396): „(Constantinus) ... fidem transmisit ad posteros reges."; dieser Gedanke der „hereditas fidei" war auch schon im ersten Abschnitt der Rede wiederholt angeklungen, vgl. 2, 7 (CSEL 73, 372): „pietatis heredes" über die Söhne des Theodosius; 5, 6 (CSEL 73, 374): „indulgentiarum hereditas"; 9, 5 (CSEL 73, 376): „hereditas fidei" seit Abraham, Isaak und Jakob. – Für die legitimierende Bedeutung dynastischer Gedanken und des Begriffs der „hereditas" in den Panegyrici des vierten Jahrhunderts vgl. F. Burdeau, L'empéreur d'après les panégyriques latins, S. 58, in: Aspects de l'empire romain, edd. F. Burdeau, Nicole Charbonel, M. Humbert, Paris, 1964.

162 Es ist erwähnenswert, daß Ambrosius in der Rede die Schlacht und den Sieg des Theodosius am Frigidus nicht breiter behandelt; er schildert nur eine kurze Episode, obit. Theod., 7 (CSEL 73, 375); vgl. oben S. 182, Anm. 135. Gerade diese Schlacht, die durch einen gottgesandten Sturm entschieden worden sein soll, ist bei christlichen Autoren zum Sinnbild des epochalen Sieges des Christentums über das Heidentum geworden. Vgl. etwa nur August., Civ., 5, 26 oder Oros.,

Ein Überblick über die ganze Rede für Theodosius zeigt, daß Ambrosius im ersten Drittel aktuelle politische Ereignisse berücksichtigt; hier wird sein Bemühen deutlich, einen Beitrag zur reibungslosen Nachfolge der Söhne des Theodosius in der Herrschaft zu leisten. Ambrosius versteht es immer wieder, diese zusätzliche Redeabsicht geschickt mit dem Lob des verstorbenen Kaisers und dem unmittelbaren Anlaß einer Predigt zu verbinden.

Im letzten Drittel der Rede entwickelt er – wie es für eine Leichenrede angemessen ist, von der Verherrlichung des Kaisers im Paradies ausgehend – weitgespannte historisch-politische Gedanken zur Einordnung des Theodosius in eine durch alttestamentliche Prophezeiungen geheiligte Tradition christlicher Herrschaft seit Konstantin. Er faßt auch sein eigenes Verhältnis zu Theodosius gelegentlich ins Auge; aber der Vergleich mit der Rede für Valentinian, in der Ambrosius andere Absichten verfolgt, verdeutlicht, daß seine eigene Person und persönliche Zwecke hinter allgemeinere Interessen zurücktreten.

Die Eckpfeiler der Rede werden gebildet durch einen ersten Teil, der neben dem Lob des Kaisers und der Exegese von Schriftpassagen konkrete Gegenwartsbezüge zur diesseitigen Welt enthält, und einen Schlußteil, der die politische Gegenwart durch den Rückgriff auf die Vergangenheit legitimiert.[163] Dieser Aufbau verrät, daß der Redner sich bei der Planung seiner Rede in einem Maße an politischen und historischen Umständen orientiert hat, das über den Rahmen einer einfachen Trauerrede hinausgeht. Der Bischof faßt nicht nur das Lob des Kaisers ins Auge, sondern er nutzt den tatsächlich bedeutungsvollen Anlaß der Predigt im Gedenkgottesdienst für Theodosius zusätzlich; einerseits für Mahnungen zur gegenwärtigen Situation, vor allem aber für identitätstiftende historische Reflexionen.

7, 35, 12–22. (Zu anderen Autoren, verschiedenen Versionen und Legenden um die Schlacht vgl. Straub, RAC 6, Sp. 872–74.) Wie die meisten anderen Autoren geht Ambrosius selbst auf die Schlacht „in kanonischer Form" in seiner Erklärung des 36. Psalmes ein (Ambr., in Ps. 36, 25, (CSEL 64, 91)). Weshalb in der Leichenrede die Schlacht nicht deutlicher für den „Sieg des Christentums" steht, kann nur durch spekulative Überlegungen beantwortet werden: Es ist denkbar, daß die Erinnerung an die Schlacht als Sinnbild für den Sieg über die heidnischen Anhänger des Eugenius den Bemühungen um Versöhnung mit den Unterlegenen, die auch von Ambrosius initiiert waren (vgl. seine Briefe an Theodosius (oben S. 181, Anm. 129), und allgemein zur versöhnlichen Politik nach dem Sieg (oben S. 179, Anm. 116)), entgegengewirkt hätte. Wichtiger ist vielleicht, daß eine breitere Schilderung der Schlacht sich nicht mit der gänzlich unmilitärischen Konzeption des Herrrscherlobs in der Rede für Theodosius vertragen hätte. Unabhängig von Spekulationen, weshalb Ambrosius nicht die zu späterer Zeit kanonische Erzählung von der Schlacht am Frigidus in seiner Rede aufgreift, verdeutlicht aber der Vergleich dieser Erzählung vom Sieg des Christentums mit der Schlußpassage in der Rede für Theodosius noch einmal, daß der Triumph christlicher Herrschaft – indem Ambrosius ihn durch den Rückgriff auf die Zachariasprophetie und die Erzählung der Helenalegende aus der Zeit Konstantins des Großen illustriert – zusätzliche historische und heilsgeschichtliche Dimensionen bekommt.

163 Ich folge für diese Interpretation der großen Struktur der Rede Steidle, S. 106–112. Ich glaube nicht, daß Ambrosius die Rede im einzelnen so detailliert und kleinteilig geplant hat, wie Steidle ebd. nahelegt. Im Rahmen des allgemeinen Aufbaus der Rede läßt sich Ambrosius in den einzelnen Teilen stärker durch freie Assoziationen als durch überlegte Gliederung leiten.

Um erneut deutlich zu machen, daß Ambrosius diese Absicht immer mit den Erfordernissen der konkreten Situation seiner Predigt verbindet, sei abschließend daran erinnert, daß formal der Eingang und der Schluß der Rede, die vom die Welt erschütternden Tod des Theodosius ausgehen[164] und zur Überführung des Leichnams nach Konstantinopel überleiten[165], den eigentlichen Anlaß der Predigt im Auge behalten. Ambrosius verfolgt seine weitergehenden Absichten vor allem durch entsprechende Interpretation biblischer Texte und wird auf diese Weise der Gottesdienstsituation und seiner Rolle als Prediger gerecht.

---

164 Obit. Theod., 1, 1–2, 5 (CSEL 73, 371–72).
165 Obit. Theod., 54–56 (CSEL 73, 399–401), etwa unmittelbar vor dem Schluß: „Sed nunc illi (sc. Constantinopoli) potentior, nunc gloriosior redit (sc. Theodosius), quem angelorum caterva deducit, quem sanctorum turba prosequitur."

SCHLUSS

Als Abschluß der vorgelegten Interpretation der Leichenreden des Ambrosius von Mailand soll jede einzelne der Reden in einem zusammenfassenden Überblick als Ganzes betrachtet werden.[1]

Die Rede, die Ambrosius am Tag der Beerdigung am Grab seines Bruders gehalten hat, läßt sich in drei Teile gliedern: Im ersten Drittel mischen sich pathetische Klagen um den Verlust des Bruders mit Trostargumenten und lebhafter Erinnerung an die Zeit der Gemeinsamkeit. Die Sprache und die ungegliederte Abfolge der Gedanken prägen den emotionalen Charakter dieses Redeteils.

In einem zweiten Teil lobt Ambrosius die Tugenden des Bruders; Christlich interpretiertes Allgemeingut ethischer Belehrung aus heidnisch-philosophischer Tradition dient dem Redner als Material für das Lob des Bruders; dieselbe Funktion haben Sentenzen aus der Heiligen Schrift. Das Schema der Kardinaltugenden bietet darüber hinaus eine Gliederungshilfe für diesen übersichtlich strukturierten und in sich abgeschlossenen Redeteil.

Schließlich mahnt Ambrosius im dritten Teil der Rede dazu, Trauer und Klage zu überwinden; er beruft sich dazu auf einen biblischen Text, der mit großer Wahrscheinlichkeit zu den Lesungstexten der Trauerfeierlichkeiten für den Bruder gehörte. Aufgrund der Disposition der Rede bekommt im letzten Drittel die biblische Mahnung, den Schmerz zu überwinden, neben traditionellen Trostargumenten, die sich auch am Anfang finden, entscheidendes Gewicht.

Die große Disposition der Rede, die von pathetischer Klage hin zur Überwindung des Schmerzes führt, entspricht Vorschriften der Schulrhetorik für die Gestaltung von Trauerreden. Ambrosius macht sich diese Vorgabe zunutze, weil sie seiner Absicht entspricht: Er will vor allem sich selbst trösten, bzw. durch die Veröffentlichung seiner Rede beispielhaft angemessenes Verhalten in großer Trauer vorstellen. Für dieses seelsorgliche Anliegen greift er auf die übliche Form von Leichenreden zurück, weil diese Form menschlichen Einsichten über die Behandlung von Trauer und Schmerz Rechnung trägt. Ambrosius muß sich nicht daran stoßen, daß er sich auf diese Weise in den gleichen Gleisen bewegt wie heidnische Philosophen und weltliche Rhetoren, weil nach seiner Überzeugung die biblische Weisheit Quelle für das Wissen der heidnischen Welt war.

So stützt er sich auch, um den Bruder zu loben, auf das klassische Schema der Kardinaltugenden. Auf diese Weise gibt er seiner Rede im Abschnitt über die

---

[1] Für Zusammenfassungen der Ergebnisse dieser Arbeit verweise ich außerdem auf die Beschreibung der unterschiedlichen Situationen, in denen die Reden gehalten wurden, in der Einleitung S. 11–13 und die jeweils zusammenfassenden Passagen oben, S. 31; 43; 49; 50; 80–81; 100–103; 115–119; 126; 133; 142; 150; 175–178; 190–191.

Tugenden des Bruders eine verbindliche Form; diese verbindliche Form ist besser
als die überschwenglichen Erinnerungen an das gemeinsame Leben mit dem Bruder
dazu geeignet, den Zuhörern und späteren Lesern ein Vorbild tugendhaften Lebens
vor Augen zu stellen. Das griffige Schema hat so neben dem unmittelbaren Zweck,
den Abschnitt über die Tugenden des Bruders zu gliedern, eine Funktion für die
moralisch belehrenden Absichten, die Ambrosius mit seiner Rede und mit ihrer
Veröffentlichung verfolgt haben mag.

Die beiden Reden für den Bruder, die von Ambrosius zusammen veröffentlicht
worden sind, bilden eine Einheit. Die erste Rede diente vor allem dazu, dem
natürlichen Schmerz um den Verlust des Bruders freien Lauf zu lassen. Nach einer
Zeit der Trauer soll der Schmerz überwunden werden. Die zweite Rede, die
Ambrosius sieben Tage nach der Beerdigung am Grab des Bruders gehalten hat,
befaßt sich allein mit dem Trost. Ihr wichtigstes Thema ist die Besinnung auf den
christlichen Auferstehungsglauben, die Schmerz und Klage angesichts des Todes
verbietet. Ambrosius empfiehlt durch die Veröffentlichung der beiden Reden –
abgesehen davon, daß er dem Bruder ein ehrendes Denkmal setzt – ein Beispiel
vorbildlichen christlichen Verhaltens in Fällen großer Trauer: Schmerz und Trauer
sind natürlich und haben ihr Recht; aber der christliche Auferstehungsglaube mahnt
die Hinterbliebenen zur Überwindung diesseitsbezogener Trauer und zu Zuversicht
und Hoffnung auf ein besseres Leben im Jenseits.

Nach der emotionalen ersten Rede hat die zweite Rede den Charakter einer
vernünftigen Abhandlung: Sie wird durch eine den Zuhörern oder Lesern zum
Zwecke der Orientierung mitgeteilte Gliederung strukturiert: Ambrosius argumentiert, daß alle Menschen sterben müssen, daß der Tod kein Übel sei und schließlich,
daß auf den Tod die Auferstehung folge. Die Gründe, die ihm die Auferstehung zur
Gewißheit machen, unterteilt Ambrosius in Vernunftargumente, das Vorbild des
gesamten Kosmos und konkrete Zeugnisse bereits geschehener Auferstehungen.
Ambrosius unterwirft sich allerdings nicht konsequent dieser einsichtigen Gliederung.

Er bedient sich frei der üblichen Konsolationsargumente heidnischer Philosophie; außerdem greift er auf zahlreiche Passagen der Heiligen Schrift zurück, um
seine Argumentation zu stützen. So wie Ambrosius die biblischen Argumente
häufig nach den traditionellen Gedanken der Konsolationsliteratur vorträgt, behandelt er auch das christliche Thema der Auferstehung am Schluß als letzten und
längsten Teil der Rede, der Zuhörern und Lesern im Gedächtnis bleibt.

Die Interpretation der im Rahmen der Argumentation herangezogenen Schrifttexte verselbständigt sich in vielen Passagen. Dadurch löst sich die einsichtige
Gliederung der Rede auf; nicht eine vorher festgelegte Argumentationsstruktur,
sondern der Zusammenhang biblischer Geschichten und die assoziative Verknüpfug
verschiedener Texte der Heiligen Schrift bestimmen über lange Strecken die Abfoge
der Gedanken, die in weiten Kreisen um das Thema von Tod und Auferstehung
schweifen.

Die Erläuterung von Schrifttexten verbindet sich mit der vorgegebenen Argumentation einer tröstenden Abhandlung nicht zu einer Einheit.

Die Rede für Valentinian beginnt nach einer förmlichen Einleitung mit Klagen, vor allem mit Klagen der Kirche über den Tod des Kaisers, und wendet sich erst danach der Person des Herrschers zu. Die dem Propheten Jeremias zugeschriebenen biblischen Klagelieder, auf die Ambrosius sich immer wieder bezieht, verbinden diese unterschiedlichen Themen der Rede. Ambrosius lobt den Herrscher anhand einiger Episoden aus seiner Regierungszeit – besonders ausführlich schildert er dessen treue Bindung an die Kirche. Er fügt dann eine lange Passage ein, in der er sein eigenes Verhalten vor dem Tod des Herrschers rechtfertigt. Danach referiert er eine Predigt, in der er in undeutlichen Anspielungen über den Tod Valentinians gesprochen hatte, kommt auf das Verhältnis des Herrschers zu den Schwestern zu sprechen und findet im Zusammenhang damit tröstende Worte für die Hinterbliebenen. Er versichert, daß Valentinian im gnädigen Zustand der Taufe gestorben sei und preist ihn schließlich in einer langen Passage nach Worten des Hohenlieds. Am Schluß und auch in dem die Leichenrede konventionell beschließenden Gebet rückt er noch einmal die Umstände, unter denen Valentinian den Tod fand, und seine eigene Einsatzbereitschaft für den Kaiser in den Vordergrund. In der ganzen Rede finden sich in kürzeren Bemerkungen undeutliche Anspielungen auf die Umstände, unter denen Valentinian den Tod fand. An verschiedenen Stellen und auch wieder am Schluß erinnert Ambrosius an den älteren Halbbruder Gratian, der wie Valentinian als Opfer politischer Konkurrenten den Tod fand.

Seelsorgliche oder moralisch belehrende Absichten, die Ambrosius bei der Veröffentlichung der beiden Reden zum Tode des Bruders bewegt haben mögen, haben für die Rede zum Tod Valentinians eine untergeordnete Bedeutung. Nur die förmliche Einleitung und eine abgeschlossene Passage inmitten der Rede widmen sich mit konventionellen Argumenten dem Trost.

Im Gegensatz dazu ist vor allem Ambrosius' eigene Stellung zu dem jungen Herrscher ein Thema, das in der ganzen Rede und an exponierter Stelle am Schluß aufgegriffen wird. Ambrosius, der sich in der Vergangenheit heftige Auseinandersetzungen mit dem jungen Kaiser und seinem Hof geliefert hatte, verteidigt sich gegen Vorwürfe, daß er Mitverantwortung am Tod des Kaisers trage; er will nahelegen, daß Valentinian ein Freund der Kirche war und in ihm, dem Bischof, einen engen väterlichen Freund und Beschützer gehabt habe. Er vermeidet es gleichzeitig, sich eindeutig über die Todesumstände Valentinians zu äußern, um sich gegenüber den neuen Machthabern, deren Opfer Valentinian geworden war, Handlungsspielraum zu bewahren.

Ambrosius nutzt geschickt den äußeren Anlaß einer Leichenrede, um seine Absichten zu verfolgen. Neben selbstverständlich eingesetzten rhetorischen Gliederungskategorien und Übergangsfloskeln finden sich Elemente von Leichenreden wie die Klage um den Verstorbenen oder das Lob seiner Schönheit. Ambrosius benutzt mit den biblischen Klageliedern und dem Hohenlied inhaltlich ähnliche Texte der Heiligen Schrift, um diese Themen zu behandeln, und gibt seiner Rede dadurch einen eigenständig christlichen Charakter. Das assoziative Verfahren der Schrifterklärung erlaubt ihm darüber hinaus, in der Rolle des predigenden Bischofs und im Gewand erbaulicher Exegese Absichten zu verfolgen, die über den äußeren Anlaß der Leichenrede hinausgehen.

In der Predigt im Gottesdienst für Theodosius, die Ambrosius vor Soldaten, Würdenträgern und Teilen der Mailänder Bevölkerung gehalten hat, nutzt er im ersten Teil den Anlaß seiner Rede zum Tod des verstorbenen Herrschers auch dazu, einen Beitrag zur reibungslosen Übergabe der Macht an die zur Nachfolge bestimmten jugendlichen Söhne zu leisten.

Das Kernstück der Predigt bildet die Erklärung eines Lesungstextes aus dem Gottesdienst: Ambrosius läßt diese Schriftworte effektvoll als Vermächtnis des verstorbenen Herrschers erscheinen und charakterisiert ihn auf diese Weise als gläubigen Christen. So wird er auf überzeugende Weise der Gottesdienstsituation gerecht und preist gleichzeitig den verstorbenen Herrscher.

Im letzen Teil der Rede nutzt Ambrosius den bedeutungsvollen Anlaß der Leichenrede für Theodosius, um die heilsgeschichtliche Stellung der christlichen Kaiser zu feiern. Unterhaltsame und erbaulich erzählende Partien lassen die Rede zu einer Festrede werden, die zur ideologischen Bestärkung und historischen Selbstvergewisserung christlicher Kaiserherrschaft beiträgt.

Die Ideale christlicher Lebenshaltung, die Ambrosius Theodosius zuspricht, – seine christliche Liebe, seine Barmherzigkeit und Demut – und die betonte Darstellung des Kaisers als eines Gläubigen vor seinem Gott unterscheiden sich nicht nur in krasser Weise von den Tugenden, auf die die römischen Kaiser traditionell verpflichtet werden; auch im Vergleich zu den Tugenden Valentinians und besonders zu den Kardinaltugenden des Satyrus sind die gepriesenen Wertvorstellungen in der Rede für Theodosius besonders deutlich christlich geprägt. Das ergibt sich dadurch, daß Ambrosius seine Gedanken unmittelbar aus den Worten der Heiligen Schrift entwickelt, die er seiner Predigt in ihrem Mittelstück zugrunde legt.

Der Gegensatz zwischen der christlichen Interpretation der klassischen Kardinaltugenden in der Rede für den Bruder und dem Lob christlicher Lebensideale durch die Interpretation von Schriftworten in der öffentlichen Leichenrede für den verstorbenen Kaiser verdient besondere Beachtung. Die Tatsache, daß Ambrosius in der Rede für Theodosius durch Schriftexegese der Gottesdienstsituation in besonderem Maße gerecht wird, erklärt die besondere Betonung christlicher Ideale und die Konzentration auf den persönlichen Glauben des Kaisers nur teilweise, denn Ambrosius war durch nichts darauf festgelegt, die Erklärung dieses einen Lesungstextes zum Mittelpunkt seiner Predigt und seines Lobpreises auf Theodosius zu machen. Es kann im Gegenteil nicht ausgeschlossen werden, daß er vielleicht selbst genau diesen Lesungstext für den Gedenkgottesdienst ausgewählt hat, um den Kaiser dadurch zu charakterisieren.[2] Andererseits hätte er auch in der Rede für den Bruder ausführlicher auf Lesungstexte der Trauerfeierlichkeiten eingehen können.

In der Rede für Satyrus sprach Ambrosius vor einem privaten Kreis wohl vornehmlich christlicher Zuhörer seiner Gemeinde; diese Gruppe erreichte er auch sonst durch seine Predigten. In der Predigt für Theodosius wandte sich Ambrosius an ein öffentliches Publikum; vor allem unter den anwesenden Soldaten werden auch nichtchristliche Zuhörer gewesen sein; er konnte damit rechnen, daß er durch

---

2   Vgl. dazu die Überlegungen oben S. 145, Anm. 104.

die Veröffentlichung der Leichenrede für den Kaiser ein weites Publikum ansprach, das christliche Prediger sonst nicht erreichen konnten.

Vielleicht hat ihn gerade dieser Umstand dazu bewogen, den persönlichen christlichen Glauben des Kaisers und unverwechselbar christliche Lebensideale in den Vordergrund zu stellen.

ANHANG:
AUSSAGEN DES AMBROSIUS ZU SEINER TÄTIGKEIT
ALS PREDIGER

Im Folgenden werden verschiedene Passagen aus den Werken des Ambrosius interpretiert, in denen er sich zu seiner Tätigkeit als Prediger äußert.[1]

1. ZUM ETHOS DES PREDIGERS

Drei Passagen können beispielhaft verdeutlichen, aus welcher Motivation heraus und mit welchem Ethos Ambrosius predigt: Bevor er in seiner Erklärung des biblischen Schöpfungsberichts die neunte Predigt des Hexameron in Angriff nimmt, in der die Erschaffung der Lebewesen und des Menschen zu behandeln sind, beschreibt er die Größe der eigenen Aufgabe. Er vergleicht die Reihe der eigenen Predigten über die Schöpfungsgeschichte mit musischen oder sportlichen Agonen. Nun, am letzten Tag, steht die summa certaminis bevor.

Aber Ambrosius trägt schwerer an seiner Aufgabe als ein wirklicher Wettkämpfer, denn wenn er das gesteckte Ziel verfehlt, verliert er nicht einfach im spielerischen Wettkampf die Gunst der Zuschauer; der Prediger ist dafür verantwortlich, daß seine Zuhörer keinen Schaden an ihren Seelen erleiden, und Ambrosius scheut nicht davor zurück, seine Predigt mit einem Kampf auf Leben und Tod zu vergleichen.[2]

---

1   Sammlungen entsprechender Stellen finden sich etwa bei Dudden, S. 454–59 und L. F. Pizzolato, La dottrina esegetica di Sant' Ambrogio, S. 305–13. Dudden bezieht sich für explizite Äußerungen zur Predigt sehr knapp auf die wesentlichen Stellen in einem beratenden Brief des Ambrosius an einen neuen Bischofskollegen (Ambr., ep., 36 (Maur. 2) (CSEL 82.2, 3–20) und einzelne Bemerkungen aus offm. Pizzolato behandelt in seinem Buch ausführlich die theoretischen Grundlagen, auf Grund derer Ambrosius die Heilige Schrift interpretiert und befaßt sich im zitierten Kapitel nur am Rande mit der Vermittlung der Schriftinterpretation durch den Prediger; in der Systematik Pizzolatos erscheint vieles als konsequente exegetische Theorie, was von Ambrosius nur beiläufig und ohne systematische Begründung formuliert worden ist. Über die von Pizzolato und Dudden besprochenen Stellen hinaus sollen im vorliegenden Kapitel auch Vorreden des Ambrosius zu den von ihm veröffentlichten Predigten zur Interpretation herangezogen werden.

2   Ambr., Hex., 6, 1, 1 (CSEL 32.1, 204), daraus etwa: „Sextus iste est dies, quo mundanae creaturae origo concluditur, et ideo etiam sermonis nostri, quem de rerum exordiis adsumpsimus, finis paratur, qui etsi per quinque iam dies non mediocri labore nobis processerit, tamen hodierno die maiore curarum adcrescit faenore, quia in hoc et superiorum dierum periculum est et totius summa certaminis. ... (Im Gegensatz zu musischen und sportlichen Agonen ist der Einsatz „in hoc agone sapientiae" ungleich größer.) ... Neque enim eadem dicendi condicio, quae canendi atque luctandi, cum in illis ludus offensionis, in isto lapsus mortis sit. Illic si pecces, spectantium fastidium est, hic damnum est audientium."

An gleicher Stelle beschreibt Ambrosius – unvermittelt neben dem Vergleich des Predigers mit einem Wettkämpfer – sich selbst vor seiner Gemeinde im Bild eines besorgten Gastgebers. Er will seine Zuhörer an die Hand nehmen und ihnen wie Fremden in einer Stadt aus seiner größeren Kenntnis zeigen, daß in der Schöpfung Gottes kein Wesen reicher beschenkt worden ist als der Mensch.[3]

Ähnliches Verantwortungsbewußtsein spricht aus einer Passage, in der Ambrosius im Prolog zum fünften Buch de fide die Länge seiner dogmatischen Ausführungen über fünf Bücher hinweg entschuldigt. Er vergleicht sich als Prediger ausgehend von der Zahl der fünf Bücher de fide nach einem Gleichnis bei Matthäus mit dem treuen Knecht, der die ihm anvertrauten fünf Talente seines Herrn verantwortungsvoll einsetzt, um fünf weitere hinzuzugewinnen; in Anlehnung an Worte des Paulus über sich selbst und seine Aufgabe will Ambrosius ein Diener sein, der nach besten Kräften für seinen Herrn wirkt. Mit neutestamentlichen Bildern von Zinsertrag und Erntegewinn versichert er, daß der Ertrag aller Bemühungen des Bischofs, der das Wort Gottes aussät und weiterverleiht, darin liege, daß die Zuhörer und Leser es bewahren.[4]

Vergleichbare Gedanken finden sich in der Vorrede zu verschiedenen in den drei Büchern de virginibus veröffentlichten Predigten.[5] Ambrosius erörtert hier selbst, daß es sich bei dem Buch um seine erste Veröffentlichung nach fast dreijähriger Amtszeit als Bischof handelt.[6] Seine Gedanken dürfen deshalb vielleicht als repräsentativ dafür gelten, mit welcher Motivation und in welchem Geist er predigt.

Ambrosius läßt sich durch neutestamentliche Gleichnisse mahnen, seinem Predigeramt gerecht zu werden. Er fühlt sich – wieder in Anlehnung an die Erzählung vom Knecht, der das ihm anvertraute Kapital gewinnbringend verwendet – verpflichtet, das ihm anvertraute Wort Gottes weiterzugeben, damit es in der Gemeinde

---

3   Ambr., Hex., 6, 1, 2 (CSEL 32.1, 204–205): „Etenim si is qui explorat novorum adventus hospitum, dum toto eos circumducit urbis ambitu praestantiora quaeque opera demonstrans, non mediocrem locat gratiam, quanto magis sine fastidio accipere debetis quod velut quadam sermonis manu per hanc communionem vos circumduco in patria et singularum rerum species et genera demonstro, ex omnibus colligere cupiens, quanto vobis creator universorum gratiam uberiorem quam universis donaverit."

4   Ambr., de fide 5, prol., 7–10 (CSEL 78, 218–22), daraus etwa: „Officii contemplatio cogit cedere, quod accepimus. ... Vos nobis estis omnia, qui haec auditis aut legitis, vos faeneratoris usurae, verbi non pecuniae (cf. Mt., 25, 15ff), vos agricolae reditus, vos aedificatoris aurum, argentum lapidesque praetiosi (cf. 1 Cor., 3, 12) In vestris meritis sacerdotalis summa laboris est, in vestris profectibus aurum domini refulget, multiplicatur argentum, si eloquia divina teneatis. ... Vos ergo facietis faeneratorem divitem, agricolam fructuosum, vos peritum probatis ‚architectum' (cf. 1 Cor., 3, 10). Non adroganter dico, quia non tam mea sunt quam vestra, quae voveo."

5   Ambr., de virginib. 1, 1, 1–4 (PL 16, 187–89). Ambrosius macht hier zwischen vorgetragenen und veröffentlichten Predigten nur den Unterschied, daß das Buch im Gegensatz zum Prediger nicht wegen der angeblichen Unzulänglichkeit der Worte erröten könne (ebd., 1, 1, 1). Gleichzeitig impliziert er aber auch, daß es von größerer Kühnheit zeuge, die unzulänglichen Predigten sogar schriftlich festzuhalten (ebd. 1, 1, 4). Außer in solchen Bescheidenheitsfloskeln behandelt er Vortrag und Veröffentlichung als gleichwertig, wenn es darum geht, die Motivation, die ihn predigen läßt, darzulegen.

6   „post triennium" Ambr., de virginib 1, 1, 3 (PL 16, 189), cf. ebd., 2, 6, 39 (PL 16, 218).

wirksam wird.[7] Er erinnert sich an das Gleichnis vom im dritten Jahr immer noch unfruchtbaren Feigenbaum, den der geduldige Gärtner noch nicht ausreißen will (Luc., 13, 6–9), und erhofft auch für sich Aufschub, damit er nach fast dreijähriger Amtszeit als Bischof, in der er keine Früchte hervorgebracht habe, nun doch noch mit Gottes Hilfe etwas in die Öffentlichkeit tragen könne.[8] Und trotz aller Unzulänglichkeiten will Ambrosius zuversichtlich sein, daß mit Gottes Hilfe, der eine Eselin zum Sprechen bringen konnte, der im Dornbusch geredet hat, der Zacharias, dem Vater Johannes des Täufers, die Sprache wiedergegeben hat[9], auch ihm selbst die Worte nicht fehlen werden, die Botschaft Christi zu verkünden.[10]

Aus all diesen Passagen wird deutlich, daß Ambrosius seine Predigertätigkeit als Aufgabe im Dienste der göttlichen Offenbarung verstanden wissen will. Der Gewinn soll ganz auf seiten seiner Zuhörer liegen, für die er sich aus höherem Wissen heraus verantwortlich fühlt. Gegen die selbst so empfundene Unzulänglichkeit seiner Worte will er auf göttliche Hilfe hoffen.[11]

– „Eloquia dei credita populi foenerare mentibus." „In vestris meritis sacerdotalis summa laboris est." „Officii contemplatio cogit cedere, quod accepimus." „Ego quoque desperare non debeo quod vocem licet mutus accipiam, si loquar Christum." ... – Die Worte des Ambrosius können den Eindruck vermitteln, daß er diesen selbstlosen Anspruch mit subjektiver Aufrichtigkeit formuliert hat.

2. RATSCHLÄGE ZUR PREDIGT FÜR EINEN BISCHOFSKOLLEGEN

Ambrosius äußert sich zur Predigt als Aufgabe des Bischofs nur an einer Stelle mit dem erkennbaren Anspruch, das Thema um seiner selbst willen und umfassend – und nicht nur in einer Randbemerkung – zu behandeln: In einem an den neu

---

7 Ambr., de virginib. 1, 1, 1 (PL 16, 187): „eloquia dei credita populi foenerare mentibus."
8 Ambr., de virginib., 1, 1, 3 (PL 16, 189) Ambrosius will zusätzliche Parallelen schaffen, indem er auf die Episode des Natanael bei Ioh., 1, 45 ff anspielt: Er werde wohl bald mit Gottes Gnade produktiv werden, wie Jesus auch auf Natanael geblickt habe, der vorher unter einem unfruchtbaren Feigenbaum gelegen habe (Ioh., 1, 48). Durch diese zusätzlich geschaffene Parallele wird der Vergleich des Ambrosius unübersichtlich. Das Stichwort „Feigenbaum" löst nur vage Assoziationen aus, Ambrosius hält sich nicht genau an den Schrifttext: Bei Johannes ist der Feigenbaum, unter dem Natanael liegt, weder im griechischen Original noch nach der Vulgata unfruchtbar. Um die Parallele zu seiner Situation zu schaffen, paraphrasiert Ambrosius hingegen: „Utinam me sub illa infructuosa adhuc ficu iacentem ex aliqua Iesus parte respiceret."
9 Cf. Num., 22, 21ff; Exod., 3; Luc., 1, 57ff.
10 Ambr., de virginib., 1, 1, 1–4 (PL 16, 187–89), daraus etwa: „..., iure nobis verendum est, quibus licet ingenium tenue, necessitas tamen maxima eloquia dei credita populi foenerare mentibus,.. ... Et quidem ingenio diffisus, sed divinae misericordiae provocatus exemplis sermonem meditari audeo. ... ego quoque desperare non debeo quod vocem licet mutus accipiam, si loquar Christum."
11 Vgl. ähnlich zur Größe und Verantwortung des Predigtamtes etwa auch Augustinus an verschiedenen Stellen: serm. 23, 1, 1 (PL 38, 155); 179, 2, 2 (PL 38, 967); 179, 7, 7 (PL 38, 970); tract. in Ioh., 57, 3–5 (PL 35, 1791) (H. I. Marrou, Saint Augustin et la fin de la culture antique, Paris, 1938, S. 522.)

gewählten Bischofskollegen Constantius gerichteten Brief gibt er ihm Ratschläge, wie und vor allem was er predigen soll.[12] Der Brief soll nach den Überlegungen zum Ethos des Predigers als einziges explizites Zeugnis für Reflexionen über die Predigt ausführlicher interpretiert werden.[13]

Ausgehend vom traditionellen Bild des Staatschiffs[14] läßt Ambrosius seinen Kollegen das Schiff der Kirche gegen Stürme und Fluten steuern, findet nach dem ersten Paragraphen aber schnell zu seinem eigentlichen Anliegen, den Predigten des Bischofs. Der Großteil des Briefs befaßt sich in 26 Paragraphen mit diesem Thema.[15]

Die Ausführungen des Ambrosius lassen sich in drei ungleiche Abschnitte unterteilen: In den Paragraphen 2–4 sammelt er – anknüpfend an den Vergleich der Kirche mit einem Schiff in den Fluten – Bilder aus der Heiligen Schrift, die Wort und Wirken Gottes mit dem Wasser vergleichen. In den Paragraphen 5–7 stellt er, teilweise mit Bezug auf diese Bilder, in Metaphern und Vergleichen unterschiedliche Forderungen an die äußere Form der Predigten auf. Der bei weitem größte Teil der Ratschläge ist dem Inhalt der Predigten gewidmet.

Über neunzehn Paragraphen hinweg (8–26) stellt Ambrosius ein Programm ethischer Forderungen zusammen, die Constantius seiner Gemeinde nahelegen soll. Dieser Katalog verselbständigt sich teilweise zu einer ethischen Belehrung – etwa in den Paragraphen 19-23, wo Ambrosius, der Geschichte Josephs folgend, die „humilitas" preist. Aber durch alle neunzehn Paragraphen hindurch behält er im Auge, daß er Constantius Ratschläge für den Inhalt seiner zukünftigen Predigten gibt.

An den Stellen, an denen er ihn direkt anredet, wird deutlich, daß die Aufgabe des Bischofs darin besteht, seine Zuhörer zu belehren und zu ermahnen, vielleicht auch manchmal, sie zu überreden.[16] Die Länge der Ratschläge allein zu inhaltlichen Fragen über 19 Paragraphen hinweg gibt einen deutlichen Hinweis, was Ambrosius an einer Predigt für wichtig hält.

Vorher hatte Ambrosius Schriftstellen gesammelt, die Wort und Wirken Gottes mit dem heilsamen und wohltuenden Wirken des Wassers vergleichen;[17] Aus

---

12 Ambr., ep. 36 (Maur. 2) (CSEL 82.2, 3–20).

13 Das erscheint auch deshalb gerechtfertigt, weil Michaela Zelzer, Ambrosius von Mailand und das Erbe der klassischen Tradition, in: WS 100, 1987, S. 201–26 (zu den Briefen: S. 213–26) es plausibel macht, daß die Sammlung der Briefe zu dem Zweck entstanden ist, das Wirken des Bischofs repräsentativ zu dokumentieren. Der Brief ist vielleicht auf den März des Jahres 379 zu datieren (cf. M. Zelzer, CSEL 82.2, S. XXVII).

14 Vgl. für zahlreiche Belege von Cicero bis Cassiodor und für die Übertragung des Bildes vom Staatsschiff auf die Kirche etwa nur S. Häfner, „gubernator", II, 2 und II, 3, Sp. 2348, 37–64, in: Thes. ling. lat., 6, 2, 1925–34, Sp. 2346–48.

15 In den letzten fünf Paragraphen gibt Ambrosius noch allgemeine Hinweise für die Amtsführung des Constantius (Ambr., ep. 36 (Maur. 2), 27–31 (CSEL 82.2, 18–20).

16 Ambr., ep. 36 (Maur. 2), 8–26 (CSEL 82.2, 6–18), daraus etwa: „Admone igitur plebem domini atque obsecra ... Edoce etiam atque institue ... Et ideo hortare plebem domini ... Illud quoque praecipuum, si persuadeas ... Admone igitur illos ..." Ambrosius verlangt in den besprochenen Paragraphen ergänzend zum Thema der Predigt, daß der Bischof nicht nur durch mahnende und belehrende Worte, sondern auch durch sein beispielhaftes Handeln wirken soll.

17 Ambr., ep. 36 (Maur. 2), 2–4 (CSEL 82.2, 4–5); ausgehend davon, daß die Kirche wie ein Schiff

diesen Fluten soll der Prediger schöpfen.[18] Mit ähnlichen Bildern beschreibt Ambrosius die Heilige Schrift als ein Meer von Tiefsinn, das durch erquickende und klare Flüsse und durch Quellen ewigen Lebens (cf. Ioh., 4, 14) gespeist wird. Er vergleicht ausgehend von einem Wort Salomos, daß gute Reden so wie Honig seien (Prov., 16, 24), moralische Ermahnungen, die sich in der Schrift finden, mit wohltuenden Getränken. Der Prediger soll die verschiedensten Ströme, aus denen die Schrift gespeist wird, in sich aufnehmen und dann aus eigener Fülle – wie Wolken, die sich angefüllt haben und Regen spenden (Eccl., 11, 3) – andere daran teilhaben lassen.[19]

Am Anfang seiner Mahnungen zur Predigt verweist Ambrosius den angehenden Bischof mit wirkungsvollen Bildern, die er in der Heiligen Schrift findet, auf das Wort Gottes und die Schrift, in der es sich offenbart, als Voraussetzung und Ausgangspunkt seiner Predigten.

Auf die gleiche Weise von Schriftstellen ausgehend und zunächst wieder an dieselben Bilder anknüpfend beschreibt Ambrosius den Charakter der Predigten: Sie sollen sauber und klar hervorströmen und die Zuhörer gleichzeitig moralisch belehren und sie erfreuen, damit sie sich vom Prediger leiten lassen. Auf verstockte und sündige Zuhörern sollen sie nach einem Wort Salomos (Eccl., 12, 11) wie Stachel wirken.

Nach Paulus sollen sie mit Rücksicht auf die Auffassungsgabe der Zuhörer wie Milch sein, die leichter verträglich ist als schwerere Kost. Wiederum ausgehend von Sprüchen des Predigers Salomo sollen sich die Predigten wie in einer schimmernden Rüstung mit den Waffen des Verstandes wappnen und kraft ihrer eigenen Argumente ohne fremde Hilfe Bestand haben können.

Schließlich sollen sie durch ihre Belehrung wie Wundöl und Verbände die verhärteten Seelen pflegen und heilen, die sonst nach einem drastischen Bild Jesaias, das Ambrosius vorschwebt, heillos ihrem Verderben ausgeliefert wären, wie Geschundene und Verwundete, die keine Pflege erfahren.[20]

in Stürmen und Fluten zu steuern sei, hatte er Constantius mit einem Bild aus dem 92. Psalm (Ps. 92, 3) gemahnt, daß er Sorge zu tragen habe, daß die Fluten nicht die unbändige Gewalt ihrer Stimme gegen die Kirche erheben. Ambrosius' Gedanken, geleitet von dem Bild strömender Fluten, wenden sich nun – im Kontrast zu dem zuerst gezeichneten Bild – heilsamen und wohltuenden Fluten zu: Wer den Geist Christi aufgenommen hat, wer von ihm angebotenes Wasser getrunken hat (cf. Ioh., 4, 13ff), von dessen Leib würden Ströme lebendigen Wassers fließen (Ioh., 7, 38ff). Wie für die auserwählte Stadt Jerusalem friedliche und erquickende Bäche fließen (cf. Esai., 66, 12), so auch für die Gläubigen; ihre Seelen erfreuen sich daran wie im 45. Psalm die Stadt Gottes.

18 Ambr., ep. 36 (Maur. 2), 2 (CSEL 82.2, 4), daraus etwa: „Ex huius fluminis plenitudine quicumque acceperit, sicut Iohannes evangelista, sicut Petrus et Paulus elevat vocem suam."

19 Ambr., ep. 36 (Maur. 2), 3–4 (CSEL 82.2, 4–5), daraus etwa: „Collige aquam de pluribus locis, quam effundunt nubes propheticae (Eccl., 11, 3). Quicumque colligit de montibus aquam, atque ad se trahit, vel haurit e fontibus et ipse rorat sicut nubes. Imple ergo gremium mentis tuae, ut terra tua humescat, et domesticis irrigetur fontibus. Ergo qui multa legit et intelligit, impletur: qui fuerit impletus, alios rigat; ideoque Scriptura dicit: ‚Si impletae fuerint nubes, pluviam effundent.' (Eccl., 11, 3)"

20 Ambr., ep. 36 (Maur. 2), 5–7 (CSEL 82.2, 5–6): „Sint ergo sermones tui proflui, sint puri et dilucidi, ut morali disputatione suavitatem infundas populorum auribus, et gratia verborum

Die Aufgabe des Bischofs beschreibt Ambrosius auch hier als moralische Belehrung und Ermahnung[21]; der Vortrag soll aber in bestimmten Situationen auch angenehm sein, um die Zuhörer den Mahnungen des Bischofs gewogen zu machen.[22] Vernünftige Argumentation soll ihren Platz in den Predigten haben. Es wird deutlich, daß, ähnlich wie die Schrift sich aus den verschiedensten Strömen speist, der Charakter der Predigten unterschiedlich ist; er wird durch unterschiedliche Voraussetzungen der Zuhörer bestimmt, die Ambrosius in seine Überlegungen zur Predigt einbezieht.

Insgesamt betrachtet fällt bei der Interpretation des Briefes als Zeugnis für theoretische Überlegungen zur Predigt auf, daß Ambrosius sich am ausführlichsten zu deren Inhalt äußert.

Die Aufgabe des Bischofs scheint vor allem darin zu bestehen, seine Zuhörer moralisch zu belehren und zu ermahnen. Um das zu erreichen, können die Predigten nach den Voraussetzungen des Publikums unterschiedlich sein. Vernünftige Argumentation ist ein Kriterium, nach dem sie zu beurteilen sind. Die Freude am Zuhören ist in bestimmten Situationen ein Element, das die Gemeinde für die Mahnungen des Bischofs empfänglich macht. Ausgangspunkt für die Predigt ist das Wort Gottes. Aus der Lektüre der Heiligen Schrift schöpft der Prediger nicht nur den Glauben, sondern er findet darin auch eine unerschöpfliche Quelle für Vielfalt und Reichtum seiner Predigten.

Die Form der Ratschläge zur Predigt, die Ambrosius gibt, ergeben in diesem Brief nicht den Eindruck klarer technisch-rhetorischer Belehrung; ausgehend von Bildern der Heiligen Schrift vermittelt Ambrosius eher auf besonders plastische Weise Einsichten, was eine gute Predigt zu leisten habe, als daß er klar definierte Lehrsätze für ihre Gestaltung aufstellt.

tuorum plebem demulceas, ut volens quo ducis sequatur. Quod si aliqua vel in populo vel in aliquibus contumacia vel culpa est, sint sermones tui huiusmodi, ut audientem stimulent, compungant male conscium. ‚Sermones enim sapientium tamquam stimuli' (Eccl., 12, 11). Stimulavit et dominus Iesus Saulum, cum esset persecutor. Quam salutaris fuerit stimulus, considera, qui ex persecutore apostolum fecit dicendo: ‚Durum tibi est adversus stimulum calcitrare.' (Act., 9, 5) Sunt etiam sermones sicut lac, quos infudit Paulus Corinthiis (1 Cor., 3, 2); qui enim fortiorem cibum epulari non queunt, suco lactis ingenii sui exercent infantiam. Alloquia tua plena intellectus sint. Unde et Salomon ait: ‚Arma intellectus labia sapientis' (Prov., 14, 3) et alibi ‚Labia tua alligata sint sensu' (Prov., 15, 7), id est fulgeat sermonum tuorum manifestatio, intellectus coruscet, et alloquium tuum atque tractatus aliena non indigeat assertione, sed sermo tuus velut armis suis sese ipse tueatur, nec ullum verbum tuum in vanum exeat (cf. Esai., 55, 11) et sine sensu prodeat. Est enim alligatura, quae constringere solet animorum vulnera; quam si quis reiicit desperatam sui prodit salutem (cf. Esai., 1, 6). Et ideo circa eos qui gravi ulcere vexantur, utere oleo sermonis, quo foveas mentis duritiam; appone malagma, adiunge alligaturam salutaris praecepti, ut vagos et ‚fluctuantes circa fidem' (Eph., 4, 14; 2 Tim., 3, 8) vel disciplinae observantiam nequaquam soluto animo et remisso vigore patiaris perire."

21 Vgl. ebd. „moralis disputatio", „stimulare", „compungere", „praeceptum".
22 Vgl. ebd. : „... ut morali disputatione suavitatem infundas populorum auribus, et gratia verborum tuorum plebem demulceas, ut volens quo ducis sequatur."

So trägt er etwa die Forderungen an die äußere Form der Predigten unsystematisch vor, wie sie ihm durch Assoziation einzelner Schriftstellen in den Sinn kommen.[23]

Unter den so vermittelten Einsichten lassen sich auch Versatzstücke rhetorischer Theorie wiedererkennen, die Ambrosius sich zu eigen gemacht hat, die er aber unabhängig und gemäß der Form des Briefes nicht als Stück technisch-rhetorischer Belehrung darstellt:

In Ciceros Orator hatte sich an die Unterscheidung dreier Aufgaben des Redners – zu beweisen, die Zuhörer zu erfreuen und sie emotional zu bewegen – eine entsprechende Unterscheidung der Stilarten angeschlossen, die in eine Erörterung über die wesentliche Kategorie des decorum einmündete.[24]

---

23 Die Assoziationskette dieser Paragraphen könnte so ausgesehen haben: Ambrosius hatte schon vorher beschrieben, daß das Meer der Schrift gespeist sei durch „fluvii dulces atque perspicui" und „fontes nivei" (das Bild der Quelle ist motiviert durch Ioh., 4, 14; daß die Quellen „nivei" seien, steht dort nicht und ist von Ambrosius in Analogie zu „fluvii dulces atque perspicui" hinzugesetzt worden); genauso enthält das Meer der Schrift „sermones boni sicut favi mellis" (Prov., 16, 24) und „gratae sententiae, quae ... praeceptorum moralium suavitate mulceant." Um den Charakter der Predigten zu beschreiben knüpft Ambrosius an diese Bilder an: Sie sollen sein „proflui ... puri et dilucidi ut morali disputatione suavitatem infundas populorum auribus et gratia verborum tuorum plebem demulceas." Von diesen angenehmen – nach Salomo honigartigen – Predigten kommt Ambrosius mit einem Gedankensprung zum Gegenteil – und wiederum zu einem Diktum Salomos, das die Worte der Weisen als stachelig – „tamquam stimuli" (Eccl., 12, 11) – bezeichnet. Über die Brücke des Wortes „stimulus" findet er zur Bekehrungsgeschichte des Paulus, der „wider den Stachel gelöckt hatte" (Act., 9, 5); die Bekehrung des Paulus läßt ihn die heilreiche Wirkung solcher Predigten preisen. Einmal mit seinen Gedanken bei Paulus angelangt beschreibt Ambrosius die Predigten als Milch im Gegensatz zu härterer Kost, wie sie der Apostel nach eigenem Zeugnis den Korinthern geboten habe (1 Cor., 3, 2). Da Ambrosius das Bild von leicht beziehungsweise schwer verdaulichen Predigten offenbar auf die intellektuellen Anforderungen an die Zuhörer bezieht („qui enim fortiorem cibum epulari non queunt, suco lactis ingenii sui exercent infantiam"), können sich ihm wiederum Bilder Salomos aufdrängen („Unde et Salomon ait ‚Arma intellectus labia sapientis' (cf. Prov., 14, 3) et alibi ‚Labia tua alligata sint sensu' (cf. Prov., 15, 7)"), von denen ausgehend er fordert, daß die Predigten auch durch ihre Rationalität befriedigen sollen. Geleitet von der Bedeutung des aus den biblischen Sprichwörtern wörtlich zitierten Verbs „alligare = befestigen, anbinden; verbinden" gleitet er schließlich zu dem Bild Jesaias (1, 6), daß gottlose Menschen wie Verwundete sind, die niemand verbindet, und er fordert, daß Predigten wie Wundöl und Verbände sein sollen („est enim alligatura, quae constringere solet animorum vulnera"). – Es ist deutlich, daß die Forderungen an die Predigten nicht nach einer vorgegebenen Systematik etwa eines rhetorischen Handbuchs, sondern je nach Assoziationslage ausgehend von Schriftstellen aneinandergereiht werden.

24 Cic., orat., 69–70: „Erit igitur eloquens ... is qui in foro causisque civilibus ita dicet, ut probet, ut delectet, ut flectat. Probare necessitatis, delectare suavitatis, flectere victoriae. ... Sed quot officia oratoris tot genera sunt dicendi: subtile in probando, modicum in delectando, vehemens in flectendo; in quo uno vis omnis orationis est. Magni igitur iudicii, summae etiam facultatis esse debebit moderator ille et quasi temperator huius tripertitae varietatis; nam et iudicabit quid cuique opus sit et poterit quocumque modo postulabit causa dicere. Sed est eloquentiae sicut reliquarum rerum fundamentum sapientia. Ut enim in vita sic in oratione nihil est difficilius quam quid deceat videre. Πρέπον appellant hoc Graeci, ...".

Ambrosius' Zeitgenosse Augustinus übernimmt im vierten Buch seiner Schrift de doctrina christiana, in der er im Anschluß an und mit explizitem Bezug auf Cicero eine christliche Rhetorik für den Prediger[25] formuliert, Ciceros Unterscheidung der Aufgaben des Redners.[26] Ebenso hält er sich an die Theorie der drei Stilarten[27] und formuliert im Geist der Ausführungen Ciceros im Orator, daß der beredte Prediger alle diese Stilarten beherrschen müsse und sie ständig virtuos einzusetzen habe.[28]

Auch aus den Ratschlägen des Ambrosius im Brief an Constantius spricht die Einsicht, daß Predigten je nach ihrem Zweck und den Voraussetzungen des Publikums ganz unterschiedlichen Charakter haben können. Ausgehend von zahlreichen Bildern und Schriftstellen erinnert er Constantius daran, auf keines der vielen möglichen Register zu verzichten, die einer Predigt ihren jeweils angemessenen Klang geben.

Diese Ratschläge entsprechen den klassischen Grundsätzen, die Cicero für das Verhältnis zwischen Aufgabe des Redners und Stilcharakter der Reden formuliert hat, und es ist wahrscheinlich, daß Ambrosius diese kannte und ihnen zugestimmt hat. Er formuliert sie in seinem Brief aber völlig unabhängig aus selbstverständlich gewordenem und durch eigene Erfahrung angeeignetem Wissen heraus. Dabei verzichtet er auf jegliche Systematik, wie sie sich etwa in den theoretischen Überlegungen bei Augustinus findet.

Ein ganz wesentlicher Unterschied zur christlichen rhetorischen Theorie des Augustinus in seiner Schrift de doctrina christiana ist schließlich, daß er anstelle der Autorität eines klassischen Handbuchs seinen Ratschlägen Schriftzitate zugrunde legt.

Der Vergleich der Ratschläge des Ambrosius mit den theoretischen Überlegungen des Augustius führt deutlich vor Augen, daß Ambrosius seine Ratschläge an Constantius nicht in der Form technisch-rhetorischer Belehrung mitteilt, auch wenn er Einsichten formuliert, die ihn die klassische rhetorische Theorie gelehrt

25 Vgl. Augustin., de doctr. christ. 4, 1, 1 (CChr s.l. 32, 116).
26 Vgl. als direkten Bezug Augustin. de doctr. christ. 4, 12, 27 (CChr s.l. 32, 135): „Dixit quidam eloquens, et verum dixit, ita dicere debere eloquentem, ut doceat (cf. Cic.: ut probet !), ut delectet, ut flectat. Deinde addidit: Docere (Cic.: probare !) necessitatis est, delectare suavitatis, flectere victoriae." Das gesamte Buch ist in seiner Gliederung durch diese dreifache Unterscheidung bestimmt.
27 Augustin., de doctr. christ., 4, 17, 34 (CChr s.l. 32, 141): „Ad haec enim tria, id est ut doceat ut delectet ut flectat, etiam illa tria videtur pertinere voluisse idem ipse Romani auctor eloquii, cum itidem dixit: ‚Is erit igitur eloquens, qui poterit parva submisse, modica temperate, magna granditer dicere‘, tamquam si adderet illa etiam tria, et sic explicaret unam eandemque sententiam dicens: ‚Is erit igitur eloquens, qui‘, ut doceat, ‚poterit parva submisse‘, ut delectet, ‚modica temperate‘, ut flectat, ‚magna granditer dicere‘."
28 Augustin., de doctr. christ., 4, 26, 56 (CChr s.l. 32, 161): „Illa itaque tria, quae supra posuimus, eum qui sapienter dicit, si etiam eloquenter vult dicere, id agere debere, ut intellegenter ut libenter ut oboedienter audiatur, non sic accipienda sunt tamquam singula illis tribus dicendi generibus ita tribuuntur, ut ad submissum intellegenter, ad temperatum libenter, ad grande pertineat oboedienter audiri, sed sic potius, ut haec semper intendat et quantum potest agat, etiam cum in illorum singulo quoque versatur."

hat. Er legt im besprochenen Brief, in dem er so ausführlich wie sonst nirgendwo in seinem Werk Reflexionen zur Predigt festhält, keine kurzgefasste rhetorische Theorie zur Predigt vor, sondern vermittelt aus eigenem Wissen Einsichten über die Erfordernisse einer guten Predigt, die er durch Verweise auf die Heilige Schrift plastisch illustriert und untermauert.

Die bei der Interpretation des Briefes an Constantius herausgestellten grundsätzlichen Ansichten des Ambrosius über Aufgabe und Art von Predigten werden durch sein Werk und einzelne Passagen aus seinen Schriften, in denen er sich theoretisch zur Predigt äußert, bestätigt. Zunächst entspricht es dem Grundsatz, der Prediger habe von der Heiligen Schrift auszugehen, daß die Predigten des Ambrosius zum größten Teil Erklärungen und Kommentare zu einzelnen Büchern der Schrift sind.[29]

Ambrosius' Ansicht, daß es vor allem die Aufgabe des Predigers sei, moralisch zu belehren und zu ermahnen, spiegelt sich ebenfalls in seinem Werk wider: Er kennt natürlich die seit Origenes geläufige Unterscheidung eines mehrfachen Schriftsinnes, etwa nach dem wörtlichen oder historischen Sinn, nach der moralischen Bedeutung und nach höherem, mystischen Sinn.[30] Als Prediger bringt er seiner Gemeinde die Schrift aber vor allem in ihrer moralischen Bedeutung nahe.[31] Er formuliert diese Absicht explizit in Vorreden zu den Predigten über Noah, Abraham, Jakob, Joseph und Tobias[32] und beschreibt seine Tätigkeit als Belehren und Ermahnen.[33]

---

29 Vgl. Dudden, 455–56.

30 Er formuliert sie selbst etwa an einer Stelle im Prolog zu seiner Erklärung des 36. Psalmes und betont für die Psalmen, daß sie immer nach allen drei Bedeutungen zu interpretieren seien. Ambr., in Ps. 36, 1–2 (CSEL 64, 70): „Omnis scriptura divina vel naturalis vel mystica vel moralis est. ... Sed quoniam omnium psalmorum corpus unum est, idcirco nihil in his divisum est atque distinctum, sed prout se obtulit ratio, nulla intermissa doctrinae istiusmodi disciplina est." Vgl. zur Geschichte der Unterscheidung verschiedener Schriftsinne knapp J. Schildenberger, „Schriftsinne", in: LThK 9, 1964, Sp. 491–93. Zu Ambrosius ausführlich Pizzolato, dottrina, S. 223–62.

31 Vgl. Dudden, 457–58.

32 Ambr., de Noe, 1, 1 (CSEL 32.1, 413): „Noe sancti adorimur vitam mores gesta, altitudinem quoque mentis explanare, si possumus. Nam cum ipsa philosophia dixerit nihil difficilius quam hominis interiora comprendere, quanto magis difficile iusti viri mentem cognoscere?"; de Abr. 1, 1, 1 (CSEL 32.1, 501): „de quo (Abraham) nobis moralis primo erit tractatus et simplex. Nam si altiore disputatione processus quidam et forma virtutis et quaedam species exprimatur, tamen forensia quoque actuum eius vestigia spectare virtutis profectus est."; de Jacob 2, 1, 1 (CSEL 32.2, 31): „Superiore libro de virtutum praeceptis disputavimus ..."; zu de Ioseph cf. S. 209, Anm. 38; zu de Tobia S. 209, Anm. 37.

33 Ambr., de virginib., 2, 1, 2 (PL 16, 207): „Sed quoniam nos infirmi ad monendum sumus et impares ad docendum (debet enim is qui docet supra eum qui docetur excellere) ne vel susceptum munus vel nobis adrogasse amplius videremur, exemplis potius quam praeceptis putavimus imbuendam (virginem)."; offm., 1, 1–4 (Testard ed., S. 95–97), daraus etwa: „Non adrogans videri arbitror si inter filios constitutus suscipiam adfectum docendi, cum ipse humilitatis magister dixerit: ‚Venite, filii, audite me; timorem domini docebo vos' (Ps. 33, 12). ... cum iam effugere non possimus officium docendi quod nobis refugientibus imposuit sacerdotii necessitudo. ..."

3. EINZELNE ERÖRTERUNGEN ZUR PREDIGT

Im Brief an Constantius ist neben der moralischen Belehrung als wichtigstem Ziel des Bischofs die Freude der Zuhörer ein nicht zu vernachlässigender Aspekt der Predigten. Die gleichen Kategorien von moralischer Belehrung einerseits und Gefallen am Vortrag andererseits benutzt Ambrosius, um die Wirkung der Psalmen und lyrischen Bücher des Alten Testaments zu beschreiben. So sagt er von David, daß er zwar mystisch gesungen habe, aber auch vor allem ethisch und moralisch belehrt habe. Diese Belehrung sei in den Gedichten der Psalmen besonders angenehm.

Er beschreibt das Gefallen daran mit den gleichen Worten, mit denen er im Brief an Constantius die Freude der Zuhörer am Vortrag beschreibt: An sich schon erfreuliche Belehrung soll durch die Schönheit der Worte zusätzlich Gehör und Gemüt schmeicheln.[34]

In der Vorrede zur Auslegung des ersten Psalmes gibt Ambrosius ausführliche Erklärungen zu den lyrischen Passagen der Schrift im allgemeinen. Weit ausholend beschreibt er die Freude als ein natürliches Prinzip der Schöpfung; der Mensch, der die unmittelbare Teilhabe an himmlischen Vergnügungen durch den Sündenfall verloren hat, findet in der Heiligen Schrift und vor allem in den Psalmen die Möglichkeit, an der ursprünglichen Freude der Schöpfung teilzuhaben.[35]

Neben diesen allgemeinen Überlegungen finden sich Bemerkungen, die deutlicher auf die Aufgabe des Predigers zu beziehen sind: in den Kategorien von Belehrung und Freude am Zuhören erklärt Ambrosius, daß das Vergnügen, das die lyrischen Passagen der Heiligen Schrift bereiten, hilft, ihren moralischen Gehalt leichter und wirkungsvoller zu vermitteln.[36]

---

34 Ambr., in Ps. 118, prol., 1, (CSEL 62, 3): „Licet mystice quoque velut tubae increpuerit sono David propheta, tamen moralium quoque magnus magister, quantum in eo excellat ethica, psalmi huius summa declarat gratia, siquidem cum suavis omnis doctrina moralis est, tum maxime suavitate carminis et psallendi dulcedine delectat aures animumque demulcet." Cf. Ambr., ep. 36 (Maur. 2), 5 (CSEL 82.2, 5) zu den Predigten: „... ut morali disputatione suavitatem populorum infundas auribus, et gratia verborum tuorum plebem demulceas, ut volens quo ducis sequatur." Cf. ebd., 3 (CSEL 82.2, 4–5) zu Worten der Schrift: „... gratae sententiae, quae animos audientium ... praeceptorum moralium suavitate mulceant." Vgl. allgemein zur Bewertung der Psalmen durch christliche Exegeten in den Kategorien von delectare und prodesse Chr. Schäublin, Zur paganen Prägung der christlichen Exegese, S. 155–56, in: Christliche Exegese zwischen Nicaea und Chalcedon, edd. J. van Oort und U. Wickert, Kampen, 1992, S. 148–73.

35 Ambr., in Ps. 1, 1–4 (CSEL 64, 3–4) mit dem Abschluß: „Unde et David sanctus, qui adverteret, unde homo et qua esset fraude deiectus – nam si tenuisset infusam sibi a domino aeternae illius caelestisque delectationis gratiam nec saecularibus captus amisisset illecebris, numquam tam miserabilis aerumnae subisset iniurias –, itaque reparare eam (=caelestis delectationis gratiam) studens et reformare psallendi munere caelestis nobis instar conversationis instituit. Etenim licet omnis scriptura divina dei gratiam spiret, praecipue tamen dulcis psalmorum liber, ..."

36 Ambr., in Ps. 1, 10 (CSEL 64, 9): „Certat in psalmo doctrina cum gratia; simul cantatur ad delectationem, discitur ad eruditionem. Nam violentiora praecepta non permanent; quod autem cum suavitate perceperis, id infusum semel praecordiis non consuevit elabi." Ebenfalls in den Kategorien von „docere" und „delectare" denkt Ambrosius ebd., 5 (CSEL 64, 5): „Inde et

Über die grundsätzliche Einsicht hinaus, daß der Bischof vor allem moralisch belehren soll und daß zu diesem Zweck die Predigt auch gefallen darf, lasssen sich weitere einzelne Äußerungen des Ambrosius finden, die dazu beitragen, sein Verständis davon, was eine Predigt leisten soll, zu beschreiben:

In einer Vorbemerkung zu den zwei Predigten de Tobia wird deutlich, daß eine Predigt eine raffende Zusammenfassung wesentlicher Inhalte eines biblischen Buches sein kann; es geht Ambrosius darum, die Tugenden des apokryphen Helden deutlich herauszustellen.[37] Das entspricht der Aufgabe des Predigers, auf der Grundlage der Heiligen Schrift moralisch zu belehren.

Um diese Aufgabe zu erfüllen, können weiterhin Gestalten der Heiligen Schrift, vor allem die Patriarchen, in den Predigten als exempla virtutis vorgestellt werden.[38] In der Vorrede zu de Abraham vergleicht Ambrosius dieses Vorgehen ausdrücklich mit dem antiken Brauch, exempla virtutis vorzustellen; im Gegensatz etwa zu Xenophons Kyros oder auch zu Platons beispielhaftem Staat hätten aber die exempla des Alten Testaments den unaufwiegbaren Vorzug, daß sie reale Personen seien, die ihr Leben nach dem Willen Gottes geformt hätten, und nichts an ihnen erfunden sei.[39]

Moyses tunc maxime cantico usus est, quando caelum testificabatur et terram (cf. Deut., 31, 30ff), ut salutem suam caelestis sono gratiae concinentem avidius mundus audiret et sacrae suavitate dulcedinis in aeternum legis observantia mentibus inoleret humanis."; ebd., 6 (CSEL 64, 5): „Unum Esaias canticum scripsit, quo legentium corda mulceret, in reliquis terribili tuba correptionis infremuit."

37　Ambr., de Tobia, 1, 1 (CSEL 32.2, 519): „Lecto prophetico libro, qui inscribitur Tobis, quamvis plene nobis virtutes sancti prophetae scriptura insinuaverit, tamen conpendiario mihi sermone de eius meritis recensendis et operibus apud nos utendum arbitror, ut ea, quae scriptura historico more digessit latius, nos strictius conprehendamus, virtutum eius genera velut quodam breviario colligentes."

38　Vgl. zu den Predigten über die Patriarchen v. a. Ambr., de Ioseph, 1, 1–2 (CSEL 32.2, 73–74): „Sanctorum vita ceteris norma vivendi est, ideoque digestam plenius accipimus seriem scripturarum, ut dum Abraham, Isaac et Iacob ceterosque iustos legendo cognoscimus, velut quendam nobis innocentiae tramitem eorum virtute reseratam enitentibus vestigiis persequamur. De quibus mihi cum frequens tractatus fuerit, hodie sancti Ioseph historia occurrit. In quo cum plurima fuerint genera virtutum, tum praecipue insigne effulsit castimoniae. Iustum est igitur ut, cum in Abraham didiceritis inpigram fidei devotionem, in Isaac sincerae mentis puritatem, in Iacob singularem animi laborumque patientiam, ex illa generalitate virtutum in ipsas species disciplinarum intendatis animum. ... Sit igitur nobis propositus sanctus Ioseph tamquam speculum castitatis."; außerdem Ambr., de Noe, 1, 1 (CSEL 32.1, 413): „et quem dominus deus ad renovandum semen hominum reservavit, ut esset iustitiae seminarium, dignum est ut nos quoque eum describamus ad imitationem omnium ..."; de Abr., 2, 1, 1, (CSEL 32.1, 564): „Moralem quidem locum persecuti sumus qua potuimus intellectus simplicitate, ut qui legunt morum sibi possint haurire magisteria: ..."; de Iacob, 2, 1, 1 (CSEL 32.2, 31): „Superiore libro de virtutum praeceptis disputavimus, sequenti clarorum virorum utamur exemplis, qui in summis periculis positi beatitudinem vitae non amiserunt, sed potius adquisiverunt."

39　Ambr., de Abr., 1, 1, 2 (CSEL 32.1, 502): „Nam si sapientes mundi huius, id est et Plato ipse princeps philosophorum non veram aliquam, sed fictam et adumbratam sibi eam quam legimus πολιτείαν proposuit persequendam, ut doceret qualem rem publicam esse opporteret, atque ita quam nec audierat nec viderat in aliqua urbe describendam putavit, ut ii quibus hoc munus est quemadmodum rem publicam regerent institui possent, et si condiscipulus Platonis Xenophon ille Socraticus fictis et ipse rebus personam voluit informare sapientis in eo libro quem Κύρου

Belehrung durch exempla und nicht nur durch theoretische Vorschriften hat den
Vorteil, daß sie das geforderte Verhalten als leichter zu verwirklichen erscheinen
läßt und außerdem den Forderungen an das Verhalten die Autorität des Erprobten
und allgemein Üblichen verschafft.[40] Aus solchen Überlegungen spricht die Sorge
des Bischofs, daß seine Predigt bei der ihm anvertrauten Gemeinde tatsächlich
Wirkungen hervorbringt.

Um seiner Predigt Einfluß zu verschaffen, setzt Ambrosius aber auch auf die Kraft
vernünftiger Argumentation; was auch im Brief an Constantius angeklungen war,
wird in der Vorrede zum ersten Buch de Iacob bestätigt:
Im Anschluß an die allgemeine Überzeugung der klassischen Philosophie, daß
Tugend lehrbar sei, erklärt Ambrosius, daß die vernünftige Argumentation einer
Predigt in hohem Maße zur moralischen Belehrung beiträgt, weil sie bewirkt, daß
der Zuhörer tatsächlich von der Notwendigkeit der geforderten Verhaltensweisen
überzeugt wird. Es genügt nicht alleine, zu mahnen; der Mensch muß auch mit
Argumenten überzeugt werden, weil er sein Handeln nach freien Ver-
nunftentscheidungen einrichtet.[41] Diese Anforderung an eine gute Predigt hat ihr
Fundament in einem freiheitlichen Menschenbild.

Im Zusammenhang einer Erklärung von Versen des Hohenlieds findet sich eine
weitere Bemerkung des Ambrosius zur Predigt, die sich als theoretische Aussage zu
seinen Ratschlägen im Brief an Constantius in Beziehung setzen läßt: Ambrosius
beschreibt den Aufstieg der liebenden Seele zu ihrem Bräutigam Christus in mystisch
interpretierten Bildern des Hohenliedes.[42] Nachdem die Liebenden sich gefunden
haben, ist zu erklären, weshalb der Bräutigam die Braut auffordert, ihre Augen von
ihm abzuwenden.
   Eine mögliche Deutung besteht darin, daß Christus sich auch den weniger
vollkommenen Seelen, die den Weg zu ihm noch nicht gefunden haben, zuzuwen-

---

παιδείαν scribit, ut ex intimo philosophiae sinu regis iusti et sapientis disciplina procederet,
quanto magis nos non conpositam figuram sapientis viri, sed expressam virtutem et divino
institutam magisterio recensere intentius et vias eius debemus persequi, quem Moyses ita
descripsit, ut retro quodammodo se ipse reciperet."

40 Ambr., de virginib., 2, 1, 2 (PL 16, 207): „.... exemplis potius quam praeceptis putavimus
    imbuendam (virginem): licet amplius proficiatur exemplo, quoniam nec difficile quod iam
    factum est aestimatur, et utile quod probatum et religiosum quod haereditario quodam paternae
    virtutis usu in nos est successione transfusum."

41 Ambr., de Iacob, 1, 1, 1 (CSEL 32.2, 3): „Necessarius ad disciplinam bonus sermo omnibus,
    plenus prudentiae, et mens rationi intenta praecurrit virtutibus, passiones coercet; docibilis
    enim virtus. Denique studio et discendo quaeritur, dissimulando amittitur. Alioquin nisi sermo
    bonus necessarius esset ad correctionem, numquam lex diceret: ‚non adulterabis' (Exod., 20,
    13). Sed quia nudus sermo ad monendum utilis, ad persuadendum infirmus est, ideo adhibenda
    est rationis rectae consideratio, ut quod sermo bonus praescripserit ratio plenius tractata
    persuadeat. Non enim servili ad oboediendum constringimur necessitate, sed voluntate arbitra,
    sive ad virtutem propendimus sive ad culpam inclinamur."

42 Ambr., de Isaac, 7, 57 (CSEL 32.1, 681–82).

den habe; um auch zu ihnen herabsteigen zu können, will er sich durch den
verehrenden Blick seiner Braut nicht erheben lassen.[43]

Um diesen Gedanken zu verdeutlichen, vergleicht Ambrosius Christus mit
einem Lehrer, der seinen Zuhörern einen schwierigen Sachverhalt darzulegen hat;
ein guter Lehrer würde sich auf das Niveau der weniger verständigen Zuhörer
herabbegeben, um in einfacher, klarer und alltäglicher Sprache zu erklären. Der
Lehrer mahnt die aufgeweckteren Zuhörer, die ihn über das Niveau der schwäche-
ren hinaustreiben, zur Geduld. Wie die vollkommene Seele Christus nicht erheben
soll, damit er sich allen Menschen zuwenden kann, so sollen die verständigeren
Zuhörer geduldig sein, damit der Lehrer sich auch um die einfacheren Gemüter
kümmern kann.[44]

Der Vergleich enthält zunächst eine Mahnung zur Geduld an die fortgeschrittenen
Zuhörer; er bringt aber auch die Fürsorge des Bischofs für die ganze Gemeinde zum
Ausdruck. Wie Ambrosius im Brief an Constantius nach einem Bild des Paulus
fordert, daß Predigten wie leicht verträgliche Milch der Auffassungsgabe der Zuhö-
rer angepaßt sein sollen, ist es ihm hier ein selbstverständlicher Gedanke, daß das
Niveau der Predigten den schwächsten Zuhörern gerecht werden soll.[45]

Schließlich behandelt Ambrosius in seiner Schrift über das richtige Verhalten der
Kleriker kurz das Thema Predigt.

Da die betreffende Passage, soweit ich sehe, von verschiedenen Interpreten falsch
verstanden worden ist, ist es erforderlich, sie in einem Exkurs ausführlich und vor
allem mit dem Blick auf Ciceros Schrift de officiis, die Ambrosius hier verarbeitet
hat, zu interpretieren, bevor die theoretischen Äußerungen zur Predigt im Kontext
der bisher zusammengestellten Passagen bewertet werden können.

Ambrosius legt in seinen drei Büchern de officiis ministrorum einen Leitfaden
für das Verhalten von Klerikern vor; er wendet sich, wie Cicero sein Buch an den
Sohn richtet, an seine „geistigen Söhne", an zukünftige junge Kleriker in Mailand.[46]
Er benutzt Ciceros Schrift als Vorlage für die große Gliederung des gesamten
Werkes; im ersten Buch finden sich etwa bei Ambrosius genau so wie bei Cicero
entsprechend den vier zu behandelnden Kardinaltugenden vier Hauptabschnitte.

---

43 Ambr., de Isaac, 7, 57 (CSEL 32.1 681–82): „Possumus tamen et sic accipere ,averte oculos
    tuos a me' (Cant., 6, 4): ... Vult ergo illam avertere oculos, ne eam considerans quod iam ad
    superiora sui possit elevetur et ceteras animas derelinquat."
44 Ambr., de Isaac 7, 57 (CSEL 32.1, 682): „Constitue nunc doctorem aliquem, qui rem obscuram
    velit aperire audientibus, quemadmodum, etsi ipse potens in sermone sit et scientia, condescendat
    tamen ad eorum <in>scientiam qui non intellegant et simplici et planiore atque usitato sermone
    utatur, ut possit intellegi. Quisquis igitur inter audientes vivacior sensu sit, qui facile sequi
    possit, elevat eum atque excutit. Hunc videns doctor revocat, ut patiatur magis doctorem
    humilioribus et planioribus inmorari, quo et ceteri sequi possint."
45 Vgl. für ein eindringliches Bekenntnis, daß es dem Prediger vor allem anderen wichtig ist,
    verstanden zu werden, Augustin., de doctr. christ., 4, 8, 22–11, 26 (CChr s.l. 32, 131–35).
46 Ambr., offm., 1, 24 (Testard ed., S. 106): „Et sicut Tullius ad erudiendum filium, ita ego quoque
    ad vos informandos filios meos (sc. scribo)." Vgl. zum Adressatenkreis R. Sauer, Studien zur
    Pflichtenlehre des Ambrosius von Mailand, Diss. Würzburg, 1981, 1–4.

Ambrosius verarbeitet aber auch längere Passagen Ciceros herausgelöst aus der viergeteilten Gesamtgliederung, wie etwa im ersten Buch unabhängig von den Kardinaltugenden längere Bemerkungen zur Tugend der „verecundia", die vieles enthalten, was Cicero erst im vierten Hauptteil über das „decorum" und die Tugend der „temperantia" erörtert.[47]

Einzelne Fragen, wie Ambrosius seine Schrift gliedert und weshalb er die gedankliche Anordnung bei Cicero in bestimmten Fällen umstellt, sind hier nicht zu erörtern; für die hier interessierenden Ratschläge zur Predigt läßt sich aber eindeutig feststellen, welcher Passage Ciceros Ambrosius folgt:

Cicero kündigt im vierten Hauptteil des ersten Buches de officiis an, daß er Ratschläge dazu geben will, auf welche Weise man sich in allen Handlungen und in allem, was man sagt, schicklich und angemessen benehmen soll.[48] Er kommt auf einen ihm dafür besonders wichtigen Punkt zu sprechen: Es ist vor allem darauf zu achten, daß die Vernunft und die Triebe des Menschen sich zueinander verhalten, wie es seine natürliche Konstitution nahelegt, nämlich so, daß die Vernunft die Oberhand über die triebhaften Regungen des Menschen behält und übermäßige Gefühlsregungen nicht sein Handeln bestimmen.

Diese wesentliche anthropologische Aussage über die natürliche Seelenverfassung formuliert Cicero ausdrücklich noch einmal als grundlegende Erkenntnis. Danach kommt er auf das Thema menschlicher Rede zu sprechen.[49] Aus dem Zusammenhang wird klar, daß es nun darum geht, zu erörtern, welche Grundsätze zu beachten sind, damit man sich auf dem wichtigen Gebiet menschlicher Rede schicklich und angemessen verhält.

Ambrosius erörtert in dem von dieser Ciceropassage abhängigen Abschnitt nach längeren Ausführungen über die „verecundia", die besonders jungen Mensch ansteht[50], daß sich überhaupt Menschen jeden Alters schicklich und angemessen zu

---

47 Zur „verecundia" Ambr., offm., 1, 65–80 (Testard ed., S. 127–35). Vgl. zum Beispiel Ambr., offm., 1, 77–80 (Testard ed., S. 133–35) mit Cic., off., 1, 126–29. Zur Komposition der Schrift, zu ihrer Entstehung aus einzelnen Predigten und zur Arbeitsweise des Ambrosius im Umgang mit der Vorlage vgl. Saint Ambroise, Les Devoirs I, ed. M. Testard, Paris, 1984, 28–39 und die ausführlichen Literaturangaben bei E. Dassmann, Die Frömmigkeit des Kirchenvaters Ambrosius von Mailand (= Münsterische Beiträge zur Theologie 29) Münster, 1965, S. 262, Anmm. 305, 306.

48 Cic., off., 1, 126: „Sed quoniam decorum illud in omnibus factis, dictis, in corporis denique motu et statu cernitur idque positum est in tribus rebus, formositate, ordine, ornatu ad actionem apto, difficilibus ad eloquendum, sed satis erit intellegi, in his autem tribus continetur cura etiam illa, ut probemur iis, quibuscum apud quosque vivamus, his quoque de rebus pauca dicantur."

49 Cic., off., 1, 131–32: „Sed multo etiam magis elaborandum est ne animi motus a natura recedant, quod assequemur, si cavebimus ne in perturbationes atque exanimationes incidamus et si attentos animos ad decoris conservationem tenebimus. Motus autem animorum duplices sunt; alteri cogitationis, alteri appetitus. Cogitatio in vero exquirendo maxime versatur, appetitus impellit ad agendum. Curandum est igitur, ut cogitatione ad res quam optimas utamur, appetitum rationi oboedientem praebeamus. Et quoniam magna vis orationis est eaque duplex, altera contentionis, altera sermonis, ..."

50 Etwa Ambr., offm., 1, 81 (Testard ed., S. 135): „Delectavit me diutius in partibus demorari verecundiae ... Quae cum sit omnibus aetatibus, personis, temporibus et locis apta, tamen adulescentes iuvenalesque annos maxime decet."

benehmen haben. Dazu beruft er sich auf Cicero, und er läßt sich auf eine Diskussion darüber ein, ob die äußere Schönheit tatsächlich, wie bei Cicero, als ein Aspekt schicklichen Lebens zu betrachten sei. Der Bezug auf die oben zitierte Passage Ciceros, in der er Ratschläge für schickliches Benehmen ankündigt, ist aufgrund des expliziten Zitats und der Diskussion über die „formositas" offensichtlich.[51]

In den bei Ambrosius sich anschließenden Paragraphen ist kein Bezug auf die unmittelbar folgenden Paragraphen Ciceros festzustellen. Ambrosius findet aber zur Vorlage Ciceros zurück: Abschließend zu Warnungen vor Wut und Zorn mahnt er, das richtige Verhältnis von Vernunft und Trieben zueinander im Auge zu behalten und sich nicht von übermäßigen Gefühlsregungen leiten zu lassen.

Genau wie Cicero formuliert er dann noch einmal ausdrücklich, wie das richtige Verhältnis von Vernunft und Trieben grundsätzlich auszusehen habe. Im Anschluß daran wendet er sich wie Cicero dem schicklichen und angemessenen Verhalten auf dem Gebiet der menschlichen Rede zu.[52]

Die Übereinstimmung im Gedankengang und die Reminiszenzen der Formulierungen Ciceros im Text des Ambrosius legen es nahe, daß Ambrosius für den nun zu interpretierenden Abschnitt, in dem er die jungen Kleriker über das Schickliche auf dem Gebiet der menschlichen Rede belehrt, den Gedanken Ciceros über menschliche Rede folgt.[53]

Für das Verständnis der zu erläuternden Passage ist es wesentlich, daß Ambrosius über die menschliche Rede im allgemeinen spricht. Verschiedene Interpreten verstehen die Gedanken herausgelöst aus dem Zusammenhang und ohne die Vorlage Ciceros zu betrachten in engerem Sinne als Anleitungen zur Predigt.[54] Dazu gibt

---

51   Ambr., offm., 1, 82–83 (Testard ed., S. 135–36): „In omni autem servandum aetate ut deceat quod agas et conveniat et quadret sibi ordo vitae tuae. Unde Tullius etiam ordinem putat in illo decore servari oportere idque positum dicit in formositate, ordine, ornatu ad actionem apto, quae difficile ait loquendo explicari posse et ideo satis esse intellegi. Formositatem autem cur posuerit, non intellego, ... " Vgl. Cic., off., 1, 126 (oben S. 212, Anm. 48).

52   Ambr. offm. 1, 97–99 (Testard ed., S. 143–44): „Cavere igitur debemus ne in perturbationes prius incidamus quam animos nostros ratio componat; exanimat enim mentem plerumque aut ira aut dolor aut formido mortis et improviso percellit ictu. Ideo praevenire pulchrum est cogitatione quae volvendo mentem exerceat ne repentinis excitetur commotionibus sed iugo quodam rationis et habenis adstricta mitescat. Sunt autem gemini motus, hoc est cogitationum et appetitus: alteri cogitationum, alteri appetitus; non confusi sed discreti et dispares. Cogitationes verum exquirere et quasi emolere muneris habent, appetitus ad aliquid agendum impellit atque excitat. Itaque ipso genere naturae suae et cogitationes tranquillitatem sedationis infundunt et appetitus motum agendi excutit. Ita ergo informati sumus ut bonarum rerum subeat animum cogitatio, appetitus rationi obtemperet – si vere ut illud decorum custodiamus, animum volumus intendere – ne rationem excludat rei alicuius adfectus sed ratio quid honestati conveniat, examinet. Et quoniam ad conservationem decoris spectare diximus ut sciamus in factis dictisve qui modus – prior autem ordo loquendi quam faciendi est – sermo in duo dividitur: in colloquium familiare et in tractatum disceptationemque fidei atque iustitiae." Vgl Cic., off., 1, 131–32 (oben S. 212, Anm. 49).

53   Vgl. Cic., off., 1, 132–33 mit Ambr., offm., 1, 99–104 (Testard ed., S. 144–46).

54   G. M. Carpaneto, Le opere oratorie di Sant' Ambrogio, S. 123ff, in: Didaskaleion 9, 1930, S. 35–156; Pizzolato, dottrina, S. 311. Beide ignorieren auch, daß die Bemerkungen zur menschlichen Rede bis zum Paragraphen 104 fortgesetzt werden (vgl. nur Ambr., offm. 1, 105 (Testard ed., S. 146): „De ratione dicendi satis dictum puto ...". Testard ed. verweist in einer Anmer-

vor allem der Begriff „sermo" Anlaß. Wenn Ambrosius im folgenden eine Zwei-
teilung des „sermo" in „colloquium familiare" einerseits und in „tractatum disceptationemque fidei atque iustitiae" vornehme, dann finde sich darin eine grundsätzliche Unterscheidung von Predigten in verschiedene Typen, nämlich in Schriftpredigten und thematische Predigten.

Schriftpredigten, bezeichnet durch „colloquium familiare", was für den griechischen Begriff der Homilie stehe, folgten ausschließlich analysierend einem zu
interpretierenden Schrifttext; die thematischen Predigten, bezeichnet durch
„tractatus", zeichneten sich durch stärkere thematische Einheit aus und wären
stärker nach den Gesetzen klassischer Rhetorik strukturiert.[55]

M.E. sind die Äußerungen des Ambrosius zunächst auf die menschliche Rede
im allgemeinen zu beziehen. Dafür spricht vor allem die Nähe zum Gedankengang
Ciceros, dem Ambrosius bis hierher gefolgt ist.

Bei Cicero steht in dieser Passage der Begriff „oratio" für die menschliche Rede
im allgemeinen. Sie wird – nach philosophischer Praxis, Begriffe aufzugliedern –
unterschieden in „contentio" und „sermo", in streitbare öffentliche Reden vor
Gerichten, politischen Versammlungen und im Senat und in Gespräche und Diskus-
sionen im familiären Rahmen des Freundeskreises.[56]

Im Text des Ambrosius, der, wie oben dargelegt, Ciceros Gedanken bis hierhin
gefolgt ist, erkenne ich die gleiche Unterscheidung: Die menschliche Rede im
allgemeinen bezeichnet Ambrosius als „sermo"; der Begriff ist nicht eng auf die
Predigt zu beziehen.[57]

Diese menschliche Rede im allgemeinen, „sermo", unterscheidet er für die
jungen Kleriker, die er belehrt: erstens in „colloquium familiare", in private Gespräche untereinander, die dem „sermo in circulis, disputationibus, congressionibus
familiarium ... " bei Cicero entsprechen; und zweitens in „tractatum disceptationemque fidei atque iustitiae", also in Predigten der Kleriker über den Glauben und
die rechte Lebensweise, die der „contentio" entsprechen, die Cicero in „disceptationibus iudiciorum, contionum, senatus" erkannt hatte.

Ambrosius behält also für seine Unterteilung der menschlichen Rede wie
Cicero das private Gespräch als eine Erscheinungsform des Redens bei, setzt aber
an die Stelle der streitbaren öffentlichen Rede des römischen Nobilis die Predigt des
Klerikers.

---

kung zur Stelle auf Pizzolato und übersetzt in dessen Sinn. Anders – nämlich so, daß von der
menschlichen Rede im allgemeinen gehandelt wird und nicht von der Predigt – übersetzt J. E.
Niederhuber, Des heiligen Kirchenlehrers Ambrosius von Mailand ausgewählte Schriften, Bd.
3, (= Bibliothek der Kirchenväter 32), Kempten, München, 1917.

55 Vgl. ausführlich Carpaneto, S. 124.

56 Cic., off., 1, 132: „Et quoniam magna vis orationis est eaque duplex, altera contentionis, altera
sermonis, contentio disceptationibus tribuatur iudiciorum, contionum, senatus, sermo in circulis, disputationibus, congressionibus familiarium versetur, sequatur etiam convivia."

57 „Sermo" als allgemeiner Begriff für Sprache, Rede, Wort, Ausspruch, ... findet sich bei
Ambrosius häufig; vgl. etwa Ambr., de Cain, 2, 9, 28 (CSEL 32.1, 402); in ps. 38, 25 (CSEL 64,
203, 20–25); in Ps 43, 2, 2 (CSEL 64, 259); in Ps. 118, 7, 7, 2 (CSEL 62, 131); in Ps. 118, 12, 51
(CSEL 62, 280, 10–14); in Luc., 5, 52 (CSEL 32.4, 202, 8–9); in Luc., 5, 55 (CSEL 32.4, 203,
19–20).

Cicero gibt nach der generellen Unterscheidung in private Gespräche und öffentliche Reden Ratschläge zu beiden. Für private Gespräche nennt er die philosophischen Erörterungen des Sokrates als Beispiel. Solche Gespräche sollen angenehm und gefällig sein, man sollte es vermeiden, rechthaberisch auf dem eigenen Standpunkt zu beharren, man soll nicht das Gespräch an sich reißen, und soll andere zu Wort kommen lassen.

Cicero macht konkrete Vorschläge, worüber man sich im gebildeten Freundeskreis unterhalten sollte: über Geschäfte, über Politik und über Wissenschaft. Man sollte ein Gespräch von einem vernünftigen Anlaß ausgehen lasssen und es beizeiten, wenn das Thema erschöpft ist, beenden. Übermäßige Gefühlsregungen sind zu vermeiden. Man sollte darum bemüht sein, bei seinen Gesprächspartnern einen angenehmen Eindruck zu hinterlassen und sich ihnen verbunden zu zeigen. Falls es notwenig ist, Freunde zu tadeln, soll auch das mit erkennbarem Wohlwollen geschehen.[58]

Die gleichen Gedanken finden sich bei Ambrosius in freier Wiedergabe;[59] eine entscheidende Änderung besteht allein darin, daß Ambrosius den jungen Klerikern als vorzügliches Gesprächsthema Probleme der Heiligen Schrift ans Herz legt. Ansonsten entsprechen die Ratschläge des Bischofs für die Gespräche seiner Kleriker untereinander im einzelnen weitgehend denen Ciceros für seinen Sohn:

Man soll nicht hartnäckig und streitsüchtig auf bestimmten Punkten beharren; das führt dazu, daß das Gespräch zu unlösbaren Problemen führt, über die zu diskutieren wenig nützlich ist. Falls man einmal kontrovers diskutiert, den Freund ermahnt oder tadelt, soll das ohne Zorn oder beleidigende Schroffheit geschehen. Auch im Gespräch soll man übermäßige Gefühlsregungen vermeiden und durch sein Reden keine unkontrollierten Begehrlichkeiten verraten. Das Gespräch soll vor

---

58 Cic., off., 1, 134–37 vgl. für die Parallelen bei Ambrosius v.a.: „Sit ergo hic sermo, in quo Socratici maxime excellunt, lenis minimeque pertinax, insit in eo lepos. ... Ac videat in primis, quibus de rebus loquatur, ... Habentur autem plerumque sermones aut de domesticis negotiis aut de re publica aut de artium studiis atque doctrina. ... Neque enim isdem de rebus nec omni tempore nec similiter delectamur. Animadvertendum est etiam, quatenus sermo delectationem habeat, et ut incipiendi ratio fuerit, ita sit desinendi modus. Sed quomodo in omni vita rectissime praecipitur, ut perturbationes fugiamus, id est motus animi nimios rationi non obtemperantes, sic eiusmodi motibus sermo debet vacare, ne aut ira existat aut cupiditas aliqua aut pigritia aut ignavia aut tale aliquid appareat, maximeque curandum est, ut eos, quibuscum sermonem conferemus, et vereri et diligere videamur. Obiurgationes etiam nonnumquam incidunt necessariae ... Magna<m> autem parte<m> clementi castigatione licet uti ...“

59 Ambr., offm., 1, 22, 99–100 (Testard ed., S. 144–45): „Absit pertinax in familiari sermone contentio; quaestiones enim magis excitare inanes quam utilitatis aliquid adferre solet. Disceptatio sine ira, suavitas sine amaritudine sit, monitio sine asperitate, hortatio sine offensione. Et sicut in omni actu vitae id cavere debemus ne rationem nimius animi motus excludat sed teneamus consilii locum, ita etiam in sermone formulam eam teneri convenit ne aut ira excitatur aut odium, aut cupiditatis aliqua exprimamus indicia. Sit igitur sermo huiusmodi de scripturis maxime. Quid enim? Magis nos oportet loqui de conversatione optima, adhortatione observationis, disciplinae custodia. Habeat caput eius rationem et finis modum. Sermo enim taediosus iram excitat (Prov., 15, 1). Quam vero indecorum ut cum omnis confabulatio habere soleat incrementum gratiae, habeat naevum offensionis.“ Cf. Cic., off., 1, 134–37 (in der vorausgegangenen Anm.)

allem um Probleme der Heiligen Schrift kreisen und Fragen der rechten Lebensweise erörtern. Es soll sich ungezwungen aus einem vernünftigen Anlaß ergeben und rechtzeitig beendet werden, damit es für alle Beteiligten angenehm und ersprießlich ist, wie es menschlichem Austausch seinem eigentlichen Wesen nach entspricht.

Alle diese Mahnungen lassen sich ungezwungen auf die Ratschläge Ciceros zum privaten Gespräch beziehen. Die Nähe zu den Gedanken Ciceros und die teilweise deutliche sprachliche Übereinstimmung läßt es mir plausibel erscheinen, die Äußerungen des Ambrosius zum „colloquium familiare" nicht als gattungsmäßige Beschreibung eines bestimmten Typs von Predigten zu verstehen, der sich stärker auf die Heilige Schrift bezieht, sondern als mahnende Ratschläge für die Gespräche der Kleriker untereinander.[60]

Die Tatsache, daß sich im vierten Jahrhundert neben der reinen Schriftpredigt allmählich andere Arten von Predigten entwickeln[61], darf nicht Anlaß sein, im Text des Ambrosius, der sich eng an Cicero anlehnt, eine theoretische Unterscheidung verschiedener Predigttypen zu suchen.

Um zum Anliegen des vorliegenden Kapitels zurückzukehren kann festgehalten werden, daß sich explizite Äußerungen zur Predigt des Bischofs vor der Gemeinde nur unter den Gedanken zum „tractatus", der zweiten Erscheinungsform menschlicher Rede neben dem privaten Gespräch, finden.[62]

Unter den Ratschlägen zur Predigt, die Ambrosius in seinem Leitfaden für das richtige Verhalten der Kleriker in aller Kürze gibt, finden sich viele der bisher referierten Mahnungen für eine gute Predigt wieder. Sie fassen die Aussagen, die Ambrosius auch sonst zu seiner Tätigkeit als Prediger macht, gut zusammen:[63]

Als Themen der Predigten nennt Ambrosius Erklärungen zum Inhalt des christlichen Glaubens, ethische Belehrung über maßvolle und gerechte Lebensweise und Mahnungen zur Beachtung christlicher Lebensgrundsätze. Ambrosius fordert, daß die Predigten abwechslungsreich sein sollten; der natürliche Anlaß für die notwen-

---

60 Dafür spricht auch der Geist anderer Passagen in Ambrosius' Schrift, in denen er sich ähnlich wie hier über die Gespräche der Kleriker Gedanken macht: So hatte er etwa seinen Schützlingen schon vorher empfohlen, in ihrer Freizeit Gastmähler zu meiden, weil sie Anlaß zu eitlem Geschwätz über verbotene Vergnügungen geben. (Ambr., offm., 1, 86 (Testard ed., S. 137–38)) Stattdessen sollten Kleriker in ihrer Freizeit lieber im Gebet das Gespräch mit Christus suchen (Ambr., offm., 1, 88 (Testard ed., S. 138–39)).

61 Vgl. z. Bsp. J. B. Schneyer, Geschichte der katholischen Predigt, Freiburg, 1968, S. 48 zur „klassischen Väterzeit" von 325–451: „Neben den an den Schrifttext gebundenen Homilien setzten sich damals auch die „Themenpredigten", wie man sie später (!) nannte, durch." Unter solchen Themenpredigten versteht Schneyder z. Bsp. Reden an Märtyrerfesten und bei feierlichen Leichenbegängnissen. Eine solche Einteilung nach Schriftpredigten und thematischen Predigten – wie hilfreich sie sein mag – kann sich nach der vorliegenden Interpretation nicht auf Ambr., offm., 1, 99–104 berufen.

62 Ambr., offm., 1, 101–104 (Testard ed., S. 145–46).

63 Vgl. als Zusammenfassung der in diesem Kapitel vorgestellten Interpretationen außerdem oben S. 19–20.

dige Variation ihrer Themen ergibt sich für ihn aus dem Bezug der Predigten auf die jeweiligen Lesungen des Gottesdienstes.

Predigten sollen nicht zu lang und nicht zu kurz sein, die Zuhörer nicht langweilen, aber auch nicht den Eindruck erwecken, als sei dem Prediger sein Anliegen nicht wichtig. Ihre Sprache soll korrekt, einfach, deutlich und konkret sein, Würde erkennen lassen, Künstlichkeit vermeiden und Schönheit nicht verschmähen.[64]

Ambrosius behandelt auch die Frage, ob in Predigten[65] Scherze erlaubt seien, was er mit dem Hinweis auf die Schrift, in der es ebenfalls keine Späße gebe, verneint; er räumt aber wieder ausdrücklich ein, daß Predigten auch unterhaltsam sein dürfen.[66]

Auch die kurzen Bemerkungen des Ambrosius zum Vortrag der Predigt zielen auf Ernst und Schlichtheit: Wichtig ist, daß die Stimme deutlich und klar ist, Derbheit oder künstlicher Wohlklang sind zu vermeiden. Genauso sollen Aussprache und Betonung den Respekt vor dem gewichtigen Anliegen der Predigt wahren, aber auch nicht in feierliche Bühnendeklamationen verfallen.[67]

Zu moralischer Belehrung und Ermahnung tritt in der Schrift de officiis ministrorum als weitere Funktion der Predigt die Unterweisung im Glauben. Sie ist vor allem notwendig, um angehende Christen auf die Taufe vorzubereiten, und findet sich im Werk des Ambrosius in seinen Katechesen de mysteriis und de sacramentis. Wie sonst auch ist die Freude der Gemeinde am Zuhören ein nicht zu vernachlässigender Aspekt; das reine Vergnügen ist aber nicht Hauptanliegen der Predigt.

64 Ambr., offm., 1, 101 (Testard ed., S. 145): „Tractatus quoque de doctrina fidei, de magisterio continentiae, de disceptatione iustitiae, adhortatione diligentiae, non unus semper, sed ut se dederit lectio, nobis et adripiendus est et prout possumus prosequendus; neque nimium prolixus neque cito interruptus neque vel fastidium derelinquat vel desidiam prodat atque incuriam. Oratio pura, simplex, dilucida atque manifesta, plena gravitatis et ponderis, non adfectata elegantia sed non intermissa gratia.“

65 Es verdient festgehalten zu werden, daß sich in der Interpretation des Thomas von Aquin Ambrosius' Warnung vor Späßen allein auf die Predigt bezieht; vgl. dagegen die Mauriner PL 16, 53e zu dieser Stelle mit Bezug auf die Erörterung bei Thomas. – Es scheint so, als ob Ambrosius auf die Frage nach Scherzen in Predigten zu sprechen kommt, weil es ausführliche theoretische Erörterungen der klassischen Rhetorik über den Witz in Reden gibt (offm., 1, 102: „Multa praeterea de ratione dicendi dant praecepta saeculares viri, quae nobis praetereunda arbitror, ut de iocandi disciplina.“ (vgl. den Exkurs über den Witz bei Cic., de orat., 2, 216–90). Ambrosius bezieht dazu Position. Um die angeschnittene Frage zu beantworten, überlegt er allgemein, ob es Klerikern überhaupt ansteht zu spaßen; deshalb kommt er dazu, nicht nur mit Bezug auf sein eigentliches Thema, die Predigt, sondern generell davon abzuraten.

66 Ambr., offm., 1, 102–104 (Testard ed., S. 145–46) cf. v.a.: „Nam licet interdum honesta ioca ac suavia sint, tamen ab ecclesiastica abhorrent regula, quoniam quae in scripturis sanctis non reperimus, ea quemadmodum usurpare possumus? Cavenda etiam in fabulis, ne inflectant gravitatem severioris propositi. ... Non solum profusos, sed omnes etiam iocos declinandos arbitror, nisi forte plenum suavitatis et gratiae sermonem esse non indecorum est.“

67 Ambr., offm., 1, 104 (Testard ed., S. 146): „Nam de voce quid loquar, quam simplicem et puram esse satis arbitror. Canoram autem esse naturae est, non industriae. Sit sane distincta pronuntiationis modo, et plena suci virilis, ut agrestem ac subrusticum fugiat sonum, non ut rhythmum affectet scaenicum, sed mysticum servet.“

Der Bezug der Predigt auf die Heilige Schrift ergibt sich aus dem Verweis auf die Lesungen für das Auffinden geeigneter und abwechslungsreicher Themen. Die Heilige Schrift und die für den Gottesdienst bestimmten Lesungen sind Ausgangspunkt und Inspirationsquelle für den Prediger.[68]

---

68   Ambr., offm., 1, 101 (Testard ed., S. 145): „Tractatus .. non unus semper, sed ut se dederit lectio, nobis et adripiendus est ..." Ambrosius erzählt in einem Brief, in dem er eine Predigt referiert, daß er erst durch die vorgetragenen Lesungstexte eine Eingebung für die zu haltende Predigt bekommen habe. (Ambr., ep. 77 (Maur. 22), 3 (CSEL 82.3, 128–29) vgl. oben S. 145, Anm. 104. Es ist bekannt, daß Augustinus sich in seinen Predigten häufig auch spontan von Lesungstexten leiten ließ, auf die er sich nicht vorbereitet hatte. Vgl. F. van der Meer, Augustinus der Seelsorger, Leben und Wirken eines Kirchenvaters, übers. von N. Greitemann, Köln ³1958, 432–33.

LITERATURVERZEICHNIS

Die durch * gekennzeichneten Titel von Franca Ela Consolino, F. J. Lomas, und S. E. Torvend konnten aus technischen Gründen im Text der Arbeit nicht berücksichtigt werden; da sie Gegenstände der vorliegenden Arbeit berühren, soll im Literaturverzeichnis auf sie hingewiesen werden.

AMBROSIUS, de excessu fratris, de obitu Valentiniani, de obitu Theodosii, ed. O. Faller SI, in: Sancti Ambrosii opera, pars septima, Corpus scriptorum ecclesiasticorum latinorum, vol. 73, Wien, 1955, S. 205–401.

AMBROSIUS, de excessu fratris sui Satyri libri duo, de obitu Valentiniani consolatio, de obitu Theodosii oratio, in: Sancti Ambrosii Mediolanensis episopi opera omnia ad manuscriptos codicos Vaticanos, Gallicanos, Belgicos etc. necnon ad veteres editiones maxime vero ad benedictinianam recensita et emendata, J. P. Migne ed., Patrologia Latina vol. 16, col. 1285–1406.

BANTERLE, G., Sant' Ambrogio, Le orazioni funebri, introduzione, traduzione, note e indici, Mailand, Rom, 1985.

DEFERRARI, R. J., Saint Ambrose, Consolation on the Death of Emperor Valentinian, transl., in: The fathers of the Church 22, Washington, 1988 (= Washinton, *1953*), S. 263–99.

DEFERRARI, R. J., Saint Ambrose, Funeral oration on the death of emperor Theodosius, transl., in: The fathers of the Church 22, Washington, 1988 (= Washinton, *1953*), S. 303–332.

KELLY, TH. A., Sancti Ambrosii liber de consolatione Valentiniani, text, translation, introduction and commentary (= Patristic Studies 58), Washington, 1940.

MANNIX, SISTER MARY DOLOROSA, Sancti Ambrosii oratio de obitu Theodosii, text, translation, introduction and commentary (= Patristic Studies 9), Washington, 1925.

NIEDERHUBER, J. E., Trauerrede auf Theodosius den Großen, Übers., in: Des heiligen Kirchenlehrers Ambrosius von Mailand ausgewählte Schriften, Bd. 3, (= Bibliothek der Kirchenväter 32), Kempten, München, 1917, S. 387–423.

ADAM, TRAUTE, Clementia Principis (= Kieler Historische Studien 11), Stuttgart, 1970.

AHLBORN, ELKE, Naturvorgänge als Auferstehungsgleichnis bei Seneca, Tertullian und Minucius Felix, in: WS 103, 1990, S. 123–37.

ALBERS, P. B., Über die erste Trauerrede des heiligen Ambrosius zum Tode seines Bruders, in: Beiträge zur Geschichte des christlichen Altertums und der byzantinischen Literatur für A. Ehrhard, ed. A. M. Koeniger, Bonn, Leipzig, 1922, S. 24–52.

ALFONSI, L., La struttura della „Vita beati Ambrosii" di Paolino da Milano, in: RIL 103, 1969, S. 784–98.

ALTANER, B., STUIBER, A., Patrologie, Freiburg, ⁹1978.

BARNES, T. D., Tertullian, Oxford, ²1985.

BAUER, J., Die Trostreden des Gregorios von Nyssa in ihrem Verhältnis zur antiken Rhetorik, Diss. Marburg, 1892.

BECKER, C., „fides", in: RAC 7, 1969, Sp. 801–839.

BELLINI, M., Familie und Verwandschaft im antiken Rom, (= Historische Studien 8), Frankfurt 1992, (aus dem italienischen Original: Antropologia e cultura romana. Parentela, tempo immagini dell'anima, Rom, *1986*, übers. v. Diemut Zittel).

BETTINI, G., Il contenuto politico dei panegirici ambrosiani, in: Convivium (Bologna), 7, 1935, S. 614–24.

BENOIT, F., Le sanctuaire d'Auguste et les cryptoportiques d'Arles, in: RA 39, 1952, S. 31–67.

BLOCH, H., A new document of the last pagan revival in the west, in: HThR 38, 1945, S. 129–44.

BLOCH, H., The pagan revival in the west at the end of the fourth century, in: The conflict between paganism and christianity in the west in the fourth century, ed. A. Momigliano, Oxford, 1963, S. 193–218.

BONAMENTE, G., Fideicomissum e trasmissione del potere nel De obitu Theodosii di Ambrogio, in: VetChr 14, 1977, S. 273–80.

BORN, L. K., The perfect prince according to the latin panegyrists, in: AJPh 55, 1934, S. 20–35.

BRAUN, J., Die liturgische Gewandung im Occident und Orient nach Ursprung und Entwicklung, Verwendung und Symbolik, Darmstadt, 1964 (= Freiburg, *1907*).

BROWN, P., The Body and Society (= Lectures on the History of Religions N.S. 13), New York, 1988.

BURDEAU, F., L'empereur d'après les panégyriques latins, in: Aspects de l'empire romain, edd. F. Burdeau, Nicole Charbonel, M. Humbert, Paris, 1964.

BURESCH, K., Consolationum a Graecis Romanisque scriptarum historia critica, (= Leipziger Studien zur klassischen Philologie 9), 1887.

CAFFIAUX, H., De l'oraison funèbre dans la Grèce paienne, Valenciennes, 1861.

CAMELOT, P.-TH., OP, Zum Kirchenbewußtsein der lateinischen Väter, in: Sentire ecclesiam, für H. Rahner, edd. J. Daniélou, H. Vorgrimler, Freiburg, 1961, S. 134–51.

VON CAMPENHAUSEN, H., Ambrosius von Mailand als Kirchenpolitiker, Berlin, Leipzig, 1929.

CARPANETO, G. M., Le opere oratorie di Sant' Ambrogio, in: Didaskaleion 9, 1930, S. 35–156.

CHADWICK, H., Early christian thought and the classical tradition, Oxford, 1966.

CLASSEN, C. J., Der platonisch–stoische Kanon der Kardinaltugenden bei Philon, Clemens Alexandrinus und Origenes, in: Kerygma und Logos, für C. Andresen, ed. A. M. Ritter, Göttingen, 1979, S. 68–88.

CONSOLINO, FRANCA ELA, Il significato dell' inventio crucis nel de obitu Theodosii, in: AFLS 5, 1984, S. 161–80.

CONSOLINO, FRANCA ELA, L' optimus princeps secondo S. Ambrogio: Virtù imperatorie e virtù christiane nelle orazioni funebri per Valentiniano e Teodosio, in: RSI 96, 1984, S. 1025–45.

*CONSOLINO, FRANCA ELA, Il discorso funebre tra oriente e occidente: Gregorio di Nazianzo, Gregorio di Nissa, Ambrogio, in: Politica, cultura e religione nell' impero romano (secoli IV–VI) tra oriente e occidente. Atti del secondo convegno dell associazione di studi tardoantichi, edd. F. Conca, Isabella Gualandri, G. Lozza, Napoli, 1993.

MACCORMACK, SABINE, Latin prose panegyrics, in: T. A. Dorey ed., Empire and Aftermath, Silver Latin II, London, Boston, 1975, S. 143–205.

MACCORMACK, SABINE, Latin prose panegyrics: Continuity and discontinuity in the later roman empire, in: REAug 22, 1976, S. 29–77.

COURCELLE, P., De Platon à Saint Ambroise par Apulée, in: RPh III., 35, 1961, S. 15–28.

COURCELLE, P., Aspects variés du platonisme ambrosien = Appendice IV, in: ders., Recherches sur les confessions de Saint Augustin, Paris, 1968, S. 311–82.

DASSMANN, E., Die Frömmigkeit des Kirchenvaters Ambrosius von Mailand (= Münsterische Beiträge zur Theologie 29) Münster, 1965.

DEMANDT, A., Die Spätantike, Handbuch der Altertumswissenschaft 3, 6, München, 1989.

DIHLE, A., „Demut", in: RAC 3, 1957, Sp. 735–78.

DIHLE, A., Zum Streit um den Altar der Viktoria, in: Romanitas et Christianitas, für J. H. Waszink, edd. W. den Boer u.a., Amsterdam, 1973, S. 81–97.

DOIGNON, J., Lactance intermédiaire entre Ambroise de Milan et la Consolation de Cicéron ?, in: REL 51, 1973, 208–19.

DÖPP, S., „Mündlichkeit' und Augustinus' „Confessiones", in: Strukturen der Mündlichkeit in der römischen Literatur, herausgegeben von G. Vogt–Spira, Tübingen, 1990 (= Script–Oralia A, 4), S. 271–84.

DUDDEN, F. H., The life and times of St. Ambrose, 2 Bde., Oxford, 1935.

DUVAL, Y.-M., Formes profanes et formes bibliques dans les oraisons funèbres de Saint Ambroise, in: Christianisme et formes littéraires de l'antiquité tardive en occident, Entretiens sur l'antiquité classique (Fondation Hardt) 23, 1976, S. 235–301.

ENSSLIN, W., Zum Heermeisteramt des spätrömischen Reiches, II: Die magistri militum des 4. Jahrhunderts, in: Klio, 24, 1931, S. 102–147.

ENSSLIN, W., „Valentinianus II", in: RE, II, 7, 1948, Sp. 2205–2232.

FAVEZ, CH., L'inspiration chrétienne dans les consolations de Saint Ambroise, in: REL 8, 1930, S. 82–91.

FAVEZ, CH., L'épisode de l'invention de la croix dans l'oraison funèbre de Théodose par Saint Ambroise, in: REL, 10, 1932, S. 423–29.

FAVEZ, CH., La consolation latine chrétienne, Paris, 1937.

FEARS, R., The cult of virtues, in: ANRW II, 17, 2, 1981, S. 827–948.

FENGER, ANNE LENE, Tod und Auferstehung des Menschen nach Ambrosius' ‚de excessu fratris II', in: Jenseitsvorstellungen in Antike und Christentum, für A. Stuiber, JbAC, Erg.band 9, 1982, S. 129–139.

FREDE, H. J., Probleme des ambrosianischen Bibeltextes, in: Ambrosius Episcopus, Atti del Congresso internazionale di studi ambrosiani..., Milano, 2–7 dicembre 1974, Vol. 1 (= Studia Patristica Mediolanensia 6), Milano, 1976, S. 365–92.

GÄRTNER, H., Einige Überlegungen zur kaiserzeitlichen Panegyrik und zu Ammians Charakteristik des Kaisers Julian, AAWM, 1968, S. 499–529.

GEFFCKEN, J., Der Ausgang des griechisch römischen Heidentums, Heidelberg, 1920.

GOTTLIEB, G., Der Mailänder Kirchenstreit von 385/386, in: MH, 42, 1985, S. 37–55.

GRIFFIN, MIRIAM, Seneca, a philosopher in politics, Oxford 1976.

HADOT, P., Platon et Plotin dans trois sermons de Saint Ambroise, in: REL 34, 1956, S. 202–20.

HADOT, P., „Fürstenspiegel", in: RAC 8, 1972, Sp. 555–631.

HÄFNER, S., „gubernator", in: Thes. ling. lat., 6, 2, 1925–34, Sp. 2346–48.

HAGENDAHL, H., Latin fathers and the classics (= Studia graeca et latina Gothoburgenses 6), Göteborg, 1958.

HAGENDAHL, H., Die Bedeutung der Stenographie für die spätlateinische christliche Literatur, in: JbAC 14, 1971, S. 24–38.

HEINZBERGER, F., Heidnische und christliche Reaktion auf die Krisen des weströmischen Reiches in den Jahren 395–410 n. Chr., Diss. Bonn, 1976.

HESSE, F., NAKAGAWA, H., FASCHER, E., „Typologie", in: RGG 6, 1962, Sp. 1094–1098.

HOPPE, H., „censor", in: Thes. ling. lat., 3, 1907, Sp. 797–801.

HORN, H. J., Antakoluthie der Tugenden und Einheit Gottes, in: JbAC, 13, 1970, 5–28.

HÜRTH, X., De Gregorii Nazianzeni orationibus funebribus, Diss. Straßburg, 1907.

JOHANN, H.–TH., Trauer und Trost, Eine quellen- und strukturanalytische Untersuchung der philosophischen Trostschriften über den Tod (= Studia et testimonia antiqua 5), München, 1968.

JONES, A. H. M., The later roman empire, 3 Bde., Oxford, 1964.

JÜRGENS, H., Pompa Diaboli, Stuttgart, 1972.

KASSEL, R., Untersuchungen zur griechischen und römischen Konsolationsliteratur (= Zetemata 18), München, 1958.

KATZENELLENBOGEN, A., Allegories of the virtues and vices in medieval art from early christian times to the thirteenth century, London, 1939.

KIERDORF, W., Laudatio Funebris, Interpretationen und Untersuchungen zur Entwicklung der römischen Leichenrede (= Beiträge zur klassischen Philologie 106), Meisenheim am Glan, 1980.

KLAUS, B., WINKLER, K., Begräbnishomiletik, München, 1975.

KLEIN, R., Der Streit um den Viktoriaaltar, (= Texte zur Forschung 7), Darmstadt, 1972.

KLOTZ, A., Studien zu den panegyrici latini, in: RhM N.F. 66, 1911, S. 513–72.

KRAUTHEIMER, R., Three christian capitals, Topography and politics, Berkeley, Los Angeles, 1983.

KROLL, W., „Rhetorik", in: RE, Suppl. 7, 1940, Sp. 1039–1138.

KUMANIECZKI, K., A propos de la ‚consolatio' perdue de Cicéron, in: AFLA 46, 1969, S. 369–402.

LADNER, G., „Erneuerung", in: RAC 6, 1966, Sp. 240–75.

LABRIQUE, MARIE–PIERRE, Ambroise de Milan et Sénèque; à propos de De excessu fratris II, in: Latomus 50, 1991, S. 409–18.

LAURAND, L., L'oraison funèbre de Théodose par Saint Ambroise, discours prononcé et discours écrit, in: RHE 107, 1921, S. 349–50.

LAURETUS, H., Silva Allegoriarum totius Sacrae Scripturae, München, 1971 (= Köln, [10]*1681*, zuerst Barcelona, *1570*).

LAZZATI, G., L'autenticità del „de sacramentis" e la valutazione letteraria delle opere di S. Ambrogio, in: Aevum 29, 1955, S. 17–48.

LEJAY, P., „Ambrosien (Rit)", in: Dict. d'archéologie chrétienne et de liturgie, 1, 1907, Sp. 1373–1442.

LIPPOLD, A., „Theodosius", in: RE, Suppl. 13, 1973, Sp. 837–961.

LIPPOLD, A., Theodosius der Große und seine Zeit, München, [2]1980.

LÖPFE, D., OSB, Die Tugendlehre des heiligen Ambrosius, Diss. Freiburg, Schweiz, 1947 (= Beilagen zum Jahresbericht der kantonalen Lehranstalt Sarnen 1950/51, Sarnen, 1951 und zum Jahresbericht 1951/52, Sarnen, 1952).

*LOMAS, F. J., Teodosio, paradigma de principe cristiano, consideraciones de Ambrosio, Rufino de Aquileya y Augustín sobre la imperial persona, in: SHHA 8, 1990, S. 149–65.

LORAUX, NICOLE, L'invention d'Athènes (= Civilisations et Sociétés 65), Paris, 1981.

LOVINO, ALESSANDRA, Su alcune affinità tra il Panegirico per Theodosio di Pacato Drepanio e il De obitu Theodosii di Sant' Ambrogio, in: VetChr 26, 1989, S. 371–76.

MADEC, G., Saint Ambroise et la philosophie, Paris, 1974.

MÄHL, SIBYLLE, Quadriga Virtutum, Köln, Wien, 1969.

MARROU, H. I., Saint Augustin et la fin de la culture antique, Paris, 1938.

MAUSBACH, J., Die Ethik des heiligen Augustinus, 2 Bde., Freiburg, [2]1929.

VAN DER MEER, F., Augustinus der Seelsorger, Leben und Wirken eines Kirchenvaters, übers. von N. Greitemann, Köln, [3]1958.

MITCHELL, JANE. F., Consolatory letters in Basil and Gregory Nazianzen, in: Hermes 96, 1968, S. 299–318.

MOHRMANN, CHRISTINE, Observations sur le „de Sacramentis" et le „de Mysteriis" de Saint Ambroise, in: Ambrosius Episcopus, Atti del Congresso internazionale di studi ambrosiani..., Milano, 2–7 dicembre 1974, Vol. 1, Milano, 1976 (= Studia Patristica Mediolanensia 6), S. 103–23.

VON MOOS, P., Consolatio, Studien zur mittelalterlichen Trostliteratur über den Tod und zum Problem der christlichen Trauer, 4 Bde., München, 1971–72.

NESTLE, W., Die Haupteinwände des antiken Denkens gegen das Christentum, in: ders., Griechische Studien, Stuttgart, 1948, S. 597–660 (= ARW 37, *1941/42*, S. 51–100).

NIEBERGALL, A., Die Geschichte der christlichen Predigt, in: Leiturgia, Handbuch des evangelischen Gottesdienstes 2, Kassel, 1955, S. 182–353.

NIXON, C. E. V., Pacatus, Panegyric to Theodosius, Liverpool 1987.

NORTH, HELEN, Sophrosyne (= Cornell Studies in Classical Philology 35), Ithaca, New York, 1966.

OHLY, F., Hohelied–Studien, Grundzüge einer Geschichte der Hoheliedauslegung des Abendlandes bis um 1200, Wiesbaden, 1958.

PACK, E., Städte und Steuern in der Politik Julians (= Collection Latomus 194), Bruxelles, 1986.

PALANQUE, J. R., Saint Ambroise et l'empire romain, Paris, 1933.

PAREDI, A., Sant' Ambrogio, Mailand, 1985.

PAYR, THERESIA, „Enkomion", in: RAC 5, 1962, Sp. 332–43.

PERETTO, E., Testo biblico e sua applicazione nel „de obitu Valentiniani", in: Vichiana, N. S. 18, 1989, S. 99–170.

PÉTRÉ, HÉLÈNE, Misericordia, Histoire du mot et de l'idée du paganisme au christianisme, in: REL 12, 1934, S. 376–89.

PIZZOLATO, L. F., La Scrittura nella dottrina esegetica di S. Ambrogio, in: Ambrosius Episcopus, Atti del Congresso internazionale di studi ambrosiani..., Milano, 2–7 dicembre 1974, Vol. 1 (= Studia Patristica Mediolanensia 6), Milano, 1976, S. 393–426.

PIZZOLATO, L. F., La dottrina esegetica di Sant' Ambrogio, Mailand, 1978. (zitiert als „Pizzolato, dottrina")

POWELL, D., „Arkandisziplin", in: TRE 4, 1979, S. 1–8.

PREAUX, J., Les quatre vertus paiennes et chrétiennes, Apothéose et Ascension, in: Hommages à M. Renard I, ed. Jacqueline Bibauw (= Collection Latomus 101), Brüssel, 1969, S. 639–57.

PUECH, H. CH., HADOT, P., L'entretien d'Origène avec Héraclide et le commentaire de Saint Ambroise sur l'évangile de Saint Luc, in: VChr 13, 1959, S. 204–34.

QUASTEN, J., „Novatianismus", in: LThK 7, 1962, Sp. 1062–64.

REBENICH, ST., Gratian, a son of Theodosius and the birth of Galla Placidia, in: Historia, 34, 1985, S. 372–85.

REBENICH, ST., Gratianus redivivus, in: Historia, 38, 1989, S. 376–79.

ROZYNSKI, F., Die Leichenreden des hl. Ambrosius, insbesondere auf ihr Verhältnis zu der antiken Rhetorik und den antiken Trostschriften untersucht, Diss. Breslau, 1910.

RUIZ, S., Investigationes historicae et litterariae in sancti Ambrosii de obitu Valentiniani et de obitu Theodosii imperatorum orationes funebres, Diss. München, 1971.

RULAND, L., Die Geschichte der kirchlichen Leichenfeier, Regensburg, 1901.

RUSSEL, D. A., WILSON, N. G., Menander Rhetor, ed. transl. comm., Oxford, 1981.

SAUER, R., Studien zur Pflichtenlehre des Ambrosius von Mailand, Diss. Würzburg, 1981.

SCHÄUBLIN, CHR., Zur paganen Prägung der christlichen Exegese, in: Christliche Exegese zwischen Nicaea und Chalcedon, edd. J. van Oort und U. Wickert, Kampen, 1992, S. 148–73.

SCHENKL, K., Zu Ciceros consolatio, in: WS 16, 1894, 38–46.

SCHILDENBERGER, J., „Schriftsinne", in: LThK 9, 1964, Sp. 491–93.

SCHMITT, E., „Trauerrede", in: LThK, 10, 1965, Sp. 325–26.

SCHNEYER, J. B., Geschichte der katholischen Predigt, Freiburg, 1969.

SCHRENK, G., „δίκη, δίκαιος, δικαιοσύνη, ...", in: G. Kittel ed., Theologisches Wörterbuch zum Neuen Testament 2, 1935, S. 176–229.

SEECK, O., Geschichte des Untergangs der Antiken Welt, Darmstadt, 1966 (= Stuttgart, [2]1921).

SEECK, O., „Galla", in: RE 7, 1910, Sp. 608.

SETTON, K., Christian attitudes towards the emperor in the fourth century, New York, 1967 (= New York, 1941).

SIMON, P., Sponsa Cantici, Die Deutung der Braut des Hohenlieds in der vornizänischen griechischen Theologie und in der lateinischen Theologie des dritten und vierten Jahrhunderts, Diss. Bonn, 1951.

SOFFEL, J., Die Regeln Menanders für die Leichenrede (= Beiträge zur klass. Philologie 57), Meisenheim am Glan, 1974.

SOLIGNAC, A., Nouveaux parallèles entre Plotin et Saint Ambroise, in: ArchPhilos, 20, 1956, S. 148–56.

STAHL, RENATE, Verecundia und verwandte politisch–moralische Begriffe in der Zeit der ausgehenden Republik, Diss. Freiburg, 1967.

STEIDLE, W., Die Leichenrede des Ambrosius für Kaiser Theodosius und die Helenalegende, in: VChr 32, 1978, S. 94–112.

STEINMANN, W., „lignum", in: Thes. ling. lat., 7, 2, 2, 1970–79, Sp. 1385–89.

STELZENBERGER, J., Die Beziehungen der frühchristlichen Sittenlehre zur Ethik der Stoa, Hildesheim, 1989 (= München, 1933).

STRAUB, J. A., Vom Herrscherideal in der Spätantike, Stuttgart, 1939.

STRAUB, J. A., „Eugenius", Sp. 865–870, in: RAC 6, 1966, Sp. 860–877.

TESTARD, M., Saint Ambroise, Les Devoirs I, Texte établi, traduit et annoté, Paris, 1984.

*TORVEND, S. E., The typology of the basilica conflict between Ambrose of Milan and the imperial court: a study of the use of biblical exempla in Ambrosian sermons preached between 385–86, Diss. Saint Louis, 1990.

VAN TROAN, T., Saint Ambroise de Milan et la foi en la résurrection, in: MSR 45, 1988, S. 131–50.

UTZ, F. M., De connexione virtutum inter se secundum doctrinam St. Thomae Aquinatis, Diss. Theol. Freiburg, Schweiz, 1937.

VAUBEL, E., Pudor, Verecundia, Reverentia, Diss. Münster, 1969.

VEREECKE, E., Le corpus des panégyriques latins de l'époque tardive: Problèmes d'imitation, in: AC 44, 1975, S. 141–60.

VOLLMER, F., Laudationum funebrium romanorum historia et reliquiarum editio, in: Jahrbücher für classische Philologie, Suppl. 18, 1892, S. 445–528°, Leipzig, 1892.

WEISMANN, W., Kirche und Schauspiel, Die Schauspiele im Urteil der lateinischen Kirchenväter unter besonderer Berücksichtigung Augustins (Cassiacum 27), Würzburg, 1972.

WICKERT, L., „Princeps", in: RE 22, 1954, Sp. 1998–2296.

WINKLER, K., „Clementia", in: RAC 3, 1957, Sp. 206–231.

ZELZER, MICHAELA, Zu Aufbau und Absicht des zehnten Briefbuchs des Ambrosius, in: Latinität und Alte Kirche, für R. Hanslik, WS, Beiheft 8, 1977, S. 351–62.

ZELZER, MICHAELA, Ambrosius von Mailand und das Erbe der klassischen Tradition, in: WS 100, 1987, S. 201–26.

INDEX BESPROCHENER PASSAGEN
AUS DEN LEICHENREDEN DES AMBROSIUS